Zur Struktur der Vorgesellschaften

Europäische Hochschulschriften

European University Studies

Publications Universitaires Européennes

Reihe II **Rechtswissenschaft**

Series II Law

Série II Droit

Band/Volume **5780**

Martin Born

Zur Struktur der Vorgesellschaften

Eine funktionsbezogene Untersuchung der Ersteintragung der Kapitalgesellschaft in das Handelsregister

PL ACADEMIC RESEARCH

Bibliografische Information der Deutschen Nationalbibliothek
Die Deutsche Nationalbibliothek verzeichnet diese Publikation in der Deutschen Nationalbibliografie; detaillierte bibliografische Daten sind im Internet über http://dnb.d-nb.de abrufbar.

Zugl.: Göttingen, Univ., Diss., 2014

D7
ISSN 0531-7312
ISBN 978-3-631-66060-7 (Print)
E-ISBN 978-3-653-05401-9 (E-Book)
DOI 10.3726/ 978-3-653-05401-9

PL Academic Research ist ein Imprint der Peter Lang GmbH.
Peter Lang – Frankfurt am Main · Bern · Bruxelles · New York · Oxford · Warszawa · Wien

Diese Publikation wurde begutachtet.

www.peterlang.com

Meinen Eltern

Vorwort

Gegenstand der vorliegenden Arbeit ist das Stadium der Vorgesellschaft von Aktiengesellschaft und Gesellschaft mit beschränkter Haftung. Sie hinterfragt die in Rechtsprechung und Lehre herrschende sog. Sonderrechtsformel, wonach auf die Vorgesellschaft die Vorschriften der eingetragenen Gesellschaft anzuwenden sind mit Ausnahme derjenigen, welche durch die Eintragung im Handelsregister bedingt oder durch vorrangige Bestimmungen ersetzt sind. Sie geht der Frage nach, welche Strukturmerkmale der Kapitalgesellschaft die Eintragung bedingen und welche Funktionen mit der Eintragung verbunden sind.

Die vorliegende Arbeit wurde im Wintersemester 2014/15 von der Juristischen Fakultät der Georg-August-Universität zu Göttingen als Dissertation angenommen. Die mündliche Prüfung erfolgte am 26. November 2014. Für die Drucklegung wurden Rechtsprechung und Literatur bis Dezember 2014 berücksichtigt.

Mein besonderer Dank gilt meinem hochgeschätzten Doktorvater, Prof. Dr. Gerald Spindler, Dipl.-Ökonom, der die Arbeit angeregt hat. Ihm danke ich für die lehrreiche Zeit an seinem Lehrstuhl und die (zeitlich) weit darüber hinausreichende Betreuung und die unendliche Geduld.

Vielen Dank gebührt auch Prof. Dr. Rüdiger Krause, der trotz unzähliger Verpflichtungen die Erstellung des Zweitgutachtens übernommen hat.

Besonderen Dank schulde ich auch meiner Frau Judith für ihre Geduld und meinem Sohn Johannes, der während der Bearbeitungszeit allzu oft zu kurz kam und mir in den wenigen gemeinsamen Stunden viel Kraft gegeben hat.

Für die fortwährende Ermutigung zur Fertigstellung dieser Arbeit und die geleistete Unterstützung danke ich meiner hochgeschätzten Kollegin und Freundin Katharina Apel und meinem langjährigen Freund Thomas Kemper.

Meinem Kollegen Norbert Baumstark danke ich für das Korrekturlesen und die freundschaftliche und kritische Diskussion. Für das Korrekturlesen danke ich ferner Sigrid Geppert, Raoul Taake, Tino Grattenthaler und meinen Eltern Gerhard und Ursula Born. Letzteren gebührt der größte Dank, da sie mir meine gesamte Ausbildung erst ermöglicht und mich hierbei in jeder erdenklichen Hinsicht unterstützt haben. Ihnen widme ich die Arbeit.

Detmold, im Dezember 2014 *Martin Born*

Inhaltsverzeichnis

A. Einführung

Der Gesetzgeber hat für die Kapitalgesellschaften das Registrierungsverfahren vorgesehen[1]. Die Kapitalgesellschaft ist nicht bereits dann vollendet, wenn der als Kapitalgesellschaft gegründete Verband die an ihn gerichteten materiellen Normativbestimmungen erfüllt, sondern erst, wenn die Erfüllung der Normativbestimmungen in einem registergerichtlichen Verfahren durch die Eintragung im Handelsregister bestätigt wird[2]. Im Gesetz ist daher die sukzessive Entstehung der Kapitalgesellschaft angelegt[3]. Das mit dem Begriff der Vorgesellschaft gekennzeichnete Stadium beginnt mit der Errichtung der Kapitalgesellschaft. Bei der GmbH ist dies der formwirksame Abschluss des Gesellschaftsvertrages (§ 2 Abs. 1 GmbHG). Bei der Aktiengesellschaft fällt die Errichtung mit der Feststellung der Satzung (§§ 29, 23 Abs. 1 AktG) zusammen, da gemäß § 23 Abs. 2 Nr. 1 und 2 AktG die von den einzelnen Gesellschaftern übernommenen Aktien in der notariellen Urkunde über die Satzungsfeststellung anzugeben sind und damit eine Aktienübernahme nach der Beurkundung der Satzung (sog. Stufengründung) nicht mehr in Betracht kommt[4].

Die Vorgesellschaft endet entweder mit ihrer Eintragung als Kapitalgesellschaft oder mit Eintritt eines Auflösungsgrundes[5]. Der für das Verständnis von der Struktur der Vorgesellschaft bedeutendste Auflösungsgrund ist der mit Vernachlässigung der Eintragung bzw. „Aufgabe der Eintragungsabsicht" durch die Gründer umschriebene Tatbestand[6]. Tritt ein Auflösungsgrund ein,

---

1 *K. Schmidt*, Gesellschaftsrecht, § 8 II 5 c aa, S. 194.

2 *K. Schmidt*, Gesellschaftsrecht, § 8 II 5 c aa, S. 194; *Feine*, GmbH, S. 155.

3 *Rittner*, Die werdende juristische Person, S. 52 ff.; *Schreiber*, KGaA, S. 40 ff.; *Feine*, GmbH, S. 157 ff.

4 Der dogmatische Unterschied rührt noch aus der Zeit vor dem AktG 1965 her, das seitdem die Einheitsgründung vorschreibt. Zu dem dogmatischen Unterschied zwischen Feststellung des Inhalts des Gesellschaftsvertrages und Errichtung der Satzung siehe Allgemeine Begründung zum Entwurf eines Gesetzes, betreffend die KG und die KGaA und die AG, Verhandlungen des Reichstages, V. Legislaturperiode, IV. Session 1890/92, Aktenstück Nr. 21 vom 7. März 1884, S. 262.

5 *Heidinger*, in: Spindler/Stilz, AktG, § 11, Rdnr. 39 ff.; Ulmer/*Ulmer/Habersack*, GmbHG, § 11, Rdnr. 51 ff.

6 *Heidinger*, in: Spindler/Stilz, AktG, § 11, Rdnr. 39 ff.; Ulmer/*Ulmer/Habersack*, GmbHG, § 11, Rdnr. 51 f.; *Schwarz*, ZIP 1996, 2005, 2005; wobei noch zu klären sein wird, ob die Aufgabe der Gründungsabsicht nur dann einen Auflösungsgrund darstellt, wenn sie durch Beschluss erfolgt, siehe unten C.III.

ist die Vorgesellschaft unverzüglich zu liquidieren. Wird die aufgelöste Vorgesellschaft werbend fortgeführt, gelten die allgemeinen gesellschaftsrechtlichen Grundsätze, wonach sich der Verband aufgrund des Rechtsformzwanges in den Verbandstyp umwandelt, dessen Normativbestimmungen der Verband vorrangig erfüllt. Dies sind i.d.R. die BGB-Gesellschaft oder die oHG[7]. Erfolgte die Gründung der Kapitalgesellschaft ausnahmsweise nicht zur Gewinnerzielung, sondern zur Verfolgung eines ideellen Zwecks, kommt auch die Umwandlung in einen nichtrechtsfähigen Idealverein in Frage[8].

I. Untersuchungsgegenstand

> *„Nach der Rechtsprechung des* Senats *ist die - einer Kapitalgesellschaft vorgelagerte - Vor-Gesellschaft eine Organisationsform eigener Art, welche den im Gesetz oder im Gesellschaftsvertrag statuierten Gründungsvorschriften sowie dem Recht der angestrebten Gesellschaftsform unterliegt, soweit es mit ihrem besonderen Zweck vereinbar ist und nicht die Eintragung im Handelsregister voraussetzt“*[9]

Seit weit mehr als einem halben Jahrhundert wird diese aus den Vorarbeiten von *Otto Schreiber*[10] und *Hans Erich Feine*[11] hervorgegangene sog. Sonderrechtsformel[12] von Rechtsprechung und Lehre zur Ermittlung des auf die Gründerorganisationen der Kapitalgesellschaften (vorstehend am Beispiel der GmbH) und der eingetragenen Genossenschaft verwendet, obwohl in diesem Zeitraum einige bedeutsame Gesetzesänderungen und fundamentale höchstrichterliche Entscheidungen zum Verständnis der Vorgesellschaft ergangen sind. Exemplarisch für erstere seien genannt die Einführung der Differenzhaftung für überbewertete Sacheinlagen in § 9 GmbHG mit der GmbH-Novelle 1980 und der Regelung der verdeckten Sacheinlage in § 27 Abs. 3 AktG[13], die

---

7 Statt aller: *K. Schmidt*, in: *Scholz*, GmbHG, § 11, Rdnr. 162.

8 *Murawo*, Die unechte Vorgesellschaft, S. 107 ff., der auch bei kaufmännischer Betätigung der bisherigen Vorgesellschaft den Mitgliedern die Wahl eines nichtrechtsfähigen wirtschaftlichen Vereins lassen will.

9 BGH, Urteil vom 23.10.2006 – II ZR 162/05, NJW 2007, 589, 590 für die Vor-AG.

10 *Schreiber*, KGaA, S. 36, 56 f., 65.

11 *Feine*, GmbH, S. 201.

12 Die Summe der auf die Vorgesellschaften anzuwendenden Gründungsvorschriften aus Gesetz und Gesellschaftsvertrag und dem Recht der angestrebten Gesellschaftsform wird als „Sonderrecht“ bezeichnet, siehe BGH, Urteil vom 12.07.1956 – II ZR 218/54, BGHZ 21, 242, 246.

13 *K. Schmidt*, GmbHR 1978, 5, 5 ff.

Zulassung der Einmann-Gründung[14] und die Einschränkung der Gründungsprüfung[15]. Beispielhaft für letztere sind die zunehmende Anerkennung der Rechtsfähigkeit, die Aufgabe des Vorbelastungsverbots, die Einführung der Unterbilanz- und später der Verlustdeckungshaftung sowie die der Verlustdeckungshaftung nachgebildete Haftung bei wirtschaftlicher Neugründung[16]. Die Entwicklung auf anderen Gebieten des Gesellschaftsrechts, wie z.B. im Recht der BGB-Gesellschaft, ist dabei ebenfalls nicht ohne Einfluss auf die Dogmatik der Gründerverbände geblieben.

Die vorliegende Arbeit will einen Beitrag dazu leisten, die eingangs zitierte Formel auf Basis der geschilderten Rechtsentwicklung zu konkretisieren und damit für die Rechtsanwendung handhabbarer zu machen.

Die Untersuchung beschränkt sich auf die Vorgesellschaften der Aktiengesellschaft und der GmbH. Auch wenn das „Phänomen“ der Vorgesellschaft bei allen juristischen Personen des Privatrechts mit Ausnahme der Stiftung[17] vorkommt, ist damit nicht gesagt, dass es überall gleich ausgeprägt und damit auch gleich zu behandeln ist[18].

---

14 GmbH-Novelle 1980 - Gesetz zur Änderung des Gesetzes betreffend die Gesellschaften mit beschränkter Haftung, BGBl. 1980 I, S. 836 (Art. 1 Nr. 1); AktG-Novelle 1994 - Gesetz für kleine Aktiengesellschaften und zur Deregulierung des Aktienrechts, BGBl. 1994 I, S. 1961 (Art. 1 Nr. 1).

15 Artt. 8 Nr. 2, 9 Nr. 4 HRefG.

16 Zuletzt hierzu BGH, Urteil vom 06.03.2012 – II ZR 56/10, NJW 2012, 1875 („Unterbleibt die mit der Versicherung entsprechend § 8 Abs. 2 GmbHG und der Anmeldung etwaiger mit einer wirtschaftlichen Neugründung einhergehender Satzungsänderungen zu verbindende Offenlegung der wirtschaftlichen Neugründung gegenüber dem Registergericht, haften die Gesellschafter im Umfang einer Unterbilanz, die in dem Zeitpunkt besteht, zu dem die wirtschaftliche Neugründung entweder durch die Anmeldung der Satzungsänderungen oder durch die Aufnahme der wirtschaftlichen Tätigkeit erstmals nach außen in Erscheinung tritt.“).

17 Bis zur Genehmigung der Stiftung entstehen keine Rechtsbeziehungen. Das Vermögen steht bis dahin weiter dem Stifter zu, statt aller: *Flume*, BGB AT I/2, S. 146 f. Inzwischen wird allerdings auch vereinzelt eine Vor-Stiftung als Träger eines vom Gründer-(= Stifter-)interesse unabhängigen Eigeninteresses befürwortet, MünchKomm/*Reuter*, BGB, § 81, Rdnr. 71.

18 So bereits deutlich *K. Schmidt*, OHG, S. 272: „Eine einheitliche Behandlung aller im Gründungsstadium befindlichen Körperschaften – also eine nivellierende Betrachtung … verbietet sich angesichts der heute anerkannten und auch hier vertretenen Auffassung, daß jede werdende juristische Person jedenfalls teilweise bereits nach dem spezifisch für sie geltenden Sonderrecht lebt.“

Das zeigt einmal der Vergleich des eingetragenen Vereins mit dem nichtrechtsfähigen Idealverein. Der Unterschied zwischen eingetragenem Verein und nichtrechtsfähigem Idealverein beschränkt sich im Wesentlichen darauf, dass die Eintragung in das Vereinsregister die unwiderlegliche Vermutung für das Vorliegen eines Vereins begründet, während bei fehlender Eintragung mit Rücksicht auf die Unmöglichkeit einer trennscharfen Abgrenzung von Verein und Personengesellschaft die in den einzelnen vereinsrechtlichen Normen vorausgesetzten Merkmale konkret festgestellt werden müssen[19]. Die Mitglieder eines nichtrechtsfähigen (Ideal-)Vereins haften insbesondere nicht gemäß §§ 54 S. 2, 705 ff. BGB für dessen Schulden[20]. Die Rechtsfigur des Vor-Vereins, wie sie von der Rechtsprechung geprägt worden ist, entspricht aber der Struktur des nichtrechtsfähigen Idealvereins[21]. Die Haftung der Gründer ist – wie zu zeigen sein wird – ein wesentliches Merkmal der Aktiengesellschaft und GmbH im Gründungsstadium. Der Idealverein soll daher nicht im Vordergrund der Betrachtung stehen.

Die eingetragene Genossenschaft als ein vom Gesetz zugelassener wirtschaftlicher Verein[22] hat zahlreiche Merkmale mit dem Idealverein gemeinsam. Sie hat etwa hinsichtlich der Zahl der Gründer und der schriftlichen Satzung ähnliche Gründungsvoraussetzungen, nimmt jedoch in einigen Beziehungen eine Sonderstellung ein. So ist die Mitgliedschaft zwar vererblich (§ 77 GenG), aber nicht übertragbar; lediglich das Geschäftsguthaben kann übertragen werden (§ 76 GenG). Anders als die Rechtsform der GmbH[23] und der AG[24] kann die Rechtsform der Genossenschaft nicht für jeden beliebigen Zweck gewählt werden[25].

---

19 MünchKomm/*Reuter*, BGB, § 54, Rdnr. 4; *Mummenhoff*, Gründungssysteme, S. 6, 232 ff.; *K. Schmidt*, ZHR 147 (1983), 43, 66 ff.

20 MünchKomm/*Reuter*, BGB, § 54, Rdnr. 46 ff.; Staudinger/*Weick*, BGB, § 54, Rdnr. 53.

21 BGH, Urteil vom 14.11.1977 – II ZR 197/76, WM 1978, 115, 116; Staudinger/*Weick*, BGB, § 21, Rdnr. 31; *Flume*, BGB AT I/2, S. 153; MünchKomm/*Reuter*, BGB, § 54, Rdnr. 14 ff., 46 ff.; **a. A.**, ohne jedoch Unterschiede im Einzelnen benennen zu können: *Büttner*, Identität und Kontinuität, S. 74 f.

22 *K. Schmidt*, Gesellschaftsrecht, § 41 I 1 a, S. 1263, § 41 I 2 a, S. 1267.

23 Siehe § 1 GmbHG.

24 Trotz fehlender ausdrücklicher Regelung verfügt auch die Aktiengesellschaft neben dem Unternehmensgegenstand (§ 23 Abs. 3 Nr. 2 AktG) auch über einen Verbandszweck, *Mülbert*, Aktiengesellschaft, S. 155 f.; *Kropff*, AktG, S. 408.

25 § 1 Abs. 1 GenG („den Erwerb oder die Wirtschaft ihrer Mitglieder oder deren soziale oder kulturelle Belange durch gemeinschaftlichen Geschäftsbetrieb zu fördern"); *K. Schmidt*, Gesellschaftsrecht, § 41 I 1 a, S. 1264; *Großfeld/Aldejohann*, 100 Jahre GenG, S. 2 f.

Auch wenn die Vor-Genossenschaft von der nichtrechtsfähigen Dauergenossenschaft zu unterscheiden ist (anders also als Vor-Verein und nichtrechtsfähiger Verein) und auch für sie das Prinzip der unbeschränkten Innenhaftung gelten soll[26], rückt sie so in die Nähe der Vor-Kapitalgesellschaften.

Verein und Genossenschaft unterscheiden sich auch in einem weiteren wesentlichen Punkt von den Kapitalgesellschaften. Die dauerhafte Existenz der Kapitalgesellschaften setzt die Registerpublizität voraus. Verein und Genossenschaft können dagegen auch auf Dauer als nichteingetragene Verbände existieren[27].

Demgegenüber weisen Aktiengesellschaft und GmbH eine hohe Strukturähnlichkeit auf. Verbindendes Moment sind die Vorschriften zur Kapitalaufbringung und -erhaltung. Im Unterschied zur eingetragenen Genossenschaft und zum eingetragenen Verein sehen sowohl die Aktiengesellschaft als auch die GmbH die notarielle Form für den Gründungsakt vor. Nicht zuletzt beruhen diese Ähnlichkeiten auf dem Bestreben des GmbH-Gesetzgebers, mit der GmbH eine „kleine AG" zu schaffen. Trotz der Unterschiede zwischen Aktiengesellschaft und GmbH im Detail ist es daher sinnvoll, die Gründungsverhältnisse von Aktiengesellschaft und GmbH gemeinsam zu untersuchen.

II. Gang der Darstellung

Den Ausgang nimmt die vorliegende Darstellung bei dem Nachweis der Rechtssubjektivität der Vorgesellschaft und deren Ursprüngen im ADHGB [B], an die sich die Klärung der Frage nach der Rechtsnatur der Vorgesellschaft anschließt [C]. Es wird hier u.a. zu zeigen sein, dass die der Sonderrechtsformel zugrunde liegende Formel von *Schreiber* und *Feine* – nachfolgend „Formel *Schreiber/*

26 BGH, Urteil vom 10.12.2001 – II ZR 89/01, BGHZ 149, 273, 274 f.

27 Unbestritten für den nichtrechtsfähigen Verein; für die (dauerhaft) nicht eingetragene Genossenschaft: BGH, Urteil vom 23.04.1956 – II ZR 116/55, BGHZ 20, 281, 285; *Büttner*, Identität und Kontinuität, S. 52 f., 82; LG Münster, Urteil vom 24.10.1951 – 6 O 167/50, JR 1953, 261, 261; *K. Müller*, GenG, § 13, Rdnr. 19; *Fandrich*, in: Pöhlmann/Fandrich/Bloehs, Genossenschaftsgesetz, § 13, Rdnr. 10; *Paulick*, Die eingetragene Genossenschaft, S. 171; *Schnorr v. Carolsfeld*, ZfG 34 (1984), 45, 46 f.; **a. A.** *Beuthien*, GenG, § 1 Rdnr. 80, wonach § 1 GenG lediglich begrifflich klarstelle, was eine Genossenschaft i. S. d. GenG ist, nicht aber neben der eG eine weitere genossenschaftliche Dauerrechtsform zulasse; *Geibel*, in: Henssler/Strohn, Gesellschaftsrecht, § 1 GenG, Rdnr. 14 f. interpretiert § 1 GenG dahingehend, dass eine nichteingetragene Genossenschaft lediglich im materiellrechtlichen Sinne vom Gesetz anerkannt sei, in formeller Hinsicht sei sie jedoch ein nichtrechtsfähiger wirtschaftlicher Verein, auf den die §§ 21 ff. BGB Anwendung finden, soweit der Gläubigerschutz nicht entgegenstehe.

Feine" genannt nicht nur den Weg zur Ermittlung des auf die Vorgesellschaft anwendbaren Rechts weist, sondern darüber hinaus bestimmend für die Rechtsform der Vorgesellschaft ist. Neben der bereits nahezu einhellig anerkannten Rechtssubjektidentität wird es darum gehen, den Nachweis der Rechtsformidentität zu erbringen.

Der durch die Formel *Schreiber/Feine* aufgeworfenen Frage, welche Normen des Kapitalgesellschaftsrechts die Eintragung voraussetzen, wendet sich der dann nachfolgende Hauptabschnitt [D] der Arbeit zu. Es soll untersucht werden, welche Funktionen die Ersteintragung der Kapitalgesellschaft in das Handelsregister erfüllt und ob diese Funktionen eine unterschiedliche Behandlung von eingetragener Kapitalgesellschaft und Vorgesellschaft rechtfertigen. Die so ermittelten zulässigen Differenzierungskriterien werden dann in der wertenden Schlussbetrachtung [E] mit der Formel *Schreiber/Feine* zusammengeführt.

III. Terminologie

Aufgrund des eingeschränkten Untersuchungsgegenstandes soll der Begriff der „Kapitalgesellschaft" im Folgenden nur für die Grundtypen derselben gebraucht werden, also für die GmbH und für die AG, ohne die KGaA und die Unternehmergesellschaft (haftungsbeschränkt). Ferner soll der Ausdruck „Vorgesellschaft" nur die errichtete, aber noch nicht eingetragene Aktiengesellschaft und GmbH bezeichnen. Dabei ist der Begriff der Vorgesellschaft für die folgenden Ausführungen eigentlich nicht glücklich gewählt. In dem Begriffspaar Vorgesellschaft/fertige Gesellschaft schwingt ein Gegensatz mit, dass es sich bei der Vorgesellschaft um ein *aliud* handeln müsse[28]. Gleiches gilt, wenn auch nicht in dem Maße, für den synonym verwendeten Begriff der „werdenden juristischen Person"[29]. Statt des Ausdrucks „Vorgesellschaft" sollte daher besser von der nichteingetragenen Aktiengesellschaft bzw. der nichteingetragenen GmbH oder, ebenfalls wenig lesefreundlich, von der sich im Werden befindlichen juristischen Person (des Handelsrechts) gesprochen werden. Aus Gründen der besseren Lesbarkeit wird hier jedoch an dem überkommenen Begriff „Vorgesellschaft" festgehalten.

Mit dem Begriff des Verbandes sind rechtsformübergreifend durch Mitgliedschaft geprägte Personenvereinigungen gemeint, die über eine gegenüber den

28 Dies entspricht der h. M., s. statt aller *Roth*, in: Roth/Altmeppen, GmbHG, § 11, Rdnr. 43.

29 So der Titel der Habilitationsschrift von *Fritz Rittner*.

Mitgliedern verselbständigte, einem Verbandszweck dienende Organisation verfügen[30]. Dementsprechend werden Aktionäre und GmbH-Gesellschafter auch als „Mitglieder“ bezeichnet. Nur wenn Aktiengesellschaft und GmbH als Rechtsform jeweils einzeln angesprochen sind, werden der gesetzlichen Terminologie folgend Aktiengesellschaft und GmbH als „Gesellschaft“ und Aktionäre und GmbH-Gesellschafter als solche bzw. als „Gesellschafter“ bezeichnet.

Das Statut der GmbH wird abweichend von der Terminologie des GmbH-Gesetzes ebenso wie das Statut der Aktiengesellschaft als „Satzung“ bezeichnet, ausgenommen der Fälle, in denen auf den Wortlaut des GmbH-Gesetzes Bezug genommen wird[31].

Zum Zwecke der besseren Lesbarkeit werden einige rechtsformspezifische Begriffe des Aktien- und GmbH-Rechts in Fällen, in denen eine Differenzierung nicht geboten ist, zu Oberbegriffen zusammengefasst. Die durch Aktien bzw. Geschäftsanteile vermittelte kapitalmäßige Beteiligung wird rechtsformübergreifend als „Kapitalanteil“ bezeichnet; Vorstand und Geschäftsführer werden auch als „Leitungsorgan“ bezeichnet.

---

30 *K. Schmidt*, Gesellschaftsrecht, § 7 I 1, S. 168.

31 Auch das Aktiengesetz versteht die Begriffe Gesellschaftsvertrag und Satzung synonym, wie § 2 AktG zeigt, *Körber*, in: Bürgers/Körber, AktG, § 23, Rdnr. 2.

B. Die Existenz der Vorgesellschaft als Vorstufe zur eingetragenen Kapitalgesellschaft

Die Frage nach der Existenz der Vorgesellschaft als Vorstufe zur eingetragenen Kapitalgesellschaft wird an den §§ 41 AktG Abs. 1 S. 1, 11 Abs. 1 GmbHG festgemacht, die bestimmen, dass die Kapitalgesellschaft „als solche" vor der Eintragung nicht besteht. Ihre Beantwortung hängt zunächst von den Vorstellungen des historischen Gesetzgebers ab. Entgegen dem flüchtigen Eindruck, der Gesetzgeber habe die Existenz der Vorgesellschaft geleugnet und die gegenwärtige Anerkennung der Vorgesellschaft sei ausschließlich das Ergebnis der durch Wissenschaft und Rechtsprechung vorgenommen Rechtsfortbildung, wird zu zeigen sein, dass die Vorgesellschaft auch durch legislatorische Maßnahmen eine frühe Anerkennung erfahren hat [I]. Anschließend wird zu untersuchen sein, welche Schlüsse sich aus der Zulässigkeit der der Sachgründung [II.] und des gewandelten Verständnisses der Gesamthands-BGB-Gesellschaft [III.] im Hinblick auf die Rechtssubjektivität der Vorgesellschaft ziehen lassen.

I. Anfängliche Leugnung und frühe Anerkennung der Vorgesellschaft durch den Gesetzgeber

Die Regelung des § 41 Abs. 1 S. 1 AktG, auf den auch § 11 GmbHG zurückgeht[32], lässt sich auf Art. 211 ADHGB 1861 zurückführen[33]. Nach den mehrheitlichen

32 Begründung zur Reichstagsvorlage des GmbHG von 1892, Stenographische Berichte über die Verhandlungen des Reichstages, VIII. Legislaturperiode, I. Session 1890/92, Aktenstück Nr. 660, S. 3736. Die Regelungen zur Aktiengesellschaft im damaligen ADHGB waren insgesamt Vorbild für die Ausgestaltung der GmbH, die „eine Mittelstellung zwischen den streng individualistischen Gesellschaftsformen des geltenden Rechts und der als äußerste Konsequenz des kapitalistischen Prinzips sich darstellenden Aktiengesellschaft" einnehmen sollte, Begründung zur Reichstagsvorlage des GmbHG von 1892, a. a. O., S. 3728.

33 „Vor erfolgter Genehmigung und Eintragung in das Handelsregister besteht die Aktiengesellschaft als solche nicht." Nach *v. Hahn*, ADHGB, Art. 178, wurde in zweiter Lesung beschlossen, die Worte „als solche" auch in die dem Art. 211 ADHGB entsprechende Norm zur KGaA einzufügen, weil, trotz dem die „Commandit-Actiengesellschaft [*scil.* ebenso wie die Aktiengesellschaft] selbst noch nicht vorhanden sei", „eine Menge von einzelnen Obligationsverhältnissen bestehen könnten". Wenn demnach auch noch kein Verband existieren sollte, so haben zunächst die Kommission und später der

Vorstellungen der Mitglieder der Kommission zur Ausarbeitung des Entwurfs des ADHGB 1861 konnte es vor Eintragung der Aktiengesellschaft keinen Verband, keine Vorgesellschaft geben. Nach Art. 211 ADHGB 1861 war Voraussetzung für die Existenz der Aktiengesellschaft als solche nicht nur die Eintragung, sondern auch die staatliche Genehmigung[34] (Konzession). Der Schwerpunkt lag dabei auf der Konzession. Ohne Konzession galt die Satzung und mit ihr die einzutragende Kapitalgesellschaft schlicht als inexistent[35]. Die Inexistenz eines Gründerverbandes kam auch durch die Statuierung der Handelndenhaftung in Art. 211 Abs. 2 ADHGB 1861 zum Ausdruck. Letztere ging auf Art. 181 des Entwurfs eines Handelsgesetzbuchs für die Preußischen Staaten zurück, für das ebenfalls das Konzessionssystem galt. Der Begriff „des Handelnden" wurde dort gewählt, weil vor Genehmigung der Aktiengesellschaft noch kein Vorstand existieren sollte, an dessen Verhalten man hätte anknüpfen können[36].

Gesetzgeber damit doch zu verstehen gegeben, dass es so etwas wie eine „Vorstufe" zur eingetragenen Kapitalgesellschaft geben müsste, wenn diese auch keine Außenwirkung, sondern nur schuldrechtlichen Charakter haben sollte. Hätte der Gesetzgeber nicht eine Vorstufe der eingetragenen Kapitalgesellschaft anerkennen wollen, hätte die Aufnahme der einschränkenden Worte „als solche" unterbleiben können, bzw. sie hätten bei der sprachlichen Angleichung der Artt. 178 und 211 ADHGB bei letzterem gestrichen werden können.

34 Das ADHGB 1861, das kein Gesetz, sondern nur ein Entwurf war, der der Umsetzung durch die Partikularstaaten bedurfte (*Fleckner*, in: Bayer/Habersack, Aktienrecht im Wandel, Band I, Anhang, Rdnr. S. 1037), hatte es diesen in Art. 249 freigestellt, die Entstehung einer Aktiengesellschaft von einer landesherrlichen Genehmigung abhängig zu machen. Keine Konzessionspflicht bestand in Bremen und Hamburg (*Renaud*, Das Recht der AG, S. 290).

35 In den Motiven für Art. 181 des Entwurfs eines Handelsgesetzbuchs für die Preussischen Staaten wird die Handelndenhaftung mit der Notwendigkeit begründet, „zu verhüten, daß Aktiengesellschaften vor ertheilter landesherrlicher Genehmigung faktisch als solche ihre Geschäfte beginnen. Die bei offenen und stillen Handelsgesellschaften [*scil.* die stille Handelsgesellschaft nach dem preußischen Entwurf entspricht der heutigen Kommanditgesellschaft] für den gleichen Fall angedrohten Rechtsnachtheile (Art. 93. 146. 161.) passen nicht auf Aktiengesellschaften, deren Statut vor ertheilter landesherrlicher Genehmigung überhaupt noch nicht als vorhanden angesehen werden kann.", Entwurf eines Handelsgesetzbuchs für die Preussischen Staaten, Zweiter Theil: Motive, Berlin 1857, S. 91.

36 Hierzu insgesamt: Entwurf eines Handelsgesetzbuchs für die Preussischen Staaten nebst Motiven, abgedruckt in: Protokolle der Commission zur Berathung eines allgemeinen deutschen Handelsgesetz-Buches, Beilagenband, Nürnberg 1858, dort S. 91 f.

Für die Inexistenz einer Vorgesellschaft sprach zunächst auch, dass bei den Beratungen des ADHGB 1861 noch von einer Zweiteilung bei den Personenzusammenschlüssen ausgegangen wurde, dem reinen Sozietätsmodell nach römisch-rechtlichem Vorbild und der juristischen Person[37]. Von den Handelsgesellschaften entsprach damals nur die Aktiengesellschaft dem Verständnis einer juristischen Person. Nur die konzessionierte Aktiengesellschaft konnte als überindividuelle Einheit selbständig Träger von Rechten und Pflichten sein[38]. Nach dem Sozietätsmodell, das den übrigen Handelsgesellschaften zu Grunde lag, konnte es kein Gesellschaftsvermögen als Sachgesamtheit oder dinglich gebundenes Sondervermögen geben, sondern nur einzelne Vermögensgegenstände, an denen die Gesellschafter Miteigentum hielten und das schuldrechtlich – durch den Gesellschaftsvertrag – gebunden war[39]. Dinglich konnte daher jeder Gesellschafter über seinen ideellen Anteil an den einzelnen Gegenständen frei verfügen[40]. Der Erwerber von Gesellschaftsaktiven war folglich auch nicht dinglich beschränkt, er sollte insbesondere Teilung verlangen können, ohne durch eine entgegenstehende Vereinbarung der Gesellschafter beschränkt zu sein[41]. Der Begriff der „Gesellschaft" war daher nicht als eine Person, sondern als Kollektiv-Begriff zu verstehen. Die Artt. 119 bis 122 ADHGB 1861 schränkten lediglich die Möglichkeiten der Gläubiger der einzelnen Gesellschafter ein, auf das Vermögen der „Gesellschaft" im Wege der Zwangsvollstreckung oder durch Aufrechnung zuzugreifen, ohne aber die dingliche Einzelberechtigung der Gesellschafter damit in Frage zu stellen[42].

---

37 *Laband*, ZHR 30 (1885), 469, 469 ff., 519.

38 Hierzu insgesamt: *Renaud*, Das Recht der AG, S. 118 ff., 289 m. w. N.

39 *Laband*, ZHR 30 (1885), 469, 519 (für die oHG).

40 RG, Urteil vom 08.12.1880 – I 117/80, RGZ 3, 57, 57, „Die offene Handelsgesellschaft hat keine besondere Persönlichkeit. Subjekte des Gesellschaftsvermögens sind die Handelsgesellschafter. Die Gesellschaftsfirma ist der Name, unter welchem die einzelnen Gesellschafter unter Bezugnahme auf das gesellschaftliche Verhältnis zusammengefaßt werden. Wird die Handelsgesellschaft unter ihrer Firma verklagt, so werden die einzelnen Gesellschafter verklagt…"; RG, Urteil vom 04.10.1881 – III 549/81, RGZ 5, 51, 55.

41 *v. Hahn*, ADHGB, Vorbemerkung vor Artt. 110 ff, §§ 2 f., wobei aber rechtspolitisch ausgeführt wird, dass das Hauptinteresse der (Mit-)Gesellschafter dahingehe, den Privatgläubigern des Gesellschafters das Recht zu entziehen, einen Anteil an den Gesellschaftsaktiven in Anspruch zu nehmen, a. a. O., § 17.

42 „Das bisherige Recht gewährt … kein Mittel, die Absicht des Veräußernden ihrem vollen Umfange nach derart zu realisieren, dass auch Dritten gegenüber die beabsichtigten

Nach dem Entwurf des ADHGB 1861 war allerdings auch noch nicht verlangt, dass vor Eintragung bzw. Genehmigung Mindesteinzahlungen auf die Aktien vorzunehmen waren, auch enthielt der Entwurf noch keine Regelung zur Anmeldung des Verbandes, insbesondere benannte er nicht die zur Anmeldung Berufenen mit ihrer Organfunktion, wie dies heute der Fall ist. Vorschriften zum Ablauf der Gründung fehlten gänzlich. Die Aufnahme entsprechender Regelungen wurde abgelehnt, weil man derartige Vorschriften nicht dem durch das ADHGB 1861 zu regelnden Verbandsrecht, sondern dem Bereich des allgemeinen Zivilrechts zuordnete[43]. Keine sechs Monate nachdem das ADHGB Bundesgesetz geworden war[44], sah die 1. Aktienrechtsnovelle von 1870[45] in den Artt. 209a-209c ADHGB 1870 Regelungen zu Hauptversammlungsbeschlüssen vor Eintragung vor. In den Motiven wird dabei die Maßgeblichkeit des Gesellschaftsvertrags damit begründet, dass dieser die Mitglieder im Innenverhältnis auch schon vor Eintragung in das Handelsregister binde und nur im Außenverhältnis erst durch die Eintragung existent werde[46]. Weiterhin wurde das ADHGB dahingehend geändert, dass nunmehr vor Anmeldung des Verbandes 10 Prozent des gezeichneten Betrages einzuzahlen war (Artt. 210a Abs. 1 Ziffer 2, 209a ADHGB 1870), der Aufsichtsrat in einer Generalversammlung gewählt sein musste (Art. 210a Abs. 1 Ziffer 3 ADHGB 1870) und letztlich die Anmeldung zur Eintragung von sämtlichen Mitgliedern des Vorstands und des Aufsichtsrats zu erfolgen hatte (Art. 210a Abs. 2 ADHGB 1870). Sämtliche Organe mussten damit bereits vor Eintragung des Verbandes existent sein.

Rechtswirkungen der Veräußerung eintreten" (*v. Hahn*, ADHGB, Vorbemerkung vor Artt. 110 ff., § 19).

43 *Lutz*, Protokolle ADHGB, S. 319, 373; *Renaud*, Das Recht der AG, S. 193 f.

44 Mit dem Gesetz vom 5. Juni 1869, betreffend „die Einführung der Allgemeinen Deutschen Wechsel-Ordnung, der Nürnberger Wechsel-Novellen und des Allgemeinen Deutschen Handelsgesetzbuches als Bundesgesetze", in Kraft getreten am 11. Juni 1870, Bundes-Gesetzblatt des Norddeutschen Bundes 1869, S. 379 ff., war erstmals Rechtseinheit auf Bundesebene verwirklicht, s. *Schubert*, ZHR 144 (1980), 484, 484.

45 Gesetz, betreffend die Kommanditgesellschaften auf Aktien und die Aktiengesellschaften von 1870, BundesGesetzblatt des Norddeutschen Bundes Band 1870, Nr. 21, S. 375–386.

46 Motiven zum Entwurf eines Gesetzes, betreffend die Kommandit-Gesellschaften auf Aktien und die Aktien-Gesellschaften, Stenographische Berichte über die Verhandlungen des Reichstages des Norddeutschen Bundes, I. Legislatur-Periode, Session 1870, Reichstagsprotokolle, 1867/70, Band 13, Aktenstück Nr. 158 vom 12. Mai 1870, S. 650, 659. Demgegenüber besteht nach *Renaud*, Das Recht der KG, S. 687, der Verband trotz der eben genannten Regelungen nicht nach innen.

Die Aktienrechtsnovelle 1884[47] bestimmte dann in Art. 209c ADHGB 1884, einer Vorläuferbestimmung des heutigen § 29 AktG[48], dass die Gesellschaft mit der Übernahme sämtlicher Aktien durch die Gründer als errichtet „gilt". Das GmbH-Gesetz ordnete bereits zum Zeitpunkt seiner Verkündung in § 5 Abs. 1 GmbHG an, dass die „Gesellschaft" mit der Übernahme der Geschäftsanteile (durch formgerechten Abschluss des Gesellschaftsvertrages) errichtet ist. Die Aktienrechtsnovelle von 1884 war eine Reaktion auf den Börsen- und Gründungsschwindel der 1870er Jahre[49]. Letzteren sah man durch die schwache Stellung der Vor-AG gegenüber ihren Gründern begünstigt. Ein Ziel der Novelle war daher „die möglichste Selbständigkeit der Gesellschaft gegenüber den Gründern", bzw. die „Unabhängigkeit der Gesellschaft von den Gründern"[50] zu erreichen. Die Eintragung sollte nur für die Selbständigkeit der Aktiengesellschaft nach außen entscheidend sein, im Innern sollte dagegen bereits ein von den Gründern verschiedenes Rechtssubjekt bestehen[51]. Erreicht wurde dies dadurch, dass Vorstand und Aufsichtsrat - anders als in der Zeit vor der Novelle 1884 - bereits vor Abschluss der Gründung ihre Arbeit aufnehmen sollten, um die Interessen des Verbandes gegenüber den Gründern zu vertreten[52]. Art 209f ADHGB 1884 verpflichtete Aufsichtsrat und Vorstand zudem zur Gründungsprüfung.

---

47 Gesetz, betreffend die Kommanditgesellschaften auf Aktien und die Aktiengesellschaften vom 18. Juli 1884, RGBl. Nr. 22, S. 123–170.

48 Der Wortlaut von § 29 AktG, wonach die Gesellschaft mit Übernahme der Aktien errichtet „ist", entspricht § 22 Abs. 1 AktG 1937. In den Vorläufernormen § 188 Abs. 1 HGB 1900 und Art. 209c Abs. 1 ADHGB 1884 hieß es ähnlich einer Fiktion noch, dass die Aktiengesellschaft lediglich als errichtet „gilt".

49 *Pahlow*, in: *Bayer/Habersack*, Aktienrecht im Wandel, Band I, Kapitel 12, Rdnr. 15.

50 Allgemeine Begründung zum Entwurf eines Gesetzes, betreffend die KG und die KGaA und die AG, Verhandlungen des Reichstages, V. Legislaturperiode, IV. Session 1890/92, Aktenstück Nr. 21 vom 7. März 1884, S. 260.

51 Allgemeine Begründung zum Entwurf eines Gesetzes, betreffend die KG und die KGaA und die AG, a. a. O., S. 260.

52 Allgemeine Begründung zum Entwurf eines Gesetzes, betreffend die KG und die KGaA und die AG, Verhandlungen des Reichstages, V. Legislaturperiode, IV. Session 1890/92, Aktenstück Nr. 21 vom 7. März 1884, S. 270 [= PDF 36] („Der Entwurf (Art. 209 e, f) läßt daher die Wahl des Vorstandes und des Aufsichtsraths nicht erst, wie bisher, mit Vollendung des Gründungshergangs behufs Uebernahme der Geschäftsführung eintreten. Vielmehr beruhen die Vorschriften des Entwurfs über die Gründung darauf, daß eine solche Wahl schon im Stadium der Errichtung nach der Aufbringung des Grundkapitals getroffen werden muß. Die Thätigkeit dieser Organe hat sofort zu beginnen. Sie ist hier freilich so wichtig, wenn nicht noch wichtiger, als späterhin; denn

Festgehalten werden kann nach alledem, dass bereits kurz nach Beginn der Geltung der Vorgängernorm der §§ 41 AktG Abs. 1 S. 1, 11 GmbHG deren vermeintlich eindeutiger, einen Gründerverband ignorierender Wortsinn durch Legislativakte deutlich relativiert wurde[53]. Bereits *J. v. Gierke*[54] stellte daher treffend fest: „Sollen also Worte überhaupt noch einen Sinn haben, so muss eine ‚Gesellschaft' vorhanden sein und zwar eine andere als die Gründergesellschaft (*scil.* = Vorgründungsgesellschaft nach heutigem Sprachgebrauch)". Die fehlende Existenz einer Vorgesellschaft als Vorstufe zur eingetragenen Kapitalgesellschaft lässt sich folglich mit dem Gesetz nicht vereinbaren und ist abzulehnen.

II. Die Zulassung insbesondere von Sacheinlagen als Indiz für eine Rechtssubjektivität des Gründerverbandes

Auch die Rechtssubjektivität des Gründerverbands könnte sich aus dem Aktien- und GmbH-Gesetz selbst ergeben. Ein Anhaltspunkt hierfür könnte in der Zulassung der Sachgründung liegen.

Wie bereits ausgeführt, wurde schon mit der Novelle des ADHGB 1870 bei Anmeldung der Aktiengesellschaft zur Eintragung der Nachweis der Einzahlung eines Quorums von mindestens 10 Prozent verlangt (Artt. 210a Abs. 1 Ziffer 2, 209a ADHGB 1870). Dieses Quorum konnte auch durch eine Sacheinlage erbracht werden. Auch wenn die Sachgründung zunächst nicht ausdrücklich geregelt war, war doch anerkannt, dass sich der Begriff der „Einlage" des Art. 207 Abs. 1 ADHGB 1870 nicht in einem auf die Geldeinlage beschränkten Sinne gemeint war[55]. Art. 209b ADHGB 1870 normierte dann ausdrücklich die Leistung von Sacheinlagen. Für die GmbH hat der Gesetzgeber in § 7 Abs. 3 GmbHG klargestellt[56], dass die Sacheinlagen vor der Anmeldung der Gesellschaft zur

die Art, wie die Gesellschaft gebildet wird und in das Leben tritt, ist für das künftige Gedeihen der Gesellschaft bestimmend.").

53 Zutreffend hat auch *Gierke*, Genossenschaftstheorie, S. 136 formuliert: „Wenn das Gesetz die fertige Körperschaft als solche anerkennt, so kann es auch die Anerkennung der werdenden Körperschaft als solcher nicht ablehnen".

54 *J. v. Gierke*, Handelsrecht, § 41 IV 1. b).

55 RG, Urteil vom 30.06.1880 – I 597/79, RGZ 2, 303, 306; von einem Verbot der Sachgründung wurde abgesehen, Allgemeine Begründung zum Entwurf eines Gesetzes, betreffend die KG und die KGaA und die AG, Verhandlungen des Reichstages, V. Legislaturperiode, IV. Session 1890/92, Aktenstück Nr. 21 vom 7. März 1884, S. 264,

56 § 7 Abs. 3 wurde erst mit der GmbH-Novelle von 1980 aufgenommen und sollte nur die schon zuvor überwiegend vertretene Ansicht festschreiben, Begr RegE, BT-Drucks. 8/1347, S. 32 f. (§ 7 Abs. 3 GmbHG entspricht § 7b Abs. 1 S. 1 des RegE 1977 auf den sich

Eintragung in das Handelsregister an die Gesellschaft zu bewirken sind. Bei der Aktiengesellschaft ist zwar aufgrund des unklaren Verhältnisses der Regelungen in den ersten beiden Sätzen in § 36a Abs. 2 AktG zueinander streitig, ob die Leistung einer dinglichen Sacheinlage stets vor Anmeldung bewirkt sein muss oder ob dies nur für die Sacheinlagen gilt, die in Form der Gebrauchs- oder Nutzungsüberlassung zu leisten ist[57]. Klar ist aber auch nach der letzteren, weniger strengen Auslegungsvariante, dass die Leistung einer Sacheinlage vor Eintragung möglich sein muss. Im Übrigen kann sich die Verpflichtung zur dinglichen Leistung der Sacheinlage vor Eintragung aus der Satzung und deren Bestimmungen über die Sacheinlage ergeben[58].

Gegenstand der Sacheinlage können bewegliche Sachen, Forderungen, Rechte, Handelsgeschäfte, Grundstücke u.a. sein[59]. Alle diese Gegenstände müssen, sollen sie schon vor der Registeranmeldung zu erbringen sein, der durch den Gründungsakt entstandenen Organisation übertragen werden können[60]. Dies hat zur Konsequenz, dass nicht nur im Innenverhältnis, sondern auch im Außenverhältnis der Gründerverband Eigentümer der Sachen bzw. Inhaber der Forderungen und Rechte ist. Die erworbenen Gegenstände müssen schließlich verwaltet werden, ein bestehendes Geschäft, das als Sacheinlage vor Eintragung eingebracht wurde, muss fortgeführt werden[61].

Das Vorhandensein von Verbandsvermögen ist also ein weiteres Indiz für die im Aktien- und GmbH-Gesetz selbst angelegte Rechtsfähigkeit der Vorgesellschaft.

---

die Begr RegE bezieht, siehe auch *Fastrich*, in: Baumbach/Hueck, GmbHG, § 7, Rdnr. 12). Diese konnte sich bereits auf die Gesetzesbegründung zum Entwurf des GmbH-Gesetzes von 1892 stützen: „Bei Sacheinlagen kann eine nur theilweise Leistung natürlich nicht in Frage kommen. Der Gegenstand einer solchen Einlage muß vielmehr unter allen Umständen der Gesellschaft schon vor der Eintragung unverkürzt zur Verfügung gestellt werden ...", Begründung zur Reichstagsvorlage des GmbHG von 1892, Stenographische Berichte über die Verhandlungen des Reichstages, VIII. Legislaturperiode, I. Session 1890/92, Aktenstück Nr. 660, S. 3728, 3735; RG, Urteil vom 05.03.1914 – II 657/13 -RGZ 84, 332, 337; RG, Urteil vom 20.06.1933 – II 41/33, RGZ 141, 204, 204, 209; BGH, Urteil vom 02.05.1966 – II ZR 219/63, BGHZ 45, 338, 347.

57 Zu dem Streit: MünchKomm/*Pentz*, AktG, § 36a, Rdnr. 10 ff. m. w. N.

58 *Flume*, FS Geßler, S. 7.

59 BGH, Urteil vom 02.05.1966 – II ZR 219/63, BGHZ 45, 338, 347.

60 BGH, Urteil vom 02.05.1966 – II ZR 219/63, BGHZ 45, 338, 347 f.; Die Vorgesellschaft ist daher auch als grundbuchfähig anzusehen, BGH, Urteil vom 02.05.1966 – II ZR 219/63, BGHZ 45, 338, 349 f.

61 So bereits *J.v. Gierke*, Handelsrecht, § 41 IV 1. b).

III. Die Rechtsfähigkeit der BGB-Gesellschaft als Argument für die Rechtsfähigkeit der Vorgesellschaft

Wie die traditionelle Gesamthandslehre bei der BGB-Gesellschaft zeigt, folgt aus dem Vorhandensein von Verbandsvermögen allerdings noch nicht, dass dieses einem Rechtsträger zugeordnet ist, der von der Gruppe der Gesellschafter verschieden ist[62]. Zwingend wäre die Anerkennung der Vorgesellschaft als überindividueller Rechtsträger indes dann, wenn auch der publizitätslosen BGB-Gesellschaft – soweit sie nicht reine Innengesellschaft ist – als Grundtyp des personalistischen Verbandes die Rechtsträgerschaft zukommt[63]. Von der anerkannten Prämisse ausgehend, dass sich von der (Gesamthands-)BGB-Gesellschaft bis zur juristischen Person des Handelsrechts eine zunehmende Verselbständigung des Verbandes von seinen Mitgliedern vollzieht[64] – unabhängig von der konkreten Ausgestaltung im Einzelfall – wäre hinsichtlich der Verselbständigung des Vermögens der Vorgesellschaft von den Mitgliedern ein Erst-Recht-Schluss zulässig und geboten.

1. Traditionelle Lehre

Nach traditioneller Lehre[65] sind – unabhängig davon, ob es sich um eine Innen- oder Außengesellschaft handelt – allein die Gesellschafter Zurechnungsendpunkt von Rechten und Pflichten, nicht aber die Gesellschaft. Die BGB-Gesellschaft ist demnach ein auf vertraglicher Grundlage beruhendes Schuldverhältnis[66] zwischen den Gesellschaftern (§ 705 BGB). Durch rechtsgeschäftliches Handeln für die BGB-Gesellschaft werden nur die Gesellschafter verpflichtet. Die geschäftsführenden Gesellschafter handeln dabei rechtsgeschäftlich für sich selbst und

---

62 Siehe *J. Meyer*, Haftungsbeschränkung, S. 341, der darauf hinweist, dass sich der Begriff der Gesellschaft i. S. d. § 37 Abs. 1 S. 3 AktG auch mit dem Begriff des Gesellschaftsvermögens, wie er in § 719 BGB gebraucht ist, vereinbaren ließe.

63 *Hüffer*, Gesellschaftsrecht (4. Auflage 1996), § 7.2, S. 47 spricht davon, dass ohne Anerkennung der Gesamthandsgesellschaft als (teil-)rechtsfähige Wirkungseinheit dem Gründungsrecht der Kapitalgesellschaften die dogmatische Basis fehlen würde.

64 *Flume*, BGB AT I/1, § 7 II, S. 89 ff.; *Schreiber*, KGaA, S. 36 („Stufenleiter").

65 BGH, Urteil vom 14.02.1957 – VII ZR 250/56, BGHZ, 23, 307, 313 f.; RG, Urteil vom 24.06.1882 – I 248/82, RGZ 9, 143, 144; Jauernig/*Stürner*, BGB, § 705, Rdnr. 1; *Rittner*, Die werdende juristische Person, S. 270; *Beuthien/Ernst*, ZHR 156 (1992), 227, 229 ff.; *Hueck*, FS Zöllner, S. 275 ff.; *Peifer*, NZG 2001, 296, 296 ff.; *Weber-Grellet*, AcP 182, (1982), 316, 317 ff.; *Zöllner*, FS Gernhuber, S. 563 ff.; *Zöllner*, FS Claussen, S. 423 ff.

66 Nach *Hueck*, FS Zöllner, S. 278, einem Anhänger der traditionellen Gesamthandslehre, ist der Gesellschaftsvertrag auch Organisationsvertrag.

auf Basis einer vermuteten Bevollmächtigung zugleich für die übrigen Gesellschafter (§ 714 BGB). Die Gesellschafter sind auch unmittelbar Inhaber des Gesellschaftsvermögens, das ihnen als „gemeinschaftliches Vermögen“ (§ 718 Abs. 1 BGB) zugewiesen ist. Der einzelne Gesellschafter „kann nicht über seinen Anteil an dem Gesellschaftsvermögen und an den einzelnen dazu gehörenden Gegenständen verfügen“ (§ 719 Abs. 1 HS 1 BGB). Die damit zum Ausdruck kommende gesamthänderische Bindung des Vermögens wird von der traditionellen Lehre mehrheitlich so verstanden, dass jeder „Gesamthänder“ zwar Vollrechtsinhaber ist, die Verfügungsbefugnis jedoch allen gemeinschaftlich zusteht. Dieses Verständnis ist durch die Formel des Reichsgerichts geprägt, wonach jeder Gesamthänder „auf das Ganze berechtigt sei und nur durch die Berechtigung seiner Mitteilhaber eingeschränkt werde“[67]. Das Gesamthandsvermögen ist damit dinglich gebundenes Sondervermögen der Gesellschafter[68]. Dies entspricht der ursprünglichen Konzeption des Gesetzgebers und dem Wortsinn der §§ 718 Abs. 1, 706 Abs. 2 S. 1, 714 BGB, wo vom gemeinschaftlichen Vermögen bzw. der Vertretung der „Gesellschafter“ die Rede ist[69].

2. Gruppentheorie

Die inzwischen herrschende sog. Gruppentheorie[70] unterscheidet zwischen der reinen Innengesellschaft, die sich in einem bloßen Schuldverhältnis erschöpft,

---

67 RG, Urteil vom 23.02.1907 I 404/06, RGZ 65, 227, 235 zur oHG; demgegenüber weist die heute nicht mehr vertretene Theorie des gebundenen Miteigentums jedem Gesamthänder, ähnlich der Bruchteilsgemeinschaft einen ideellen Teil den einzelnen, das Gesamthandsvermögen bildenden Gegenständen zu, über den der Gesamthänder nur nicht selbständig verfügen kann („gebundenes Miteigenthum“), *Joerges*, ZHR 49 (1900), 140, 183, der bereits erkannt hat, dass Verständnis der Gesamthand im Gierkeschen Sinne zwangsläufig dazu führt, dass man der Gesamthandsgemeinschaft Rechtssubjektivität zukommen lässt: „Will man das Verhältnis [*scil.* der Gesamthand] nun so konstruieren, daß die einzelnen zum Gesellschaftsvermögen gehörigen Rechte Rechtssubjektivität nur für die Gesellschafter in ihrer Verbundenheit, nicht für die Personen der Gesellschafter als einzelne besitzen, oder mit anderen Worten, daß die Gesammtheit, nicht die Summe der Gesellschafter Rechtssubjekt bezüglich der einzelnen zum Gesellschaftsvermögen gehörigen Sachen und Forderungen ist, so steht dem entgegen, daß die Gesellschafter in ihrer Gesammtheit keine Rechtssubjektivität besitzen.“.

68 Jauernig/*Stürner*, BGB, §§ 718–720, Rdnr. 1.

69 *Fikentscher/Heinemann*, Schuldrecht, § 92, Rdnr. 1308.

70 BGH, Urteil vom 29.01.2001 – II ZR 331/00, BGHZ 146, 341, 341 ff.; BGH, Urteil vom 24.02.2003 – II ZR 385/99, NJW 2003, 1445, 1446; BGH, Urteil vom 25.09.2006 – II ZR 218/05, NJW 2006, 3716, 3716 f.; BGH, Beschluss vom 04.12.2008 – V ZB 74/08,

und der Außen- bzw. Gesamthandsgesellschaft, bei der der Gesellschaftsvertrag zugleich Organisationsvertrag ist[71]. Durch Teilnahme am (Außen-)Rechtsverkehr begründet letztere eigene Rechte und Pflichten[72]. Sie ist dadurch gekennzeichnet, dass Inhaberin des Gesamthandsvermögens[73] die Gesamthand ist. Die Gesamthand selbst ist damit Zurechnungsendpunkt von Rechten und Pflichten[74] und insofern wie die juristische Person des Handelsrechts eine „überindividuelle Wirkungseinheit“[75]. Der einzelne Gesamthänder hat mit diesen Rechtsbeziehungen der Gesamthand nur mittelbar über seine Mitgliedschaft etwas zu tun[76]. Der Unterschied zwischen Gesamthand und juristischer Person besteht allein in der Organisation[77]. Die Personengesellschaft als Gesamthandsgesellschaft existiert nur in ihren Gesellschaftern als „Gruppe“. Eine außer den Personen der Gesamthänder noch bestehende Wesenheit existiert nicht[78]. Die juristische Person ist demgegenüber auch im Innenverhältnis eine gegenüber den Mitgliedern

NJW 2009, 594, 595 ff. (Grundbuchfähigkeit der BGB-Gesellschaft); *Flume*, BGB AT I/1, § 4 II, S. 54 ff.; *K. Schmidt*, Gesellschaftsrecht, § 8 III, S. 196 ff.; *K. Schmidt*, FS Fleck, S. 282 ff.; *Bayer*, ZIP 1997, 1613, 1625 f.; *Hadding*, FS Kraft, S. 140 ff.; *Timm*, NJW 1995, 3209, 3210 ff.; *Timm*, ZGR 1996, 247, 251 f. (für die Einordnung der Gesamthandsgesellschaften als juristische Personen); *Ulmer*, AcP 198 (1998), 113, 114 ff; *Wiedemann*, FS Kellermann, S. 539 f.

71 *Flume*, BGB AT I/1, § 1 II, S. 4.

72 BGH, Urteil vom 24.02.2003 – II ZR 385/99, NJW 2003, 1445, 1446; *Kreutz*, FS Hadding, S. 522.

73 Der Begriff des Vermögens wird dabei wie auch nach der traditionellen Lehre umfassend verstanden und umfasst nicht nur Aktiva, sondern auch Passiva *Flume*, FS Raiser, S. 30.

74 *Flume*, BGB AT I/1, § 7 II, S. 93, zurückgehend auf *Gierke*, Genossenschaftstheorie, S. 343 („Indem mit „gesamter Hand“ empfangen oder vergeben wird, bekundet sich die Auffassung, daß mehrere Personen als in ihrer Zusammenfassung als durch ein Rechtsband vereinigte Gruppe berechtigt oder verpflichtet sind“).

75 *Flume*, BGB AT I/1, § 7 I, S. 88 in Anlehnung an den von *Rittner*, Die werdende juristische Person, S. 229 verwendeten Ausdruck. Die Rechtsträgereigenschaft wird dabei allein durch den Begriff „Wirkungseinheit“ charakterisiert. Das Attribut „überindividuell“ soll dabei zum Ausdruck bringen, dass der einzelne nicht für sich handelt, sondern sein Handeln auf die Verwirklichung einer „objektivierten geistigen Substanz“ (*Rittner*, Die werdende juristische Person, S. 212) gerichtet ist. Dem entspricht bei der BGB-Gesellschaft der gemeinsame Zweck i. S. d. § 705 BGB, den die Gesellschafter in der „Gruppe“ zu verwirklichen suchen (*Flume*, BGB AT I/1, § 7 I, S. 89).

76 *Flume*, BGB AT I/1, § 5, S. 73.

77 *Flume*, BGB AT I/1, § 7, S. 89; *Flume*, FS Raiser, S. 31.

78 *Flume*, BGB AT I/1, § 4 II, S. 56.

„verabsolutierte" Einheit[79]. Besteht die Personengesellschaft in ihren Mitgliedern, die in der Gruppe unmittelbar handeln, gliedert sich die juristische Person in Organe auf. Die in die juristische Person eingegliederten Personen können nur als Organmitglieder im Rahmen der Kompetenzen des jeweiligen Organs die juristische Person verwirklichen[80].

Die Gruppentheorie ist dem Wortlaut des Gesetzes nicht zu entnehmen und geht nach eigenem Verständnis seiner Anhänger auch über den ursprünglichen Regelungsplan des Gesetzes hinaus[81]. Die Vertreter der Gruppentheorie argumentieren damit, dass im ersten Entwurf des BGB die BGB-Gesellschaft zwar noch als reines Schuldverhältnis konzipiert gewesen sei, in den zweiten Entwurf jedoch bereits das Gesamthandsprinzip Eingang in den Gesetzestext gefunden habe, allerdings ohne vollständig im Sinne eines personenrechtlichen Prinzips[82] umgesetzt worden zu sein[83]. Die vollständige Umsetzung des Gesamthandsprinzips sei im Wege der Rechtsfortbildung zulässig, da sich die Elemente des Gesamthandsprinzips und die aus dem ersten Entwurf unverändert übernommenen Regelungen im Sinne eines reinen Sozietätsmodells einander widersprächen[84]. Ein Widerspruch zu dem Recht der Personenhandelsgesellschaften, das in § 124 Abs. 1 HGB ausdrücklich vorsieht, dass die Handelsgesellschaft „unter ihrer Firma Rechte erwerben und Verbindlichkeiten eingehen, Eigentum und andere dingliche Rechte an Grundstücken erwerben, vor Gericht klagen und verklagt werden" kann, solle nicht bestehen. Die Vorschrift normiere nicht das Gesamthandsprinzip im eben

---

79 *Flume*, BGB AT I/1, § 7 III 2, S. 96.

80 *Rittner*, Die werdende juristische Person, S. 220.

81 BGH, Urteil vom 27.09.1999 – II ZR 371/98, NJW 1999, 3483, 3484 (An eine Verselbständigung der GbR zu einer verpflichtungsfähigen Rechtsperson … hat der Gesetzgeber nicht gedacht); *Heckelmann*, FS Quack, S. 245 („Das Gesetz geht, wie § 714 BGB zeigt, davon aus, daß neben den Gesellschaftern selbst kein weiteres Rechtssubjekt existiert"); *K. Schmidt*, Gesellschaftsrecht, § 8 III 4 d, S. 204 („… kann sich, wer die Gesamthand als Rechtssubjekt ansehen will, schwerlich auf den Willen des Gesetzgebers berufen").

82 *Kießling*, FS Hadding, S. 479 ff., will die Rechtssubjektivität der Außen-BGB-Gesellschaft nicht mit der Umdeutung der Gesamthand von einem vermögensrechtlichen zu einem personenrechtlichen Prinzip begründen. Die rechtliche Verselbständigung der Personengesellschaft als Verband zu einem Rechtsträger sei allein in der Schaffung einer Organisation begründet. Neben der Außen-BGB-Gesellschaft lasse das Gesetz weiterhin die Gründung einer BGB-Innengesellschaft mit Gesamthandsvermögen im Sinne eines rein sachenrechtlichen Verständnisses der Gesamthand zu.

83 MünchKomm/*Ulmer/Schäfer*, BGB, § 705, Rdnr. 293; *Flume*, BGB AT I/1, § 1 II, S. 2 ff.

84 MünchKomm/*Ulmer/Schäfer*, BGB, § 705, Rdnr. 293; *Flume*, BGB AT I/1, § 1 II, S. 2 ff.

beschriebenen Sinne, sondern setze es voraus, da sie nur den Gebrauch der Firma regele („unter ihrer Firma“)[85].

Die Regelung in § 718 BGB spreche einerseits davon, dass Gegenstände „gemeinschaftliches Vermögen der Gesellschafter“ werden, andererseits aber von „Gesellschaftsvermögen“[86]. Auch bedeute die Norm des § 719 Abs. 1 HS 1 BGB, die besagt, dass ein Gesellschafter nicht über seinen Anteil an dem Gesellschaftsvermögen und an den einzelnen dazu gehörenden Gegenständen verfügen kann, keine Anerkennung der Existenz einer unmittelbaren dinglichen Berechtigung des Gesellschafters an den Gegenständen des Gesellschaftsvermögens, sondern beinhalte allein die Negierung der Verfügungsmöglichkeit[87]. Demgegenüber könne es kein Sondervermögen ohne einen Rechtsträger geben; das Gesamthandsvermögen müsse also der Gesamthand als Rechtsträger zugeordnet werden[88].

Da die Haftung der Gesellschaft als „überindividueller Wirkungseinheit“ mit § 714 BGB begründet wird, fehlt es an einer geschriebenen Haftungsgrundlage für die Gesellschafter. Für die Begründung einer Gesellschafterhaftung werden von den Vertretern der Gruppentheorie im Wesentlichen zwei Lösungen angeboten.

Nach der bis zum Urteil des BGH vom 27.09.1999[89] herrschenden Lehre von der Doppelverpflichtung[90] musste die Haftung der Gesellschafter neben der Haftung der Gesellschaft rechtsgeschäftlich begründet werden. Danach handeln die geschäftsführenden Gesellschafter nicht nur im Namen der Gesellschaft, sondern begründeten zugleich für sich und die übrigen Gesellschafter

---

85 *Flume*, BGB AT I/1, § 5, S. 69 f.

86 *Flume*, BGB AT I/1, § 5, S. 74.

87 *Flume*, BGB AT I/1, § 5, S. 71.

88 *Hüffer*, Gesellschaftsrecht (4. Auflage 1996), § 7.2,S. 46.

89 BGH, Urteil vom 27.09.1999 – II ZR 371–98, NJW 1999, 3483, 3484 f.

90 BGH, Urteil vom 08.11.1978 – VIII ZR 190/77, BGHZ 72, 267, 271; BGH, Urteil vom 30.04.1979 – II ZR 137/78, BGHZ 74, 240, 242 f.; BGH, Urteil vom 15.12.1980 – II ZR 52/80, BGHZ 79, 374, 377; BGH, Urteil vom 01.12.1982 – VIII ZR 206/81, NJW 1983, 749, 749 („Der Gläubiger … kann aus einem vom Gesellschaftsverhältnis verschiedenen Rechtsverhältnis seine Forderung sowohl der Gesellschaft als auch einzelnen Gesellschaftern gegenüber geltend machen“); BGH, Urteil vom 07.03.1990 – VIII ZR 25/89, NJW-RR 1990, 701, 702); BGH, Urteil vom 25.06.1992 – I ZR 120/90, NJW 1992, 3037, 3038 f.; BGH, Urteil vom 15.07.1997 – XI ZR 154/96, BGHZ 136, 254, 258 f.; *Habersack*, JuS 1993, 1, 2 f.; *Hadding*, FS Rittner, S. 134; *Heckelmann*, FS Quack, S. 246 f.; *Henssler*, JZ 1993, 155, 155; *Hennrichs/Kießling*, WM 1999, 877, 880; *Hüffer*, Gesellschaftsrecht (4. Auflage 1996), § 12.2, S. 99 f.

eine einseitige Leistungspflicht im Wege des Schuldbeitritts[91]. Anknüpfungspunkt hierfür soll die Auslegungsregel des § 714 BGB sein, in der auch die Grundlage für die organschaftliche Vertretung der Gesellschaft gesehen wird[92]. Aus der rechtsgeschäftlichen Begründung der Haftung folgt, dass eine Haftung des einzelnen Gesellschafters für gesetzliche Verbindlichkeiten des Verbandes nur dann gegeben ist, wenn dieser den Tatbestand selbst verwirklicht[93].

Nach der inzwischen herrschenden Akzessorietätstheorie[94] haften die Gesellschafter kraft Gesetzes akzessorisch zur Haftung der Gesellschaft und zwar für rechtsgeschäftliche wie für gesetzliche Verbindlichkeiten der Gesellschaft. Dogmatisch wird die akzessorische Haftung mit einem gewohnheitsrechtlich anerkannten Rechtssatz[95] oder mit einer Analogie zu § 128 HGB begründet oder aus dem Gesamthandsprinzip abgeleitet[96].

3. Stellungnahme und Fazit

Die Weiterentwicklung der Gesamthands-BGB-Gesellschaft hin zu einem Rechtssubjekt ist nicht zwingend. Insbesondere sind einige der Argumente, die inhaltlich für die Gruppentheorie genannt werden, widerlegbar, wie etwa die Feststellung, dass es kein Sondervermögen ohne entsprechenden Rechtsträger

---

91 *Habersack*, JuS 1993, 1, 5.

92 *Hadding*, FS Rittner, S. 134, 138. Nach *Hüffer*, Gesellschaftsrecht (4. Auflage 1996), § 12.2, S. 100 sollte sich die Mitvertretung der Gesellschafter aus einer an der Verkehrsanschauung orientierten Auslegung des Vertragsschlusses ergeben.

93 *Habersack*, JuS 1993, 1, 3 f.; *Hadding*, FS Rittner, S. 143; *Heckelmann*, FS Quack, S. 248 f.

94 BGH, Urteil vom 24.02.2003 – II ZR 385/99, NJW 2003, 1445, 1446 f.; BGH, Urteil vom 29.01.2001 – II ZR 331/00, BGHZ 146, 341, 358 f.; BGH, Urteil vom 27.09.1999 – II ZR 371–98, NJW 1999, 3483, 3484 f.; *Flume*, BGB AT I/1, § 16 II 1, S. 285; s. auch § 16 IV 3, S. 325 ff.; *Hüffer/Koch*, Gesellschaftsrecht, § 7, Rdnr. 12; *K. Schmidt*, Gesellschaftsrecht, § 60 III 2, S. 1790 ff.; *K. Schmidt*, FS Fleck, S. 288 f. (nur für die unternehmenstragende BGB-Gesellschaft); *K. Schmidt*, NJW 2001, 993, 998 f.; *Ulmer*, ZIP 2003, 1113, 1113 ff.; *Dauner-Lieb*, DStR 2001, 356, 357; *Gesmann-Nuissl*, WM 2001, 973, 977 ff.; *Schwark*, FS Heinsius, S. 753 ff.; *Wiedemann*, FS Kellermann, S. 542 f.; *Wiedemann*, WM 1994, Sonderbeilage 4, S. 17 (für Gesellschaften mit erwerbswirtschaftlicher Zielsetzung).

95 „... daß jedermann für alle Verbindlichkeiten einstehen muß, der allein oder im Zusammenschluß mit anderen im Rechtsverkehr Geschäfte betreibt.", *Wiedemann*, WM 1994, Sonderbeilage 4, S. 17.

96 *Flume*, BGB AT I/1, § 16 II 1, S. 285; s. auch § 16 IV 3, S. 325 ff. mit Verweis auf *Gierke*, Genossenschaftstheorie, S. 551 („Jede Gesellschaftsschuld ist gleichzeitig Gesamtschuld und Sonderschuld").

gebe[97]. Zwar muss auch Sondervermögen einen Rechtsträger haben, dieser kann aber aus mehreren Personen bestehen, ohne dass die durch diese Personen konstituierte Gruppe als solche Rechtssubjektivität erlangt[98]. Da der Wortlaut der maßgeblichen Normen, die die traditionelle Lehre als Grundlage für das Vermögensprinzip ansieht, Interpretationsspielraum lässt, ist die Weiterentwicklung der Gesamthands-BGB-Gesellschaft hin zu einem Rechtssubjekt aber möglich[99]. Sie ist vorzuziehen, wenn sie gegenüber der traditionellen Lehre praktikabler und widerspruchsfreier ist[100].

So kann die Gruppentheorie begründen, weshalb der Wechsel der Mitgliedschaft keinen Einfluss auf den Fortbestand der mit der Gesellschaft bestehenden Rechtsverhältnisse hat[101]. Im Gegensatz zur traditionellen Lehre vermag die Gruppentheorie die identitätswahrende Umwandlung der BGB-Gesellschaft zur oHG und umgekehrt zu erklären[102]. Ebenso liegt es beim Formwechsel von Rechtsträgern unter Einschluss der Personenhandelsgesellschaften, den das Umwandlungsgesetz als identitätswahrenden Fortbestand unter Wechsel der rechtlichen Verbandsordnung begreift[103]. Nicht zuletzt befindet sich die Gruppentheorie in Übereinstimmung mit der Rechtswirklichkeit, in der die Außen-BGB-Gesellschaft als überindividueller Rechtsträger und nicht nur als eine besondere Erscheinungsform der Gesellschafter gesehen wird[104].

---

97 So *Hüffer/Koch*, Gesellschaftsrecht, § 3, Rdnr. 9.

98 *Zöllner*, FS Gernhuber, S. 570; *K. Schmidt*, der maßgebliche publizistische Vorarbeit für die Anerkennung der Gruppentheorie durch den BGH geleistet hat, sieht neben den rechtsfähigen Außen-BGB-Gesellschaften im Sinne der Gruppenlehre in NJW 2001, 993, 1002 offenbar Raum für die Anerkennung von „gebundenes Miteigentum" verwaltenden Gesellschaften, „deren Vermögen wirklich nichts anderes als ein gemeinschaftliches, durch eine gesamthänderische Bindung im traditionellen Sinne gegen Einzelverfügungen gesichertes Vermögen der Gesellschafter darstellt".

99 *K. Schmidt*, Gesellschaftsrecht, § 8 III, S. 204.

100 BGH, Urteil vom 29.01.2001 – II ZR 331/00, BGHZ 146, 341, 344; *Hüffer/Koch*, Gesellschaftsrecht, § 3, Rdnr. 9.

101 BGH, Urteil vom 29.01.2001 – II ZR 331/00, BGHZ 146, 341, 345; *Hüffer/Koch*, Gesellschaftsrecht, § 3, Rdnr. 10; *Dauner-Lieb*, DStR 2001, 356, 357; *Hennrichs/Kießling*, WM 1999, 877, 880; der BGH, a. a. O. weist zurecht darauf hin, dass Dauerschuldverhältnisse der „Gesellschaft" bei strikter Anwendung der traditionellen Lehre bei jedem Mitgliederwechsel neu abgeschlossen bzw. bestätigt werden müssten; zugestehend *Peifer*, NZG 2001, 296, 298 f.

102 BGH, Urteil vom 29.01.2001 – II ZR 331/00, BGHZ 146, 341, 346.

103 *Hüffer*, Gesellschaftsrecht (4. Auflage 1996), § 7.2, S. 47.

104 *Hüffer*, Gesellschaftsrecht (4. Auflage 1996), § 7.2, S. 46.

Bliebe es allerdings bei der Begründung einer Haftung der Gesellschaft als „überindividueller Wirkungseinheit", liefe dies auf eine aus Sicht der Gesellschafter beschränkte Haftung hinaus. Schaut man nach den Gemeinsamkeiten der Vereinigungen des Privatrechts, bei denen unstreitig eine Beschränkung der Haftung auf das Verbandsvermögen besteht namentlich bei den hier zu untersuchenden Kapitalgesellschaften, dem eingetragenen und dem nichtrechtsfähigen Verein sowie der eingetragenen[105] Genossenschaft fällt auf, dass entweder für die Aufbringung und Erhaltung einer gewissen Mindesthaftsumme zu sorgen ist oder aber, wo dies nicht der Fall ist, der Verbandszweck kein erwerbswirtschaftlicher (wie beim Idealverein) oder kein überindividueller (wie bei der Genossenschaft) ist[106]. Gemein ist den beschränkt haftenden Verbänden die Registerpublizität. Eine Ausnahme gilt für den nichtrechtsfähigen Verein. Hier wird der Ausgleich für die fehlende Publizität mit der Handelndenhaftung des § 54 S. 2 BGB geschaffen[107]. Da die Außen-BGB-Gesellschaft publizitätslos ist und für nahezu alle Zwecke eingegangen werden kann, ist die Gruppentheorie nur dann überzeugend, wenn sie in Form der Lehre von Doppelverpflichtung bzw. der Akzessorietätstheorie eine tragfähige Grundlage für die Haftung der Gesellschafter bietet[108].

Da die Gesellschafter nach der Doppelverpflichtungslehre nur aufgrund rechtsgeschäftlicher Bevollmächtigung verpflichtet werden, ist es möglich, die Gesellschafter im Vorfeld[109] von einer persönlichen Haftung „abzuschirmen". Erreicht werden kann dies durch eine Beschränkung der Vertretungsmacht der geschäftsführenden Gesellschafter dahingehend, ausschließlich die Gesellschaft zu

105 Bei der nichtrechtsfähigen Genossenschaft haften die Mitglieder wie bei der Außen-BGB-Gesellschaft (vgl. § 54 S. 1 BGB) unbeschränkt persönlich und gesamtschuldnerisch, *Fandrich*, in: Pöhlmann/Fandrich/Bloehs, Genossenschaftsgesetz, § 13, Rdnr. 10.

106 *Großfeld/Aldejohann*, 100 Jahre GenG, S. 2 ff: „Die Genossenschaft ist daher nicht eine von mehreren Gesellschaftstypen, sondern ein ökonomisches, soziologisches, sozialethisches Gebilde eigener Art".

107 Obwohl § 54 S. 2 BGB inhaltlich den §§ 41 Abs. 1 S 2 AktG und 11 Abs. 2 GmbHG für die Vorgesellschaften entspricht, bezweckte der Gesetzgeber hier lediglich den Schutz Dritter, *Mugdan*, Materialien zum BGB, Bd. I, S. 641 (Protokolle).

108 Der Rechtsverkehr erwartet, dass die Gesellschafter einer nach außen auftretenden BGB-Gesellschaft unbeschränkt persönlich haften, s. etwa *Heermann*, BB 1994, 2421, 2423; *Henssler*, JZ 1993, 155, 156; *Hennrichs/Kießling*, WM 1999, 877, 882.

109 Aufgrund der Privatautonomie ist es stets möglich, bei Abschluss eines haftungsbegründenden Geschäfts eine Haftungsbeschränkung mit dem Geschäftsgegner rechtsgeschäftlich zu vereinbaren.

verpflichten[110]. Eine weitere Variante besteht darin, dass die für die Gesellschaft Handelnden gegenüber dem Geschäftsgegner deutlich machen, es werde nur für die Gesellschaft gehandelt, so dass es – unabhängig von der Vertretungsmacht für die Mitgesellschafter – bereits an einem „Handeln im Namen des Vertretenen" i. S. d. § 164 Abs. 1 BGB fehlt[111]. Eine unbeschränkte Haftung kann sich dann nur nach den allgemeinen Grundsätzen der Rechtsgeschäftslehre ergeben, indem auf den Empfängerhorizont des Geschäftsgegners abgestellt wird und aufgrund der vom Rechtsverkehr grundsätzlich erwarteten unbeschränkten Haftung an die Erkennbarkeit der Beschränkung hohe Anforderungen gestellt werden[112], wobei im Falle der Nichterkennbarkeit regelmäßig eine unbeschränkte Haftung nach den Grundsätzen der Duldungs- und Anscheinsvollmacht in Frage kommt[113].

Rechtlich möglich ist eine Haftungsbeschränkung durch eine Beschränkung der Vertretungsmacht allerdings auch bei der Akzessorietätstheorie, wenn auch im Vergleich zur Doppelverpflichtungslehre nur mittelbar. Ansatzpunkt ist wiederum die Vertretungsmacht, hier jedoch die Verbandsvertretungsmacht. Da im Gegensatz zur oHG (§ 126 Abs. 2 HGB) die Vertretungsmacht bei der BGB-Gesellschaft gemäß § 714 BGB frei gestaltbar ist[114], kann die Vertretungsmacht derer, die für die Gesellschaft handeln sollen, dahingehend beschränkt werden, dass sie die Gesellschaft gegenüber einem Dritten nur verpflichten können, wenn das Geschäft mit dem Dritten eine vertragliche Haftungsbeschränkung

110 *Habersack*, JuS 1993, 1, 3; *Hadding*, FS Rittner, S. 138 ff.; *Heckelmann*, FS Quack, S. 249 ff.; *Henssler*, JZ 1993, 155, 155; dies wurde auch vom BGH ursprünglich grundsätzlich für zulässig erachtet, s. BGH, Urteil vom 25.10.1984 – VII ZR 2/84, NJW 1985, 619; BGH, Urteil vom 03.05.1984 – VII ZR 80/82, BGHZ, 91, 139, 141 f.; BGH, Urteil vom 25.06.1992 – I ZR 120/90, NJW 1992, 3037, 3038 f.

111 *Hennrichs/Kießling*, WM 1999, 877, 881.

112 *Wiedemann*, WM 1994, Sonderbeilage 4, S. 15.

113 BGH, Urteil vom 25.06.1992 – I ZR 120/90, NJW 1992, 3037, 3039.

114 BGH, Urteil vom 27.09.1999 – II ZR 371/98, NJW 1999, 3483, 3485; *Flume*, BGB AT I/1, § 16 IV 4, S. 328; *Ulmer*, ZIP 1999, 554, 561; die gegenteilige Ansicht, die für die unternehmenstragende Außen-BGB-Gesellschaft § 126 Abs. 2 HGB analog anwenden will und u.a. von *Schäfer*, ZIP 2003, 1225, 1233 f.; *Schöne*, in: Bamberger/Roth, BGB, § 714, Rdnr. 7; *Gummert*, in: MünchHdb GesR I, § 18, Rdnr. 95; vertreten wird; ist abzulehnen, da der erhöhte Verkehrsschutz des HGB in den Vorschriften zur BGB-Gesellschaft keine Entsprechung gefunden hat, so dass allein die Zugehörigkeit der BGB-Gesellschaft zu den Personengesellschaften eine Übertragung des in § 126 Abs. 2 HGB zum Ausdruck kommenden Rechtsgedankens, d. h. eine grundsätzliche Aufhebung der Prüfungsobliegenheit hinsichtlich der Vertretungs- und damit auch Haftungsregelungen, nicht zu rechtfertigen vermag, *Heermann*, BB 1994, 2421, 2423.

vorsieht[115]. Wird das Geschäft ohne Aufnahme einer Haftungsbeschränkung abgeschlossen, dürften jedoch regelmäßig die Voraussetzungen für eine Duldungs- oder Anscheinsvollmacht erfüllt sein. Ist dies nicht der Fall, haftet der für die Gesellschaft Handelnde nach § 179 Abs. 1 BGB als *falsus procurator*[116]. Die Gläubigerinteressen sind damit ausreichend gewahrt.

Für die Akzessorietätstheorie streitet, dass ihre Beschränkbarkeit der Verbandsvertretungsmacht „eins zu eins" der ebenso beschränkbaren Vertretungsmacht im Hinblick auf die Mitgesellschafter nach der traditionellen Gesamthandslehre entspricht. Demgegenüber offenbaren gerade die Begründungsansätze zur Schließung der Haftungslücken die Schwäche der Doppelverpflichtungslehre.

Die Doppelverpflichtungslehre galt deshalb lange Zeit als vorzugswürdig, weil die mit der Akzessorietätstheorie einhergehende gesetzliche Mitgliederhaftung für die BGB-Gesellschaft angesichts der Vielgestaltigkeit ihrer Erscheinungsformen als unangemessen erschien[117]. Insoweit hat sich jedoch der gesetzliche Rahmen gewandelt. Mit Änderung des § 105 Abs. 2 HGB durch das HRefG[118] steht nun auch Gesellschaften, die ein ehemals minderkaufmännisches Unternehmen oder Vermögensverwaltung betreiben, die Rechtsform der Kommanditgesellschaft und damit die Haftungsbeschränkung offen[119]. Angehörige der freien Berufe können sich seit 1995 in der Rechtsform der Partnerschaftsgesellschaft zusammenschließen, die in § 8 Abs. 2 PartGG eine Haftungsbeschränkung vorsieht.

Die aus rechtspolitischen Gründen gewährten speziellen Haftungsbeschränkungsmöglichkeiten, die das Gesetz jeweils nur unter spezifischen Voraussetzungen und Auflagen gestattet, würden unterlaufen, ermöglichte man es den Mitgliedern einer BGB-Gesellschaft, einseitig die Haftung auf das Gesellschaftsvermögen zu beschränken[120].

---

115 *Flume*, BGB AT I/1, § 16 IV 4, S. 327 ff.; *Schäfer*, ZIP 2003, 1225, 1233 f.; *Ulmer*, ZIP 1999, 554, 564. Solche Klauseln sollen nach *Ulmer*, ZIP 1999, 554, 564 allerdings als AGB nicht wirksam vereinbart werden können. Ob man damit zwangsläufig zu einer Haftung der Gesellschaft kommt, dürfte zweifelhaft sein, wenn das Bestehen der Vollmacht gerade von der *wirksamen* Vereinbarung einer Haftungsbegrenzung abhängig gemacht wird.

116 *Ulmer*, ZIP 1999, 554, 564.

117 BGH, Urteil vom 30.04.1979 – II ZR 137/78, BGHZ 74, 240, 242 f.; *Hüffer*, Gesellschaftsrecht (4. Auflage 1996), § 12.2, S. 99 f.

118 Art. 3 Nr. 24 HRefG.

119 *Happ/Möhrle*, in: MünchHdb GesR I, § 47, Rdnr. 54; *K. Schmidt*, DB 1998, 61, 61 f.; *Schön*, DB 1998, 1169, 1176.

120 BGH, Urteil vom 27.09.1999 – II ZR 371/98, NJW 1999, 3483, 3485. Zulässig bleiben haftungsbeschränkende Vereinbarungen mit dem Geschäftsgegner, wobei einem

Als Fazit kann daher festgehalten werden, dass die akzessorische Gesellschafterhaftung sowohl im Vergleich mit der Lehre von der Doppelverpflichtung als auch im Vergleich mit der Gesellschafterhaftung auf Basis der traditionellen Lehre überzeugt.

Auf ihrer Basis ist die Gruppentheorie gegenüber der traditionellen Gesamthandslehre nicht nur in der Rechtsanwendung praktikabler und führt vielfach zu sachgerechteren Ergebnissen, sie bietet auch ein *„weitgehend widerspruchsfreies Modell für die vom Gesetz (§§ 718–720 BGB) gewollte rechtliche Absonderung des Gesellschaftsvermögens vom Privatvermögen der Gesellschafter*"[121]. Der Einwand, dass es für eine am Vorbild des § 128 HGB orientierten akzessorischen Haftung an einer planwidrigen Regelungslücke fehle[122], vermag nicht zu überzeugen. Auch wenn der Gesetzgeber der deutschrechtlichen Gesamthandslehre des 19. Jh. nicht zum Durchbruch verhelfen wollte[123], so hat er sich doch auch nicht klar für das rein obligatorische Gesellschaftsverhältnis entschieden. Durch die Bezugnahme auf das vor Fassung des BGB bekannte Gesamthandsprinzip, das bereits im ADHGB zum Ausdruck gekommen war, hat der Gesetzgeber diese Vorstellungen in das BGB übernommen[124]. Die

---

formularmäßigen Ausschluss aber durch § 307 Abs. 2 Nr. 1 BGB enge Grenze gesetzt sind. Anerkannt sind haftungsbeschränkende Vereinbarungen für geschlossenen Immobilienfonds, Bauherrengemeinschaft und – wegen der Parallele zum nichtrechtsfähigen Idealverein – für die einen ideellen (gemeinnützigen) Zweck verfolgende BGB-Gesellschaft; zur Kasuistik m. w. N. siehe *Ulmer*, ZIP 2003, 1113, 1119 f. Zulässig sind damit auch die nicht so weitreichenden quotalen Haftungsbeschränkungen, vor allem in der Publikums-BGB-Gesellschaft, bei der jeder Gesellschafter nur entsprechend seiner Beteiligungsquote haftet und nicht das Ausfallrisiko der Mitgesellschafter übernimmt. Ob dies der Fall ist, ist allein abhängig von der vertraglichen Regelung zwischen Gesellschaft und Gläubiger, die frei bestimmt werden kann, BGH, Urteil vom 08.02.2011 – II ZR 243/09, NZG 2011, 580, 581 f.; für eine weitergehende institutionelle Haftungsbeschränkung bei der Publikums-BGB-Gesellschaft (insbesondere der passiven Anlagegesellschafter von geschlossenen Immobilienfonds), *Schäfer*, NZG 2010, 241, 244 f., für die das Gesetz jedoch keine ausreichende Grundlage bietet.

121 BGH, Urteil vom 29.01.2001 – II ZR 331/00, BGHZ 146, 341, 344.

122 *Canaris*, ZGR 2004, 69, 69 ff.; *Habersack*, JuS 1993, 1, 4.

123 Die zweite Kommission suchte „eine Entscheidung der wissenschaftlichen Frage nach dem Wesen der gesammten Hand zu vermeiden", *Mugdan*, Materialien zum BGB, Bd. II, S. 992 (Mot. I, S. 2445).

124 Die Gruppentheorie hat indirekt eine Bestätigung erfahren, indem der Gesetzgeber des Umwandlungsgesetzes einen identitätswahrenden Formwechsel von der Kapitalgesellschaft zur BGB-Gesellschaft ermöglicht hat (§§ 190 ff., 226 ff. UmwG). Unter

Gruppentheorie in der Form der Akzessorietätstheorie ist daher der weiteren Darstellung zu Grunde zu legen.

Da die publizitätslose BGB-Gesellschaft als solche Rechtsträger sein kann, ist auf Basis der eingangs formulierten Prämisse auch die Vorgesellschaft als Rechtsträger anzuerkennen.

IV. Zusammenfassende Bewertung

Aus der Zulassung der Sachgründung und der Anerkennung der Rechtsträgerschaft der Gesamthands-BGB-Gesellschaft ist zu folgern, dass auch die Vorgesellschaft bereits ein gegenüber den Gründern selbständiger Rechtsträger ist. Dies wird durch die bereits vom Gesetzgeber der Aktienrechtsnovelle von 1884 erklärte Absicht gestützt, das Vermögen der Vorgesellschaft gegenüber dem der Gründer zu verselbständigen[125].

Dass die Vorgesellschaft nicht nur Träger von Rechten, sondern auch von Pflichten ist, folgt daraus, dass sie Geschäftsbesorgungsverträge mit den Organmitgliedern schließen können muss und dass das Gesetz die Möglichkeit eröffnet, den Gründungsaufwand dem Verband zuzuweisen[126]. Darüber hinaus muss sie die privat-rechtlichen und öffentlich-rechtlichen Lasten tragen, die etwa mit den an sie aufgelassenen Grundstücken verbunden sind. Sie erfüllt damit die Definition der Rechtsfähigkeit als der Fähigkeit Träger von Rechten und Pflichten[127] zu sein. Setzt man indes Rechtsfähigkeit mit Rechtspersönlichkeit gleich und verlangt für die Rechtsfähigkeit zusätzlich, dass die Zuordnungssubjektivität des Verbandes eine solche unter Ausschluss der Bezugnahme auf die Mitglieder[128] zu sein hat („ausschließliche Zuordnungssubjektivität“[129]), mag man an diesen Stellen lediglich von Teilrechtsfähigkeit sprechen[130].

Für die weitere Untersuchung ist indes der Befund, dass die Vorgesellschaft selbst Zuordnungsendpunkt von Rechten und Pflichten ist, entscheidend und nicht die begriffliche Bewertung. An dieser Stelle genügt daher die Feststellung

---

der Annahme, dass die BGB-Gesellschaft nicht selbst der Rechtsträgerschaft fähig ist, wäre ein Wechsel der Rechtsform andernfalls nur durch eine vermögensübertragende Umwandlung denkbar.

125 Siehe oben B.I.

126 Siehe §§ 26 Abs. 2 AktG, 9a Abs. 1 GmbHG.

127 H. M., siehe nur *Palandt/Ellenberger*, BGB, Überblick vor § 1, Rdnr. 1.

128 So etwa *Flume*, FS Geßler, S. 27; *Fabricius*, Relativität, S. 236 f.

129 *Büttner*, Identität und Kontinuität, 108.

130 *Fabricius*, Relativität, S. 181; *Pawlowski*, BGB AT, Rdnr. 98a, 110a, 119; *John*, Rechtsperson, S. 221 ff.

der Rechtsfähigkeit im Sinne der einfachen Zuordnungssubjektivität. Im Folgenden soll der Begriff der Rechtsfähigkeit in diesem weiteren Sinne verstanden und gebraucht werden. Die Vorgesellschaft kann danach ohne weiteres als Rechtsträger bezeichnet werden[131]. Dem Ergebnis widerspricht im Fall der GmbH nicht, dass die Norm des § 13 Abs. 1 GmbHG, die GmbH „als solche“[132] für rechtsfähig erklärt und in § 11 Abs. 1 GmbHG, bestimmt, dass die GmbH „als solche“ vor der Eintragung nicht besteht. Die Rechtsfähigkeit ist damit nicht dermaßen mit der eingetragenen Kapitalgesellschaft verbunden, dass im Umkehrschluss auf mangelnde Rechtsfähigkeit der Vorgesellschaft zu schließen wäre. Gegen einen Umkehrschluss spricht entscheidend, dass einmal der Wortlaut des § 13 Abs. 1 GmbH diese Auslegung nicht erzwingt, da die Vorschrift nicht anordnet, dass „nur“ die GmbH als solche „selbständig ihre Rechte und Pflichten“ hat und zum anderen, dass die Gründungsvorschriften wie gezeigt die Rechtsträgerschaft der Vorgesellschaft voraussetzen.

Gemäß § 50 Abs. 1 ZPO hat die Rechtssubjektivität die Parteifähigkeit zur notwendigen Konsequenz[133]. Da die aktive Parteifähigkeit des nichtrechtsfähigen Vereins inzwischen auch vom Gesetzgeber[134] in § 50 Abs. 2 n.F. ZPO „klargestellt“[135]

---

131 BGH, Urteil vom 09.03.1981 – II ZR 54/80, BGHZ 80, 129, 132; BGH, Beschluss vom 16.03.1992 – II ZB 17/91, BGHZ 117, 323, 326; NJW 1998, 1079, 1080; BayObLG, Beschluss vom 06.11.1985 – BReg 3 Z 15/85, DB 1986, 106 (Vor-GmbH als Kostenschuldner bei Auflassungsvormerkung); *K. Schmidt*, in: Scholz, GmbHG, § 11 Rdnr. 35 („vollwertige Rechtsträgerin“); *Gummert*, in: MünchHdb GesR III, § 16, Rdnr. 46; *K. Schmidt*, Gesellschaftsrecht, § 11 IV 2 b, S. 301 („vollwertiger Rechtsträger“); *John*, Rechtsperson, S. 311 ff.; *Hueck*, FS 100 Jahre GmbHG, S. 157; *Weimar*, AG 1992, 69, 70.

132 Für die Aktiengesellschaft bestimmt § 1 Abs. 1 S. 1 AktG die „eigene Rechtspersönlichkeit“ ohne die ausdrückliche Beschränkung auf die Aktiengesellschaft „als solche“.

133 BGH, Urteil vom 29.01.2001 – II ZR 331/00, BGHZ 146, 341, 347 ff. (zur Rechts- und Parteifähigkeit der Außen-BGB-Gesellschaft).

134 Art. 3 des Gesetzes zur Erleichterung elektronischer Anmeldungen zum Vereinsregister und anderer vereinsrechtlicher Änderungen vom 24. September 2009 (BGBl. I S. 3145).

135 Begr RegE BT-Drucks 16/12813, S. 15. Sie folgte dem Rechtsprechungswandel des BGH, siehe BGH, Urteil vom 02.07.2007 – II ZR 111/05, NJW 2008, 69, 74 (bereits mit Verweis auf den bereits als Entwurf vorliegenden § 50 Abs. 2 ZPO n.F. Die Sonderregelung war nicht zuletzt aufgrund der der Außen-BGB-Gesellschaft bereits zuerkannten aktiven Parteifähigkeit nicht mehr aufrecht zu halten, da für das Recht des nichtrechtsfähigen Vereins auf die §§ 705 ff. BGB verwiesen wird, KG, Urteil vom 14.04.2003 – 26 W 44/03, MDR 2003, 1197; Musielak/*Werth*, ZPO, § 50, Rdnr. 27;

wurde, stellt sich die Frage der Übertragbarkeit der Einschränkung auf die Vorgesellschaft nicht mehr. Demnach ist die Vorgesellschaft in vollem Umfang parteifähig[136], ohne dass es hierfür bereits auf die noch zu untersuchende Rechtsnatur des Verbandes ankommt[137].

Rosenberg/Schwab/Gottwald, Zivilprozessrecht, § 43, Rdnr. 20; Zöller/*Vollkommer*, ZPO, § 50, Rdnr. 30; MünchKomm/*Lindacher*, ZPO, § 50, Rdnr. 36; *K. Schmidt*, NJW 2001, 993, 1003; *Kempfler*, NZG 2002, 411, 413.

136 Passive Parteifähigkeit: BGH, Urteil vom 23.10.2006 – II ZR 162/05, WM 2006, 2355, 2356; BGH, Urteil vom 28.11.1997 – V ZR 178/96, WM 1998, 245, 246 (aktiv parteifähig); BGH, Versäumnisurteil vom 23.01.1981 – I ZR 30/79, BGHZ 79, 239, 241; BGH, Urteil vom 28.01.1960 – VII ZR 223/58, NJW 1960, 1204, 1205; BAG, Urteil vom 08.11.1962 – 2 AZR 11/62, NJW 1963, 680; OLG Hamburg, Entscheidung vom 04.10.1973 – 3 W 114/73, BB 1973, 1505; aktive Parteifähigkeit: BGH, Urteil vom 28.11.1997 – V ZR 178–96, NJW 1998, 1079, 1080; *Büttner*, Identität und Kontinuität, S. 102 ff, 124 f; *Bayer*, in: Lutter/Hommelhoff, § 11 Rdnr. 9; *K. Schmidt*, in: Scholz, GmbHG, § 11 Rdnr. 42; *Fastrich*, in: Baumbach/Hueck, GmbHG, § 11 Rdnr. 17; Rowedder/*Schmidt-Leithoff*, GmbHG, § 11 Rdnr. 79; Ulmer/*Ulmer/Habersack*, GmbHG, § 11 Rdnr. 64; gegen die aktive Parteifähigkeit aufgrund der Einordnung der Vorgesellschaft als nichtrechtsfähigen Verein: *Flume*, BGB AT I/2, S. 162; *Arnold*, in: KölnerKomm, AktG, § 41, Rdnr. 20.

137 Die Vorgesellschaft wird von einigen Autoren als nichtrechtsfähiger Verein angesehen, etwa *Flume*, FS Geßler, S. 27; *Steimel*, Rechtsnatur, S. 36 ff., 52 f.; *Heberlein*, GmbH vor Eintragung, S. 29 ff., 37; *Kempermann*, Gründungsgesellschaft, S. 62; *Dressler*, Vorgesellschaft, S. 17 ff.

C. Die Rechtsnatur der Vorgesellschaft

Mit der Feststellung, dass die Vorgesellschaft selbst Rechtssubjekt ist, ist ihre Rechtsnatur noch nicht geklärt. Da die Vorgesellschaft als solche nicht ausdrücklich vom Gesetz geregelt ist, lässt sich die Frage nach ihrer Rechtsnatur nur indirekt beantworten. Anzusetzen ist bei dem Verhältnis zwischen Vorgesellschaft und eingetragener Kapitalgesellschaft. So ist zunächst die Frage zu klären, ob mit der Eintragung ein Rechtssubjektwechsel verbunden ist [I.]. Die gewonnenen Erkenntnisse fließen sodann in die Klärung der Frage nach der Rechtsform ein [II.]. Die Rechtsnatur der Vorgesellschaft ist weiterhin dadurch geprägt, dass sie lediglich ein notwendiges Durchgangsstadium auf dem Weg zur eingetragenen Kapitalgesellschaft und keine Vereinigung auf Dauer ist. Welche strukturbildenden Konsequenzen sich daraus ableiten lassen, ist Gegenstand der sich anschließenden Untersuchung [III.]. Den letzten Aspekt der Untersuchung zur Rechtsnatur der Vorgesellschaft bildet die Klärung der Frage, ob sich aus den positivrechtlichen Regelungen des Gründungsstadiums ableiten lässt, dass Errichtung und Eintragung zusammen einen einheitlichen Konstitutivakt bilden [IV.].

I. Rechtssubjektwechsel mit Eintragung oder Identität der Vorgesellschaft mit der eingetragenen Kapitalgesellschaft

Alle Theorien zur Rechtsform der Vorgesellschaft haben ihren Ausgangspunkt in den Regelungen der §§ 41 AktG, 11 Abs. 1 GmbHG. Laut § 41 Abs. 1 S. 1 AktG besteht die Aktiengesellschaft vor der Eintragung in das Handelsregister *als solche* nicht. Entsprechendes bestimmt § 11 Abs. 1 GmbHG für die GmbH.

Der Wortlaut, der §§ 41 AktG Abs. 1 S. 1, 11 Abs. 1 GmbHG, wonach die Kapitalgesellschaft „als solche" vor der Eintragung nicht besteht, lässt verschiedene Auslegungen zu. Mit der Betonung auf dem Wort „nicht" lässt sich die Regelung so verstehen, dass vor der Eintragung keinerlei Verband existiert. Da, wie bereits gezeigt[138], das Gesetz selbst von der Existenz eines überindividuellen Verbandes als Rechtsträger ausgeht, scheidet diese Auslegungsvariante jedoch aus. Es bleiben die Auslegungsvarianten, die die Betonung auf den Ausdruck *als solche* legen. Auf dieser Basis lassen sich die §§ 41 AktG Abs. 1 S. 1, 11 Abs. 1 GmbHG sowohl dahingehend verstehen, dass vor der Eintragung zwar bereits

138 Siehe oben B.I und B.III.

ein Verband besteht, dieser aber mit Eintragung untergeht und an dessen Stelle ein völlig neuer Verband tritt (so die Subjektwechseltheorie),[139] als auch dahingehend, dass vor der Eintragung ein Verband besteht, der mit der eingetragenen Kapitalgesellschaft (teil-)identisch ist (so die Identitätstheorien)[140].

Die Identitätstheorien[141] schließen aus der fehlenden Anordnung eines Übergangs der für die Vorgesellschaft begründeten Rechtsverhältnisse auf die eingetragene Kapitalgesellschaft, dass zwischen beiden Stadien Identität des Rechtsträgers besteht.

Die Subjektwechseltheorie wird, soweit ersichtlich, heute nur noch von *Hüffer*[142] vertreten, der sie in der Konstitutivfunktion der Eintragung begründet sieht. Die Vorgesellschaft gehe danach liquidationslos unter, und die eingetragene Kapitalgesellschaft entstehe als juristische Person und Gesamtrechtsnachfolger der Vorgesellschaft neu[143].

Nach *Hüffer* soll die Ersteintragung spiegelbildlich zur Löschung der Kapitalgesellschaft aus dem Handelsregister zu sehen sein. Wenn letzterer konstitutive Wirkung für den Wegfall der juristischen Person zukomme, dann komme der Ersteintragung konstitutive Wirkung für deren Existenz zu. Allerdings ist das Gesetz hinsichtlich der Bedeutung der Löschung für die Beendigung der Existenz der Kapitalgesellschaft nicht klarer als hinsichtlich der Wirkungen der Ersteintragung, so dass die Funktion der Löschung im Handelsregister im Zusammenhang mit der Beendigung der Existenz der Kapitalgesellschaft umstritten ist. Nur für eine Mindermeinung im Schrifttum ist die Löschung der Kapitalgesellschaft

---

139 *Hueck*, FS 100 Jahre GmbHG, S. 139; in diesem Sinne *Würdinger*, Aktienrecht (2. Auflage 1966), S. 102 ff.; *Hüffer*, AktG, § 41, Rdnr. 16a; *Hüffer*, GS Schultz, 1987, S. 99, 103 ff.

140 *Feine*, GmbH, S. 196.

141 BGH, Urteil vom 02.05.1966 – II ZR 219/63, BGHZ 45, 338, 348 f.; *Feine*, GmbH, S. 196 ff.; BGH, Urteil vom 02.05.1966 – II ZR 219/63, BGHZ 45, 338, 348 f.; *Weyrich*, Vorgesellschaft, S. 39; *Dilcher*, JuS 1966, 89, 92 f.; *Ganßmüller*, GmbHR 1967, 75, 79 f.; *Hubert*, Vor-GmbH, S. 15 (Rechtsträgeridentität); *K. Schmidt*, in: Scholz, GmbHG, § 11, Rdnr. 31, 46 (Identität des Rechtsträgers und damit „Identität im Sinne vollständiger Kontinuität der Rechtsverhältnisse"); *Gummert*, in: MünchHdb GesR III, § 16, Rdnr. 8 („Identität im Sinne der Kontinuität aller Rechtsbeziehungen zu Dritten"); *Roth*, in: Roth/Altmeppen, GmbHG, § 11, Rdnr. 19; *Weimar*, AG 1992, 69, 70.

142 *Hüffer*, AktG, § 41, Rdnr. 16a; *Hüffer*, GS Schultz, 1987, S. 99, 103 ff.

143 *Brodmann*, GmbHG, § 11, Anm. 1 a; *Hüffer*, AktG, § 41, Rdnr. 16; *v. Tuhr*, BGB AT I, S. 588 f. (für den Verein); *Horn*, NJW 1964, 86, 86 ff.

für die Beendigung ihrer Existenz konstitutiv. Nach der vormals h. M.[144] ist die Löschung deklaratorisch und nach der von *K. Schmidt*[145] begründeten und inzwischen herrschenden Lehre vom Doppeltatbestand müssen sowohl Vermögenslosigkeit als auch Löschung vorliegen[146]. Gegen die Ansicht, die die Löschung für den Wegfall der juristischen Person ausreichen lässt, spricht entscheidend, dass sie die Frage nicht befriedigend beantworten kann, wer nach Löschung der Gesellschaft und damit ihrem Ende Träger des noch vorhandenen Vermögens ist[147]. Da der Löschung mithin keine Konstitutivwirkung für die Beendigung der Kapitalgesellschaft zukommt, kann hieraus auch nicht umgekehrt auf die Konstitutivfunktion der Ersteintragung für die Entstehung der Kapitalgesellschaft im Sine *Hüffers* geschlossen werden.

Die Subjektwechseltheorie vernachlässigt auch, dass es sich bei der Entstehung um einen Prozess handelt[148], der lediglich mit der Eintragung seinen Abschluss findet: Der Verband muss errichtet, die Organe müssen bestellt, Einlagen geleistet werden etc. Auch der Wortlaut des Gesetzes spricht gegen einen Subjektwechsel. So bestimmt das Gesetz in §§ 29 AktG, 9 Abs. 1 GmbHG, dass *die* Gesellschaft errichtet ist und nicht eine (beliebige) Gesellschaft[149], auch die Norm des § 21 BGB, die die Existenz des Vereines vor Erlangung der Rechtsfähigkeit durch die Eintragung voraussetzt[150], spricht gegen einen Subjektwechsel.

---

144 RG, Urteil vom 12.11.1935 – II 48/35, RGZ 149, 293, 296 („Die Löschung hat aber keine rechtschaffende Wirkung in dem Sinne, daß sie nun die Gesellschaft endgültig zum Erlöschen bringt; sie hat vielmehr nur die Bedeutung der Bekundung einer Tatsache."); BGH, Beschluss vom 23.02.1970 – II ZB 5/69, BGHZ 53, 264, 266; BGH, Urteil vom 05.04.1979 – II ZR 73/78, BGHZ 74, 212, 213; BGH, Urteil vom 29.09.1981 – VI ZR 21/80, NJW 1982, 238, 238; BGH, Urteil vom 21.10.1985 – II ZR 82/85, NJW-RR 1986, 394; BGH, NJW 1995, 196; Zöller/*Vorkommer*, ZPO, § 50, Rdnr. 4.

145 *K. Schmidt*, in: Scholz, GmbHG, § 74, Rdnr. 13 f.

146 BAG, Urteil vom 04.06.2003 – 10 AZR 448/02, GmbHR 2003, 1009, 1010; BAG, Urteil vom 22.03.1988 – 3 AZR 350/86, NJW 1988, 2637, 2637 (noch *obiter*); BFH, Urteil vom 12.10.1999 – VIII R 46/98, GmbHR 2000, 500, 502; OLG Stuttgart, Urteil vom 30.09.1998 – 20 U 21/98, NZG 1999, 31, 32; OLG Köln, Urteil vom 20.04.2003 – 13 U 124/02, GmbHR 2004, 1020, 1021; *Haas*, in: Baumbach/Hueck, GmbHG, § 60, Rdnr. 6; Ulmer/*Casper*, GmbHG, § 60, Rdnr. 11, 21, 97 ff.; Ulmer/*Paura*, GmbHG, § 74, Rdnr. 32; Rowedder/*Gsell*, GmbHG, § 74, Rdnr. 12; *Altmeppen*, in: Roth/Altmeppen, § 65, Rdnr.19, 23; *Saenger*, GmbHR 1994, 300, 302; *Brandes*, NZG 1999, 33, 34.

147 *Brandes*, NZG 1999, 33, 34.

148 *Rittner*, Die werdende juristische Person, S. 71 ff., 105 f., 328 ff.

149 *Wallenfang*, Vor-AG, S. 22.

150 Staudinger/*Weick*, BGB, § 21, Rdnr. 17.

Eine Stütze im Gesetz für die Subjektwechseltheorie wurde für die Aktiengesellschaft teilweise in der Regelung des § 41 Abs. 2 AktG gesehen, die die Möglichkeit einer vertraglichen Schuldübernahme ohne Mitwirkung des Gläubigers für die vor Eintragung im Namen der späteren Aktiengesellschaft eingegangenen Verpflichtungen vorsieht[151]. Indes lässt sich aus der bloßen Möglichkeit der Aktiengesellschaft in ihrem Namen vor Eintragung begründete Verpflichtungen zu übernehmen, nicht darauf schließen, dass sämtliche Verpflichtungen, die vor Eintragung im Namen der Aktiengesellschaft begründet wurden, der besonderen Überleitung bedürfen[152]. Die Norm ist zudem erst mit dem Aktiengesetz 1937 aufgenommen worden (§ 34 Abs. 2 AktG 1937). Ihre Einführung erfolgte vor dem Hintergrund der damals herrschenden Meinung[153], wonach entsprechend einem engen Verbandszweck der Vorgesellschaft mit der Eintragung nur die gründungsnotwendigen Geschäfte auf die eingetragene Kapitalgesellschaft übergehen sollten und die Handelndenhaftung gemäß § 34 Abs. 1 S. 2 AktG 1937 nur bestehen sollte, soweit für die nicht gründungsnotwendigen Geschäfte eine Genehmigung durch die eingetragene Kapitalgesellschaft unterbleibt. Zum Schutz des Handelnden[154] wurde daher

151 Siehe auch Nachweise bei Großkomm/*R. Fischer*, AktG (2. Auflage 1961), § 34, Anm. 5 f.

152 *Müller-Erzbach*, Mitgliedschaft, S. 193.

153 RG, Urteil vom 03.04.1936 – II 245/35, RGZ 151, 86, 91; RG, Urteil vom 17.10.1922 – VII 762/21, RGZ 105, 228, 229 („Dieser Zweck [*scil.* der Vorgesellschaft] begrenzt den Umfang der Befugnis der Gesellschaft bürgerlichen Rechts und ihres Geschäftsführers, … für die zukünftige Gesellschaft m.b.H. Rechtsgeschäfte vorzunehmen“); RG, Urteil vom 16.12.1913 – II 532/13, RGZ 83, 370, 373; für den Übergang der Rechtspositionen aus den nicht gründungsnotwendigen Geschäften bedurfte es der Rechtsübertragung und Schuldübernahme, Hachenburg/*Schilling*, GmbHG(6. Auflage 1956), § 11, Anm. 6 m. w. N.

154 Großkomm/*R. Fischer*, AktG (2. Auflage 1961), § 34, Anm. 14 m. w. N; *Ritter*, AktG, § 34, Anm. 5; die Gesetzesbegründung zum Aktiengesetz 1937, abgedruckt in: Deutscher Reichsanzeiger und Preußischer Staatsanzeiger Nr. 28 vom 4. Februar 1937, S. 2 f. enthält keinerlei Ausführungen zu den Motiven. Die Vorschrift des § 34 Abs. 2 AktG 1937entspricht jedoch § 24 Abs. 2 des Entwurfs eines Gesetzes über Aktiengesellschaften und Kommanditgesellschaften auf Aktien des Reichsjustizministeriums von 1930, abgedruckt bei *Schubert*, Aktienrechtsreform, S. 853 f. Dieser Entwurf geht auf eine Anregung des 2. Senats des Reichsgerichts zurück, wonach die Vorschrift den Schutz des im Namen der Gründungsgesellschaft handelnden Schuldners bezweckt, Protokolle über die kommissarischen Beratungen im Reichsjustizministerium, Protokoll über die Sitzung am 11.12.1930, in: *Schubert*, Aktienrechtsreform,

eine vereinfachte Schuldübernahme bestimmt, die die Mitwirkung des Gläubigers nicht erfordert. Eine dogmatische Grundentscheidung zum Verhältnis von Vorgesellschaft und eingetragener Kapitalgesellschaft war mit ihr nicht bezweckt. In das GmbH-Gesetz wurde eine vergleichbare Regelung nicht aufgenommen. Für die 1971 geplante GmbH-Reform wurde die Übernahme der Regelung des § 41 Abs. 2 u. 3 AktG zwar erwogen[155], mit der GmbH-Novelle 1980 aber dann nicht mehr aufgegriffen.

Gegen die Annahme, der Gesetzgeber des Aktiengesetzes 1937 habe sich mit der Vorgängerbestimmung des § 41 Abs. 2 AktG für einen Rechtssubjektwechsel ausgesprochen, spricht auch die Aufnahme der Regelungen in den §§ 28 Abs. 2 S. 1 und 49 Abs. 3 S. 2 AktG 1937. § 28 Abs. 2 S. 1 AktG 1937 gestattete in Erweiterung der bis dahin gültigen Bestimmungen[156] die Entnahme der Beiträge für die bei Gründung anfallenden Steuern und Gebühren aus den gemachten Einzahlungen. § 49 Abs. 3 S. 2 AktG 1937 bestimmte, dass bei einer Einzahlung auf ein Konto die damit begründeten Forderungen gegen Banken oder die Reichspost bereits als Forderungen der Gesellschaft gelten, womit die Vorgesellschaft besonders geschützt werden sollte[157].

Bei der unveränderten Übernahme des Wortlauts des § 34 Abs. 2 AktG 1937 in das geltende Aktiengesetz mit der Aktienrechtsreform 1965 wurde schließlich die Bedeutung der Norm durch die Gesetzesbegründung relativiert[158]. Der Gesetzgeber sah bewusst von der Änderung des Gesetzeswortlauts ab, weil es ihm zweckmäßiger erschien, die hierzu bestehenden Streitfragen der Wissenschaft und Rechtsprechung zur Klärung zu überlassen[159].

Auch bei Anerkennung der Vorgesellschaft als ein mit der eingetragenen Kapitalgesellschaft identischer Verband bleiben für die Norm des § 41 Abs. 2 AktG

S. 984. Bei der bezuggenommenen Entscheidung handelt es sich wohl um RG, Urteil vom 28.01.1927 – II 362/26, RGZ 116, 71, 74 f.

155 Begr RegE GmbHG 1971/1973, BT-Drucks. VI/3038 = BT-Drucks 7/253, S. 9.

156 Gesetzesbegründung zum Aktiengesetz 1937, abgedruckt in: Deutscher Reichsanzeiger und Preußischer Staatsanzeiger, Nr. 28 vom 4. Februar 1937, S. 2.

157 Gesetzesbegründung zum Aktiengesetz 1937, abgedruckt in: Deutscher Reichsanzeiger und Preußischer Staatsanzeiger, Nr. 28 vom 4. Februar 1937, S. 2.

158 BGH, Urteil vom 19.12.1977 – II ZR 202/76, BGHZ 72, 132, 140.

159 *Kropff*, AktG, S. 60. Dem Anliegen des Gesetzgebers des AktG 1937, den Handelnden nach Eintragung zu schützen, wird mit der gegenwärtigen Auslegung nach wie vor entsprochen, *Farrenkopf/Cahn*, AG 1985, 209, 210; nach ganz h. M. werden die Handelnden mit der Eintragung der Aktiengesellschaft von der Haftung des § 41 Abs. 1 S. 2 AktG frei, s. statt aller MünchKomm/*Pentz*, AktG, § 41, Rdnr. 109 m. w. N.

noch Anwendungsfälle, wie etwa der Fall, dass der Handelnde i. S. des § 41 Abs. 1 S. 2 AktG ohne Vollmacht gehandelt hat, die Haftungsüberleitung auf die eingetragene Aktiengesellschaft deshalb ins Leere geht und eine Genehmigung des Geschäfts für die Aktiengesellschaft wegen § 177 Abs. 2 BGB nicht mehr möglich ist[160]. Der Grundsatz *cessante ratione legis cessat ipsa lex*[161] braucht daher nicht bemüht zu werden.

Die Theorie, wonach mit Eintragung ein völlig neuer Verband entsteht, findet im Gesetz nach alledem keine tragende Grundlage, so dass nachfolgend von der Rechtsträgeridentität zwischen Vorgesellschaft und eingetragener Kapitalgesellschaft auszugehen ist.

II. Die Rechtsform der Vorgesellschaft

Von der Frage der Rechtsträgeridentität zu trennen ist die Frage nach der Rechtsform der Vorgesellschaft, also nach dem Rechtsregime, das primär die Rechtsverhältnisse der Vorgesellschaft bestimmt. Hinsichtlich der Rechtsform der Vorgesellschaft wird teilweise ebenfalls eine Identität mit der Rechtsform der eingetragenen Kapitalgesellschaft angenommen [1.], überwiegend jedoch von einer von der eingetragenen Kapitalgesellschaft verschiedenen Rechtsform ausgegangen [2.].

1. Die Rechtsform der Vorgesellschaft teilt die Rechtsform der eingetragenen Kapitalgesellschaft

Über die Rechtsträgeridentität hinaus wird die Identität (Einheit) der Rechtsform zwischen Vorgesellschaft und eingetragener Kapitalgesellschaft befürwortet[162]. Mit dem Wortlaut der §§ 41 AktG Abs. 1 S. 1, 11 Abs. 1 GmbHG lässt sich auch vereinbaren, dass bereits vor Eintragung eine Aktiengesellschaft bzw. GmbH besteht, nur eben abzüglich der Eigenschaften, die die Aktiengesellschaft bzw. GmbH *als solche* kennzeichnen und also erst mit der Eintragung erworben werden[163]. „*Aus der GmbH oder der AG wird durch ihre Eintragung nichts*

---

160 *Arnold*, in: KölnerKomm, AktG, § 41, Rndr. 84; *Hüffer*, AktG, § 41, Rdnr. 28; *Farrenkopf/Cahn*, AG 1985, 209, 209; *Lutter*, NJW 1989, 2649, 2654.

161 *Larenz*, Methodenlehre, S. 351.

162 *Schreiber*, KGaA, S. 65; *Feine*, GmbH, S. 201; wohl auch *K. Schmidt*, Gesellschaftsrecht, § 11 IV 2c, S. 302 f., § 34 III 3, S. 1016 ff.; vermutlich zuerst erkannt von *Takaki*, Vor-AG, S. 47 ff.

163 *Schreiber*, KGaA, S. 36, 56 f. 65; *Feine*, GmbH, S. 201.

'anderes', sondern die beabsichtigte Organisation wird lediglich vollendet"[164]. Umgekehrt formuliert handelt es sich demnach bei der Kapitalgesellschaft vor und nach Eintragung um denselben Verband, der mit der Eintragung lediglich neue Eigenschaften hinzugewinnt. Auf die Vor-GmbH bezogen stellte *Feine* fest, dass sie ein Verband sei, „*auf den alle Rechtssätze über die GmbH Anwendung finden mit Ausnahme derjenigen, die durch die Eintragung bedingt sind und derer, die durch andere Vorschriften speziell ersetzt sind.*"[165] Die Rechtsform der Vorgesellschaft ist nach alledem die einer noch nicht eingetragenen GmbH bzw. nicht eingetragenen Aktiengesellschaft[166].

2. Vorgesellschaft und eingetragene Kapitalgesellschaft sind rechtsformverschieden

Der Lehre von der Rechtsformidentität gegenüberzustellen sind die Theorien, die von einem identitätswahrenden Formwechsel ausgehen. Unter der Prämisse eines Formwechsels kommen als Verbandstyp alle Vereinigungen in Frage, die zu ihrer Vollendung nicht der Registereintragung bedürfen, namentlich der nichtrechtsfähige Verein, die BGB-Gesellschaft bzw. offene Handelsgesellschaft oder die vom BGH für die Vorgesellschaft eingeführte Rechtsform *sui generis*. Den genannten Verbandstypen ist gemein, dass es sich bei ihnen um Gesamthandsgesellschaften handelt bzw. dass der Typ *sui generis* als Gesamthandsgesellschaft verstanden werden soll[167].

a) Die Vorgesellschaft als BGB-Gesellschaft

Mit dem Argument, dass die Gründer mit der Vollendung der juristischen Person durch Eintragung in das Handelsregister einen gemeinsamen Zweck i. S. d. § 719 BGB verfolgen, wurde die Vorgesellschaft früher von der Rechtsprechung

164 *Schreiber*, KGaA, S. 36.

165 *Feine*, GmbH, S. 201, zurückgehend auf *Schreiber*, KGaA, S. 65 für die KGaA.

166 *Feine*, GmbH, S. 201; *Schreiber*, KGaA, S. 56; *Weyrich*, Vorgesellschaft, S. 26 („Es steht somit fest, daß jeder Körperschaft die gleichlautende werdende Körperschaft vorausgeht, der A. G. also die werdende A. G., der G. m. b. H. die werdende G. m. b. H. …"; *Takaki*, Vor-AG, S. 47 ff.

167 MünchKomm/*Pentz*, AktG, § 41, Rdnr. 24; *Arnold*, in: KölnerKomm, AktG, § 41, Rdnr. 18; *Hüffer*, AktG, § 41, Rdnr. 4; *Flume*, BGB AT I/1, § 5 III 1, S. 156; *Beuthien*, ZIP 1996, 305, 307; **a. A.** *Körber*, in: Bürgers/Körber, AktG, § 41, Rdnr. 5: keine Gesamthand, sondern Gesellschaft *sui generis*.

und einem Teil des Schrifttums als BGB-Gesellschaft eingeordnet[168]. Da der Zweck mit Eintragung erreicht sei, liege eine sog. Gelegenheitsgesellschaft vor[169]. Überwiegend wurde die Vorgesellschaft selbst dann noch als BGB-Gesellschaft und nicht als oHG eingeordnet, wenn sich die notwendige Verwaltung der eingebrachten Sacheinlagen als Betrieb eines Grundhandelsgewerbes[170] darstellte. Entsprechend ihrem Willen eine Kapitalgesellschaft zu gründen, sah man die Haftung der Gründer gegenüber den Gesellschaftsgläubigern als beschränkt und damit die Voraussetzungen des § 105 Abs. 1 HGB als nicht erfüllt an.

Die Vorgesellschaft in Form der BGB-Gesellschaft sollte entsprechend dem Verbandszweck allerdings nur gründungsnotwendige Geschäfte vornehmen dürfen[171]. Der Zweck sollte nicht auf eine werbende Tätigkeit erweitert werden können, ohne den Status als Vorstufe zur juristischen Person zu verlieren[172].

---

168 RG, Urteil vom 03.04.1936 – II 245/35, RGZ 151, 86, 91; RG, Urteil vom 13.02.1934 – II 254/33, RGZ 143, 368, 372; RG, Urteil vom 17.10.1922 – VII 762/21, RGZ 105, 228, 229; RG, Urteil vom 26.10.1915 – II 236/15, RGZ 87, 246, 249; *Baritsch*, Vor-GmbH, S. 13 f.; *Horn*, NJW 1964, 86, 90; *Kastner*, GS Gschnitzer, S. 220 (für Österreich: Erwerbsgesellschaft nach ABGB); *Salinger*, Die Gesellschaften des Handelsrechts im Gründungs- und Liquidationsstadium, S. 10, 13; *Hubert*, Vor-GmbH, S. 9; *Willms*, Vor-AG, S. 18; *Saß*, Vor-GmbH, S. 26 f., 29 (*Saß* folgert dies aus der Anordnung der Handelndenhaftung. Wäre die Vorgesellschaft ein nichtrechtsfähiger Verein, bedürfte es der Anordnung der Handelndenhaftung nicht, da sich die Haftung dann aus § 54 S. 2 BGB ergebe); *Sternberg*, Vorvertrag, S. 13 f.; *Wallenfang*, Vor-AG, S. 18 ff.; zuletzt noch *Bär*, FG Kummer, S. 77, 91; wohl auch *Bittmann/Pitarski*, wistra 1995, 91, 93 (Personenhandelsgesellschaft i. S. v. § 14 Abs. 1 Nr. 2 StGB a.F.); nach *Flume*, BGB AT I/2, S. 156 soll wegen § 54 S. 2 BGB zumindest vermögensrechtlich Gesellschaftsrecht gelten, unabhängig von der Einordnung der Vorgesellschaft als nichtrechtsfähigen Verein oder als BGB-Gesellschaft. Zuletzt hat *Kießling*, Vorgründungs- und Vorgesellschaften, S. 352 ff. die Vorgesellschaft wieder als BGB-Gesellschaft eingeordnet, wobei er allerdings von einem einheitlichen Gründerverband ausgeht, der auch das Stadium vor Errichtung der Kapitalgesellschaft mit umfasst.

169 RG, Urteil vom 13.02.1934 – II 254/33, RGZ 143, 368, 372; RG, Urteil vom 16.12.1913 – II 532/13, RGZ 83, 370, 373; *Hubert*, Vor-GmbH, S. 9; *Sternberg*, Vorvertrag, S. 13; *Salinger*, Die Gesellschaften des Handelsrechts im Gründungs- und Liquidationsstadium, S. 12 f.

170 I. S. d. § 1 Abs. 2 HGB in der bis zum Handelsrechtsformgesetz 1998 geltenden Fassung.

171 RG, Urteil vom 03.04.1936 – II 245/35, RGZ 151, 86, 91; RG, Urteil vom 17.10.1922 – VII 762/21, RGZ 105, 228, 229; *Schultze-v. Lasaulx*, JZ 1952, 390, 391.

172 *Schultze-v. Lasaulx*, JZ 1952, 390, 391.

Wurde der Zweck etwa auf den Betrieb eines Grundhandelsgewerbes erweitert, ohne dass dieser gründungsnotwendig war, sollte die Vorgesellschaft zur oHG werden[173], was die – gemäß § 14 HGB zwangsweise durchsetzbare – Pflicht zur Folge haben sollte, sich als solche zur Eintragung in das Handelsregister anzumelden. Nach einer solchen Umwandlung zur oHG sollte der Verband nicht mehr ohne weiteres als Kapitalgesellschaft in das Handelsregister eingetragen werden können. Hierfür sollte es einer erneuten Umwandlung bedürfen. Die in eine oHG umgewandelte Vorgesellschaft wurde auch als *unechte Vorgesellschaft* bezeichnet[174].

b) Die Vorgesellschaft als oHG

Teilweise wurde die Vorgesellschaft auch als oHG eingeordnet, wenn der Gegenstand der Kapitalgesellschaft in dem Betrieb eines Handelsgewerbes bestehen sollte und der Gründerverband bereits die volle Geschäftstätigkeit entfaltete[175]. Das Kennzeichen der oHG, die unbegrenzte Haftung der Gesellschafter für die Verbindlichkeiten der Gesellschaft, verstand auch diese Auffassung als Tatbestandsmerkmal, sah es aber als erfüllt an, weil man von der unbeschränkten Gründerhaftung auf Grundlage der Handelndenhaftung der §§ 41 Abs. 2 AktG, 11 Abs. 2 GmbHG

---

173 BayObLG, Beschluss vom 28.09.1978 – AllgReg 37/78, GmbHR 1979, 14, 15; OLG Celle, Beschluss vom 05.01.1950 – 2 W 327/49, NJW 1951, 36, 37; OLG Frankfurt, Urteil vom 11.12.1947 – I U 114/47, NJW 1947/38, 429, 429; *Merkert*, BB 1951, 322, 322; *Schultze-v. Lasaulx*, JZ 1952, 390, 393 (von ihm als unechte Vorgesellschaft bezeichnet, die aber dennoch durch schlichte Eintragung – also ohne Neugründung – zur eingetragenen Kapitalgesellschaft wird; der Aufgabe der Gründungsabsicht kommt dabei keine eigenständige Bedeutung zu; dadurch, dass eine Eintragungspflicht hinsichtlich der oHG besteht, wird eine dauerhaft ohne Eintragungsabsicht werbend tätige Vorgesellschaft verhindert).

174 Früher sprach man von einer unechten Vorgesellschaft, wenn die errichtete Kapitalgesellschaft über die gründungsnotwendigen Geschäfte hinaus am Rechtsverkehr teilnahm, die Gründer also nicht nur den Zweck der Eintragung verfolgten. Da die Vorgesellschaft nach heutigem Verständnis den Zweck der eingetragenen Kapitalgesellschaft verfolgen darf, spricht man von einer unechten Vorgesellschaft nur noch dann, wenn sie gar nicht mehr (ernsthaft) die Eintragung verfolgt. Siehe dazu noch unten C.III.

175 BGH, Urteil vom 17.06.1952 – 1 StR 668/51, BGHSt 3, 23, 26; OLG Celle, Beschluss vom 05.01.1959 – 2 W 327/49, NJW 1951, 36, 37; OLG Frankfurt, Urteil vom 11.12.1947 – I U 114/47, NJW 1947/48, 429, 429.

ausging[176]. Nach dieser Auffassung sollte die Vorgesellschaft mit der „Umwandlung“ in eine oHG nicht ihren Charakter als solche verlieren, also nach wie vor die Eintragung als Kapitalgesellschaft auf dem eingeschlagenen Gründungspfad erreichen können[177].

c) Die Vorgesellschaft als nichtrechtsfähiger Verein

Eine weitere Auffassung[178] wollte in der Vorgesellschaft einen nichtrechtsfähigen Verein erkennen. Der nichtrechtsfähige Verein bilde den Grundtyp einer körperschaftlich verfassten, nichtrechtsfähigen Personenvereinigung[179], der durch die wesentlichen Organisationselemente von Aktiengesellschaft und GmbH ergänzt bzw. ausgefüllt werde[180]. Aufgrund des Verweises in § 54 BGB auf die §§ 705 ff. BGB fand nach dieser Auffassung allerdings letztlich doch das Recht der BGB-Gesellschaft Anwendung[181], bzw. das der oHG (bei Betrieb eines Handelsgewerbes, § 1 Abs. 1 HGB)[182].

---

176 OLG Celle, Beschluss vom 05.01.1959 – 2 W 327/49, NJW 1951, 36.

177 Im Fall des Verlusts des Charakters als Vorgesellschaft (unechten Vorgesellschaft) kommt nur eine Umwandlung nach dem Umwandlungsgesetz oder eine Neugründung in Betracht, siehe dazu unten D.X.2.a)(1).

178 *A. Hueck*, in: Baumbach/Hueck, § 41, Rdnr. 2; *Flume*, FS Geßler, S. 27; *Flume*, BGB AT I/2, S. 155; *Steimel*, Rechtsnatur, S. 36 ff., 52 f.; *Heberlein*, GmbH vor Eintragung, S. 29 ff., 37; *Dressler*, Vorgesellschaft, S. 17 ff.; *Heberlein*, GmbH vor Eintragung, S. 20 ff., 37; *Schultze-v. Lasaulx*, in: FS Olivecrona, S. 605 ff.; *Paul*, NJW 1947/48, 417 ff.; *Bayer*, JZ 1952, 551, 552; *Haberkorn*, BB 1962, 1408, 1411; in jüngerer Zeit noch *Beuthien*, ZIP 1996, 305, 307 und BB 1996, 1337, 1340 („nichtrechtsfähiger wirtschaftlicher Sonderverein“).

179 *Lehmann*, Gesellschaftsrecht, S. 224, 294; Staudinger/*Coing*, BGB (11. Auflage 1957), § 54 Rdnr. 72.

180 *Schultze-v. Lasaulx*, in: FS Olivecrona, S. 606 f.; *Haberkorn*, BB 1962, 1408, 1411.

181 *Flume*, FS Gessler, S. 24; *Büttner*, Identität und Kontinuität, S. 81 N. 63, 66.

182 *Kuhn*, WM 1956, Sonderbeilage 5, S. 15 ff.

d) *Die Vorgesellschaft als Rechtsform* sui generis

Nach der Rechtsprechung[183] und der herrschenden Lehre[184] soll es sich bei der Vorgesellschaft dem Verbandstyp nach um eine Rechtsform *sui generis* handeln und zwar auch dann, wenn als Sacheinlage ein vollkaufmännisches Handelsgeschäft eingebracht und fortgeführt wird[185]. Die Vorgesellschaft soll also per Definition eine andere Rechtsform als die eingetragene Kapitalgesellschaft haben. Hinsichtlich der Frage, welches Recht auf den Gründerverband Anwendung finden soll, knüpft der BGH an die Formel *Schreiber/Feine* an, bezeichnet das auf die Vorgesellschaft anwendbare Recht allerdings als „Sonderrecht“[186], nachfolgend daher auch „Sonderrechtstheorie“ genannt.

---

183 BGH, Urteil vom 23.10.2006 – II ZR 162/05, NJW 2007, 589, 590 („Organisationsform eigener Art, welche den im Gesetz oder im Gesellschaftsvertrag statuierten Gründungsvorschriften sowie dem Recht der angestrebten Gesellschaftsform unterliegt, soweit es mit ihrem besonderen Zweck vereinbar ist und nicht die Eintragung im Handelsregister voraussetzt“); BGH, Urteil vom 12.07.1956 – II ZR 218/54, BGHZ 21, 242, 246 („Die im Werden begriffene GmbH ist vielmehr eine Organisation, die einem Sonderrecht untersteht, das aus den im Gesetz oder im Gesellschaftsvertrag gegebenen Gründungsvorschriften und dem Recht der rechtsfähigen GmbH, soweit es nicht die Eintragung voraussetzt, besteht.“); BGH, Urteil vom 24.10.1968 – II ZR 216/66, BGHZ 51, 30, 32 („Die werdende GmbH untersteht als ein Rechtsgebilde eigener Art einem Sonderrecht, das den gesetzlichen und vertraglichen Gründungsvorschriften und dem Recht der eingetragenen GmbH, soweit es nicht die Eintragung voraussetzt, zu entnehmen ist“); BGH, Urteil vom 23.03.1981 – II ZR 27/80, BGHZ 80, 212, 214 („... daß die Gründungsgesellschaft als notwendige Vorstufe zur juristischen Person dem Recht der eingetragenen GmbH schon insoweit untersteht, als es mit ihrem besonderen Zweck vereinbar ist und nicht die Rechtsfähigkeit voraussetzt“).

184 *Arnold*, in: KölnerKomm, AktG, § 41, Rdnr. 17; *Hüffer*, AktG, § 41, Rdnr. 4; *Bayer*, in: Lutter/Hommelhoff, GmbHG, § 11, Rdnr. 5; *Wiedemann*, Gesellschaftsrecht I, § 3 I 1 a, S. 146; *Hoffmann-Becking*, in: MünchHdb GesR IV, § 3, Rdnr. 33; *Ganßmüller*, GmbHR 1953, 116, 117.

185 BGH, Urteil vom 24.10.1968 – II ZR 216/66, BGHZ 51, 30, 32.

186 St. Rspr. des BGH und ihm folgend des BAG: BGH, Urteil vom 12.07.1956 – II ZR 218/54, BGHZ 21, 242, 246; BGH, Urteil vom 02.05.1966 – II ZR 219/63, BGHZ 45, 338, 347; BGH, Urteil vom 24.10.1968 – II ZR 216/66, BGHZ 51, 30, 32; BGH, Urteil vom 23.10.2006 – II ZR 162/05, NJW 2007, 589; BAG, Urteil vom 08.11.1962 – 2 AZR 11/62, NJW 1963, 680, 681; BAG, Urteil vom 22.01.1997 – 10 AZR 908/94, BAGE 85, 94, 97; BAG, Urteil vom 15.12.1999 – 10 AZR 165/98, BAGE 93, 151, 155 f.; BAG, Urteil vom 25.01.2006 – 10 AZR 238/05, NZG 2006, 507, 509; *Krebs/Klerx*, JuS 1998, 991, 992; Ulmer/*Ulmer/Habersack*, GmbHG, § 11 Rdnr. 10 f.; MünchKomm/*Pentz*, AktG, § 41, Rdnr. 24; *Hüffer*, AktG, § 41, Rdnr. 4 („Gesamthandsgesellschaft eigener

In den Entscheidungsgründen des BGH sucht man vergeblich nach einer Erklärung hierfür. Es fehlt in den Entscheidungen des BGH überhaupt an einer Begründung für die Anwendung der Sonderrechtsformel. Der BGH erwähnte die Formel *Schreiber/Feine* in Verbindung mit dem Begriff „Sonderrecht" das erste Mal im Zusammenhang mit einer Entscheidung über die Haftung der Vor-Genossenschaft[187]. Inhaltlich nahm er dabei zu der Formel *Schreiber/Feine* nicht Stellung, da er sie nicht für entscheidungserheblich hielt[188]. In einer nachfolgenden Entscheidung, die sich ebenfalls mit der Vor-Genossenschaft befasste, wendet der BGH[189] mit Verweis auf die eben genannte Entscheidung ohne weiteres die Formel *Schreiber/Feine* auf die Vor-Genossenschaft an. Der BGH begründet dies damit, dass das Genossenschaftsgesetz sowohl die eingetragene wie die nicht eingetragene Genossenschaft kenne. Er bestätigte damit eigentlich nur eine Entscheidung des Reichsgerichts[190] aus dem Jahr 1897, wonach die Vor-Genossenschaft, bei der die Eintragung unterblieben ist, als nichtrechtsfähige Genossenschaft zu behandeln sei[191]. Da mit der Eintragung nach wie vor der Erwerb der Rechtsfähigkeit verbunden wurde[192], hatte die Vorgenossenschaft in der (dauerhaft) nichtrechtsfähigen Genossenschaft ein gesetzliches Vorbild. Der BGH begründet die Anwendbarkeit des Genossenschaftsgesetzes also mit einer Gleichsetzung der Vor-Genossenschaft mit der (gesetzlich anerkannten)

Art"); *Hoffmann-Becking*, in: MünchHdb GesR IV, § 3, Rdnr. 33; *Raiser/Veil*, Kapitalgesellschaften, § 26, Rdnr. 98 („eigenständige Organisationsform", „richterliches Sonderrecht").

187 BGH, Urteil vom 16.06.1955 – II ZR 300/53, NJW 1955, 1229, 1229 f. Der BGH hatte über die Haftung einer eingetragenen Genossenschaft für die vor Eintragung begründeten Verbindlichkeiten zu entscheiden. Die Entscheidung wird allein auf Basis der damals herrschenden Meinung begründet, wonach der Verbandszweck und mit ihr die organschaftliche Vertretungsmacht im Gründungsstadium auf die Herbeiführung der Eintragung beschränkt sei, BGH, a. a. O., S. 1229.

188 BGH, Urteil vom 16.06.1955 – II ZR 300/53, NJW 1955, 1229, 1229 f.

189 BGH, Urteil vom 23.04.1956 – II ZR 116/55, BGHZ 20, 281, 285 f.

190 RG, Urteil vom 27.03.1897 – I 412/96, RGZ 39, 25, 28 ff. In RG, Urteil vom 17.10.1906 – V 658/05, RGZ 64, 187, 191 hat das Reichsgericht festgestellt, dass die Rechte und Verbindlichkeiten der nichtrechtsfähigen Genossenschaft/Vorgenossenschaft im Falle der Eintragung auf die eingetragene Genossenschaft übergehen.

191 Diese Feststellung war allerdings noch mit der Einschränkung versehen, dass „selbstverständlich nur eine Genossenschaft [*scil.* besteht], die den Bestimmungen des Genossenschaftsgesetzes noch nicht untersteht.", RG, Urteil vom 27.03.1897 – I 412/96, RGZ 39, 25, 29.

192 BGH, Urteil vom 23.04.1956 – II ZR 116/55, BGHZ 20, 281, 285.

nichtrechtsfähigen Genossenschaft, also der (dauerhaft) nicht eingetragenen Genossenschaft[193]. In der Entscheidung BGHZ 21, 242 wendete der BGH dann erstmals die „Sonderrechtsformel“ auf die Vor-GmbH an[194]. Auf das zuvor noch tragende Argument, dass nämlich die Genossenschaft nach dem Gesetz auch dauerhaft ohne Eintragung als nichtrechtsfähige Genossenschaft existieren konnte und deshalb auch die Vor-Genossenschaft als solche anzuerkennen sei, ging er nun nicht mehr ein. Dies wäre aber erforderlich gewesen, da es eine auf Dauer angelegte Kapitalgesellschaft ohne Eintragung nicht gibt. Eine Begründung, weshalb der BGH die Formel *Schreiber/Feine* auch auf die Vorgesellschaften der Aktiengesellschaft und der GmbH anwendet, steht daher streng genommen noch aus.

3. Stellungnahme

Die Auffassungen, die der Vorgesellschaft eine Rechtsform außerhalb des Kapitalgesellschaftsrechts zuweisen, gehen von einer unzutreffenden Prämisse aus, nämlich der Geltung des *numerus clausus* der Verbandsformen und des damit verbundenen Typenzwangs[195]. Der *numerus clausus* der Verbandstypen bezieht sich auf die Verbände *nach* Abschluss ihres Entstehungsprozesses und damit nicht auf den vorübergehenden Organisationszustand der Vorgesellschaft[196]. Als vom Gesetz anerkanntes Durchgangsstadium zur juristischen Person muss die Vorgesellschaft zudem anders organisiert sein als etwa die BGB-Gesellschaft oder der nichtrechtsfähige Verein[197]. Wenig überzeugend ist in dem Zusammenhang das Argument derer, die in der Vorgesellschaft deshalb eine BGB-Gesellschaft sehen, weil das Recht der BGB-Gesellschaft flexibel für die Vereinbarung einer körperschaftlichen Struktur sei[198]. Damit wird zugestanden, dass das Recht der Personengesellschaft im Grunde genommen nicht „passt“, aber „passend gemacht“ werden

193 Die Ineinssetzung von Vor-Genossenschaft und nichtrechtsfähiger Genossenschaft hatte der BGH in der von ihm in Bezug genommenen Entscheidung BGH, Urteil vom 12.07.1956 – II ZR 218/54, BGHZ 21, 242, 246 noch mit dem Argument der unterschiedlichen Zweckrichtung abgelehnt.

194 BGH, Urteil vom 12.07.1956 – II ZR 218/54, BGHZ 21, 242, 246.

195 Zum *numerus clausus* der Verbandsformen und dem damit einhergehenden Typenzwang siehe *Westermann*, Typengesetzlichkeit, S. 115 ff.

196 *Ulmer*, FS Ballerstedt, S. 282; *Schreiber*, KGaA, S. 64 f. („Denn sowohl Gesellschaft wie Verein des bürgerlichen Rechts sind als in sich fertige, endgültige Rechtsformen gedacht und geregelt“).

197 Rowedder/*Schmidt-Leithoff*, GmbHG, § 11, Rdnr. 19.

198 *Kießling*, Vorgründungs- und Vorgesellschaften, S. 131.

kann. Dass die generelle Übertragung der auf die Grundtypen des Verbandsrechts, Verein und Gesellschaft, anzuwendenden Rechtssätze auf die Vor-Kapitalgesellschaft keine Lösung ist, wird besonders deutlich im Falle der hier nicht näher erörterten Vor-KGaA. Bei ihr sind die Grundtypen BGB-Gesellschaft und Verein so gemischt, dass eine Übertragung der Rechtssätze einer dieser beiden Grundtypen auf die Vor-KGaA offensichtlich ausscheiden muss[199]. Die Entscheidung ist also zwischen der Formel *Schreiber/Feine* und der Sonderrechtstheorie zu suchen.

Die Bezeichnung des Verbandes als Organisationsform *sui generis* und des auf die Vorgesellschaft anwendbaren Rechts als „Sonderrecht" deuten daraufhin, dass die Sonderrechtstheorie die Grundlage der Rechtsanwendung in der Analogie sieht[200]. Soweit die Rechtssätze des Kapitalgesellschaftsrechts im Wege der Analogie auf die Vorgesellschaft angewendet werden sollen, müsste eine Gesetzeslücke bestehen. Eine Gesetzeslücke wird definiert als planwidrige Unvollständigkeit des Gesetzes[201]. Die Rechtsanwendung innerhalb der Grenzen seines möglichen Wortsinnes ist dagegen (im engeren Sinne) Auslegung[202] und keine Analogie. Die Methode der Rechtsanwendung ist entscheidend dafür, wer die juristische Argumentationslast trägt[203]. Im Falle der Analogie wäre die Anwendung des Rechts der eingetragenen Kapitalgesellschaft begründungsbedürftig, bei unmittelbarer Anwendung der Normen die Abweichung von diesem Grundsatz. Eine auf Lückenvermeidung bedachte Auslegung ist der gesetzesferneren Analogie vorzuziehen.

Es wurde bereits festgestellt, das der Wortsinn der §§ 41 AktG Abs. 1 S. 1, 11 Abs. 1 GmbHG eine Auslegung trägt, wonach die Vorgesellschaft mit der eingetragenen Kapitalgesellschaft (teil-)identisch ist[204]. Aktien- und GmbH-Gesetz enthalten jeweils Vorschriften von der Gründung des Verbandes bis zu seiner Beendigung[205]. Es wird jeweils in allen Abschnitten zumeist von „der Gesellschaft"

---

199 *Schreiber*, KGaA, S. 65.

200 In diesem Sinne auch Rowedder/*Schmidt-Leithoff*, GmbHG, § 11, Rdnr. 13; *Rittner*, Die werdende juristische Person, S. 319 ff.; *Schaffner*, Vorgesellschaft, S. 60.

201 *Canaris*, Lücken, S. 16; *Elze*, Lücken im Gesetz, 1916, S. 6; *Engisch*, Einführung, S. 179; *Larenz*, Methodenlehre, S. 370 ff.

202 *Canaris*, Lücken, S. 19 f., 23, 19 (Wortsinn als Abgrenzungskriterium für das Vorliegen einer Lücke); *Heck*, Gesetzesauslegung, S. 33 („Die Grenze der Auslegungshypothesen ist der ‚mögliche Wortlaut'."); *Engisch*, Einführung, S. 100; *Larenz*, Methodenlehre, S. 322 ff., 366; *Meier-Hayoz*, Der Richter als Gesetzgeber, S. 42 (Wortlaut als Grenze der richterlichen Auslegungstätigkeit).

203 *Alexy*, Argumentation, S. 336 mit Verweis auf das Perelmansche Trägheitsprinzip.

204 Siehe oben C.I.

205 Dem ist ein umfassender Regelungsanspruch des Gesetzgebers zu entnehmen, *Takaki*, Vor-AG, S. 49.

gesprochen. Daneben wird auch die jeweilige Rechtsform als Bezeichnung gewählt. Dies geschieht auch unter Berücksichtigung des größeren Regelungsumfangs des Aktiengesetzes dort deutlich häufiger als im GmbH-Gesetz. Das GmbH-Gesetz verwendet den Ausdruck „Gesellschaft mit beschränkter Haftung" lediglich in den §§ 11 Abs. 1, 13 Abs. 1, 35a Abs. 4, 60 Abs. 1, 82 Abs. 1 Nr. 5. Abgesehen von den Fällen, in denen (gegebenenfalls nur vermeintliche) rechtsformspezifische Besonderheiten herausgestellt werden, wie etwa in §§ 1 Abs. 1 S. 1, Abs. 2 AktG, 13 Abs. 1 GmbHG, dient die Verwendung im Übrigen der Klarstellung, dass in dem konkreten Reglungszusammenhang nicht eine andere Rechtsform gemeint ist (deutlich etwa in §§ 20 Abs. 1 AktG, 35a Abs. 4 GmbHG). Unzweifelhaft kann der Gründerverband sprachlich unter den jeweils im Aktien- und GmbH-Gesetz verwendeten Begriff „Gesellschaft" subsumiert werden. Gleiches gilt für die Begriffe „Aktiengesellschaft" und „Gesellschaft mit beschränkter Haftung" und zwar selbst dann, wenn die Haftung der GmbH-Gründer noch nicht als „beschränkt" anzusehen sein sollte, da der Ausdruck „Gesellschaft mit beschränkter Haftung" als Bezeichnung der alle Lebensphasen der GmbH umfassenden Rechtsform zu verstehen ist.

Ob die Anwendung der einzelnen Normen auf die eingetragene Kapitalgesellschaft zu beschränken ist oder auch die Vorgesellschaft umfasst, entscheidet sich allein am Sinn und Zweck der einzelnen Norm, namentlich daran, ob diese Eigenschaften voraussetzt, die erst mit der Eintragung erworben werden, oder ob sie durch spezielle Gründungsvorschriften verdrängt wird.

Eine entgegen dem Wortlaut und der Gesetzessystematik verstandene Beschränkung der Normanwendung auf die eingetragene Kapitalgesellschaft kann rechtsmethodisch damit nur mit einer teleologischen Reduktion erfolgen, wenn die Auslegung ergibt, dass die jeweilige Norm nicht lebensphasenübergreifend die „Gesellschaft", sondern ausschließlich die GmbH bzw. die Aktiengesellschaft „als solche"[206] meint. Die durch die Formel *Schreiber/Feine* zu ermittelnden Vorschriften des Aktien- und GmbH-Gesetzes sind nach alledem kein *„Sonderrecht"*, sondern unmittelbar auf die Vorgesellschaft anwendbares Kapitalgesellschaftsrecht.

Indem von einer unmittelbaren Rechtsanwendung des Aktien- und GmbH-Gesetzes ausgegangen wird, ist auch einer Rechtsform *sui generis* der Boden

206 Der Ausdruck „Gesellschaft" im Aktien- und GmbH-Gesetz umfasst die Vorgesellschaft und die eingetragene Kapitalgesellschaft. Ist nur die eingetragene Kapitalgesellschaft gemeint, so sagt das Gesetz „die Aktiengesellschaft als solche" (§ 41 Abs. 1 AktG) bzw. „die Gesellschaft mit beschränkter Haftung als solche" (§§ 11 Abs. 1, 13 Abs. 1 GmbHG), s. bereits *J.v. Gierke*, Handelsrecht, § 41 IV 1. b) für die AG.

entzogen: Mit der Eintragung müsste sich dann nämlich ein Formwechsel vollziehen. Notwendige Bedingung eines Formwechsels ist eine Diskontinuität der durch Satzung und Gesetzesrecht bestimmten[207] Verbandsverfassung[208], an der es im Fall der unmittelbaren Anwendung des Aktien- bzw. GmbH-Gesetzes fehlt. Der Rechtsform nach ist die Vorgesellschaft damit Aktiengesellschaft bzw. GmbH, wenn auch nur „in Gründung".

III. Die Vorgesellschaft als Durchgangsstadium auf dem Weg zur eingetragenen Kapitalgesellschaft

Die Vorgesellschaft ist ihrem Wesen nach nicht auf Dauer angelegt. Sie beschreibt ein notwendiges Durchgangsstadium auf dem Weg zur eingetragenen Kapitalgesellschaft. In Verbindung mit dem *numerus clausus* der Rechtsformen[209] folgt hieraus einmal, dass eine Vorgesellschaft nur dann entsteht, wenn die Gründer im Errichtungszeitpunkt darüber einig sind, dass sie die Gründung auch mit der Eintragung im Handelsregister vollenden wollen. Zum anderen folgt hieraus, dass die Vorgesellschaft ihren Charakter als solche verlieren muss, sollte sie dennoch dauerhaft als solche betrieben werden[210]. Eine dauerhaft „nicht eingetragene AG" bzw. „nicht eingetragene GmbH" analog dem „nichtrechtsfähigen Verein" und der „nicht eingetragenen Genossenschaft" ist mit dem *numerus clausus* der Rechtsformen nicht zu vereinbaren.

Streitig ist, unter welchen Voraussetzungen davon auszugehen ist, dass die Vorgesellschaft nicht mehr als ein Verband im Durchgangsstadium zur eingetragenen Kapitalgesellschaft zu qualifizieren ist und wie dies dogmatisch zu begründen

207 MünchKomm/*Ulmer/Schäfer*, BGB, § 705, Rdnr. 256a (für die BGB-Gesellschaft); Staudinger/*Weick*, BGB, § 25, Rdnr. 7; *Schwarz/Schöpflin*, in: Bamberger/Roth, § 25, Rdnr. 3 (für den Verein); s. auch die Überschrift des Vierten Teils im Ersten Buch des Aktiengesetzes.

208 BFH, Beschluss vom 04.12.1996 – II B 116/96, BStBl. II 1997, 661, 662, der die Definition von *K. Schmidt*, AcP 191 (1991), 495, 506 ff. übernommen hat; OLG Dresden, Urteil vom 07.08.2008 – 1 U 1317/07, ZIP 2009, 1382, 1383.

209 BGH, Urteil vom 29.11.1956 – II ZR 282/55, BGHZ 22, 240, 244 f.; BGH, Urteil vom 27.09.1999 – II ZR 371/98, NJW 1999, 3483 („GbR mbH ..."); *Wiedemann*, Gesellschaftsrecht I, S. 4, 42; *Nitschke*, Personengesellschaft, S. 5 ff.; *K. Schmidt*, OHG, S. 129 ff.; *Westermann*, Typengesetzlichkeit, S. 118 ff.

210 *Murawo*, Unechte Vorgesellschaft, S. 45.

ist. Zumeist wird hierfür auf die formlose Aufgabe der Eintragungsabsicht[211] oder die Vernachlässigung der Eintragung durch die Gründer[212] abgestellt.

Auf den bloßen Willen der Gründer kann es allerdings nicht ankommen, da der Verband gegenüber dem einzelnen Mitglied verselbständigt ist, der Wille der Mitglieder damit für den Verband nur beachtlich ist, wenn er in dem dazu berufenen Organ als der Wille des Verbandes zum Ausdruck gebracht wurde[213]. Die Aufgabe der Eintragungsabsicht wird deshalb teilweise als Auflösungsbeschluss[214], teilweise als Beschluss einer Zweckänderung[215] interpretiert.

Ein Auflösungsbeschluss kann im Falle der GmbH, sofern er nicht auch eine Satzungsänderung darstellt, formlos[216] und zwar auch konkludent[217] gefasst werden, bei allseitigem Einvernehmen der Gesellschafter, auch ohne Einberufung der Gesellschafterversammlung, da die Vorschriften über die Einberufung nicht dazu dienen, die Kompetenz der Gesellschafterversammlung zu beschränken, sondern nur dazu, eine ordnungsgemäße Ladung der Gesellschafter

---

211 BAG, Urteil vom 27.05.1997 – 9 AZR 483/96, BAGE 86, 38, 42 (Aufgabe der Eintragungsabsicht); OLG Hamm, Urteil vom 19.07.2006 – 20 U 214/05, NZG 2006, 754, 755; *Schwarz*, ZIP 1996, 2005, 2006; Ulmer/*Ulmer/Habersack*, GmbHG, § 11, Rdnr. 27.

212 BFH, Urteil vom 07.04.1998 – VII R 82/97, BStBl II 1998, 531, 533 („wenn die GmbH nicht in das Handelsregister eingetragen wird, weil u.a. … der Eintragungsantrag nicht ernsthaft weiterbetrieben wird, insbesondere weil bestehende Eintragungshindernisse nicht beseitigt werden oder Eintragungsunterlagen nicht unverzüglich beschafft werden oder weil die Gesellschaft trotz Ablehnung des Eintragungsantrags und Wegfalls des Gründungszieles ihre Geschäfte weiterbetreibt"); BSG, Urteil vom 08.12.1999 – B 12 KR 10/98 R, GmbHR 2000, 425, 429; *K. Schmidt*, in: Scholz, GmbHG, § 11, Rdnr. 162; *K. Schmidt*, OHG, S. 358; *Fleck*, GmbHR 1983, 1, 15; *Maulbetsch*, DB 1984, 1561, 1563; *Priester*, ZIP 1982, 1141, 1152.

213 So zutreffend *Kießling*, Vorgründungs- und Vorgesellschaften, S. 335.

214 Einen konkludenten Auflösungsbeschluss hält *K. Schmidt*, in: Scholz, GmbHG, § 11, Rdnr. 64 für möglich. **A. a.** Rowedder/*Schmidt-Leithoff*, GmbHG, § 11, Rdnr. 65 ohne Angabe von Gründen.

215 BGH, Urteil vom 25.01.1999 – II ZR 383/96, NZG 1999, 960, 961.

216 BayObLG, Beschluss vom 02.11.1994 – 3 Z BR 152/94, GmbHR 1995, 54, 54; *K. Schmidt/Bitter*, in: Scholz, GmbHG, § 60, Rdnr. 15; *Haas*, in: Baumbach/Hueck, GmbHG, § 60, Rdnr. 19; *Altmeppen*, in: Roth/Altmeppen, GmbHG, § 60, Rdnr. 13.

217 BGH, Urteil vom 23.11.1998 – II ZR 70–97, NJW 1999, 1481, 1483; BayObLG, Beschluss vom 02.11.1994 – 3 Z BR 152/94, GmbHR 1995, 54, 54; *K. Schmidt/Bitter*, in: Scholz, GmbHG, § 60, Rdnr. 13.

zu ermöglichen[218]. Für eine Zweckänderung gilt die Formfreiheit jedoch nicht, da ihr eine materiell satzungsändernde Wirkung zukommt[219].

Bei der Aktiengesellschaft ist im Falle der Universalversammlung die Einberufung ebenfalls verzichtbar. Der Annahme eines konkludent gefassten Auflösungsbeschlusses oder einer konkludent beschlossenen Zweckänderung könnte entgegenstehen, dass über Hauptversammlungsbeschlüsse eine Niederschrift aufzunehmen ist, die gemäß § 130 Abs. 1 S. 1 AktG durch einen Notar zu erfolgen hat, da sowohl der Auflösungsbeschluss als auch der Beschluss einer Zweckänderung jeweils mindestens mit Dreiviertelmehrheit zu fassen sind[220]. Ein Beschluss, über den keine Niederschrift aufgenommen wurde, ist gemäß § 241 Nr. 2 AktG nichtig. Zweck der Vorschrift des § 130 Abs. 1 AktG ist die Dokumentation der Willensbildung in der Hauptversammlung im Interesse der Rechtssicherheit aller Beteiligten[221]. Zu den in diesem Sinne Beteiligten gehören die gegenwärtigen und künftigen Aktionäre, die Gesellschaftsgläubiger sowie die Öffentlichkeit[222]. Im Falle eines Auflösungsbeschlusses ebenso wie bei der Zweckänderung sind zukünftige Aktionäre nicht betroffen. Betroffen wären von dem Beschluss aber die Verbandsgläubiger und die Öffentlichkeit. Gründe für eine einschränkende Auslegung des § 130 AktG dahingehend, dass nur Beschlüsse der eingetragenen Aktiengesellschaft zu protokollieren sind, sind mithin nicht gegeben. Die Norm des § 130 AktG ist daher auch auf Beschlüsse im Stadium der Vor-AG anzuwenden[223].

Misst man der Aufgabe der Eintragungsabsicht durch formlose Willensübereinkunft der Gründer Beschlusscharakter bei, kann diese folglich nur im Falle der Vor-GmbH die Auflösung begründen. Aufgrund der strukturellen Ähnlichkeit

---

218 Arg. e § 51 Abs. 3; OLG München, Beschluss vom 01.07.2002 – 7 W 1684/02, GmbHR 2002, 858; *Zöllner*, in: Baumbach/Hueck, GmbHG, § 49, Rdnr. 10 f.; *K. Schmidt*, in: Scholz, GmbHG, § 49, Rdnr. 9.

219 Zu der vergleichbaren Situation bei Abschluss eines Beherrschungs- und Gewinnabführungsvertrages: BGH, Beschluss vom 24.10.1988 – II ZB 7/88, NJW 1989, 295, 298; Ulmer/*Ulmer*, GmbHG, § 53, Rdnr. 155 m. w. N.

220 Für den Auflösungsbeschluss folgt die aus § 262 Nr. AktG. Für die Zweckänderung, die keine Änderung des formellen Satzungsinhalts erfordert, ist umstritten, ob § 179 AktG entsprechend gilt oder das Einstimmigkeitserfordernis des § 33 Abs. 1 S. 2 BGB.

221 OLG Düsseldorf, Urteil vom 28.03.2003 – 16 U 79/02, AG 2003, 510, 512; *Reul*, AG 2002, 543, 544; *Hüffer*, AktG, § 139, Rdnr. 1.

222 MünchKomm/*Kubis*, AktG, § 130, Rdnr. 1; *Hüffer*, AktG, § 139, Rdnr. 1; *Schulte*, AG 1985, 33, 33.

223 *Drygala*, in: Schmidt/Lutter, AktG, § 41, Rdnr. 19; *Körber*, in Bürgers/Körber, AktG, § 41, Rdnr. 10.

von Vor-GmbH und Vor-AG ist eine verbandsübergreifende Lösung des Problems der unechten Vorgesellschaft indes anzustreben.

Gegen das Kriterium der Aufgabe der Eintragungsabsicht spricht zudem, dass dem *numerus clausus* der Gesellschaftsformen auch dann Geltung verschafft werden muss, wenn die Mitglieder die Eintragungsabsicht zwar nicht aufgeben, jedoch nicht in der Lage sind, die Eintragung weiter zu betreiben[224]. Als Voraussetzung für die (Fort-)Existenz der Vorgesellschaft als Verband muss gefordert werden, dass sämtliche Mitglieder und Organe aktiv die Eintragung betreiben und die konkret von ihnen verlangten Mitwirkungshandlungen vornehmen. Die Vernachlässigung der Eintragung muss den unmittelbaren Verlust des Charakters des Verbandes als Vorgesellschaft zur Folge haben. Unterbleiben die zur Vollendung der Eintragungsvoraussetzungen erforderlichen Handlungen und wird die Vorgesellschaft dennoch als solche fortgeführt, wandelt sie sich aufgrund des Rechtsformzwangs in eine offene Handelsgesellschaft oder eine BGB-Gesellschaft um[225], abhängig davon, ob der Zweck auf den Betrieb eines Handelsgewerbes gerichtet ist oder nicht. Nicht entscheidend kommt es darauf an, ob die Vorgesellschaft auch werbend tätig ist oder sich auf die Erhaltung des bereits aufgebrachten Stammkapitals beschränkt, da auch die Verwaltung eigenen Vermögens nicht dauerhaft in der Form einer Vorgesellschaft erfolgen kann[226]. Unterlässt ein Verbandsmitglied oder Organwalter eine notwendige Mitwirkung, auf die es für das erfolgreiche Weiterbetreiben der Eintragung ankommt, ist dies für die Fortexistenz der Vorgesellschaft nur dann unschädlich, wenn und solange eine Mitwirkungspflicht dieser Person besteht und diese ggf. auch gerichtlich durchgesetzt wird. Dogmatisch kann das Erfordernis des aktiven Betreibens der Eintragung als eine dem Gründungsrecht immanente Rechtsbedingung[227] für die Existenz der Vorgesellschaft anzusehen sein.

---

224 Dass die Vorgesellschaft mit Scheitern der Eintragung im Falle von unbehebbaren Eintragungshindernissen oder der rechtskräftigen Zurückweisung des Eintragungsantrags endet, ist unstreitig, siehe MünchKomm/*Pentz*, AktG, § 36, Rdnr. 82 m. w. N.

225 BGH, Urteil vom 28.11.1997 – V ZR 178/96, WM 1998, 245, 246; MünchKomm/*Merkt*, GmbHG, § 11, Rdnr. 173 m. w. N.

226 In dem Fall wandelt sich die Vorgesellschaft in eine BGB-Gesellschaft um, siehe §§ 105 Abs. 1, 1 Abs. 2 HGB, ebenso arg. e § 105 Abs. 2 HGB.

227 Hierzu *Flume*, BGB AT II, § 38 1 c, S. 680; *Bork*, BGB AT, Rdnr. 1253; *Oertmann, Paul*, Die Rechtsbedingung (conditio iuris), Untersuchungen zum Bürgerlichen Recht und zur Allgemeinen Rechtslehre, Leipzig 1924; *Egert, Hans*, die Rechtsbedingung im System des bürgerlichen Rechts, Berlin 1974.

Der *numerus clausus* der Rechtsformen gilt allerdings nur für die Außengesellschaften, für die Innengesellschaften besteht dagegen (weitestgehend) Vertragsfreiheit[228]. Solange die Vorgesellschaft nicht Außengesellschaft ist, hat die Vernachlässigung der Eintragung daher nicht den Verlust des Charakters als Vorgesellschaft zur Folge. Zur Außengesellschaft wird die Vorgesellschaft ebenso wie die BGB-Gesellschaft[229] mit Invollzugsetzung, also dadurch, dass der Verband erstmalig nach außen rechtsgeschäftlich in Erscheinung tritt[230]. Da die Vorgesellschaft hierfür rechtsgeschäftlich handeln muss, muss bei der Außen-Vorgesellschaft notwendigerweise das Leitungsorgan besetzt sein, bei der Vor-AG mithin auch der Aufsichtsrat, da dieser bereits für die Bestellung des ersten Vorstands zuständig ist, § 30 Abs. 4 AktG.

Zusammenfassend kann daher festgehalten werden, dass die Fortexistenz der Außen-Vorgesellschaft unter der auflösenden Bedingung des nicht effektiven Weiterbetreibens der Eintragung steht.

IV. Die Einheitlichkeit des Gründungsvorgangs

Gemäß § 29 Abs. 1 S. 1 AktG haben die Gründer den ersten Aufsichtsrat der Gesellschaft und den Abschlussprüfer für das erste Voll- oder Rumpfgeschäftsjahr zu bestellen, sie haben den Gründungsbericht zu erstatten (§ 32 Abs. 1 AktG) und die Gesellschaft mit anzumelden (§ 36 Abs. 1 AktG). Sie unterliegen der Verantwortlichkeit nach § 46 AktG und sind gemäß §§ 399 Abs. 1, 400 Abs. 2 AktG strafrechtlich verantwortlich. Das Aktiengesetz definiert in § 28 die Gründer als die Aktionäre, die die Satzung festgestellt haben. Im Stadium der Vor-AG ist eine

---

228 *K. Schmidt*, Gesellschaftsrecht, § 5 II 1 a, S. 96 („Jeder nach *außen* [Hervorh. d. Verf.] auftretende Verband muss einer gesetzlichen Rechtsform zugehören."), § 62 II 2, S. 1843 (weitestgehende Vertragsfreiheit für die Stille Gesellschaft) m. w. N; *Westermann*, Typengesetzlichkeit, S. 186 ff., 308 ff.

229 Nach herrschender Ansicht ist konstitutives Merkmal für die Rechtsfähigkeit der Außen-BGB-Gesellschaft die Invollzugsetzung nach außen, statt aller: MünchKomm/*Ulmer/Schäfer*, BGB, § 705, Rdnr. 254, 305. Die bloße Bildung von Gesamthandsvermögen durch bereits mit Abschluss des Gesellschaftsvertrages entstehende Beitragsansprüche der Gesellschaft (*Flume*, BGB AT I/1, § 1 III, S. 6) genügt nach der Lehre vom Doppelcharakter des Gesellschaftsvertrages als Schuldverhältnis und Organisationsvertrag nicht (*Flume*, BGB AT I/1, § 2 III, S. 17 f.).

230 Mit Invollzugsetzung verlieren Satzungsfeststellung und Gesellschaftsvertrag jeweils ihren Vertragscharakter und werden zur Satzung, *Hüffer*, AktG, § 23, Rdnr. 41; Ulmer/*Ulmer/Löbbe*, GmbHG, § 2, Rdnr. 144. Hierzu gehört auch die Leistung von Einlagen, *Ulmer/Löbbe*, a. a. O.

freie Übertragung der Mitgliedschaft mit Wirkung vor Eintragung auf Grund der ausdrücklichen Anordnung des § 41 Abs. 4 S. 1 AktG ausgeschlossen[231]. Die Eintragung setzt demnach voraus, dass Personenidentität zwischen denjenigen besteht, die die Satzung festgestellt haben, und den Aktionären, die zusammen mit den Mitgliedern des Vorstands und des Aufsichtsrats gemäß § 36 Abs. 1 AktG die Anmeldung abzugeben haben, ferner, dass der Inhalt des bei Anmeldung eingereichten Satzungstextes mit dem der Feststellungsurkunde identisch sein muss. Das Aktiengesetz geht damit von der Verantwortlichkeit jedes einzelnen Gründers für den Gründungsvorgang aus, der damit und deswegen ein einheitlicher ist[232]. Im Hinblick auf eine Satzungsänderung, die vor Eintragung wirksam werden soll, folgt daraus, dass diese nur durch allseitige Änderung der Feststellungsurkunde in der von § 23 Abs. 1 S. 1 AktG vorgeschriebenen Form erfolgen kann[233]. Nur auf dem Weg einer solchen Änderung der Feststellungsurkunde lässt sich dann auch ein Mitgliederwechsel vollziehen[234].

Im GmbH-Gesetz sind die Anhaltspunkte dafür, dass Strukturänderungen im Stadium der Vor-GmbH anders als durch allseitige Änderung der Gründungsurkunde vorgenommen werden können, weniger ausgeprägt. Der Begriff der Gründer findet abgesehen von der neu eingeführten Überschrift des § 1 GmbHG[235] keine Verwendung. Auch ist die Anmeldung zur Eintragung allein von den Geschäftsführern und nicht auch von den Gesellschaftern vorzunehmen (§ 78 Abs. 1 GmbHG).

Dennoch ist auch für das GmbH-Recht davon auszugehen, dass es sich bei dem Gründungsvorgang nach dem Willen des Gesetzgebers um einen einheitlichen Konstitutivakt handelt, der erst mit der Eintragung beendet ist[236]. Sämtliche gesetzliche Vorgaben an die Gründung müssen im Eintragungszeitpunkt

---

231 MünchKomm/*Pentz*, AktG, § 41, Rdnr. 162; *Drygala*, in: Schmidt/Lutter, § 41, Rdnr. 1; *Körber*, in: Bürgers/Körber, AktG, § 41, Rdnr. 11; *Wiedemann*, Übertragung und Vererbung von Mitgliedschaftsrechten, S. 56.

232 *Holzborn*, in: Spindler/Stilz, AktG, § 179, Rdnr. 23; *Weimar*, DStR 1997, 1170, 1173.

233 MünchKomm/*Stein*, AktG, § 179, Rdnr. 68; *Holzborn*, in: Spindler/Stilz, AktG, § 179, Rdnr. 23; *Zöllner*, in KölnerKomm, AktG, § 179, Rdnr. 201; *Hüffer*, AktG, § 179, Rdnr. 2; *Weimar*, DStR 1997, 1170, 1173. Inwiefern satzungsändernde Beschlüsse in der Form der §§ 179 ff. AktG vor Eintragung möglich sind, die aber erst nach Eintragung wirksam werden, bedarf an dieser Stelle keiner Klärung.

234 Dogmatisch handelt es sich dabei um einen Ein- und Austritt: BGH, Urteil vom 16.02.1959 – II ZR 170/57, BGHZ 29, 300, 303; MünchKomm/*Pentz*, AktG, § 41, Rdnr. 163.

235 Siehe Art. 1 Nr. 51 des MoMiG.

236 *Feine*, GmbH, S. 207; *Dilcher*, JuS 1966, 89, 90.

(spätestens oder noch) gegeben sein. Daher müssen die Personen, die den Gesellschaftsvertrag i. S. d. § 2 GmbHG unterzeichnet haben oder hierbei in der Form des § 2 Abs. 1 S. 2 GmbHG vertreten wurden, mit dem tatsächlichen Gesellschafterkreis im Eintragungszeitpunkt identisch sein. Ebenso muss sich der Inhalt des Gesellschaftsvertrages i. S. d. § 2 GmbHG mit den im Eintragungszeitpunkt tatsächlich gültigen Bestimmungen decken. Abzulehnen ist daher die Auffassung *Priesters*[237], wonach in der Form der §§ 53 ff. GmbHG vorgenommene Änderungen der Satzung bereits im Stadium der Vorgesellschaft wirksam sein sollen. Das Gesetz sieht in der Mitwirkung aller Gründer in der Form des § 2 GmbHG eine Richtigkeitsgewähr[238]. Dies zeigt auch § 2 Abs. 1 S. 2 GmbHG[239]. Gibt die Feststellungsurkunde nicht den tatsächlichen Satzungsinhalt wieder oder ist der Gesellschafterkreis im Zeitpunkt der Entscheidung über den Eintragungsantrag nicht mit den Personen identisch, die entweder selbst den Gesellschaftsvertrag unterzeichnet oder hierbei unter Beachtung der Form des § 2 Abs. 1 S. 2 GmbHG wirksam vertreten wurden, ist der Eintragungsantrag abzulehnen[240]. Allein dieses Ergebnis entspricht auch den Bedürfnissen der Rechtssicherheit. Schließlich sieht weder das GmbH-Gesetz in dem Katalog des § 9c noch das Aktiengesetz in § 38 ausdrücklich vor, dass die Eintragung wegen fehlerhafter Strukturänderung[241] zwischen Errichtung und dem Zeitpunkt der Entscheidung über den Eintragungsantrag zurückzuweisen ist. Es würde zu weit gehen, das Eintragungsverfahren etwa mit der Klärung der Frage zu belasten, ob eine Satzungsänderung wirksam ist, weil die Gegenstimmen aufgrund entgegenstehender Treuepflichten nicht zu berücksichtigen sind[242]. Dies gilt umso mehr, als es dem Gesetzgeber bei Reformierung des Prüfungsumfangs mit dem HRefG

---

237 *Priester*, ZIP 1987, 280. 283 ff.

238 Geht man von einer Richtigkeitsgewähr privatautonomer Entscheidungen aus, *K. Schmidt*, Gesellschaftsrecht, § 16 I 2b, S. 451; *Schmidt-Rimpler*, FS Raiser, S. 5 ff., gilt dies im Verbandsrecht im gesteigerten Maße für einstimmig zu fassende Beschlüsse. Zu den kritischen Äußerungen *Flumes*, BGB AT II, § 1 6 a), S. 7 f., besteht tatsächlich kein Widerspruch, die Ansichten verhalten sich vielmehr zueinander komplementär, *Habersack*, AcP 189 (1989), 403, 407 ff.

239 *Rittner*, Die werdende juristische Person, S. 344.

240 MünchKomm/*Wicke*, GmbHG, § 9c, Rdnr. 18; *Feine*, GmbH, S. 207.

241 Hierzu gehören dann auch formwechselnde Umwandlungen in eine andere Vorgesellschaft, eine Vorgenossenschaft oder einen Vor-e. V., wenn man diese mit *K. Schmidt*, FS Zöllner, S. 531 ff. grundsätzlich für zulässig hält.

242 Siehe zu den aus der mitgliedschaftlichen Treuepflicht abgeleiteten Stimmpflichten auch unten D.X.2.c).

darum ging, die Gründe für Zwischenverfügungen zu reduzieren[243]. Demgegenüber ist ein Bedürfnis bei Satzungsänderungen, die vor Eintragung wirksam werden sollen, von der Form des § 2 Abs. 1 GmbHG abzuweichen, nicht zu erkennen.

Dafür, dass auch das GmbH-Gesetz von einem einheitlichen Gründungsvorgang ausgeht, spricht weiterhin die durch das MoMiG[244] erfolgte Neuregelung der Führung der Gesellschafterliste. Mit ihr bezweckte der Gesetzgeber die Schaffung von Transparenz der Anteilseignerstruktur mit dem Ziel, Geldwäsche zu verhindern[245]. Hielte man Geschäftsanteilsübertragungen mit Wirkung gegenüber der Vorgesellschaft in der Form des § 15 GmbHG für zulässig[246], müsste auch § 16 GmbHG zur Anwendung kommen, da andernfalls die vom Gesetz bezweckte Transparenz des Gesellschafterwechsels für das Gründungsstadium nicht erreicht würde. Die Anwendung des § 16 Abs. 1 GmbHG hätte indes zur Folge, dass vor Eintragung faktisch kein Mitgliederwechsel stattfinden würde, da das neue Mitglied naturgemäß nicht in der im Handelsregister aufgenommenen Gesellschafterliste eingetragen werden kann, bevor die Gesellschaft selbst eingetragen wird. Bis zur veröffentlichten Eintragung in der Gesellschafterliste hätte das neue Mitglied dann keine mitgliedschaftlichen Rechte und Pflichten gegenüber dem Verband[247]. Da, wie noch zu zeigen sein wird[248], die Gesellschafter der Vor-GmbH nicht direkt den Gläubigern, sondern nur dem Verband gegenüber haften, würde der Neugesellschafter der Vor-GmbH vor Eintragung auch nicht für Verluste haften[249]. In dem Fall, in dem die GmbH-Gründung mit der Eintragung ihren erfolgreichen Abschluss findet, unterscheidet sich die unbedingte

243 Begr. RegE vom 29.08.1997, BT-Drucks. 13/8444, S. 77.

244 Gesetz zur Modernisierung des GmbH-Rechts und zur Bekämpfung von Missbräuchen vom 23. Oktober 2008, BGBl. I, S. 2026.

245 Begr. RegE vom 25.07.2007, BT-Drucks. 16/6140, S. 37.

246 So *K. Schmidt*, in: Scholz, GmbHG, § 11, Rdnr. 50; *K. Schmidt*, GmbHR 1997, 869, 870, der zum Schutz der übrigen Gründer von einer automatischen Vinkulierung der Geschäftsanteile ausgeht. Zustimmend: MünchKomm/*Merkt*, GmbHG, § 11, Rdnr. 40 a. E.

247 Statt aller: *Bayer*, in: Lutter/Hommelhoff, GmbHG, § 16, Rdnr. 19. Im Verhältnis zu Dritten ist der Geschäftsanteil mit formgerechter Abtretung übergangen, *Seibt*, in: Scholz, GmbHG, § 16, Rdnr. 5.

248 Siehe unten D.III.5.

249 Auf Basis des hier abgelehnten Außenhaftungskonzepts der Literatur käme es zu einer für den Erwerber untragbaren Situation: Der Erwerber würde Gläubigern gegenüber unbeschränkt haften, während ihm gegenüber der Vor-GmbH keinerlei Gesellschafterrechte zustehen.

Abtretung mithin nicht von der überwiegend zu Recht für zulässig erachteten[250] auf den Eintragungszeitpunkt bedingten Abtretung[251].

Der Gesetzgeber hat zu guter Letzt mit der Statuierung des Beurkundungserfordernisses die Fungibilität der Geschäftsanteile der GmbH im Vergleich zur der von Aktien bewusst erschwert. Dieser Wille des Gesetzgebers würde für das Gründungsstadium in sein Gegenteil verkehrt, wenn der Mitgliederwechsel in der Vor-AG nur durch allseitige Vertragsänderung, der in der Vor-GmbH dagegen bereits in der Form des § 15 GmbHG möglich wäre. Anders als durch allseitige Änderung der Gründungsurkunde (§ 2 GmbHG) können Geschäftsanteilsübertragungen mit Wirkung gegenüber der Vor-GmbH mithin nicht vorgenommen werden.

Der Gründungsvorgang ist nach alledem für die GmbH ebenso wie für die Aktiengesellschaft ein einheitlicher. Die Kapitalgesellschaft soll in der verfassungsmäßigen Form und mitgliedermäßigen Zusammensetzung mit der Eintragung als juristische Person zur Vollendung kommen, wie dessen Gründer es im Zeitpunkt der Errichtung (einstimmig) beschlossen haben[252]. Änderungen und Ergänzungen der Satzung sowie Veränderungen im Mitgliederbestand, die noch im Stadium der Vorgesellschaft wirksam werden sollen, können daher nur in der Form der §§ 23 Abs. 1 S. 1 AktG, 2 Abs. 1 S. 1 GmbHG erfolgen[253].

---

250 Siehe jeweils m. w. N.: MünchKomm/*Pentz*, AktG, § 41, Rdnr. 164; *Heidinger*, in: Spindler/Stilz, AktG, § 41, Rdnr. 66; Rowedder/*Schmidt-Leithoff*, GmbHG, § 11, Rdnr. 62. Entgegen *Hüffer*, AktG, § 41, Rdnr. 30 werden Einstimmigkeitsprinzip und Formzwang nicht unterlaufen, da es beider im Zeitpunkt des Bedingungseintritts nicht bedarf und Einstimmigkeitsprinzip und Formzwang in dem Zeitraum vor Eintragung nur der Einheitlichkeit des Gründungsakts geschuldet sind, siehe oben C.IV.

251 In dem Fall, in dem der Verband nach Scheitern der Eintragung werbend fortgeführt wird, macht sich der Unterschied jedoch bemerkbar. Derjenige, der nach § 15 GmbHG bereits im Stadium der Vorgesellschaft einen Geschäftsanteil erworben hat, bislang wegen § 16 GmbHG aber keine Gesellschafterrechte geltend machen konnte und sich auch keiner Haftung ausgesetzt sah, haftet nunmehr im Außenverhältnis gemäß § 128 HGB für sämtliche Forderungen Dritter gegen den Verband.

252 *Rittner*, Die werdende juristische Person, S. 344.

253 MünchKomm/*Pentz*, AktG, § 41, Rdnr. 163; *Heidinger*, in: Spindler/Stilz, AktG, § 41, Rdnr. 46, 65; *Hüffer*, AktG, Rdnr. 30; Rowedder/*Schmidt-Leithoff*, GmbHG, § 11, Rdnr. 62 f.; *Fastrich*, in: Baumbach/Hueck, GmbHG, § 2, Rdnr. 13; *Flume*, FS Geßler, S. 30. Da es an dieser Stelle darum geht, dass die Eintragung der Kapitalgesellschaft voraussetzt, dass die Satzung von sämtlichen Gesellschaftern unterzeichnet ist und der notariellen Form genügt, und nicht um die Frage, ob umgekehrt Vorschriften über die Satzungsänderung durch Mehrheitsbeschluss und über die freie Übertragbarkeit der Mitgliedschaft die Eintragung voraussetzen, bedürfen die gegen letztere vorgebrachten Argumente keiner Erörterung. Siehe hierzu jeweils mit

V. Zusammenfassendes Ergebnis

Die Untersuchung zur Rechtsnatur der Vorgesellschaft hat ergeben, dass die Vorgesellschaft rechtsfähig und als Rechtsträger mit der eingetragenen Kapitalgesellschaft identisch ist. Die §§ 41 AktG, 11 GmbHG sind mit *Schreiber/Feine* dahingehend auszulegen, dass vor Eintragung eine Aktiengesellschaft bzw. GmbH existiert, lediglich abzüglich der Eigenschaften, die der Verband erst durch Eintragung erwirbt[254].

Da das jeweilige Gesetz den Anspruch hat, alle Lebensphasen der Kapitalgesellschaft zu regeln und der Wortsinn der einzelnen Bestimmungen die Vorgesellschaft nicht ausschließt, ist bei der Auslegung zunächst von einer unmittelbaren Rechtsanwendung auszugehen. Der Anwendungsbereich der einzelnen Normen ist teleologisch auf die eingetragene Kapitalgesellschaft zu beschränken, wenn die Auslegung ergibt, dass die fragliche Norm eine Eigenschaft des Verbandes voraussetzt, die dieser erst durch die Eintragung erlangt. Welche Eigenschaften dies sind, soll durch die nachfolgende Untersuchung der Funktionen der Eintragung ermittelt werden[255]. Die Vorgesellschaft ist keine Rechtsform eigener Art, sondern sie hat als „werdende Aktiengesellschaft" bzw. „werdende GmbH" dieselbe Rechtsform wie die eingetragene Aktiengesellschaft und die eingetragene GmbH[256].

Zur Rechtsnatur der Vorgesellschaft gehört, dass ihr Zustand nur ein vorübergehender ist. In Verbindung mit dem *numerus clausus* der Rechtsformen folgt daraus, dass die Vorgesellschaft als Außengesellschaft nicht auf Dauer als solche betrieben werden kann. Die Vorgesellschaft behält ihren Status als solche nur, wenn die Eintragung durch Gründer und Organwalter nicht vernachlässigt wird. Wird der als Vorgesellschaft gegründete Verband dennoch werbend fortgeführt, wandelt er sich im Wege des Rechtsformzwangs in eine oHG bzw. BGB-Gesellschaft um[257].

Die Anwendung der einzelnen Normen des Aktien- und GmbH-Gesetzes ist ausgeschlossen, soweit sie von speziellen Regeln des Gründungsstadiums verdrängt werden. Insoweit wurde festgestellt, dass Strukturänderungen in der Vorgesellschaft nur in der Form der §§ 23 Abs. 1 S. 1 AktG, 2 Abs. 1 S. 1 GmbHG möglich sind (Grundsatz der Gründung als einheitlicher Konstitutivakt)[258].

---

weiteren Nachweisen: *Hüffer*, AktG, § 41, Rdnr. 7, 30; Rowedder/*Schmidt-Leithoff*, GmbHG, § 11, Rdnr. 62 f.

254 Siehe hierzu insgesamt oben C.I.

255 Siehe hierzu nachfolgend D.

256 Siehe hierzu insgesamt oben C.II.

257 Siehe hierzu insgesamt oben C.III.

258 Siehe hierzu insgesamt oben C.IV.

D. Funktionen der Eintragung

Es wurde festgestellt, dass mit der Formel *Schreiber/Feine* die Anwendbarkeit der Rechtssätze der eingetragenen Kapitalgesellschaft auf die Vorgesellschaft davon abhängen soll, ob sie die Eintragung des Verbandes voraussetzen. Um diese Formel für eine Prüfung des Einzelfalls handhabbarer zu machen, ist nach den Kriterien zu fragen, die allgemein bestimmend dafür sind, ob eine Norm die Eintragung voraussetzt. Die genannten Kriterien sind aus den Funktionen der Eintragung abzuleiten. Mit Funktionen der Eintragung sind die Rechtswirkungen gemeint, die in einem engen zweckbezogenen Zusammenhang mit der Eintragung stehen und sich nicht lediglich als Reflex aus ihr ergeben.

Als Funktionen der Eintragung kommen in Betracht[259]: die Konstitutivfunktion [I.], die Entstehung der Mitgliedschaft [II.], die Erlangung der Haftungsbeschränkung [III.], die Änderung der Verbandsstruktur von der Gesamthand zur juristischen Person [IV.], die Fiktion der Handelsgesellschaft [V.], die Publizitätsfunktion [VI.], eine Änderung des Verbandszwecks [VII.], die Geltung der Kapitalschutzvorschriften [VIII.], die Bewirkung eines Bestandsschutzes durch die Einschränkung des mitgliedschaftlichen Individualrechts zur Kündigung [IX.], die Bewirkung eines Bestandsschutzes durch die eingeschränkte Möglichkeit der Geltendmachung von Gründungsmängeln [X.], die Heilungsfunktion [XI.], die Beglaubigungsfunktion [XII.] und letztlich die Kontrollfunktion [XIII.].

I. Konstitutivfunktion: Die Eintragung als schöpferischer Akt

Unstreitig kommt der Eintragung Konstitutivfunktion, also rechtserzeugende Kraft zu. Streitig ist indes bis heute, ob der Ersteintragung rechtserzeugende Kraft in dem Sinne zukommt, dass für die vollwertige Entstehung der Kapitalgesellschaft ausschließlich die Eintragung erforderlich ist, oder ob die Eintragung lediglich als die zeitlich letzte (formelle) Bedingung neben die übrigen gleichwertigen Normativbestimmungen tritt[260]. In beiden Fällen beschreibt der Ausdruck „Konstitutivfunktion" lediglich die schöpferische Wirkung der Eintragung, nicht

---

259 Zu den Gründen hierfür, siehe in den jeweiligen Abschnitten.

260 *Gierke*, Genossenschaftstheorie, S. 30; *Renaud*, Das Recht der KG, S. 688 ff.; *Primker*, in: Endemann, Hdb Handelsrecht, S. 525 („der Thatbestand, an welchen das Gesetz die Anerkennung als Aktiengesellschaft knü[p]ft, ... wird durch die Registrirung nicht geschaffen, sondern nur konstatirt"); *Feine*, GmbH, S. 155 f.; *Freytag*, Nichtigerklärung, S. 8; *Goldschmi(d)t*, Holdheims Monatsschrift, 9 (1900), 158, 160.

jedoch eine Funktion in dem hier gebrauchten Sinne des Wortes, nämlich einer zweckbezogenen Aufgabe. Dass die Eintragung hinsichtlich der Vollendung der Kapitalgesellschaft Konstitutivfunktion hat, kommt bereits durch die Formel *Schreiber/Feine* selbst zum Ausdruck. Es geht gerade darum zu ermitteln, in welcher Hinsicht der Eintragung Konstitutivfunktion zukommt.[261] Die Konstitutivfunktion als solche ist damit keine Funktion der Eintragung in dem hier zu untersuchenden Sinne.

II. Entstehung der Mitgliedschaft

Nach noch bis in jüngster Zeit herrschender Auffassung[262] sollte die Mitgliedschaft in der Kapitalgesellschaft erst mit deren Eintragung entstehen. Die Auffassung, wonach die Mitgliedschaft im Stadium der Vorgesellschaft noch nicht besteht, hat ihren Ursprung in der Vorstellung, dass nur bei der (fertigen) juristischen Person die für die Mitgliedschaft typische vertikale Beziehung zwischen Mitglied und Verband[263] bestehen kann. Die BGB-Gesellschaft, als die die Vorgesellschaft lange Zeit gesehen wurde, erfüllte nach traditionellem Verständnis diese Anforderungen nicht, da sie als rein schuldrechtliches Rechtsverhältnis der Gesellschafter untereinander begriffen wurde, mit der Folge, dass es nur „horizontale" Rechtsbeziehung zwischen den Gesellschaftern geben konnte, nicht aber „vertikale" zwischen Gesellschaftern und Verband[264]. Gestützt wurde diese Auffassung dadurch, dass das GmbH-Gesetz vor den Änderungen durch das MoMiG in den Gründungsvorschriften den Begriff des Geschäftsanteils, der

261 „Das Wesen der konstitutiven Eintragung besteht darin, daß eine gewisse Tatsache, ein gewisses Lebensverhältnis ohne Eintragung eine gewisse rechtliche Wirkung nicht entfalten kann, … daß [also] ein Rechtsverhältnis entweder überhaupt nicht oder wenigstens unter gewissen tatsächlichen Voraussetzungen nicht anders als durch Eintragung entstehen kann", *Ehrenberg*, JherJb 47 (1904), S. 278.

262 BGH, Urteil vom 13.12.2004 – II ZR 409/02, NJW-RR 2005, 469; BGH, Urteil vom 27.01.1997 – II ZR 123/94, NJW 1997, 1507, 1507; LG Berlin, Urteil vom 19.12.2000 – 7 O 227/00, GmbHR 2001, 391; *Beyer*, in: Lutter/Hommelhoff, GmbHG, § 14, Rdnr. 3.

263 *Flume*, BGB AT I/1, § 9, S. 126; *K. Schmidt*, Gesellschaftsrecht, § 19 I 1 b, S. 547 f.; *Lutter*, AcP 180 (1980), 85, S. 97 f.

264 Erst mit Anerkennung der Übertragbarkeit der Gesellschafterstellung durch den Großen Senat für Zivilsachen des RG (Beschluss vom 30.09.1944 – GSE 39/1943, DNotZ 1944, 195, 198 f.) ist die Gesellschafterstellung in der durch eine Organisationsverfassung geprägten Personengesellschaft als Mitgliedschaft begriffen worden, *Flume*, BGB AT I/1, § 9, S. 126.

synonym für die Mitgliedschaft steht[265], nicht verwendete. Stattdessen sprach das Gesetz etwa in § 3 Ziffer 4 GmbHG a.F. von der Stammeinlage[266]. Diese sprachliche Differenzierung war allerdings auch im Spannungsverhältnis zu den übrigen Normen des Gesetzes zu sehen, die die Verselbständigung der Vorgesellschaft von den Gründern bezwecken und die Geschäftsaufnahme des Verbandes vor Eintragung zulassen[267]. Wenn es Mitgliedschaftsrechte im Stadium der Vorgesellschaft materiell nicht geben würde, könnte die Vorgesellschaft auch nicht Gläubiger des Anspruchs auf Leistung der Einlage sein, da die Pflicht zur Leistung der Einlage mit Errichtung der Kapitalgesellschaft entsteht und seinen Rechtsgrund in der Mitgliedschaft hat[268].

Fraglich ist daher allein, ob die Mitgliedschaft bereits mit Abschluss des Beurkundungsvorgangs entsteht oder erst ab dem Zeitpunkt, ab dem die Vorgesellschaft zur Außengesellschaft wird. Der durch Mitgliedschaft geprägte Verband unterscheidet sich dadurch vom schlichten Schuldverhältnis, dass er eine gegenüber den Mitgliedern verselbständigte, einem Verbandszweck dienende Organisation aufweist[269]. Über eine solche Organisation verfügt die Vorgesellschaft spätestens dann, wenn Aufsichts- und Leitungsorgane besetzt wurden und die Vorgesellschaft damit handlungsfähig ist.

K. Schmidt[270] hat zudem nachgewiesen, dass das Dogma der erst mit der Eintragung entstehenden Geschäftsanteile verhindern sollte, dass die seinerzeit[271] unzulässige Gründung einer Einmann-GmbH letztlich doch erreicht wurde, in dem sich der designierte Einmann-Gründer die Geschäftsanteile des Strohmannes noch vor Eintragung abtreten ließ. Mit der Zulassung der Einmann-Gründung durch die GmbH-Novelle 1980 ist dieser Grund für das Entstehen der Geschäftsanteile erst mit Eintragung entfallen.

---

265 *Beyer*, in Lutter/Hommelhoff, GmbHG, § 14, Rdnr. 1.

266 *Emmerich*, in: Scholz, GmbHG, § 3, Rdnr. 51; *Fastrich*, in: Baumbach/Hueck, GmbhG, § 3, Rdnr. 16; Ulmer/*Raiser*, GmbHG, § 14, Rdnr. 1.

267 Siehe oben B.I.

268 Großkomm/*Hentze/Lotz*, AktG, Vor §§ 53a-75, Rdnr. 19, Fn. 41; Großkomm/*Henze*, AktG, § 54, Rdnr. 7, 9, 16; *Hüffer*, AktG, § 54, Rdnr. 2 f.

269 *K. Schmidt*, Gesellschaftsrecht, § 7 I 1, S. 168.

270 *K. Schmidt*, in: Scholz, GmbHG, § 11, Rdnr. 50; MünchKomm/*Merkt*, GmbHG, § 11, Rdnr. 40; *Gummert*, in: MünchHdb GesR 3, § 16, Rdnr. 24.

271 Die Einmann-Gründung wurde erst mit der GmbH-Novelle 1980 Gesetz. Im Aktienrecht wurde die Einmann-Gründung erst durch das Gesetz für kleine Aktiengesellschaften und zur Deregulierung des Aktienrechts vom 2.8.1994, BGBl. I, S. 1961, Artikel 1 zugelassen.

Mit dem durch das MoMiG neugefassten Wortlaut des § 3 Abs. 1 Nr. 4 GmbHG ist nunmehr klargestellt, dass der Geschäftsanteil mit der notariellen Beurkundung des Gesellschaftsvertrages, also mit Beginn des Stadiums der Vorgesellschaft bei der GmbH entsteht[272]. Mit anderen Worten besteht vor der Eintragung nicht lediglich eine gesellschaftsvertragliche Einlageverpflichtung, sondern eine vollwertige mitgliedschaftliche Beziehung zwischen Vorgesellschaft und Gründer[273]. Die gegenteilige Ansicht[274], nach der auch nach neuem Recht der Geschäftsanteil erst mit der Eintragung der GmbH entstehen soll, ist daher abzulehnen.

Im Aktiengesetz gab es keine sprachliche Differenzierung hinsichtlich der Beteiligung vor und nach Eintragung. Dafür bestimmt das Gesetz in § 41 Abs. 4 S. 1 AktG, dass vor der Eintragung Anteilsrechte nicht übertragen, Aktien oder Zwischenscheine nicht ausgegeben werden dürfen. Aus der Norm lässt sich auch folgern, dass offenbar doch Anteilsrechte existieren müssen, da es des Ausschlusses der Übertragung sonst nicht bedürfte[275]. Auch die Gründer der Aktiengesellschaft sind daher gemäß § 28 AktG bereits Aktionäre und haben eine gesellschaftsrechtliche Mitgliedschaft inne[276].

Nach alledem entsteht die Mitgliedschaft mit Abschluss des Errichtungsgeschäfts[277]. Sie ist keine Funktion der Eintragung.

III. Beschränkung der Mitgliederhaftung auf die Einlagen

Die §§ 1 Abs. 1 S. 2 AktG, 13 Abs. 2 GmbHG bestimmen nahezu gleichlautend für die Aktiengesellschaft und die GmbH, dass „für die Verbindlichkeiten der Gesellschaft … den Gläubigern [derselben[278]] nur das Gesellschaftsvermögen" haftet. Aus der Sicht der Mitglieder der Kapitalgesellschaft bedeutet dies, dass diese gegenüber den Gesellschaftsgläubigern nicht unmittelbar haften. Eine Haftung der

---

272 MünchKomm/*Reichert/Weller*, GmbHG, § 14, Rdnr. 11.

273 Ulmer/*Raiser*, GmbHG, § 14, Rdnr. 4 f.

274 *Altmeppen*, in: Roth/Altmeppen, GmbHG, § 14, Rdnr. 8; *Bayer*, in: Lutter/Hommelhoff, GmbHG, § 14, Rdnr. 3; Michalski/*Ebbing*, GmbHG, § 14, Rdnr. 40; *Seibt*, in: Scholz, GmbHG, § 15, Rdnr. 11; *Saenger*, in: Saenger/Inhester, GmbHG, § 14, Rdnr. 3; *Verse*, in: Henssler/Strohn, Gesellschaftsrecht, § 14 GmbHG, Rdnr. 33, 35.

275 Großkomm/*Hentze/Lotz*, AktG, Vor §§ 53a-75, Rdnr. 19, Fn. 41.

276 *Heidinger*, in: Spindler/Stilz, AktG, § 41, Rdnr. 46.

277 *K. Schmidt*, in: Scholz, GmbHG, § 11, Rdnr. 48; Ulmer/*Raiser*, GmbHG, § 14, Rdnr. 2; *Lutter*, AcP 180 (1980), 85, 97; *Kießling*, Vorgründungs- und Vorgesellschaften, S. 16; *Müller-Erzbach*, Mitgliedschaft, S. 203, auf der Annahme basierend, dass bis zur Eintragung ein nichtrechtsfähiger Verein, also ein Verband besteht.

278 Den klarstellenden Zusatz enthält nur § 13 Abs. 2 GmbHG.

Mitglieder gegenüber der Kapitalgesellschaft für die vorgenannten Verbindlichkeiten ist dem Wortlaut beider Normen nach nicht ausgeschlossen[279]. Tatsächlich haften die Mitglieder der eingetragenen Kapitalgesellschaft für bestimmte bilanzielle Unterdeckungen, nicht jedoch für konkrete Verbindlichkeiten, die die eingetragene Kapitalgesellschaft gegenüber Dritten hat[280]. Die Mitglieder der GmbH haften darüber hinaus für die Aufbringung von Fehlbeträgen gemäß § 24 GmbHG (sog. Ausfallhaftung) und verbotene Rückzahlungen gemäß 31 Abs. 3 GmbHG ihrer Mitgesellschafter. Eine Haftung der Mitglieder für Vermögensminderungen auf Ebene der Kapitalgesellschaft sollte es nicht geben, jedenfalls dann nicht, wenn die Vermögensminderung allein durch Veränderung der Marktverhältnisse, durch Verwendung der Mittel für Investitionen oder durch gewöhnliche Geschäftsvorfälle mit Dritten entstanden ist[281]. Eine Mitgliederhaftung, die bei den Personengesellschaften neben die Haftung des Verbands tritt, gibt es bei der eingetragenen Kapitalgesellschaft nicht.

Ausgleich für die beschränkte Haftung der Mitglieder ist die Aufbringung einer bestimmten Haftkapitalsumme, dessen vom Registergericht geprüfte (Teil-) Aufbringung[282] Eintragungsvoraussetzung ist. Die Haftungsbeschränkung soll den Mitgliedern nach dem Zweck der Kapitalaufbringungsvorschriften und der der Eintragung vorgeschalteten Prüfung erst mit der Eintragung zukommen[283]. Dieser Befund wird gestützt durch die Tatsache, dass die Beschränkung der Haftung auf das Gesellschaftsvermögen nach § 1 Abs. 1 S. 2 AktG zum Wesen der Aktiengesellschaft (so bereits das AktG 1937) gehört sowie durch die systematische Stellung des § 13 Abs. 2 GmbHG[284]. Abzulehnen ist daher ein gänzlicher

279 Der Wortlaut der heutigen aktienrechtlichen Vorschrift ist nahezu identisch mit dem des § 48 AktG 1937. Vor Inkrafttreten des AktG 1965 wurde in § 1 unter der Überschrift „Wesen der Aktiengesellschaft" die Haftung der Aktionäre für die Verbindlichkeiten der Aktiengesellschaft noch aus der Perspektive der Aktionäre beschrieben, nämlich dass diese lediglich „mit Einlagen auf das in Aktien zerlegte Grundkapital beteiligt sind, ohne persönlich für die Verbindlichkeiten der Gesellschaft zu haften" (so § 1 AktG 1937, dessen Wortlaut sich nahezu unverändert auf die entsprechenden Vorläuferbestimmungen des HGB bzw. ADHGB zurückführen lässt). Durch die Angleichung des Wortlauts von § 1 Abs. 1 S. 2 AktG an den von § 13 Abs. 2 GmbHG war keine materielle Änderung der Norm bezweckt (*Kropff*, AktG, S. 19).

280 Siehe etwa Ulmer/*Raiser*, GmbHG, § 13, Rdnr. 47.

281 *K. Schmidt*, Gesellschaftsrecht, § 29 II 3a, S. 895.

282 Teilaufbringung bei Bareinlagen: §§ 36a Abs. 1, 7 Abs. 2 S. 1 GmbHG.

283 *K. Schmidt*, Gesellschaftsrecht, § 34 III 3c, S. 1022.

284 *Raiser/Veil*, BB 1996, 1344, 1346.

Ausschluss der persönlichen Haftung der Mitglieder einer Vorgesellschaft, die wie die Außen-BGB-Gesellschaft werbend tätig ist und die aus den eingegangenen Geschäften selbst vollumfänglich berechtigt und verpflichtet wird[285]. Für die Haftungsverfassung der Vorgesellschaft kommen daher nur solche Strukturansätze in Frage, die [1.] einen vollwertigen Ersatz für die Mitgliederhaftung bieten, [2.] Belastungen von der Vorgesellschaft fern halten oder die eine unbegrenzte Haftung der Mitglieder [3.] im Innen- oder [4.] im Außenverhältnis zu begründen vermögen.

1. Handelndenhaftung als Ersatz für eine Mitgliederhaftung

Die einzigen Normen, die ausdrücklich die Haftung im Gründungsstadium regeln, sind die §§ 41 Abs. 1 S. 2 AktG, 11 Abs. 2 GmbHG. Danach haftet persönlich, wer vor der Eintragung der Kapitalgesellschaft in ihrem Namen handelt. Die genannten Normen knüpfen an ein „Handeln" an und nicht an die Eigenschaft als Gründer bzw. Mitglied der Vorgesellschaft. Die auf diese Normen gestützte Haftung wird deshalb auch als „Handelndenhaftung" bezeichnet[286].

Die Aufgabe der Handelndenhaftung bestand zunächst darin, ein Handeln vor Erlangung der Konzession zu verhindern[287]. Ihr nachgelagerter Zweck bestand darin, Dritten überhaupt einen Schuldner zu verschaffen, da vor dem Übergang zum System der Normativbestimmungen die Existenz einer Vorgesellschaft unbekannt war[288]. Letzter Zweck blieb mit Aufgabe des Konzessionszwanges bestehen[289]. Hinzugetreten ist der Zweck, den Mangel an Registerpublizität auszugleichen[290].

Lange Zeit bot die Handelndenhaftung aus Sicht der Gläubiger einen gleichwertigen Ersatz für die Mitgliederhaftung, da der Begriff des Handelns weit verstanden wurde. So sah man bereits in der bloßen Zustimmung der Gründer zur

---

285 So aber *Binz*, Haftungsverhältnisse, S. 233 ff.; *Huber*, FS R. Fischer, S. 282 ff.; *Weimar*, GmbHR 1988, 289, 294 ff. Nach *Huber*, a. a. O., S. 282, fehlt es an einer geschriebenen Haftungsgrundlage - Gesellschafter werden nicht selbst verpflichtet, da es an einem Handeln im Namen der Gesellschafter fehlt. Nach *Weimar* soll es deshalb keiner Gründerhaftung bedürfen, da die Gläubiger der Vorgesellschaft gegenüber denen der eingetragenen Kapitalgesellschaft andernfalls unzulässig bevorzugt würden.

286 Statt aller: *Körber*, in: Bürgers/Körber, AktG, § 41, Rdnr. 16.

287 Sog. Straffunktion, siehe etwa RG, Urteil vom 21.09.199 – VII 109/00, RGZ 47, 1, 2 f.; RG, Urteil vom 17.10.1906 – V 658/05, RGZ 64, 187, 191.

288 *Bergmann*, GmbHR 2003, 563, 565; siehe oben B.I.

289 Siehe noch BGH, Urteil vom 15.12.1975 – II ZR 95/73, BGHZ 65, 378, 381; BGH, Urteil vom 26.01.1967 – II ZR 122/64, BGHZ 47, 25, 29 f.

290 Siehe unten D.VI.1.a).

Eröffnung des Geschäftsbetriebs ein „Handeln im Namen der Gesellschaft“[291]. Diese Funktion behielt die Handelndenhaftung auch noch, als die Vorgesellschaft selbst als verpflichtungsfähig angesehen wurde. Da den Gläubigern mit der Vorgesellschaft nunmehr ein Schuldner zur Verfügung stand, beschränkte die Rechtsprechung[292] die Handelndenhaftung auf die Fälle, in denen im Namen der künftigen und damit der im Verpflichtungszeitpunkt rechtlich inexistenten Kapitalgesellschaft gehandelt wurde. Wurde dagegen im Namen der Vorgesellschaft gehandelt, sollte es der Handelndenhaftung nicht bedürfen. Die Unterscheidung hat jedoch im Gesetz keinen Ausdruck gefunden und war praktisch nicht durchführbar, weil die Parteien meist keine besondere Vereinbarung über den von ihnen vertretenen Verband treffen[293]. Auf Basis der Identitätslehre besteht der Unterschied zwischen dem Handeln im Namen der Vorgesellschaft und dem Handeln im Namen der künftigen eingetragenen Kapitalgesellschaft nur noch in der Frage, wann das Geschäft wirksam werden soll[294].

---

291 RG, Urteil vom 19.02.1909 II 401/08, RGZ 70, 296, 301; RG, Urteil vom 22.09.1903 – II 50/03, RGZ 55, 302, 304 (zur Vor-AG), auch dies sollte dazu beitragen zu verhindern, dass vor der Eintragung schon für den Verband gehandelt wird. Die Auffassung konnte sich zu einem gewissen Grad auch auf den Willen des historischen Gesetzgebers stützen. Im Zusammenhang mit der Beratung über die Vorgängernorm des ADHGB (Art. 189 Entw. I: „Ist vor erhaltener Genehmigung und erfolgter Eintragung in das Handelsregister im Namen der Gesellschaft gehandelt worden, so haften die Handelnden persönlich und solidarisch.“) wurde protokolliert: „Hierzu wurde noch bemerkt, unter ‚Handelnden‘ seien selbstverständlich auch die etwaigen Auftraggeber der Handelnden gemeint.“, *Lutz*, Protokolle ADHGB, S. 1039; *Saß*, Vor-GmbH, S. 89 f.

292 RG, Urteil vom 13.02.1934 – II 254/33, RGZ 143, 368, 372 f. („Hafteten die Gründer schon nach den Vorschriften über die Gesellschaft bürgerlichen Rechts samtverbindlich, so wäre die Vorschrift des § 11 Abs. 2 GmbHG entbehrlich.“, a. a. O. S. 272); BGH, Urteil vom 24.10.1968 – II ZR 216/66, BGHZ 51, 30, 33; BGH, Urteil vom 09.02.1970 – II ZR 137/69, BGHZ 53, 210, 211 (das Geschäft muss nicht nur „für die Gründer-Gesellschaft, sondern auch namens der künftigen GmbH abgeschlossen worden“ sein; diese Feststellung widerspricht allerdings der Begründung, wonach der Zweck der Vorschrift darin bestanden haben soll, dem Dritten überhaupt einen Schuldner zu verschaffen, s. auch BAG, Urteil vom 07.06.1973 – 2 AZR 181/72, AP GmbHG § 11 Nr. 2 („Die Haftung der Vor-Gesellschaft - und möglicherweise ihrer Gesellschafter - und die Haftung des Handelnden nach § 11 Absatz 2 GmbH-Gesetz schließen sich damit gegenseitig aus“); BGH, Urteil vom 2.5.1974 – II ZR 111/71, NJW 1974, 1284.

293 Hachenburg/*Ulmer*, GmbHG (7. Auflage 1975), § 11, Rdnr. 75.

294 *K. Schmidt*, Gesellschaftsrecht, § 43 III 3 b) aa), S. 1019; *Ulmer*, FS Ballerstedt, S. 300.

Später wurde zudem erkannt, dass es mit dem Sprachgebrauch unvereinbar ist, die Zustimmung zur Eröffnung des Geschäftsbetriebs als ein „Handeln im Namen der Gesellschaft" anzusehen[295]. Eine Anwendung über den Sprachgebrauch hinaus setzt voraus, dass der Zweck der Norm deren Anwendung auch auf Sachverhalte gebieten muss, die von deren Wortlaut nicht erfasst werden[296]. Der Zweck der Norm, Dritten überhaupt einen Schuldner zu verschaffen und den Mangel an formeller Publizität auszugleichen, wird mit der Organhaftung bereits erreicht[297]. Eine Anwendung der Norm auch auf Personen, die der Geschäftseröffnung lediglich zugestimmt haben, würde zudem nicht die Haftung aller Gründer sicherstellen. Sie würde auch nichts daran ändern, dass es bei der Mitgliederhaftung um einen anderen Anknüpfungspunkt geht, nämlich dem Innehaben der Mitgliedschaft, und um einen anderen Haftungsgrund, nämlich der Zusammengehörigkeit von wirtschaftlichen Chancen und wirtschaftlichem Risiko[298]. Eine

---

295 BGH, Urteil vom 26.01.1967 – II ZR 122/64, BGH, Urteil vom 26.01.1967 – II ZR 122/64, BGHZ 47, 25, 30.

296 *Canaris*, Lücken, S. 25; *Müller/Christensen*, Methodik I, Rdnr. 371.

297 Aus dem gleichen Grund endet die Handelndenhaftung richtigerweise mit der Übernahme der Verbindlichkeiten der Vorgesellschaft durch die eingetragene Kapitalgesellschaft, so die ganz h. M.: Zur AG: BAG, Urteil vom 01.12.2004 – 5 AZR 117/04, AG 2005, 203 („Eine fortdauernde Bevorzugung der Altgläubiger aus dem Gründungsstadium ist nicht mehr gerechtfertigt"); MünchKomm/*Pentz*, AktG, § 41, Rdnr. 109; *Hüffer*, AktG, § 41, Rdnr. 25; Großkomm/*K. Schmidt*, AktG, § 41, Rdnr. 97, 112; zur GmbH BGH, Urteil vom 13.06.1977 – II ZR 232/75; BGHZ 69, 95, 103 f.(„Es leuchtet nicht ein, welchen Sinn es haben soll, dem Gläubiger zu dem Schuldner, mit dem er von Anfang an nur kontrahieren wollte und der ihm auch haftet, noch einen zweiten Schuldner zu geben oder zu belassen, mit dem er vielleicht gar nicht gerechnet hat. Die Garantiehaftung des Handelnden ist nicht mit einer Bürgschaft vergleichbar. Der Bürge muß für die Erfüllung einer fremden Verbindlichkeit einstehen, der ‚Handelnde' nach § 11 Abs. 2 GmbHG dagegen nur für das Zustandekommen des versprochenen rechtlichen Kontakts, d.h. für Entstehung und Schuldeintritt der GmbH."); BGH, Urteil vom 19.12.1977 – II ZR 202/76, BGHZ 70, 132, 139 ff.; BGH, Urteil vom 17.03.1980 – II ZR 11/79, BGHZ 76, 320, 323; BGH, Urteil vom 16.03.1981 – II ZR 59/80, BGHZ 80, 182, 183 f.; BGH, Urteil vom 26.10.1981 – II ZR 31/81, NJW 1982, 932 (Erlöschen der im Vorgründungsstadium entstandenen Handelndenhaftung); *Fastrich*, in: Baumbach/Hueck, GmbHG, § 11, Rdnr. 49; *Bayer*, in: Lutter/Hommelhoff, GmbHG, § 11, Rdnr. 29; Rowedder/*Schmidt-Leithoff*, GmbHG, § 11, Rdnr. 140; *Roth*, in: Roth/Altmeppen, GmbHG, § 11, Rdnr. 33; Ulmer/*Ulmer/Habersack*, GmbHG, § 11, Rdnr. 146; *Flume*, NJW 1981, 1753, 1755; *K. Schmidt*, FS Kraft, S. 573, 580.

298 *Larenz/Canaris*, Schuldrecht II/2, § 84 I 2, S. 605 zählt das Prinzip zu den fundamentalen Gerechtigkeitskriterien.

Mitgliederhaftung kann nach alledem nicht durch eine Analogie der Handelndenhaftung begründet werden, welche zu Recht auf die Organhaftung beschränkt ist[299]. Die Handelndenhaftung bietet Gläubigern daher keinen gleichwertigen Ersatz für die Mitgliederhaftung.

2. Die eingeschränkte Handlungsfähigkeit als Ersatz für eine unbeschränkte Mitgliederhaftung

Eine Begrenzung der Haftung der Mitglieder im Gründungsstadium wäre wertungsmäßig dann begründbar, wenn die Vorgesellschaft von der Teilnahme am Rechtsverkehr im Wesentlichen ausgeschlossen wäre. Zu diesem Ergebnis kam die sog. Lehre vom Vorbelastungsverbot. Dieser Lehre ging es allerdings nicht darum, eine Begründung für eine Haftungsbeschränkung der Gründer zu liefern, sondern sicherzustellen, dass die Kapitalgesellschaft wenigstens im Eintragungszeitpunkt über den gesetzlichen bzw. satzungsmäßigen Haftungsfonds verfügt. In dem gegenständlichen[300] Vorhandensein der zu leistenden Einlagen im Eintragungszeitpunkt sahen Ihre Vertreter den Zweck der Kapitalaufbringungsvorschriften[301]. Das aufzubringende Kapital durfte im Eintragungszeitpunkt nur durch Gründungsaufwand gemindert sein[302]. Dieses Ziel suchte man dadurch zu erreichen, dass nicht gründungsnotwendige Verfügungen über das Aktiv- und Passivvermögen jedenfalls nicht mit Wirkung für die eingetragene Kapitalgesellschaft vorgenommen werden können sollten. Es galt ein sog. Vorbelastungsverbot[303]. Die begrenzte Haftung der Mitglieder war Folge der begrenzten Verpflichtungsfähigkeit der Vorgesellschaft.

---

299 BGH, Urteil vom 15.12.1975 – II ZR 95/73, BGHZ 65, 378, 381; Ulmer/*Ulmer/Habersack*, GmbHG, § 11, Rdnr. 133 f.; *K. Schmidt*, in: Scholz, GmbHG, § 11, Rdnr. 104; *Fastrich*, in: Baumbach/Hueck, GmbHG, § 11, Rdnr. 47; *Bayer*, in: Lutter/Hommelhoff, GmbHG, § 11, Rdnr. 26; Rowedder/*Schmidt-Leithoff*, § 11, Rdnr. 110 f.; *Roth*, in: Roth/Altmeppen, GmbHG, § 11, Rdnr. 30; *Bergmann*, GmbHR, 2003, 563, 565 f.; *K. Schmidt*, Gesellschaftsrecht, § 34 III, 3d, S. 1026 f.; *K. Schmidt*, GmbHR 1973, 146, 151.

300 *Wiedemann*, JurA 1970, 439, 449.

301 BGH, Urteil vom 15.12.1975 – II ZR 95/73, BGHZ 65, 378, 383.

302 Für die AG: §§ 26, 27 AktG; für die GmbH gilt § 26 AktG anerkanntermaßen analog, s. statt aller Michalski/*Zeidler*, GmbHG, § 5, Rdnr. 202 m. w. N.

303 Zutreffender ist der von *Schumann*, Der Ausgleich zwischen GmbH-Gründern, S. 241 verwendete Begriff der „Vorbelastungssperre", da es letztlich nicht darum ging, Vorbelastungen zu „verbieten", sondern solche effektiv auszuschließen.

Das Mittel zu dessen Durchsetzung sah man in einer Begrenzung der Organvertretungsmacht[304]. Begrenzen ließ sich die Vertretungsmacht aufgrund eines eng verstandenen Zwecks der Vorgesellschaft, der ebenfalls nur auf die Herbeiführung der Eintragung gerichtet sein sollte[305] oder durch Annahme einer gesetzesimmanenten Begrenzung der Vertretungsmacht[306]. Dabei gab es unterschiedliche Ansichten, auf wen es als Vertretenen ankommen sollte. Nach einer Ansicht[307] handelte das Geschäftsführungsorgan nur für die Vorgesellschaft, also die Gründer in Gesellschaft bürgerlichen Rechts[308], nach anderer, insbesondere vom Reichsgericht vertretenen Auffassung, handelte das Geschäftsführungsorgan nicht nur für die Vorgesellschaft, sondern ebenfalls für die künftige eingetragene Kapitalgesellschaft[309], wobei es für den Rechtsübergang

---

304 Teilweise wurde die Begrenzung der Vertretungsmacht auch aus den §§ 41 Abs. 1 S. 1 AktG, 11 Abs. 1 GmbHG geschlossen, wonach die Verfassung der juristischen Person ein Handeln mit unmittelbarer Wirkung für und gegen sie vor Eintragung – mit Ausnahme der gründungsnotwendigen Akte und den Fällen der Sachgründung – nicht legitimiere (*Flume*, FS Geßler, S. 43).

305 RG, Urteil vom 13.02.1934 – II 254/33, RGZ 143, 368, 373; RG, Urteil vom 17.10.1922 – VII 762/21, RGZ 105, 228, 229 („Dieser Zweck begrenzt den Umfang der Befugnis der Gesellschaft bürgerlichen Rechts und ihres Geschäftsführers, für die zukünftige Gesellschaft m.b.H. Rechtsgeschäfte vorzunehmen.").

306 *Kuhn*, WM 1956, Sonderbeilage 5, S. 13; wohl auch *Flume*, FS Geßler, S. 41, der danach fragt, „ob … die Satzung für die Organe die Legitimation begründen kann, im Gründungsstadium mit Wirkung für die juristische Person zu handeln." An anderer Stelle stellt er fest, dass sich für das Gründungsstadium „eine eigentümliche *ultra-vires*-Lehre in Hinsicht auf die juristische Person" ergebe (a. a. O., S. 39).

307 *Willms*, Vor-AG, S. 43 ff. (eine Überschreitung der Vertretungsmacht führt zu keiner Verpflichtung der Vorgesellschaft und damit auch zu keiner der eingetragenen Kapitalgesellschaft); *Saß*, Vor-GmbH, S. 56; *Wacker*, Vorgesellschaften, S. 48, 64 ff.; ähnlich *Heberlein*, GmbH vor Eintragung, S. 62, danach soll bei der Vornahme von nicht gründungsnotwendigen Geschäften im Stadium der Vorgesellschaft im Verhältnis zur eingetragenen Kapitalgesellschaft ein Handeln ohne Vertretungsmacht vorliegen, die Gründer als Gesellschafter der Vorgesellschaft jedoch auch persönlich verpflichtet sein.

308 Nach traditionellen Gesamthandsverständnis, siehe oben B.III.1.

309 RG, Urteil vom 03.04.1936 – II 245/35 RGZ 151, 86, 91; RG, Urteil vom 20.06.1933 II 41/33, RGZ 141, 204, 209; RG, Urteil vom 04.11.1931 – V 62/31, RGZ 134, 121, 122; RG, Urteil vom 17.10.1922 – VII 762/21, RGZ 105, 228, 229; RG, Urteil vom 16.12.1913 – II 532/13, RGZ 83, 370, 373; BGH, Urteil vom 16.06.1955 – II ZR 300/53, BGHZ 17, 385, 390 (für die Genossenschaft); *Rittner*, Die werdende juristische Person, S. 363; *Flume*, FS Geßler, S. 41, 44; *Fleck*, ZGR 1975, 212, 217 „die künftige Rechtsperson vorweg zu binden"; *Kuhn*, WM 1956, Sonderbeilage 5, S. 4 ff.

maßgeblich auf die (noch eingeschränkte) Vertretungsmacht für letztere ankommen sollte[310].

Aktivvermögen konnte vor diesem Hintergrund ohne weiteres begründet werden, hinsichtlich des Passivvermögens war dem Geschäftsführungsorgan dagegen nur die Vornahme der gründungsnotwendigen Geschäfte gestattet und seine Vertretungsmacht entsprechend beschränkt. Bei einer Überschreitung der Vertretungsmacht sollte die Wirksamkeit des Rechtsgeschäfts von der Genehmigung der eingetragenen Kapitalgesellschaft abhängen, § 177 Abs. 1 BGB[311]. War das Geschäftsführungsorgan aufgrund einer Veranlassung durch die Gründer über den Zweck der Vorgesellschaft hinaus werbend tätig geworden, so dass aufgrund konkludenter Bevollmächtigung nicht mehr von einem Handeln ohne Vertretungsmacht ausgegangen werden konnte, sollte die Vorgesellschaft ihren Charakter als solche verlieren. Im Wege des Rechtsformzwangs wurde diese „unechte" Vorgesellschaft dem Rechtsregime der oHG oder BGB-Gesellschaft unterstellt[312].

Gründungsnotwendig sollten die Geschäfte sein, die in Gesetz und Satzung eine Grundlage haben und für das Entstehen der Aktiengesellschaft bzw. der GmbH notwendig sind[313]. Exemplarisch genannt wurden die Belastung der Vorgesellschaft mit den Gebühren für die notarielle Beurkundung der Satzung, der Abschluss von Dienstverträgen mit den Mitgliedern des Geschäftsführungsorgans, die Saalmiete für die Gründungsversammlung und die Entgegennahme und Verwaltung der zur Anmeldung erforderlichen (Bar-)Einlagen[314].

Bei einem so engen Verständnis der gründungsnotwendigen Geschäfte stellte sich die Frage einer Haftung der Gründer über die Einlageversprechen hinaus in aller Regel nicht, da praktisch keine Gefahr bestand, dass die Gründungskosten – um die handelte es sich ja letztlich im weiteren Sinne – nicht von der vor Eintragung aufzubringenden Mindesteinlagesumme zu begleichen waren.

Stellte sie sich doch, so sollten die Gründer nach mehrheitlicher Auffassung auf ihre Einlage begrenzt haften[315]. Die dogmatische Begründung hing von dem jeweiligen Gesamthandsverständnis ab, da die Vorgesellschaft auch von denen, die in ihr eine Rechtsform *sui generis* sahen, als eine solche eingeordnet wurde[316].

---

310 BGH, Urteil vom 16.06.1955 – II ZR 300/53, BGHZ 17, 385, 390 f.

311 RG, Urteil vom 17.10.1922 – VII 762/21, RGZ 105, 228, 230.

312 Siehe zu alledem bereits oben C.II.2.a).

313 BGH, Urteil vom 15.12.1975 – II ZR 95/73, BGHZ 65, 378, 383; BGH, Urteil vom 02.02.1970 – II ZR 137/69, BGHZ 53, 210, 212; BGHZ 45, 338, 342 f.

314 Exemplarisch: Großkomm/*R. Fischer*, AktG (2. Auflage 1961), § 34, Anm. 10.

315 Nachweise dazu sogleich.

316 Siehe oben D.IV. am Anfang.

Gemäß der in den 1970er Jahren stark vertretenen Doppelverpflichtungslehre sollte durch Handeln des Geschäftsleitungsorgans die Vorgesellschaft selbst verpflichtet werden. Für die Haftung der einzelnen Gesellschafter sollte es dagegen an einem Verpflichtungsgrund fehlen. Angesichts der Tatsache, dass die Vorgesellschaft anders als die BGB-Gesellschaft notwendigerweise über Vermögen in Form von Einlagen oder Einlageforderungen verfüge und den Gläubigern bekannt sei, dass für eine werdende Kapitalgesellschaft gehandelt werde, wäre die Annahme einer rechtsgeschäftlichen Verpflichtung auch der Gründer eine reine Fiktion[317]. Die Mitglieder der Vorgesellschaft hafteten folglich nur dieser gegenüber und in Höhe der noch ausstehenden Einlagen, wenn sie den Verband unverzüglich liquidierten[318].

In BGHZ 65, 378, 382[319] begründete der BGH am Falle der Vor-GmbH erstmals eine beschränkte Mitgliederhaftung im Außenverhältnis. In dem Einverständnis zu Geschäftsabschlüssen vor Eintragung sah der BGH eine konkludente Bevollmächtigung des Geschäftsführers, (auch) die Gesellschafter aus den Geschäften zu verpflichten. Die Vollmacht sollte allerdings auf die Höhe der noch zu leistenden Einlage begrenzt sein[320]. Die Verwendung des Rechtsformzusatzes der angestrebten Rechtsform (GmbH) sollte genügen, um eine weitergehende Rechtsscheinhaftung auszuschließen, da hierdurch der Wille zur Haftungsbeschränkung hinreichend zum Ausdruck käme[321]. Die Haftung der Mitglieder wurde teilweise mit § 427 BGB begründet[322] und teilweise gemäß der traditionellen Gesamthandslehre unmittelbar auf § 714 BGB gestützt. Diejenigen, die

317 *Binz*, Haftungsverhältnisse, S. 226 ff., 230 f.

318 *Ganßmüller*, DB 1955, 713, 715; zuvor bereits *Schreiber*, KGaA, S. 68 für die Kommanditaktionäre (entsprechende Anwendung der Grundsätze des nichtrechtsfähigen Idealvereins); *Feine*, GmbH, S. 205 f. (entsprechende Anwendung der Grundsätze des nichtrechtsfähigen Idealvereins); *Dilcher*, JuS 1966, 89, 94; *Lieb*, DB 1970, 961, 966 f. („Die Rechtslage ist insoweit keine andere als beim Kommanditisten.“).

319 Urteil vom 15.12.1975 – II ZR 95/73; ebenso *Ulmer*, FS Ballerstedt, S. 297 ff. (entsprechende Anwendung der Grundsätze des nichtrechtsfähigen Idealvereins). Nachfolgend BGH, Urteil vom 15.06.1978 – II ZR 205/76, BGHZ 72, 45, 50; BGH, Urteil vom 29.05.1980 – II ZR 225/78, WM 1980, 955, 956; *Fleck*, GmbHR 1983, 5, 7 f.

320 Ebenso BGH, Urteil vom 15.06.1978 – II ZR 205/76, BGHZ 72, 45, 50.

321 BGH, Urteil vom 15.12.1975 – II ZR 95/73, BGHZ 65, 378, 382; BGH, Urteil vom 15.06.1978 – II ZR 205/76, BGHZ 72, 45, 50; BGH, Urteil vom 07.05.1984 – II ZR 276/83, BGHZ 91, 148, 152.

322 Ausdrücklich nur in BGH, Urteil vom 13.07.1961 – II ZR 239/59, LM § 34 AktG (1937) Nr. 2; ebenso teilweise im Schrifttum: *Müller-Erzbach*, Mitgliedschaft, S. 189 f.; *Flume*, FS Geßler, S. 33 („Handeln für die Gründergemeinschaft heißt handeln

eine akzessorische Haftung der Mitglieder analog § 128 HGB befürworteten, konnten zu einer Haftungsbegrenzung nur dadurch kommen, dass sie eine entsprechende konkludente Vereinbarung mit dem jeweiligen Gläubiger begründeten, da auf Basis des § 128 HGB eine bloß verbandsinterne Beschränkung der Vertretungsmacht keine Drittwirkung hat[323].

Die auf Basis der vorstehenden Ansätze begründete Haftungsbegrenzung fand – neben der Tatsache, dass die Vorgesellschaft ihrem Wesen nach keine Vereinigung auf Dauer ist – eine innere Rechtfertigung in der Beschränkung des Verbandszwecks auf die Herbeiführung der Eintragung unter zwingendem Ausschluss der werbenden Tätigkeit, da auch beim nichtrechtsfähigen Idealverein ein Grund für die fehlende Mitgliederhaftung in der Beschränkung des Verbandszwecks besteht[324].

Die gegenständliche Unversehrtheit des Stammkapitals, mit der die eingeschränkte Verpflichtungsfähigkeit der Vorgesellschaft begründet wurde, konnte durch das Vorbelastungsverbot jedoch nicht durchgängig garantiert werden[325]. Im Falle der Einbringung eines Unternehmens im Wege der Sachgründung muss man das Geschäftsführungsorgan für verpflichtet ansehen, die wirtschaftlich notwendigen Maßnahmen zu ergreifen, um das Handelsgeschäft in seinem wirtschaftlichen Wert nicht zuletzt auch im Interesse der Gläubiger zu erhalten[326]. Konsequenterweise sollten dann nicht nur die Organwalter gemäß §§ 41 Abs. 1 S. 2 AktG, § 11 Abs. 2 GmbHG allein haften, sondern auch die Vorgesellschaft. Um Wertungswidersprüche und kaum durchführbare Grenzziehungen zu vermeiden, muss man zu diesem Ergebnis auch in den Fällen der Sachgründung gelangen, in denen in die Vorgesellschaft kein lebendes Unternehmen eingebracht wird[327]. Diese Maßnahmen beinhalten praktisch die uneingeschränkte werbende

---

für die Gründer, so daß sich für diese als Grundsatz die Haftung nach § 427 BGB ergibt"); *Wiedemann*, JurA 1970, 438, 457; *Kuhn*, WM 1956, Sonderbeilage 5, 1, 13.

323 Statt aller: MünchKomm/*K. Schmidt*, HGB, § 128, Rdnr. 13 m. w. N.

324 *Ulmer*, FS Ballerstedt, S. 297.

325 BGH, Urteil vom 02.06.1966 – II ZR 219/63, BGHZ 45, 338, 343, wonach bereits durch die Einbringung als solche die Verbindlichkeiten des Handelsgeschäfts auf die Vorgesellschaft übergehe; Großkomm/*R. Fischer*, AktG (2. Auflage 1961), § 34, Anm. 11 f.; *Ballerstedt*, ZHR 127 (1965), 92, 101; *Wiedemann*, JurA 1970, 447.

326 Großkomm/*R. Fischer*, AktG (2. Auflage 1961), § 34, Anm. 12.

327 *Ballerstedt*, ZHR 127 (1965), 92, 102.

Tätigkeit der Vorgesellschaft vor Eintragung[328]. Auf dieser Basis lässt sich eine auf ihre Einlagen beschränkte Haftung der Gründer aber nicht stützen.

Das Vorbelastungsverbot benachteiligte zudem die Gläubiger der Vorgesellschaft, da nur die von der Vorgesellschaft erworbenen Vermögensgegenstände auf die eingetragene Kapitalgesellschaft übergehen sollten, die Verbindlichkeiten jedoch nur, soweit sie gründungsnotwendig waren[329]. Auch die Wirkung des Vorbelastungsverbots war zweifelhaft, da die Mitglieder des Geschäftsführungsorgans im Hinblick auf ihre Haftung nach §§ 41 Abs. 1 S. 2 AktG, 11 Abs. 2 GmbHG einen Anreiz hatten, Geschäftsabschlüsse, die im Namen der späteren Aktiengesellschaft oder GmbH getätigt wurden, sofort nach der Eintragung der Kapitalgesellschaft zu genehmigen[330]. Die Lehre von der (hier so genannten[331]) eingeschränkten Handlungsfähigkeit kann zudem nicht erklären, wer nach Eintragung des Verbandes Träger von Rechten und Verbindlichkeiten aus den nicht genehmigten Geschäften ist[332].

Das Ziel des Vorbelastungsverbots, die Kapitalgesellschaft mit einem unversehrten Haftkapital ins Leben treten zu lassen, konnte auch dadurch erreicht werden, dass die Mitglieder für bilanzielle Wertdifferenzen nach Eintragung auszugleichen haben. Für die Aktiengesellschaft hat der BGH[333] zunächst aus dem Verbot der Unterpariemission abgeleitet, dass das Sacheinlageversprechen zugleich eine Kapitaldeckungszusage enthalte. Soweit die Kapitaldeckungszusage nicht gehalten werde, sei ein Ausgleich in Geld zu leisten. Kurze Zeit später erkannte der BGH[334] eine Differenzhaftung auch für die GmbH. Dort gebe es zwar kein Verbot der Unterpariemission, dafür komme aber in den Kapitalaufbringungs- und -erhaltungsvorschriften zum Ausdruck, dass Aufbringung und Erhaltung des Stammkapitals als der Haftungs- und Kreditgrundlage der Gesellschaft

---

328 BGH, Urteil vom 02.06.1966 – II ZR 219/63, BGHZ 45, 338, 343; BGH, Urteil vom 15.06.1978 – II ZR 205/76, BGHZ 72, 45, 47 f.; *Würdinger*, Aktienrecht, § 21 II, S. 101.

329 BGH, Urteil vom 09.03.1981 – II ZR 54/80, BGHZ 80, 129, 137; *Ulmer*, FS Ballerstedt, S. 300.

330 BGH, Urteil vom 09.03.1981 – II ZR 54/80, BGHZ 80, 129, 137 f.; *Wiedemann*, JurA 1970, 448 f.; *Huber*, FS R. Fischer, S. 273.

331 Auch „eingeschränkte Identitätstheorie“ genannt (Nachweise bei *Büttner*, Identität und Kontinuität, S. 141 ff.). Diese Bezeichnung verdeckt allerdings den Grund, warum eine Teilidentität gegeben sein soll, sich also nur einzelne Rechtsbeziehungen in der eingetragenen Kapitalgesellschaft fortsetzen sollen.

332 *Dilcher*, JuS 1966, 89, 93 f.

333 BGH, Urteil vom 27.02.1975 – II ZR 111/72, BGHZ 64, 52, 62.

334 BGH, Urteil vom 14.03.1977 – II ZR 156/75, BGHZ 68, 191, 195 (Nachschusspflicht bei Überbewertung von Sacheinlagen).

unbedingt gesichert sein müssten[335]. Der BGH hat daher das Vorbelastungsverbot aufgegeben und ist dazu übergangen – zunächst bei der GmbH dem eingangs formulierten Prinzip durch eine Unterbilanzhaftung der Mitglieder Rechnung zu tragen. Die Mitglieder werden danach gegenüber der eingetragenen Kapitalgesellschaft quotal entsprechend ihrer Beteiligungshöhe zur Ausfüllung der Kapitallücke verpflichtet, die bilanzmäßig durch Vorbelastungen entstanden ist[336]. Die Basis hierfür bildete die in § 9 GmbHG 1980[337] angeordnete Deckungspflicht. Nach § 9 Abs. 1 GmbHG 1980 hat der Gesellschafter in Höhe des Fehlbetrags eine Einlage in Geld zu leisten, wenn der Wert einer Sacheinlage im Zeitpunkt der Anmeldung der Gesellschaft zur Eintragung in das Handelsregister nicht den Betrag der dafür übernommenen Stammeinlage erreicht. Entsprechend seien bei der Bargründung die über die vorweg zu entrichtenden Mindestbeträge hinausgehenden Teile der Stammeinlage als Einlageforderungen in der Eröffnungsbilanz als solche zu verbuchen, so dass auch insoweit der Grundsatz der wertmäßigen Aufbringung des Stammkapitals gelte[338]. Dem GmbH-Gesetz ist daher inzwischen eine Garantiehaftung für die Wertdeckung der bei Gründung übernommenen Stammeinlage zu entnehmen[339]. Diese Garantiehaftung, nunmehr zumeist Vorbelastungshaftung genannt, ist als solche heute unstreitig[340]. Umstritten ist lediglich, ob für ihre Ermittlung auf den Anmeldezeitpunkt[341] oder auf den Eintragungszeitpunkt[342] abzustellen ist. Daraus, dass die Haftungsbeschränkung gemäß §§ 1 Abs. 1 S. 2 AktG, 13 Abs. 2 GmbHG erst mit Eintragung greift, ist zu folgern, dass es für die Ermittlung der Unterbilanz auf die Eintragung als Stichtag ankommt. Die §§ 7, 9 GmbHG knüpfen zwar nicht an die Eintragung, sondern an die Anmeldung zur Eintragung an. Letzteres hat jedoch, wie der BGH[343] zutreffend festgestellt hat „vor allem praktische Gründe und soll nicht etwa bedeuten,

335 BGH, Urteil vom 14.03.1977 – II ZR 156/75, BGHZ 68, 191, 195.

336 BGH, Urteil vom 09.03.1981 – II ZR 54/80, BGHZ 80, 129, 140 f.

337 Die Vorschriften sind durch das MoMiG im Kern nicht verändert worden.

338 BGH, Urteil vom 09.03.1981 – II ZR 54/80, BGHZ 80, 129, 140 mit Verweis auf *Wiedemann*, JurA 1970, 438, 453; *Binz*, Haftungsverhältnisse, S. 35 ff.

339 *Lutter*, JuS 1998, 1073, 1078.

340 Statt aller: *Hüffer*, AktG, § 41, Rdnr. 8; *K. Schmidt*, in: Scholz, GmbHG, § 11, Rdnr. 124 ff. („anerkannter Bestandteil des Gründungsrechts").

341 *K. Schmidt*, in: Scholz, GmbHG, § 11, Rdnr. 142.

342 BGH, Urteil vom 09.03.1981 – II ZR 54/80, BGHZ 80, 129, 141; MünchKomm/*Pentz*, AktG, § 41, Rdnr. 113; *Hoffmann-Becking*, in: MünchHdb GesR IV, § 3, Rdnr. 36; *Fastrich*, in: Baumbach/Hueck, GmbHG, § 11, Rdnr. 63; Michalski/*Michalski/Funke*, GmbHG, § 11, Rdnr. 135; Rowedder/*Schmidt-Leithoff*, GmbHG, § 11, Rdnr. 28.

343 BGH, Urteil vom 09.03.1981 – II ZR 54/80, BGHZ 80, 129, 136.

dass das weitere Schicksal der Einlagen bis zur Eintragung gleichgültig wäre". Um eine impraktikable Ausdehnung der Registerkontrolle auf den Zeitraum zwischen Antragstellung und Eintragung geht es nicht[344], da das Registergericht nur bei berechtigten Zweifeln nachforschen darf und muss[345].

Die Einführung der Vorbelastungshaftung unter Aufgabe des Vorbelastungsverbots führte zu neuen Wertungswidersprüchen. Haften die Gründer nämlich vor Eintragung beschränkt auf die Einlagen, mit Eintragung aber unbegrenzt, so besteht im Fall hoher Vorbelastungen für sie ein Anreiz, die Gründung scheitern zu lassen[346]. Mit Wegfall des Vorbelastungsverbots konnte die Vorgesellschaft – die Zustimmung der Gründer vorausgesetzt – auch bei einer Bargründung nunmehr uneingeschränkt werbend tätig werden. Hatte die beschränkte Mitgliederhaftung in der beschränkten Verpflichtungsfähigkeit der Vorgesellschaft noch eine gewisse innere Rechtfertigung, so ist auch diese mit der „Abschaffung" des Vorbelastungsverbots entfallen.

Die Haftungsverfassung der Vorgesellschaft kann daher nur in einer unbeschränkten Mitgliederhaftung bestehen, wobei die Entscheidung zwischen einer Außenhaftung [3.] und einer Binnenhaftung [4.] zu suchen ist

3. Unbeschränkte akzessorische Außenhaftung

Insbesondere nach Aufgabe des Vorbelastungsverbots befürwortete ein Teil der Literatur[347] und der Fachgerichte[348] eine unbeschränkte Außenhaftung der Mitglieder, alternativ gestützt auf eine Analogie zu den §§ 128 ff. HGB oder auf ein allgemeines Prinzip der akzessorischen Außenhaftung[349], wonach jeder, der als Einzelperson oder in Gemeinschaft Geschäfte betreibt, für die Verpflichtungen unbeschränkt hafte[350]. Die Außenhaftung soll normativ auflösend bedingt durch

---

344 So aber Ulmer/*Ulmer/Habersack*, GmbHG, § 11, Rdnr. 114.

345 Rowedder/*Schmidt-Leithoff*, GmbHG, § 9c, Rdnr. 30; für den Fall auch Ulmer/*Ulmer/Habersack*, GmbHG, § 11, Rdnr. 116.

346 *Meister*, FS Werner, S. 548 f.; *Stimpel*, FS Fleck, S. 360.

347 *K. Schmidt*, ZIP 1997, 671; *Raiser/Veil*, BB 1996, 1344, 1345 f.; *Roth*, ZGR 1984, 597, 626; *Bayer*, in: Lutter/Hommelhoff, GmbHG, § 11, Rdnr. 19.

348 BSG, Urteil vom 28.02.1986 – 2 RU 21/85, DB 1986, 1291, 1292 (für gesetzliche Schuldverhältnisse, da hier eine vertragliche Haftungsbegrenzung ausscheidet); LSG Stuttgart, Urteil vom 25.07.1997 – L 4 Kr 1317/96, NJW-RR 1997, 1463, 1464.

349 *K. Schmidt*, Gesellschaftsrecht, S. 1023.

350 *Flume*, BGB AT I/2, § 5 III 3, S. 164.

die Eintragung sein[351]. Dies entspreche den Vorstellungen der beteiligten Personen, wobei den Gläubigerinteressen Genüge getan sei[352].

Die Theorie einer unbeschränkten akzessorischen Außenhaftung kommt grundsätzlich als Haftungsverfassung für die Vorgesellschaft in Betracht. Da ein allgemeines Prinzip der akzessorischen Außenhaftung jedoch nicht nachgewiesen ist, kann eine unbeschränkte Außenhaftung nur im Wege der Analogie zu den § 128 ff. HGB zur Anwendung kommen.

4. Unbeschränkte Innenhaftung

Nach Vorarbeiten der Wissenschaft[353] hat die Rechtsprechung das Innenhaftungskonzept auf das Stadium der Vorgesellschaft erstreckt[354]. Danach soll eine einheitliche Gründerhaftung bestehen, die sich in zeitlicher Hinsicht in eine Verlustdeckungshaftung und eine Vorbelastungshaftung aufspaltet und auf den gleichen Anspruchsvoraussetzungen basiert[355]. Als Argument dafür, die Verlustdeckungshaftung als anteilige Innenhaftung auszugestalten, führt der BGH den dadurch erzielten Gleichlauf mit der Vorbelastungshaftung an[356]. Die Innenhaftung sei für die Gläubiger nicht mit unzumutbaren Nachteilen verbunden[357], wohingegen ihnen mit einer gesamtschuldnerischen Außenhaftung ein Übermaß an Schutz zukäme[358]. Eine unmittelbare Inanspruchnahme der Mitglieder solle nur in Ausnahmefällen möglich sein, namentlich wenn die Vorgesellschaft vermögenslos ist oder aufgrund fehlender Besetzung des Leitungsorgans handlungsunfähig ist[359]. Das für die Vor-GmbH entwickelte Innenhaftungskonzept wurde inzwischen aufgrund der Strukturgleichheit auf die Vor-AG übertragen[360].

---

351 LG Hamburg, Urteil vom 19.12.1973 – 11 O 181/73, GmbHR 1974, 236; *Wiedemann*, JurA 1970, 456 (unter der Prämisse, dass nach Eintragung ausreichendes Haftungskapital nachprüfbar vorhanden ist); *K. Schmidt*, OHG, S. 320 f.

352 *Wiedemann*, JurA 1970, 456.

353 Namentlich *Meister*, FS Werner, S. 521, 549 f.

354 BGH, Urteil vom 27.01.1997 – II ZR 123/94, BGHZ 134, 333, 334 ff.; BGH, Urteil vom 06.03.2012 – II ZR 56/10, NJW 2012, 1875, 1876 f. (Übertragung auf die wirtschaftliche Neugründung); BAG, Beschluss vom 10.07.1996 – 10 AZR 908/94 [B], NJW 1996, 3165; BSG, Beschluss vom 31.05.1996 – 2 S [U] 3/96, zitiert nach Juris.

355 BGH, Urteil vom 27.01.1997 – II ZR 123/94, BGHZ 134, 333, 338.

356 BGH, Urteil vom 27.01.1997 – II ZR 123/94, BGHZ 134, 333, 339.

357 BGH, Urteil vom 27.01.1997 – II ZR 123/94, BGHZ 134, 333, 339.

358 BGH, Urteil vom 27.01.1997 – II ZR 123/94, BGHZ 134, 333, 340.

359 BGH, Urteil vom 27.01.1997 – II ZR 123/94, BGHZ 134, 333, 341.

360 OLG Hamm, Urteil vom 29.05.2002 – 8 U 140/01, AG 2003, 278.

5. Stellungnahme

Auszugehen ist von dem zutreffenden Grundsatz, dass das Gesellschaftsvermögen im Zeitpunkt der Eintragung einen Aktivüberschuss in Höhe der Grund- bzw. Stammkapitalziffer aufweisen muss[361]. Der Aktivüberschuss besteht nur, wenn Einlagen gemäß Gesetz und Satzung geleistet und Verluste ausgeglichen wurden. Soweit Gesetz und Satzung gestatten, dass Bareinlagen nach Eintragung gezahlt werden dürfen, sind diese Einlageansprüche zu aktivieren. Unschädlich sind dagegen Minderungen des Vermögens, die durch Gesetz oder Satzung zugelassen sind (Gründungsaufwand in angemessener Höhe)[362]. Minderungen des Aktivvermögens darüber hinaus, etwa durch Anfangsverluste, stehen der Eintragung entgegen[363]. Grundlage des Zahlungsanspruchs der Vorgesellschaft gegen die Gründer ist der Kapitalaufbringungsgrundsatz[364], der auch im Gründungsstadium gilt[365]. Danach besteht nicht nur ein Anspruch des Verbandes auf Zahlung, sondern der Zahlungsanspruch ist von den Gründern auszugleichen, sobald er entsteht, so dass eine ständige, gleitende Verlustdeckungshaftung besteht[366].

Die akzessorische Außenhaftung käme daher nur im Wege der Analogie in Frage. Gegen die Analogie spricht die fehlende Rechtsähnlichkeit zwischen Vorgesellschaft und Gesamthandsgesellschaft. Die akzessorische Außenhaftung ist

---

361 BGH, Urteil vom 09.03.1981 – II ZR 54/80, BGHZ 80, 129, 140; Ulmer/*Ulmer/Habersack*, GmbHG, § 11, Rdnr. 98 m. w. N.; *Binz*, Haftungsverhältnisse, S. 95 ff.; *Lieb*, FS Stimpel, S. 411; *Stimpel*, FS Fleck, S. 328; *Wiedemann*, JurA 1970, 439, 453 („*Theorie der wertmäßigen Kapitalaufbringung*"). Für eine Aufgabe auch des wertmäßig verstandenen Unversehrtheitsgrundsatzes spricht sich *Cavin*, Kapitalaufbringung, S. 362 ff. aus. Diese Ansicht findet jedoch im Gesetz keine Grundlage und widerspricht insbesondere dem Anmeldungserfordernis der „freien Verfügung".

362 Ulmer/*Ulmer/Habersack*, GmbHG, § 11, Rdnr. 106. Dies folgt für die Aktiengesellschaft aus § 26 Abs. 2 AktG, für die GmbH aus dessen analoger Anwendung, s. *Ulmer/Habersack*, a. a. O., m. w. N.

363 BGH, Urteil vom 09.03.1981 – II ZR 54/80, BGHZ 80, 129, 143; OLG Hamm, Beschluss vom 01.12.1992 – 15 W 275/92, NJW-RR 1993, 1381, 1382; *K. Schmidt*, in: Scholz, GmbHG, § 11, Rdnr. 136.

364 *Binz*, Haftungsverhältnisse, S. 128 („Rechtsgrund dieser Haftung ist also der Kapitalaufbringungsgrundsatz selbst, ..., nämlich die Verpflichtung der Gründer, im Interesse des auf die Bekanntmachung der Kapitalgrundlage vertrauenden Rechtsverkehrs sicherzustellen, dass der GmbH bei Eintragung das zugesagte Stammkapital auch tatsächlich zur Verfügung steht,").

365 Ulmer/*Ulmer/Habersack*, GmbHG, § 11, Rdnr. 82.

366 *Roth*, ZGR 1984, 597, 623 f.; *Meister*, FS Werner, S. 549.

zudem nur auf den ersten Blick für die Gläubiger einfacher und unkomplizierter[367]. Wie man aus Prozessen gegen offene Handelsgesellschaften weiß, wird kein Prozessbevollmächtigter, der Gläubiger einer Vorgesellschaft betreut, eine streitige Forderung nur gegen diese, sondern aus anwaltlicher Vorsicht auch gegen die mithaftenden Gesellschafter einklagen[368]. Auch das Argument, dass die Abgrenzung von der echten zur unechten Vorgesellschaft nicht mehr nötig sei[369], vermag nicht zu überzeugen. In der Mehrzahl der Fälle dürfte die Gründung der Kapitalgesellschaft gelingen, so dass der Haftungsgleichlauf zwischen Vorgesellschaft und eingetragenem Verband entscheidender ist als die Gleichbehandlung der Vorgesellschaft mit der gescheiterten Gründung, die zur unechten Vorgesellschaft führt[370].

Für das Innenhaftungskonzept spricht entscheidend, dass es dogmatisch auf denselben - lediglich der Gründungsphase angepassten - Anspruchsvoraussetzungen wie die Vorbelastungshaftung basiert[371] und in Umfang und Richtung gleich bleibt[372]. Auch wird die Innenhaftung dem im Vergleich zu den Personengesellschaften höheren Verabsolutierungsgrad der Vorgesellschaft als werdender juristischer Person besser gerecht. Nicht zuletzt hilft sie, einen Wettlauf der Gläubiger zu vermeiden[373] und weist, da im Kapitalgesellschaftsrecht selbst begründet, die größere Gesetzesnähe auf. Sie ist daher für die weitere Untersuchung zugrunde zu legen.

Eine Funktion der Ersteintragung der Kapitalgesellschaft in das Handelsregister besteht folglich in dem Wechsel von der unbeschränkten Binnenhaftung zur beschränkten Binnenhaftung.

---

367 So aber *Bayer*, in: Lutter/Hommelhoff, GmbHG, § 11, Rdnr. 23.

368 *Stimpel*, FS Fleck, S. 361. Aus einem Titel gegen die BGB-Gesellschaft oder Personenhandelsgesellschaft kann nicht in das Vermögen der Gesellschafter vollstreckt werden, BayObLG, Beschluss vom 14.02.2002 – 2Z BR 176/01, DB 2002, 679 „ARGE Weißes Roß". Dies folgt daraus, dass dem Gesellschafter persönliche Einwendungen gegen die Gesellschaftsschuld zustehen können, über die im Gesellschaftsprozess nicht entschieden wird, *Wertenbruch*, NJW 2002, 324, 329. Für die Personenhandelsgesellschaften enthält § 129 Abs. 4 HGB daher lediglich eine Klarstellung, *Wertenbruch*, a. a. O.

369 *Bayer*, in: Lutter/Hommelhoff, GmbHG, § 11, Rdnr. 23.

370 Ulmer/*Ulmer/Habersack*, GmbHG, § 11, Rdnr. 82.

371 BGH, Urteil vom 27.01.1997 – II ZR 123/94, BGHZ 134, 333, 339.

372 BGH, Urteil vom 27.01.1997 – II ZR 123/94, BGHZ 134, 333; *Meister*, FS Werner, S. 550; *Stimpel*, FS Fleck, S. 363.

373 BGH, Urteil vom 27.01.1997 – II ZR 123/94, BGHZ 134, 333, 340 f.

IV. Änderung der Verbandsstruktur von der Gesamthand zur juristischen Person

Die Vorgesellschaft wird überwiegend als Gesamthand gesehen, die erst durch die Eintragung zur juristischen Person wird[374]. Es könnten also die Vorschriften der eingetragenen Kapitalgesellschaft auf die Vorgesellschaft keine Anwendung finden, die mit einer gesamthänderischen Struktur nicht zu vereinbaren sind. Zu berücksichtigen ist dabei, dass sich das Verständnis der Gesamthand im Gesellschaftsrecht in den letzten Jahrzehnten stark gewandelt hat. Die „Gesamthand" wurde im Gesellschaftsrecht wie im Erbrecht zunächst nur als (rein) vermögensrechtliches Prinzip verstanden, nicht dagegen als (zumindest teil-)rechtsfähiger Verband[375]. Das Gesellschaftsvermögen war den Gesellschaftern als ihr Sondervermögen unmittelbar zugeordnet. Ein Personenzusammenschluss, der über Vermögen verfügte und als solcher nicht rechtsfähig war, war damit zwangsläufig eine Gesamthandsgemeinschaft. Bei den juristischen Personen des Handelsrechts sah man den Erwerb der Rechtsfähigkeit als die entscheidende, durch die Eintragung bedingte, Eigenschaft an. Selbstverständlich schien für die Vorgesellschaft daher eine Formulierung wie: „Aus dem Fehlen der Eintragung folgt zunächst lediglich, dass die Vorgesellschaften Gesamthandsgemeinschaften sind"[376]. Fehlende Eintragung und fehlende Rechtsfähigkeit wurden (und werden teilweise noch immer) synonym verwendet[377], weshalb es zu Beginn der Rezeption der Formel *Schreiber/Feine* durch Rechtsprechung und Schrifttum in der Regel hieß,

---

374 BGH, Urteil vom 29.05.1980 – II ZR 225/78, WM 1980, 955, 956 („keine juristische Person ist, sondern eine, wenn auch besonderen Rechtsgrundsätzen unterliegende, gesamthänderische Personenvereinigung"); BGH, Urteil vom 09.03.1981 – II ZR 54/80, BGHZ 80, 129, 135 („…der Gesetzgeber die Bildung von Gesamthandsvermögen in der Hand einer Vorgesellschaft voraussetzt …"); MünchKomm/*Reuter*, BGB, Vor § 21, Rdnr. 7 f.; MünchKomm/*Pentz*, AktG, § 41, Rdnr. 24; *Arnold*, in: KölnerKomm, AktG, § 41, Rdnr. 18; *Hüffer*, AktG, § 41, Rdnr. 4 („Gesamthandsgesellschaft eigener Art"); *Roth*, in: Roth/Altmeppen, GmbHG, § 11, Rdnr. 4 („Sondervermögen der Gründergesamthand"); Ulmer/*Ulmer/Habersack*, GmbHG, § 11, Rdnr. 59 („gesamthänderische Personenvereinigung"); *Gummert*, in: MünchHdb GesR III, § 16, Rdnr. 6; *Flume*, BGB AT I/2, § 5 III 1, S. 156; *Wiedemann*, Gesellschaftsrecht I, § 3 I 1 a, S. 147 (Identität nur für die Verbandssphäre, für den Vermögensbereich dagegen Umwandlung der Gesamthands-Gründungsgesellschaft in die juristische Person); *Beuthien*, ZIP 1996, 305, 307 f.; *Ganßmüller*, GmbHR 1953, S. 116, 117 („Gesamthandsgemeinschaft eigener Art"); *Hüffer*, JuS 1983, 161, 161.

375 Siehe oben B.III.1.

376 *Ganßmüller*, GmbHR 1953, 116, 117.

377 *Jäger*, Die werdende GmbH, S. 101.

dass die Vorschriften der eingetragenen Kapitalgesellschaft auf die Vorgesellschaft anzuwenden seien, „die nicht die *Rechtsfähigkeit* voraussetzen“[378]. Je mehr der Außen-BGB-Gesellschaft als solcher die Fähigkeit Träger von Rechten und Pflichten zu sein zuerkannt wurde, desto weniger taugte das Kriterium der fehlenden Rechtsfähigkeit zur Abgrenzung. Konsequenterweise wird inzwischen bei der Formel *Schreiber/Feine* bzw. der „Sonderrechtsformel“ wieder ausdrücklich auf die Eintragung abgestellt. Tatsächlich vollzog sich die Erkenntnis, dass auch die Vorgesellschaft selbst Zurechnungsendpunkt von Rechten und Pflichten ist, parallel zu der Entwicklung des Gesamthandsverständnisses der Außen-BGB-Gesellschaft vom Vermögens- hin zu einem personalistischen Prinzip. So wird der Begriff der „Gesamthand“ inzwischen auch als Gattungsbegriff für alle (teil-) rechtsfähigen Personenvereinigungen verwendet, die nicht juristische Personen im überkommenen Sinne sind[379]. Soll indes mit der Bezeichnung der Vorgesellschaft als Gesamthandsgesellschaft auch eine materielle Aussage verbunden sein, muss positiv festgestellt werden, dass die Vorgesellschaft die Definitionsmerkmale der Gesamthandsgesellschaft aufweist.

Die Gesamthand zeichnet herkömmlich folgende Merkmale aus, mit denen sie sich von der juristischen Person des Handelsrechts abhebt: das Bestehen gesellschaftsrechtlicher Rechte und Pflichten der Mitglieder untereinander [1], die Zuordnung des Verbandsvermögens [2], das Vertragsprinzip [3], unbeschränkte Haftung der Mitglieder für die Schulden der Gesamthand [4], das Prinzip der

---

378 Beispielhaft: *Büttner*, Identität und Kontinuität, S. 73; *Binz*, Sacheinlage, S. 87, 100; *Weyrich*, Vorgesellschaft, S. 38 (die werdende und die eingetragene Kapitalgesellschaft sollten sich nur durch die allein der letzteren zukommende Rechtsfähigkeit unterscheiden).

379 Neben BGB-Gesellschaft und den Personenhandelsgesellschaften sind dies der nichtrechtsfähige Verein (etwa *Flume*, BGB AT I/1, § 7 I, S. 88, wobei auch nach der Anerkennung der Rechtsfähigkeit der Außen-BGB-Gesellschaft immer noch umstritten ist, ob der nichtrechtsfähige Verein selbst als Gesamthand Inhaber der Vereinsvermögens ist, oder ob es die Mitglieder unter der Kollektivbezeichnung des Vereins sind, siehe *Schöpflin*, in: Bamberger/Roth, BGB, § 54, Rdnr. 19), die EWIV (wohl *K. Schmidt*, Gesellschaftsrecht, § 66 II 3 a, S. 1908), die Vor-Genossenschaft und die nichteingetragene Genossenschaft (nach *Fandrich*, in: Pöhlmann/Fandrich/Bloehs, Genossenschaftsgesetz, § 13, Rdnr. 5 ist die Vorgenossenschaft eine Gesamthandsgemeinschaft, entsprechendes muss dann für die dauerhaft nichteingetragene Genossenschaft gelten, die „analog der der Teilrechtsfähigkeit von BGB-Gesellschaften rechtsfähig“ ist, *Fandrich*, a. a. O., Rdnr. 10) sowie die Partnerschaft (*Salger*, in: MünchHdb GesR I, § 37, Rdnr. 1).

Selbstorganschaft [5]. Zu klären gilt, inwieweit diese Merkmale bei der Vorgesellschaft gegeben sind.

1. Gesellschaftsrechtliche Rechte und Pflichten der Gründer untereinander

Zu den überkommenen Unterschieden zwischen Personengesellschaft und Körperschaft gehörte lange Zeit der Grundsatz, dass es im Gesellschaftsverhältnis begründete Rechte und Pflichten im ersten Fall nur zwischen den Gesellschaftern geben kann, im zweiten Fall nur zwischen dem einzelnen Mitglied und dem Verband. Auch für die Kapitalgesellschaften ist inzwischen anerkannt, dass gesellschaftliche Pflichten auch zwischen den Mitgliedern bestehen können[380]. Ihren Rechtsgrund haben sie in einer gesellschaftlichen Treuepflicht. Dabei handelt es sich um ein „allgemeines rechtsformübergreifendes Verbandsprinzip auf vertraglicher Basis mit Gesetzesqualität“[381]. Auch die Gründer einer Kapitalgesellschaft unterliegen daher der gesellschaftlichen Treuepflicht[382]. Sie besteht sowohl gegenüber dem Verband als auch gegenüber den übrigen Mitgliedern[383]. Soweit aus der Treuepflicht eine Verhaltenspflicht abgeleitet wird, ist deren Grundlage die Förderpflicht, die in § 705 BGB als verbandsübergreifendes Prinzip angesprochen ist[384]. Der Zweck, den die Gründer mit der (eingetragenen) Kapitalgesellschaft verfolgen wollen und das Bestreben, die Kapitalgesellschaft zur Eintragung zu bringen, gehören dabei zusammen. Die Eintragung des Verbandes ist kein Selbstzweck. Die Gründung der Kapitalgesellschaft erfolgt nicht

---

380 Für die AG: BGH, Urteil vom 01.02.1988 – II ZR 75/87, BGHZ 103, 184, 190 – „Linotype“; BGH, Urteil vom 20.03.1995 – II ZR 205/94, BGHZ 129, 136, 142 f. – „Girmes“ (Treuepflicht des Minderheits- oder Kleinaktionärs gegenüber Mehrheits- oder anderen Minderheits- oder Kleinaktionären); BGH, Urteil vom 22.06.1992 – II ZR 178/90, NJW 1992, 3167, 3171 (Treuepflicht unter Aktionären); *Schwab*, in: Schmidt/Lutter, AktG, § 243, Rdnr. 3 ff.; *Hüffer*, AktG, § 243, Rdnr. 24; Hölters/*Englisch*, AktG, § 243, Rdnr. 36. Für die GmbH: Urteil vom 05.06.1975 – II ZR 23/74, BGHZ 65, 15, 18 „ITT“; *Immenga*, Personalistische Kapitalgesellschaft, S. 270 ff.

381 *Würthwein*, in: Spindler/Stilz, AktG, § 243, Rdnr. 159; *Schwab*, in: Schmidt/Lutter, AktG, § 243, Rdnr. 4.

382 Rowedder/*Pentz*, GmbHG, § 13, Rdnr. 45; *K. Schmidt*, in: Scholz, GmbHG, § 11, Rdnr. 52; *Gummert*, in: MünchHdb GesR III, § 16, Rdnr. 29; *M. Weber*, Vormitgliedschaftliche Treubindungen, S. 122, 226.

383 *K. Schmidt*, Gesellschaftsrecht, § 20 IV 1 c, S. 589.

384 Rowedder/*Pentz*, GmbHG, § 13, Rdnr. 36.

zu dem Zweck, die Gründung mit der Eintragung abzuschließen, sondern weil die Gründer den Verbandszweck in der Rechtsform der Kapitalgesellschaft verwirklichen wollen.

Die auf die Herbeiführung der Eintragung gerichteten Pflichten der Gründer lassen sich daher problemlos als Treuepflichten einordnen[385]. Die die Gründer untereinander bindenden Gründerpflichten sprechen nicht dafür, dass es sich bei der Vorgesellschaft um eine Gesamthandsgesellschaft handelt.

2. Zuordnung des Verbandsvermögens

Begriffsbestimmend für die Gesamthandsgesellschaft war lange Zeit das Gesamthandsvermögen[386]. Das Gesamthandsvermögen, war nach traditioneller Gesamthandslehre noch dadurch gekennzeichnet, dass es den Gesamthändern unmittelbar zugeordnet war[387]. Handelte es sich bei der Vorgesellschaft um eine Gesamthandsgesellschaft, so würde demnach mit der Eintragung eine Änderung der Vermögenszuordnung eintreten. Mit dem Wandel des Gesamthandsverständnisses von einem Vermögens- zu einem Verbandsprinzip gibt es jedoch keine unmittelbare Berechtigung der einzelnen Gesellschafter am Gesamthandsvermögen mehr. Das Gesamthandsvermögen unterscheidet sich insofern nicht mehr von dem Vermögen der körperschaftlichen juristischen Person. Das Vermögen ist in beiden Fällen dem Verband selbst zugeordnet. Das Kriterium der Zuordnung des Verbandsvermögens ist damit für die Beantwortung der hier zu untersuchenden Frage, ob sich bei Eintragung eine Strukturänderung von der Gesamthand zur juristischen Person vollzieht, unergiebig.

3. Das Vertragsprinzip der Gesamthand

Die Gesamthandsgesellschaft wird durch Vertrag errichtet (§ 705 BGB). Der Gesellschaftsvertrag hat bei der Gesamthandsgesellschaft zwar auch organisationsrechtliche Elemente, bleibt daneben aber während der gesamten Dauer der

385 Ebenso MünchKomm/*Pentz*, AktG, § 36, Rdnr. 14 für den Fall der Mehrpersonengründung.

386 Heute wird das Vorhandensein von Gesamthandsvermögen teilweise als notwendige Bedingung für die Rechtsfähigkeit der Außen-BGB-Gesellschaft gefordert: *Schöne*, in: Bamberger/Roth, BGB, § 705, Rdnr. 136 f.; *K. Schmidt*, Gesellschaftsrecht, § 58 II 2 b, S. 1697; *Timm*, NJW 1995, 3209, 3216.

387 Siehe oben B.III.1.

Gesellschaft ein Schuldverhältnis unter den Gesellschaftern[388]. Demgegenüber wird für die eingetragene Kapitalgesellschaft nahezu einhellig angenommen, dass das Gründungsgeschäft zunächst zwar ebenso Schuld- und Organisationsvertrag ist[389]. Spätestens mit der Vollendung des Entstehungsprozesses durch die Eintragung sollen zwischen den Mitgliedern aber keine in den korporativen

---

388 *Flume*, BGB AT I/1, § 1 II, S. 7 und § 7 III 2, S. 95; *K. Schmidt*, Gesellschaftsrecht, § 7 I 1, § 43 II 1, § 58 I 3, § 59 I 2c; MünchKomm/*Ulmer/Schäfer*, BGB, Vor § 705, Rdnr. 14 (ein durch die Besonderheiten der Gesamthand modifiziertes vertragliches Schuldverhältnis) und § 705, Rdnr. 158 (Gesellschaftsvertrag ist Schuldvertrag mit organisationsrechtlichen Elementen, mithin auch Organisationsvertrag, wenn er „auf Verfolgung eines gemeinsamen Zwecks im Rahmen einer Außengesellschaft mit eigenen Organen und gesamthänderischem Vermögen gerichtet ist"; *Wiedemann*, Gesellschaftsrecht II, S. 91 ff.; nach *Bälz*, FS Zöllner, S. 41 soll der Gesellschaftsvertrag der Außen-BGB-Gesellschaft allein Organisationsvertrag - bestehend aus Akt (Errichtung) und Regelung (Satzung) - und kein Schuldverhältnis unter den Gesellschaftern sein; ebenso *Beuthien*, NZG 2011, 161, 163, der zudem hinsichtlich der Rechtsträgerschaft nicht mehr zwischen Außen- und Innengesellschaft unterscheiden will; allerdings soll nach *Beuthien* (a. a. O., S. 164) der Organisationsvertrag auch die Gesellschafter untereinander verbinden. *Beuthien* leugnet damit nicht die Existenz gesellschaftsvertraglicher Rechte und Pflichten der Gesellschafter untereinander; diese sollen jedoch nur nicht schuldvertraglicher, sondern gesellschaftsrechtlicher Art sein (S. 164 f.).

389 *Arnold*, in: KölnerKomm, AktG, § 23, Rdnr. 10; MünchKomm/*Pentz*, AktG, § 23, Rdnr. 10; *Hüffer*, AktG, § 23, Rdnr. 7; *Fastrich*, in: Baumbach/Hueck, GmbHG, § 2, Rdnr. 5 ff.; Ulmer/*Ulmer/Löbbe*; GmbHG, § 2, Rdnr. 5; MünchKomm/*Mayer*, GmbHG, § 2, Rdnr. 4; *Emmerich*, in: Scholz, GmbHG, § 2, Rdnr. 3; Michalski/*Michalski*, GmbHG, § 2, Rdnr. 4; Rowedder/*Schmidt-Leithoff*, GmbHG, § 2, Rdnr. 2; *Roth*, in: Roth/Altmeppen, GmbHG, § 2, Rdnr. 10; *K. Schmidt*, Gesellschaftsrecht, § 5 I 1 c, S. 77 f.; *Flume*, BGB AT I/2, § 5 I, S. 142 ff.; teilweise wird auch nur von Organisationsvertrag gesprochen, so Großkomm/*Brändel*, AktG, § 2, Rdnr. 50; Großkomm/*Röhricht*, AktG, § 23, Rdnr. 6; Ulmer/*Ulmer*; GmbHG, § 2, Rdnr. 5; *Würdinger*, Aktienrecht, § 10 I 1a, S. 39, wobei dieser Begriff dann allerdings die rechtlichen Beziehungen der Gründer untereinander, namentlich die Pflicht, die Eintragung herbeizuführen, von dem Organisationsvertrag umfasst sein soll; mit der Wendung „Schuld- und Organisationsvertrag" soll allerdings auch nicht zum Ausdruck gebracht werden, dass parallel ein Schuldvertrag und ein Organisationsvertrag existieren, vielmehr liegt ein Vertrag vor, der die Funktion eines Schuld- und eines Organisationsvertrages in sich vereint, so deutlich MünchKomm/*Mayer*, GmbHG, § 2, Rdnr. 4; *Emmerich*, in: Scholz, GmbHG, § 2, Rdnr. 3; ebenso *Raiser/Veil*, Kapitalgesellschaften, § 26, Rdnr. 16 („Doppelfunktion").

Satzungsbestimmungen begründeten vertraglichen Beziehungen mehr bestehen[390]. Die Rechtsnatur der Satzung „wandelt"[391] sich danach mit der Eintragung.

Aus der Existenz der schuldrechtlichen Beziehungen (§ 705 BGB) zwischen den Gesellschaftern der Gesamthandsgesellschaft leiten sich weitere die Gesamthand des Verbandsrechts[392] kennzeichnende Eigenschaften ab[393]. Aus dem Vertragsprinzip wird abgeleitet, dass [a)] die Gesamthand aus mindestens zwei Personen besteht, dass [b)] die Mitgliedschaft eine einheitliche ist.

---

390 BGH, Urteil vom 06.03.1967 – II ZR 231/64, BGHZ 47, 173, 179 f. („Diese ist zwar zunächst ein von den Gründern geschlossener Vertrag … Mit der Entstehung des Vereins löst sie sich aber völlig von deren Person. Sie erlangt ein unabhängiges rechtliches Eigenleben, wird zur körperschaftlichen Verfassung des Vereins und objektiviert fortan das rechtliche Wollen des Vereins als der Zusammenfassung seiner Mitglieder. Gründerwillen und -interessen treten zurück; an ihrer Stelle gewinnen der Vereinszweck und die Mitgliedsinteressen die rechtsgestaltende Kraft, auf die es allein noch ankommen kann."); BGH, Urteil vom 04.10.1956 – II ZR 121/55, BGHZ 21, 370, 373 („Denn sobald der nichtrechtsfähige Verein ins Leben getreten ist, gilt seine Satzung nicht mehr als Vertrag, sondern als seine Verfassung, der sich die Mitglieder unterworfen haben und die für sie kraft Korporationsrechts gilt"), RG, Urteil vom 29.10.1940 – VII 44/40, RGZ 165, 140, 143 f. („von der Persönlichkeit der Mitglieder losgelöste Verfassung"); RG, Urteil vom 05.02.1937 – VII 168/36, RGZ 153, 267, 270 (die Regelungen in der Satzung des eingetragenen Vereins beruhen auf einem Willensakt des Vereins als solchem und nicht auf Vertrag); OLG Frankfurt, Urteil vom 19.12.1984 – 9 U 107/83, WM 1985, 1466, 1468 („jedenfalls für die Zeit nach Entstehung des Vereins"); Großkomm/*Brändel*, AktG, § 2, Rdnr. 48; *Bayer*, in: Lutter/Hommelhoff, GmbHG, § 2, Rdnr. 12; *Flume*, BGB AT I/2, § 9 I, S. 319; *Flume*, BGB AT I/1, § 7 III 2, S. 95 („Bei der AG und der GmbH hat der Gesellschaftsvertrag aber mit Vollendung der Gesellschaft seine Aufgabe als Vertrag der Gesellschafter … erfüllt"); *Veil*, Unternehmensverträge, S. 194; nach teilweiser Ansicht bildet der Gesellschaftsvertrag, wenn auch in reduziertem Maße, eine Grundlage für die Pflichten der Mitglieder untereinander: MünchKomm/*Mayer*, GmbHG, § 2, Rdnr. 4 (nennt insbesondere die Treuepflicht); Michalski/*Michalski*, GmbHG, § 2, Rdnr. 4.

391 BGH, Urteil vom 06.03.1967 – II ZR 231/64, BGHZ 47, 173, 180.

392 Die Begriffe „Gesamthand" und „Gesamthandsgemeinschaft" beziehen sich im Folgenden ausschließlich auf das Verbandsrecht, soweit nicht ausdrücklich Gegenteiliges zum Ausdruck gebracht wird.

393 *Flume*, BGB AT I/1, § 7 II, S. 96. Nach *K. Schmidt*, Gesellschaftsrecht, § 8 IV 2 b, S. 209, liegt die Geltung des Vertragsprinzips im Sozietätsmodell begründet. Mit der Anerkennung des BGB-Gesamthand als Gruppe, hat sich die Gesamthand des Verbandsrechts von dem traditionell vermögensrechtlichen Prinzip, das noch der Erbengemeinschaft und dem Familienrecht zugrunde liegt, gelöst und ist nun untrennbar mit dem Sozietätsmodell des § 705 BGB verbunden.

a) Mehrzahl von Gründern

Das Vertragsprinzip bei der Gesamthand gilt jedenfalls für die Gründung[394], d.h. an dem Gründungsgeschäft müssen wenigstens zwei Personen beteiligt sein[395]. Daraus folgt zunächst, dass es die Gründung einer Einmann-Gesamthand nicht geben kann[396]. Mit ausdrücklicher Zulassung der Einmann-Gründung durch die GmbH-Novelle 1980 und die Aktiengesetz-Novelle 1994 stellte sich daher die Frage der dogmatischen Konstruktion der Vermögensinhaberschaft der Einmann-Vorgesellschaft, sollte es sich denn bei der Vorgesellschaft um eine Gesamthandsgesellschaft handeln. Es bildeten sich zwei Begründungsansätze heraus. Das Vermögen der „Vorgesellschaft" wird entweder dieser selbst als einer von dem Einmann-Gründer verschiedenen rechtlichen Einheit[397] oder dem Einmann-Gründer selbst als dessen Sondervermögen[398] zugeordnet.

---

394 Teilweise wird angenommen, dass bei einem späteren Zusammenfallen mehrerer Beteiligungen in einer Person die Selbständigkeit der Beteiligungen erhalten bleiben soll, so etwa MünchKomm/*Grunewald*, HGB, § 161, Rdnr. 4 f. (für die gleichzeitige Beteiligung an einer KG als Komplementär und als Kommanditist). *Pfister*, Einmann-Personengesellschaft, S. 100 ff. zäumt gewissermaßen das Pferd von hinten auf, in dem er als Beleg für die Zulässigkeit der Einmann-Gesamthand im Allgemeinen die angebliche Anerkennung der Einmann-Vorgesellschaft als Gesamthand anführt.

395 Durch Teilnahme im eigenen Namen oder rechtsgeschäftlich vertreten.

396 MünchKomm/*Ulmer/Schäfer*, BGB, § 705, Rdnr. 60 („mit der Struktur der Personengesellschaft unvereinbar").

397 BFH, Urteil vom 17.10.2001 – II R 43/99, BStBl II 2002, 210 (Rechtsträgerwechsel hinsichtlich des von der Einmann-Vor-GmbH gehaltenen Grundstücks auf den Gründer bei Auflösung der Vorgesellschaft); LG Berlin, Urteil vom 19.12.2000 – 7 O 227/00, GmbHR 2001, 391, 392; OLG Dresden, Urteil vom 19.12.1996 – 7 U 872/96, GmbHR 1997, 215, 217; MünchKomm/*Pentz*, AktG, § 41, Rdnr. 79; *Arnold*, in: KölnerKomm, AktG, § 41, Rdnr. 96 f.; *Heidinger*, in: Spindler/Stilz, AktG, § 41, Rdnr. 121; *Körber*, in: Bürgers/Körber, AktG, § 41, Rdnr. 41; *K. Schmidt*, in: Scholz, GmbHG, § 11, Rdnr. 167; *Fastrich*, in: Baumbach/Hueck, GmbHG, § 11, Rdnr. 42; *Raiser/Veil*, Kapitalgesellschaften, § 26, Rdnr. 89 („vorläufige Rechtsfähigkeit"); *John*, Einmann-GmbH, S. 37 ff., 40; *K. Schmidt*, ZHR 145 (1981), 540, 556 ff.; *K. Schmidt*, GmbHR 1988, 89; 89 f.; nunmehr mit Einschränkung auch *Hüffer*, AktG, § 41, Rdnr. 17c, der in ZHR 145 (1981), 521, 530 ff. die Einmann-Vorgesellschaft nur als Handlungsorganisation, nicht jedoch als Rechtsträger anerkennen wollte.

398 MünchKomm/*Merkt*, GmbHG, § 11, Rdnr. 203 f.; Ulmer/*Ulmer/Habersack*, GmbHG, § 11, Rdnr. 25; Rowedder/*Schmidt-Leithoff*, GmbHG, § 11, Rdnr. 142 f.; *John*, Einmann-GmbH, S. 13, 35 ff; *Flume*, ZHR 146 (1982), 205, 208 f.; *Flume*, BGB AT I/2, § 5 IV 2, S. 173; *Heil*, Einpersonen-Vor-GmbH, S. 40 ff.; Ulmer/*Ihrig*, GmbHR, 1988, 373, 376 f.

Nur auf Basis der zweiten Ansicht könnte auch die Mehrpersonen-Vorgesellschaft als Gesamthandsgesellschaft gesehen werden, denn es wäre widersprüchlich, die Mehrpersonen-Vorgesellschaft als Gesamthandsgesellschaft anzusehen, die Einmann-Vorgesellschaft hingegen als eine von dem Gründer verschiedene rechtliche Einheit, die nicht den Anforderungen und Einschränkungen einer „Gesamthand" unterworfen ist.

Gegen die Annahme eines Sondervermögens des Einmann-Gründers sprechen die von *Hüffer*[399] angeführten rechtskonstruktiven Gründe. Der GmbH-Geschäftsführer kann danach als organschaftlicher Vertreter nur die einem anderen zustehenden Befugnisse ausüben. Wenn es einen Einmann-Verband als überindividuellen Rechtsträger nicht geben soll, kommt nur der Einmann-Gründer selbst als Rechtsträger in Frage. Diesem kann aber keine Verfügungsbefugnis zustehen, da auch bei der Einmann-Vorgesellschaft das Vermögen der Vorgesellschaft gemäß § 36 Abs. 2 AktG bzw. GmbHG zur endgültig freien Verfügung des Vorstands bzw. Geschäftsführers stehen muss. Hieraus folgt, dass das Gesetz von einem Wechsel der Rechtsträgerschaft von dem Einmann-Gründer auf die Vorgesellschaft ausgeht[400]. Schließlich müsste das Sondervermögen von dem Einmann-Gründer auf die eingetragene Kapitalgesellschaft übergeleitet werden. Hierfür käme nur eine partielle Gesamtrechtsnachfolge in Betracht, für die es jedoch an einer Grundlage fehlt[401].

Demgegenüber ist die Vorstellung von einer (teil-)rechtsfähigen Organisation logisch und begrifflich nicht an eine aus mehreren Personen bestehende Gesamthand gebunden[402]. Die Verselbständigung der Vorgesellschaft beruht denn auch nicht auf ihrer (angeblichen) Gesamthandsstruktur[403], sondern auf der vom Gesetz vorgegebenen Organisationsverfassung[404] und darauf, dass das Gesetz die Verwaltung des aufzubringenden Vermögens im Interesse der Gläubiger von einer von der Gründergesamtheit verschiedenen Organisationsstruktur anordnet[405].

Bereits vor Inkrafttreten des MoMiG folgerte man aus den wenigen Sonderregelungen zu den Rechtsverhältnissen der Einmann-Vorgesellschaft, dass der Gesetzgeber im Übrigen die Einmann-Vorgesellschaft genauso behandelt wissen

---

399 *Hüffer*, ZHR 145 (1981), 521, 532.

400 *Arnold*, in: KölnerKomm, AktG, § 41, Rdnr. 96.

401 *Heil*, Einpersonen-Vor-GmbH, S. 125; siehe oben C.I.

402 *Raiser*, Gründungs- und Kapitalerhöhungsvorschriften, S. 38.

403 *K. Schmidt*, ZHR 145 (1981), 540, 558.

404 *Arnold*, in: KölnerKomm, AktG, § 41, Rdnr. 97 f.; *Heidinger*, in: Spindler/Stilz, AktG, § 41, Rdnr. 121.

405 Siehe oben B.I.

will wie die Mehrpersonen-Vorgesellschaft[406]. Dies gilt umso mehr, als mit dem MoMiG die Sonderregelungen[407] für die die Einmann-GmbH beseitigt wurden[408]. Eine unterschiedliche Behandlung der Einmann-Vorgesellschaft gegenüber der Mehrpersonen-Vorgesellschaft im Hinblick auf die Vermögensträgerschaft ist durch das Gesetz nicht begründet.

Dem Argument, die Zulassung einer weiteren Rechtsfigur neben den Gesamthandsgemeinschaften und den juristischen Personen bedürfe einer ausdrücklichen gesetzlichen Regelung[409], kann ebenfalls nicht gefolgt werden. Weder die „Gesamthand" noch die juristische Person des Privatrechts sind Rechtsfiguren, die vom Gesetzgeber klar ausgestaltet worden sind[410]. Nicht nur das Verständnis der Gesamthand, sondern auch das der juristischen Person ist seit der Einführung der Kapitalgesellschaften einem starken Wandel unterlegen[411], ohne dass dies allein durch legislative Tätigkeit gerechtfertigt gewesen wäre. Die Anerkennung der Gesamthands-BGB-Gesellschaft als Rechtsträger hat sich im Wesentlichen außerhalb des Gesetzes vollzogen. Der Bundesgerichtshof hat die von ihm ausgesprochene Anerkennung auch nicht aus der Rechtsnatur der Gesamthand abgeleitet, sondern damit begründet, dass die Anerkennung der Rechtsfähigkeit gegenüber der traditionellen Auffassung praktikabler und widerspruchsfreier

---

406 Ulmer/*Ulmer/Habersack*, GmbHG, § 11, Rdnr. 17; *Fastrich*, in: Baumbach/Hueck, GmbHG, § 11, Rdnr. 40; *Ulmer/Ihrig*, GmbHR, 1988, 373, 375.

407 Nach § 7 Abs. 2 S. 3 GmbHG a.F. musste vor Anmeldung für die noch ausstehenden Stammeinlagen eine Sicherheit bestellt werden, für die nach § 8 Abs. 2 S. 2 GmbHG a.F. eine gesonderte Anmeldeversicherung abzugeben war.

408 Eine Besonderheit bildet § 42 AktG, der 1994 durch das Gesetz für kleine Aktiengesellschaften und zur Deregulierung des Aktienrechts (BGBl. I, S. 1961) mit der die Zwölfte Richtlinie über die Publizität der Einpersonen-Gesellschaft in das Aktienrecht umgesetzt wurde. Zum Schutz des Rechtsverkehrs ist dem Handelsregister unverzüglich Mitteilung zu machen, sobald alle Aktien allein oder neben der Gesellschaft einem Aktionär gehören (*Gerber*, in: Spindler/Stilz, AktG, § 42, Rdnr. 1 ff.).

409 Ulmer/*Ulmer/Habersack*, GmbHG, § 11, Rdnr. 25.

410 Es gibt bekanntlich keine gesetzliche Definition der juristischen Person des Privatrechts. Der Gesetzgeber des BGB hatte hiervon bewusst Abstand genommen (*Flume*, BGB AT I/2, § 1 III, S. 19 ff. m. w. N.). Hinsichtlich des Gesamthandsprinzips hat gerade die unzulängliche Regelung der BGB-Gesellschaft die Grundlage für die jahrzehntelangen Kontroversen um das Gesamthandsverständnis gebildet.

411 Bis in die 1920er Jahre war die Zugehörigkeit der Kapitalgesellschaften zu den juristischen Personen aufgrund der vermögensmäßigen Berechtigung der Mitglieder umstritten, siehe oben, B.I.

ist[412]. Auch wenn das Verständnis der Gesamthand durch die Anerkennung der BGB-Außengesellschaft als Rechtsträger durch die Rechtsprechung einen vorläufigen Abschluss gefunden hat, ist ihr Verhältnis zu der körperschaftlichen juristischen Person nach wie vor nicht geklärt[413]. Nach dem Grundsatz *lex iubeat non doceat* hat der Gesetzgeber rechtsdogmatische Konstruktionsprobleme zudem nicht zu lösen[414]. Es genügt daher, wenn sich aus dem Gesetz die Rechtsfähigkeit der Vorgesellschaft als solche ergibt, die unabhängig von der Zahl der Mitglieder über die gleiche Gründerorganisation verfügt. Ein „Mehr" an gesetzlicher Regelung bedarf es nicht, um auch die Einmann-Vorgesellschaft als überindividuellen Rechtsträger anzuerkennen.

Die Zulassung der Einmann-Gründung spricht daher gegen die Vorgesellschaft als Gesamthandsgesellschaft.

b) Ungeteilte Mitgliedschaft

Aus dem Vertragsprinzip der Gesamthand folgt weiterhin, dass die (unmittelbare) Beteiligung eines Gesellschafters an der Gesamthand notwendig eine einheitliche ist[415], die Gesellschafter also nicht Inhaber mehrerer, an sich selbständiger Mitgliedschaften sein können, wie dies bei der Kapitalgesellschaft der Fall ist[416].

---

412 BGH, Urteil vom 29.1.2001 – II ZR 331/00, NJW 2001, 1056, 1057.

413 Siehe hierzu grundlegend: *Raiser*, AcP 194 (1994), 495, 495 ff.; *Reuter*, AcP 207 (2007), 673, 673 ff.; *Ulmer*, AcP 198 (1998), 113, 119 ff.

414 *Raiser*, Gründungs- und Kapitalerhöhungsvorschriften, S. 38.

415 BGH, Urteil vom 01.06.1987 – II ZR 259/86, NJW 1987, 3184, 3186; BGH, Urteil vom 11.04.1957 – II ZR 182/55, BGHZ 24, 106, 108 f.; BFH, Urteil vom 14.06.1978 – II R 3/71, BStBl. II, 1978, 527, 528 f.; BayObLG, Beschluss vom 29.01.2003 – 3Z BR 5/03, NZG 2003, 476, 476; OLG Düsseldorf, Beschluss vom 14.09.1998 – 3 Wx 209/98, NJW-RR 1999, 619; MünchKomm/*K. Schmidt*, HGB, § 105, Rdnr. 67; *Sieveking*, FS Schippel, S. 505 ff. („Bei einer Personengesellschaft ist eine Mehrfachbeteiligung ausgeschlossen, weil die Gesellschafter untereinander durch schuldrechtlichen Vertrag gebunden sind und niemand mit sich selbst in Vertragsbeziehung stehen kann." (*Sieveking*, a. a. O., S. 518); *Flume*, BGB AT I/, § 7 III 3, S. 98 f.; *K. Schmidt*, Gesellschaftsrecht, § 8 IV 2 c, S. 210; *K. Schmidt*, OHG, S. 194; *Ulmer*, NJW 1990, 73, 76; **a.A.** *Esch*, BB 1993, 664, 667 f. (Behandlung von Fällen, in denen ein Personengesellschafter eine weitere Beteiligung an der Personengesellschaft hinzuerwirbt, die bestimmten Beschränkungen, Belastungen oder Bindungen unterliegt, a. a. O., S. 665); *Lüttge*, NJW 1994, 5, 5 ff.; *Lamprecht*, Mehrfache Beteiligung, S. 175 ff.; *Weimar*, ZIP 1997, 1769, 1769 ff.

416 *Flume*, BGB AT I/, § 7 III 3, S. 98; *K. Schmidt*, Gesellschaftsrecht, § 8 IV 2 c, S. 210, wonach die durch das Vertragsprinzip geprägte Organisationsverfassung kein Charakteristikum der Gesamthand ist.

Im Gegensatz zur Kapitalgesellschaft, bei der jede Aktie bzw. jeder Geschäftsanteil ein Mitgliedschaftsrecht vermittelt, knüpft das Mitgliedschaftsrecht auch bei einer „kapitalistischen" Personengesellschaft an die Person an und existiert damit für jedes Mitglied nur einmal[417]. Zwar werden in jüngerer Zeit teilweise Einschränkungen des Vertragsprinzips für die Fälle gefordert, in denen einzelne Gesellschaftsanteile belastet, beschränkt oder mit Sonderrechten ausgestattet sind oder wenn die Vertragsparteien einen von der Rechtsordnung gebilligten Gestaltungszweck auf andere Weise nicht erreichen können[418]. Die Ausnahmen sind entgegen einiger Stimmen in der Literatur[419] allerdings keineswegs so weitgehend, dass die grundsätzliche Aufgabe des Prinzips geboten wäre. Bei Gründung der Aktiengesellschaft und – seit Inkrafttreten des MoMiG – bei Gründung der GmbH[420] kann hingegen jeder Gründer mehrere selbständige Aktien bzw. Geschäftsanteile übernehmen.

Allerdings ließe sich argumentieren, dass die Mehrmitgliedschaft materiell im Wesentlichen dadurch zum Ausdruck kommt, dass die einzelnen Mitgliedschaften auch tatsächlich eine unterschiedliche rechtliche Entwicklung nehmen können. Dies ist bei der Vorgesellschaft nicht der Fall, da eine Übertragung der Mitgliedschaft in der Vorgesellschaft mit Wirkung vor dem Eintragungszeitpunkt ohne Vertragsänderung nicht möglich ist, womit auch die Bestellung eines Nießbrauchs oder Pfandrechts ausscheiden (siehe § 1069 Abs. 2 BGB bzw. § 1274 Abs. 2 BGB). Eine solche Betrachtungsweise überbetont allerdings die Zäsur, die mit der Eintragung verbunden ist und blendet die Tatsache aus, dass die Vorgesellschaft keine eigenständige Rechtsform, sondern lediglich eine Phase im Leben der Kapitalgesellschaft ist. Zudem kommt die Teilbarkeit der Mitgliedschaft dadurch zum

---

417 BFH, Urteil vom 14.06.1978 – II R 3/71, BStBl. II, 1978, 527, 528 f.

418 BGH, Beschluss vom 10.01.1996 – IV ZB 21/94, NJW 1996, 1284 (Testamentsvollstreckung an Personengesellschaftsanteilen); OLG Schleswig, Beschluss vom 02.12.2005 – 2 W 141/05, DNotZ 2006, 374, 374 f.; OLG Hamm, Urteil vom 02.03.1998 – 8 U 246/96, ZEV 1999, 234 (Ausnahme, wenn dies zur Aufrechterhaltung des Haftungszugriffs von Nachlassgläubigern eines verstorbenen Gesellschafters und zur Abgrenzung von dem Zugriff der eigenen Gläubiger des Erben geboten ist); LG Hamburg, Beschluss vom 13.06.2005 – 321 T 30/04, NZG 2005, 926; **a. A.** OLG Düsseldorf, Beschluss vom 14.09.1998 – 3 Wx 209/98, NJW-RR 1999, 619, 620 (Untergang des Nießbrauchs an dem Anteil einer BGB-Gesellschaft mit Erlöschen der Gesellschaft); *K. Schmidt*, Gesellschaftsrecht, § 45 I 2b bb, S. 1313; MünchKomm/*Ulmer/Schäfer*, BGB, § 705, Rdnr. 63; *Baumann*, NZG 2005, 919, 919 f.

419 MünchKomm/*Priester*, HGB, § 120, Rdnr. 93; *Lüttge*, NJW 1994, 5, 9 ff.

420 § 5 Abs. 2 S. 2 GmbHG.

Ausdruck, dass Stimmrechte unterschiedlich ausgeübt werden können[421]. Als Ergebnis ist damit festzuhalten, dass die Mitgliedschaft in der Vorgesellschaft nicht notwendigerweise ungeteilt ist, so dass auch dieser Punkt gegen eine gesamthänderische Struktur der Vorgesellschaft spricht.

4. Die unbeschränkte Haftung der Mitglieder

Nach *Flume*[422] ist die (akzessorische) Haftung der Mitglieder der Gesamthand für die Verbindlichkeiten der Gesamthand Teil des Gesamthandsprinzips. Ob dies tatsächlich der Fall ist, erscheint zweifelhaft vor dem Hintergrund, dass Ausnahmen für den nichtrechtsfähigen Idealverein und die Ideal-BGB-Gesellschaft gemacht werden[423]. Dies kann jedoch dahinstehen, da die Haftungsverfassung der Vorgesellschaft sich in ihrer dogmatischen Begründung und der Haftungsrichtung grundlegend von der akzessorischen Außenhaftung der Gesamthandspersonengesellschaften unterscheidet[424]. Die Haftungsverfassung der Vorgesellschaft lässt daher nicht den Schluss auf eine gesamthänderische Struktur der Vorgesellschaft zu.

5. Das Prinzip der Selbstorganschaft

Wäre die Vorgesellschaft eine Gesamthandsgesellschaft, müsste bei ihr das Prinzip der Selbstorganschaft[425] gelten. Dies gilt jedenfalls dann, wenn man die

---

421 MünchKommAktG/*Volhard*, AktG, § 133, Rdnr. 22; *Hüffer*, AktG, § 133, Rdnr. 21; *Spindler*, in: Schmidt/Lutter, AktG, § 133, Rdnr. 19; *K. Schmidt*, in: Scholz, GmbHG, § 47, Rdnr. 72; Zöllner, in: Baumbach/Hueck, GmbHG, § 47, Rdnr. 20 („wenn er schutzwürdiges Interesse hat, wie etwa im Falle einer Stimmbindung oder beim Bestehen von Interessenwahrungspflichten gegenüber einem Treugeber, Pfandgläubiger oder Nießbraucher"); *Semler*, in: MünchHdb GesR IV, § 39, Rdnr. 19; *Flume*, BGB ATI/2, § 7 VII 2, S. 251; *Armbrüster*, FS Bezzenberger, S. 5, 8. Ob bei der Gesamthandsgesellschaft die uneinheitliche Stimmrechtsausübung durch das Dogma der Einheitlichkeit der Mitgliedschaft ausgeschlossen ist, wird zu Recht zunehmend bezweifelt, so etwa von *Armbrüster*, FS Bezzenberger, S. 13 ff, der die Uneinheitlichkeit der Stimmabgabe lediglich als eine Beschränkung des Stimmgewichts begreift, die die Einheitlichkeit der Mitgliedschaft nicht in Frage stellt.

422 *Flume*, BGB AT I/1, § 16 IV 3, S. 325 ff., trotz der Ausnahmen für den nichtrechtsfähigen Idealverein und die Ideal-BGB-Gesellschaft, für deren Verbindlichkeiten die Mitglieder ebenfalls nicht haften sollen, *Flume*, a. a. O., § 16 IV 5, S. 330 ff.

423 *Flume*, § 16 IV 5, S. 330 ff.

424 Siehe oben D.III.5.

425 So MünchKomm/*Reuter*, BGB, § 22, Rdnr. 93; *Kießling*, Vorgründungs- und Vorgesellschaften, S. 235.; *Kastner*, GS Gschnitzer, S. 221; *Schumann*, Der Ausgleich zwischen

Selbstorganschaft mit der h. M.[426] als Charakteristikum der Gesamthandsgesellschaft begreift.

Unter dem Prinzip der Selbstorganschaft wird das jederzeitige Recht der Gesellschafter zur Geschäftsführung und Außenvertretung der Gesellschaft verstanden[427]; Fremdorganschaft bezeichnet im Gegensatz dazu das die Gesellschafter verdrängende[428] Recht (und die damit einhergehende Pflicht) zur Geschäftsführung und Wahrnehmung der Außenvertretung[429]. Sollte das Prinzip der Selbstorganschaft für die Vorgesellschaft gelten, bedeutete dies, dass konkurrierend

---

GmbH-Gründern, S. 128 ff.; für Fremdorganschaft dagegen *Arnold*, in: KölnerKomm, AktG, § 41, Rdnr. 29; *Körber*, in: Bürgers/Körber, AktG, § 41, Rdnr. 8; *K. Schmidt*, in: Scholz, GmbHG, § 11, Rdnr. 72; *Gummert*, in: MünchHdb GesR III, § 16, Rdnr. 48 ff.; *Schaffner*, Vorgesellschaft, S. 94 ff.; *Theobald*, Vor-GmbH, S. 23 ff.

426 *Joost/Strohn*, in: Ebenroth/Boujong/Joost/Strohn, HGB, § 164, Rdnr. 2 („Definitionsmerkmal der Gesamthand"); für K. Schmidt beschrieb die Selbstorganschaft in der dritten Auflage seines Lehrbuchs zum Gesellschaftsrecht noch als „zwingendes Prinzip des gesamthänderischen Organisationsrechts" (Gesellschaftsrecht, 3. Auflage 1997, § 14 II 2 a, S. 416), in der aktuellen Auflage heißt es an der gleichen Stelle nunmehr „zwingendes Prinzip des *personengesellschaftsrechtlichen* [*scil.* Hervorhebung vom Verfasser] Organisationsrechts" (Gesellschaftsrecht, § 14 II 2 a, S. 410). Die Existenz eines solchen Prinzips ist, wenn auch herrschend, nicht unumstritten. Kritisch: *Grunewald*, Gesellschaftsrecht, § 1, Rdnr. 42 ff., 52; *Chr. Weber*, Privatautonomie und Außeneinfluß, S. 74 ff.

427 Die Selbstorganschaft gilt nicht nur für die Vertretungsbefugnis, sondern auch für die Geschäftsführungsbefugnis, BGH, Urteil vom 20.09.1993 – II ZR 204/92, NJW-RR 1994, 98, 98; BGH, Urteil vom 16.11.1981 – II ZR 213/80, WM 1982, 40, 41; BGH, Urteil vom 05.10.1981 – II ZR 203/80, WM 1982, 394, 396 f.; BGH, Urteil vom 22.01.1962 – II ZR 11/61, BGHZ 36, 292, 294; *Märtens*, in: Ebenroth/Boujong/Joost/Strohn, HGB, § 109, Rdnr. 15. Aus BGH, Urteil vom 09.12.1968 – II ZR 33/67, BGHZ 51, 198 folgt entgegen *K. Schmidt*, Gesellschaftsrecht, § 14 II 2 b, S. 411 nichts anderes. Der BGH, a. a. O., stellt lediglich fest, dass der letzte Komplementär einer KG von der Geschäftsführung ausgeschlossen werden kann, da die Geschäftsführungsbefugnis dann – mangels anderweitiger Regelung – an die Gesellschaftergesamtheit zurückfällt und die KG somit weder im Außen- noch im Innenverhältnis in einen rechtlich unmöglichen Zustand versetzt wird, BGHZ 51, 198, 201 f. Dass die Geschäftsführungsbefugnis auf einen gesellschaftsfremden Dritten übertragen werden kann, kommt aus der Entscheidung gerade nicht zum Ausdruck.

428 *Flume*, AT I/1, VII, S. 240 f.; *Grunewald*, Gesellschaftsrecht, § 1, Rdnr. 43 (Geschäftsführungsbefugnis), 52 (Vertretungsbefugnis); *Chr. Weber*, Privatautonomie und Außeneinfluß, S. 74 ff.

429 *Reuter*, FS Steindorff, S. 231 f.

zu den vom Gesetz bestimmten Leitungsorganen die Mitgliedergesamtheit zur Geschäftsführung und Außenvertretung berechtigt wäre.

Zu klären ist, ob die Gründe für die Geltung des Prinzips der Selbstorganschaft bei den traditionellen Gesamthandsgesellschaften auch auf die Vorgesellschaft zutreffen. Als Gründe kommen in Betracht die Gewähr einer guten Unternehmensführung [a)], ein Zusammenhang von Herrschaft und Haftung [b)] und der nicht mögliche Verzicht auf die Privatautonomie sowie die Ablehnung der freien Körperschaftsbildung [c)].

a) Gewähr einer guten Unternehmensführung durch die unbeschränkte Haftung der Mitglieder

Die Selbstorganschaft könnte, vermittelt durch die unbeschränkte Haftung der Mitglieder, eine Gewähr für gute Unternehmensführung bieten und damit dem Interesse des Rechtsverkehrs ebenso dienen wie dem Interesse der Mitglieder[430], dem Interesse letzterer gerade deswegen, weil sie unbeschränkt haften. *Wiedemann*[431] hat dieses Argument in einem vielfach[432] angeführten Zitat anschaulich auf den Punkt gebracht: „*Die Koppelung der Unternehmensleitung mit persönlicher Haftung stellt einen Kontrollmechanismus dar, der anderweitig Überwachung durch Abberufung und Haftung überflüssig macht. Der mitfliegende Pilot im Cockpit flößt uns die Zuversicht einer gefahrlosen Reise ein.*" Da auch die Mitglieder der Vorgesellschaft unbeschränkt haften, könnte vorstehende Argumentation, wenn sie denn zuträfe, auch bei der Vorgesellschaft die Selbstorganschaft rechtfertigen.

Diese Argumentation ist jedoch nur schlüssig, wenn die Gesamthandsgesellschafter die Geschäftsführung und die Außenvertretung auch tatsächlich selbst wahrnehmen müssten, nicht jedoch, wenn sie – wie dies der Rechtslage entspricht – auch einen Dritten hierzu umfassend bevollmächtigen dürfen[433]. Das konkurrierende Recht zur Außenvertretung schützt die Gesellschafter nicht vor schlechten Geschäften des bevollmächtigten Nicht-Gesellschafters[434].

---

430 Staub/*Habersack*, HGB, § 125, Rdnr. 5, m. w. N.

431 *Wiedemann*, JZ 1969, 470, 471.

432 U.a. *K. Schmidt*, Gesellschaftsrecht, § 14 II 2 e, S. 414.

433 BGH, Urteil vom 20.09.1993 – II ZR 204/92, NJW-RR 1994, 98, 98; BGH, Urteil vom 22.03.1982 – II ZR 74/81, NJW 1982, 2495, 2495; BGH, Urteil vom 16.11.1981 – II ZR 213/80, NJW 1982, 877, 878; BGH, Urteil vom 22.01.1962 – II ZR 11/61, BGHZ 36, 292, 294; OLG Köln, Urteil vom 31.10.1991 – 12 U 58/91, DStR 1992, 1771, 1772.

434 Siehe *Keuk*, ZHR 137 (1973), 183: „Denn im Effekt ist auch bei den Personengesellschaften Fremdorganschaft hergestellt, wenn einem Dritten eine umfassende – auch

Rechtsgeschäfte, die ein geschäftsführender Nicht-Gesellschafter im Rahmen der ihm erteilten Vollmacht geschlossen hat, können auch von der Gesellschaftergesamtheit, die stets zur Geschäftsführung und Außenvertretung berechtigt bleibt, nicht ungeschehen gemacht werden.

Wenn angeführt wird, dass die unbeschränkte Haftung des Gesellschafter-Geschäftsführers seinem eigenen Schutz und dem der Mitgesellschafter vor Fehlentscheidungen diene[435], dann trifft dies gleichermaßen auf die Handelndenhaftung des Leitungsorgans der Vorgesellschaft zu[436]. Die Haftung des Handelnden aus §§ 41 Abs. 1 S. 2 AktG, 11 Abs. 2 GmbHG ist unbeschränkt und bei wirksamer Verpflichtung der Vorgesellschaft akzessorisch zu der Verbandsverbindlichkeit[437]. Auch wenn die Handelndenhaftung lediglich Ausgleich für die fehlende Registerpublizität ist und nicht zur Aufgabe hat, dem Gläubiger einen weiteren Schuldner zu verschaffen, kann man ihr doch im Zeitpunkt des Handelns die gleiche disziplinierende Wirkung beimessen wie der Haftung eines Gesellschaftergeschäftsführers einer Gesamthandsgesellschaft[438]. Dem steht nicht entgegen, dass die in Anspruch genommenen Organwalter ggf. Regressansprüche gegen

über den gesetzlichen Umfang der Prokura hinausgehende - Generalvollmacht erteilt und Gesamtvertretung aller Gesellschafter vereinbart wird“.“

435 *K. Schmidt*, Gesellschaftsrecht, § 14 II 2 e, S. 413; *Wiedemann*, Gesellschaftsrecht I, § 6 IV 1, S. 343 f.

436 Ebenso *Schöpflin*, Der nichtrechtsfähige Verein, S. 174, der in der Handelndenhaftung des § 54 S. 1 BGB einen entscheidenden Grund dafür ansieht, dass bei dem nichtrechtsfähigen Verein die Fremdorganschaft zulässig ist.

437 *Heidinger*, in: Spindler/Stilz, AktG, § 41, Rdnr. 109; *Hüffer*, AktG, § 41, Rdnr. 24; *Wardenbach*, in: Henssler/Strohn, Gesellschaftsrecht, § 41 AktG, Rdnr. 11; Michalski/*Michalski/Funke*, GmbHG, § 11, Rdnr. 104; Ulmer/*Ulmer/Habersack*, GmbHG, § 11, Rdnr. 141; Rowedder/*Schmidt-Leithoff*, GmbHG, § 11, Rdnr. 123; *K. Schmidt*, in: Scholz, GmbHG, § 11, Rdnr. 123 f.; siehe auch oben D.III.1.

438 *Bergmann*, Die fremdorganschaftlich verfasste Personengesellschaft, S. 536, wonach die Handelndenhaftung kein Korrektiv sei, da sich der Handelnde der Haftung durch Herbeiführen der Eintragung entziehen kann. Allerdings kommt es für die Beurteilung der Handelndenhaftung als Korrektiv nur darauf an, ob im Zeitpunkt des Handelns eine Haftung des Handelnden gegeben ist, da seine Enthaftung durch Eintragung zu diesem Zeitpunkt nur eine vage Aussicht ist.

die Vorgesellschaft haben[439] und über die Verlustdeckungshaftung mittelbar den Regress bei den Gründern eröffnen[440].

Nicht nur die positive Wirkung der Selbstorganschaft auf die Unternehmensführung ist zweifelhaft. Zweifelhaft ist auch das Bedürfnis eines solchen Instruments gerade bei der Vorgesellschaft. Anders als das BGB und das HGB für die typischen Gesamthandsgesellschaften enthalten das Aktien- und das GmbH-Gesetz zahlreiche Normen, die auf eine verantwortliche Geschäftsleitung auch im Interesse der Mitglieder hinwirken sollen und so ihr Haftungsrisiko[441] reduzieren. So hat der Gesetzgeber dafür gesorgt, dass durch Bestellungshindernisse (§§ 76 Abs. 3 AktG, 6 Abs. 2 GmbHG) ungeeignete Personen von dem Vorstandsamt bzw. dem des Geschäftsführers ausgeschlossen werden. Das Aktiengesetz und das GmbH-Gesetz konkretisieren die Pflicht des Geschäftsleiters zur sorgfältigen Amtsausübung und sichern diese durch Haftungsnormen (§§ 93 Abs. 2 AktG, GmbHG) ab. Sie normieren dessen Kontrolle (bei der Aktiengesellschaft gemäß §§ 111 AktG durch den Aufsichtsrat, bei der GmbH gemäß § 46 Ziff. 6 GmbHG durch die Gesellschafter[442]) und Abberufung (§§ 84 Abs. 3 AktG, 38 GmbHG). Zudem ist die Bestellung des Vorstands stets nur auf Zeit möglich (§ 84 Abs. 1 AktG), so dass sich der Aufsichtsrat regelmäßig in verantwortlicher Beratung über die Weiterbeschäftigung der Vorstandsmitglieder schlüssig werden muss[443]. Der GmbH-Geschäftsführer unterliegt wiederum der Folgepflicht nach § 37 Abs. 1 GmbHG[444].

---

439 *Hüffer*, AktG, § 41, Rdnr. 24; MünchKomm/*Merkt*, GmbHG, § 11, Rdnr. 143; *K. Schmidt*, in: Scholz, GmbHG, § 11, Rdnr. 126. Freilich nur bei pflichtgemäßem Organhandeln. Die Eingehung nicht gründungsnotwendiger Vorbelastungen ist dabei auch nach Aufgabe des Vorbelastungsverbots regelmäßig pflichtwidrig, da Vorbelastungen unbeschadet der Verlustdeckungshaftung ein Eintragungshindernis darstellen siehe näher unten D.VII.

440 *Heidinger*, in: Spindler/Stilz, AktG, § 41, Rdnr. 109; MünchKomm/*Merkt*, GmbHG, § 11, Rdnr. 144; auf Basis des hier nicht zugrunde gelegten Außenhaftungskonzepts von Teilen des Schrifttums besteht eine unmittelbare Regressmöglichkeit bei den Gründern, *K. Schmidt*, in: Scholz, GmbHG, § 11, Rdnr. 128 m. w. N.

441 Die Mitglieder der eingetragenen Kapitalgesellschaft haften zumindest mit ihrer Einlage.

442 *Roth*, in: Roth/Altmeppen, GmbHG, § 46, Rdnr. 44 m. w. N.

443 BGH, Urteil vom 11.07.1953 – II ZR 126/52, BGHZ 10, 187, 195, *Hüffer*, AktG, § 84, Rdnr. 6.

444 *Zöllner/Noack*, in: Baumbach/Hueck, GmbHG, § 37, Rdnr. 20 ff. m. w. N.; *Ebert*, GmbHR 2003, 444, 444 ff.

Eine konkurrierende Geschäftsführungs- und Außenvertretungsbefugnis der Mitglieder der Vorgesellschaft könnte sogar einer guten Unternehmensführung zuwiderlaufen. Den Organen der Kapitalgesellschaft sind jeweils konkrete Aufgaben zugewiesen, mit denen der Gesetzgeber die Schaffung eines Systems der *checks and balances* bezweckt, bei der die Funktionen und Kompetenzen der Organe vor konkurrierender Tätigkeit der anderen Organe abgeschirmt werden sollen[445]. Dass dieses System der *checks and balances* auch im Gründungsstadium gilt, folgt für die Aktiengesellschaft aus der bereits mit der Aktienrechtsnovelle 1884 bezweckten Verselbständigung des Verbandes gegenüber seinen Mitgliedern[446]. Die Zuweisung von Geschäftsführungs- und Vertretungskompetenz an die Gründergesamtheit würde diese Machtbalance[447] stören. Dass eine entsprechende Machtbalance der gesetzlichen Regelung zu Grunde liegt, ergibt sich nicht zuletzt aus der weiteren Gesetzgebungsgeschichte, da erst mit § 103 AktG 1937, der Vorgängernorm des heutigen § 119 AktG, die Beschlusskompetenz der Hauptversammlung auf die „im Gesetz und in der Satzung ausdrücklich bestimmten Fälle“ (§ 119 AktG) beschränkt worden ist[448]. Über Fragen der Geschäftsführung kann die Hauptversammlung grundsätzlich[449] nur beschließen, wenn der Vorstand es verlangt (§ 119 Abs. 2 AktG). Davor kam der Hauptversammlung (nach damaliger Terminologie: Generalversammlung) noch eine konkurrierende Zuständigkeit in Fragen der Geschäftsführung zu[450]. Die Aktionäre hatten gegenüber dem Vorstand rechtlich nahezu die gleichen Befugnisse wie die Gesellschafter der GmbH gegenüber dessen Geschäftsführern. Auch hinsichtlich der Norm des § 37 Abs. 1 GmbHG stand nämlich das Aktienrecht Pate. Der Wortlaut des § 37 Abs. 1 GmbHG ist nahezu identisch mit

---

445 *Hommelhoff*, Eigenkontrolle statt Staatskontrolle, S. 104; siehe auch oben B.I.

446 Siehe oben B.I.

447 *Hüffer*, AktG, § 118, Rdnr. 4; *Semler*, in: MünchHdb GesR IV, § 34, Rdnr. 5.

448 *Spindler*, in: Schmidt/Lutter, AktG, § 119, Rdnr. 3.

449 Bei Grundlagenentscheidungen (siehe BGH, Urteil vom 25.02.1982 - II ZR 174/80 „Holzmüller“) kommen ausnahmsweise (ungeschriebene) Mitwirkungsbefugnisse der Hauptversammlung in Betracht, die jedoch die Handlungsfähigkeit des Vorstands im Außenverhältnis unberührt lassen, BGH, Urteil vom 26.04.2004 - II ZR 155/02, NJW 2004, 1860, 1862 - „Gelatine“. Zum Meinungsstand siehe *Spindler*, in: Schmidt/Lutter, AktG, § 119, Rdnr. 26 ff. m. w. N.

450 § 250 HGB 1897: „Die Rechte, welche den Aktionären in den Angelegenheiten der Gesellschaft, insbesondere in Bezug auf die Führung der Geschäfte, zustehen, werden durch Beschlußfassung in der Generalversammlung ausgeübt.“

dem des § 235 HGB 1897[451] für die Aktiengesellschaft. Mangels enumerativer Aufgabenzuweisung galt eine Zuständigkeitsvermutung zugunsten der Hauptversammlung[452], weswegen die Hauptversammlung als oberstes Organ der Aktiengesellschaft bezeichnet wurde[453]. Die Hauptversammlung sollte danach auch für alle diejenigen Angelegenheiten zuständig sein, die Gesetz oder Satzung nicht ausschließlich einem anderen Organ zugewiesen haben[454].

Die GmbH verfügt dagegen wie ehemals die Aktiengesellschaft über eine hierarchische Verbandsverfassung, bei der die Gesellschafter in ihrer Gesamtheit das oberste[455] oder „souveräne“[456] Organ bilden, weil sie die Geschäftsführer als

---

451 Dessen Wortlaut geht unverändert auf Art. 231 S. 1 ADHGB in der Fassung vom 5. Juni 1869 zurück. § 235 HGB 1897 lautet: „Der Vorstand ist der Gesellschaft gegenüber verpflichtet, die Beschränkungen einzuhalten, welche im Gesellschaftsvertrag oder durch Beschlüsse der Generalversammlung für den Umfang seiner Befugnis, die Gesellschaft zu vertreten, festgesetzt sind“. Praktisch kamen Beschlüsse der Hauptversammlung, die Geschäftsführungsmaßnahmen zum Gegenstand hatten, allerdings sehr selten vor, *Horrwitz*, Generalversammlung, S. 11.

452 *Gierke*, Genossenschaftstheorie, S. 691; mit Einführung des BGB wurde dies mit der Norm des § 32 Abs. 1 BGB begründet, beispielhaft: *Goldmann*, HGB 1897, § 250, Rdnr. 1 m. w. N., wonach eine gesetzliche Vermutung zugunsten der Zuständigkeit der Mitgliederversammlung besteht; s. auch Staudinger/*Weick*, BGB, § 32, Rdnr. 4.

453 RG, Urteil vom 18.02.1899 – I 363/98, RGZ 43, 283, 286; RG, Urteil vom 24.04.1900 – VIa 456/99, RGZ 46, 60, 64; RG, Urteil vom 08.04.1908 – I 595/07, RGZ 68, 235, 245; RG, Urteil vom 19.03.1910 – I 149/09, RGZ 73, 234, 236; *Brodmann*, Aktienrecht, § 250, Anm. 1a.

454 *R. Fischer*, in: Ehrenberg, Hdb des ges. HandelsR III/1, S. 184; *Horrwitz*, Generalversammlung, S. 10, 18.

455 MünchKomm/*Merkt*, GmbG, § 11, Rdnr. 31; *K. Schmidt*, in: Scholz, GmbHG, § 45, Rdnr. 5; *Roth*, in: Roth/Altmeppen, GmbHG, § 45, Rdnr. 1 f.; *Kübler/Assmann*, Gesellschaftsrecht, § 18 V 3, S. 288; *Wilhelm*, Kapitalgesellschaftsrecht, Rdnr. 1235; *Feine*, GmbH, S. 503 f. Nach *Hüffer*, FS 100 Jahre GmbHG, S. 532 hat neben der Gesellschaftergesamtheit auch die Gesellschafterversammlung (wohl gleichrangige) Organqualität; nach Ulmer/*Ulmer*, GmbHG, Einl. A, Rdnr. 28 ist die Gesellschafterversammlung das höchste Organ, die Gesellschaftergesamtheit habe dagegen keine Organqualität.
Den Ansichten von *Hüffer* und *Ulmer* kann nicht gefolgt werden, da das GmbH-Gesetz nicht von dem Organ der Gesellschafterversammlung, sondern nur von den Rechten der Gesellschafter spricht, *Wilhelm*, Kapitalgesellschaftsrecht, Rdnr. 1235; Die Überschrift „Gesellschafterversammlung“ wurde - anders als bei zahlreichen anderen Normen des GmbH-Gesetzes - erst durch Art. 1 Nr. 51 i. V. m. Anlage 2 MoMiG in das GmbH-Gesetz eingeführt.

456 *Gierke*, Genossenschaftstheorie, S. 687 ff.

das Geschäftsführungs- und Vertretungsorgan bestellen und abberufen können. Vor allem aber können sie in jeder beliebigen Geschäftsführungsangelegenheit im materiellen Sinne entscheiden[457], wobei die Geschäftsführer entsprechenden Beschlüssen Folge leisten müssen. Auch wenn die GmbH demnach über eine hierarchische Verbandsverfassung verfügt, hat die Gesellschaftergesamtheit der GmbH kein Recht zur Wahrnehmung der Außenvertretung des Verbandes[458].

Nicht zuletzt trägt die Statuierung von besonderen Anforderungen an die Unternehmensleitung und an das hierzu berufene Organ dem Umstand Rechnung, dass aufgrund der abstrakten Organstruktur die Kapitalgesellschaft als juristische Person auch in ihrem Inneren gegenüber ihren Mitgliedern verabsolutiert ist. Der Verbandswille ist nicht mehr notwendigerweise identisch mit dem Willen der Mitgliedergesamtheit. Am deutlichsten wird dies bei der AG, da der Vorstand bei der Wahrnehmung seiner Leitungsfunktion nicht nur die Interessen der Aktionäre, sondern auch (in unterschiedlicher Ausprägung) die Interessen der Gläubiger, der Arbeitnehmer und der Allgemeinheit zu berücksichtigen hat[459].

Um eine gute Unternehmensführung zu gewährleisten, bedarf es mithin keiner konkurrierenden Zuständigkeit der Mitglieder für Geschäftsführung und Außenvertretung der Vorgesellschaft. Die Geltung des Prinzips der Selbstorganschaft kann sich jedenfalls bei der Vorgesellschaft nicht darauf stützen, dass sie zur Gewähr einer guten Unternehmensführung im Interesse der Mitglieder und Gläubiger erforderlich wäre.

b) Zusammenhang von Herrschaft und Haftung

Teilweise wird die Selbstorganschaft auf einen angeblichen Zusammenhang von Herrschaft und Haftung gestützt[460]. Die unbeschränkte Haftung der Gründer erfordere danach eine korrespondierende Herrschaft. Der Gleichlauf zwischen Herrschaft und Haftung ist jedoch kein zwingender wirtschaftsverfassungsrechtlicher Grundsatz, der aus Gründen des Selbstschutzes der Gesellschafter geboten

---

457 *Roth*, in: Roth/Altmeppen, GmbHG, § 45, Rdnr. 6.

458 *Zöllner/Noack*, in: Baumbach/Hueck, GmbHG, § 35, Rdnr. 72; *Altmeppen*, in: Roth/Altmeppen, GmbHG, § 35, Rdnr. 8; *K. Schmidt*, in: Scholz, GmbHG, § 45, Rdnr. 6.

459 *Hüffer*, AktG, § 76, Rdnr. 12 ff.; *Goette*, FS 50 Jahre BGH, 127 f.; *Seibt*, in: Schmidt/Lutter, AktG, § 76, Rdnr. 12; MünchKomm/*Spindler*, AktG, § 76, Rdnr. 83 ff.; auch der DCGK verpflichtet in Ziffer 4.1.1 den Vorstand auf die Wahrung des Unternehmensinteresses und nicht lediglich des Aktionärsinteresses, siehe *Ringleb*, in: Ringleb/Kremer/Lutter/v. Werder, DCGK, Rdnr. 605.

460 *Berghoff*, Organschaftliche Vertretung, S. 35; *Nitschke*, Personengesellschaft, S. 217; *Müller-Erzbach*, JZ 1956, 705, 708.

ist[461]. Gegen einen Zusammenhang von unbeschränkter Haftung und Selbstorganschaft spricht auch, dass der Gesetzgeber die Fremdorganschaft bei dem nichtrechtsfähigen Idealverein, der Partenreederei[462], der EWIV[463] und der Personenhandelsgesellschaft in Liquidation zugelassen hat[464]. Bei allen diesen Verbänden handelt es sich um Gesamthandsgesellschaften[465], bei denen mit Ausnahme des nichtrechtsfähigen Idealvereins die Mitglieder für die Verbindlichkeiten des Verbandes unbeschränkt haften. Im Fall der Partenreederei besteht für die Mitreeder zudem gemäß § 500 Abs. 1 HGB und anders als bei den Grundtypen der Personen- und Personenhandelsgesellschaften eine Nachschusspflicht[466], die das mitgliedschaftliche Haftungsrisiko noch erhöht. Das Prinzip der Selbstorganschaft findet seine Rechtfertigung daher nicht in einem angeblichen Prinzip der Einheit von Herrschaft und Haftung[467].

461 BGH, Urteil vom 17.03.1966 – II ZR 282/63, BGHZ 45, 204, 205 f.; *K. Schmidt*, OHG, S. 111 ff.; *Chr. Weber*, Privatautonomie und Außeneinfluß, S. 194.

462 Gemäß § 492 Abs. 1 HGB kann durch einstimmigen Beschluss der Mitreeder einer Partenreederei ein Korrespondentenreeder bestellt werden, der nicht zu den Mitreedern gehört. Gemäß § 493 Abs. 1 HGB ist der Korrespondentenreeder kraft seiner Bestellung befugt, alle Geschäfte und Rechtshandlungen vorzunehmen, die der Geschäftsbetrieb einer Reederei gewöhnlich mit sich bringt.

463 Bei der EWIV obliegen gemäß Art. 7 lit. d) Geschäftsführung und Vertretung Geschäftsführern, die nicht selbst Mitglieder der EWIV sein müssen und damit die Fremdorganschaft zulassen (*Behrens*, in: Dauses, EU-Wirtschaftsrecht, E III, Rdnr. 153).

464 Die Selbstorganschaft wird deshalb teilweise auch als nicht wesentlich für die Unterscheidung der Gesamthand von der juristischen Person angesehen: *Wiedemann*, Gesellschaftsrecht I, S. 263; *Hadding*, FS Kraft, S. 144; *Helm/Wagner*, BB 1979, 225, 230; *Nägel*, Einmanngesellschaften, S. 154.

465 Bei der Partenreederei handelt es sich richtigerweise um eine Gesamthandsgesellschaft, Prüßmann/*Rabe*, Seehandelsrecht, § 489 Anm. B 2 (von der BGB-Gesellschaft abgeleitete Sonderform einer Gesellschaft, deren Vermögen den Mitreedern zur gesamten Hand zusteht; die zitierte Auflage datiert allerdings noch vor der Anerkennung der Außen-BGB-Gesellschaft als Rechtsträger durch den BGH); *Bote/Weipert*, in: MünchHdb GesR I, § 80, Rdnr. 23 ff., 27 ff. (rechtsfähige Personengesellschaft eigener Art); *K. Schmidt*, Partenreederei, S. 33 ff., 44 ff., 131. Die Haftung der Mitreeder ist eine unbeschränkte akzessorische pro-ratarische Außenhaftung, *Prüßmann/Rabe*, Seehandelsrecht, § 507, Anm. B; *K. Schmidt*, Partenreederei, S. 69 f.

466 BGH, Urteil vom 25.03.1991 – II ZR 13/90, NJW 1991, 3148, 3149.

467 BGH, Urteil vom 17.03.1966 – II ZR 282/632, BGHZ 45, 204, 206 f. (kein zwingender wirtschaftsverfassungsrechtlicher Grundsatz über den Zusammenhang von Herrschaft und Verantwortung); *Flume*, BGB AT I/1, § 14 VIII, S. 244 („Es ist bare Ideologie, daß der ‚Herrschschaft' in einem Unternehmen auch die persönliche Haftung für

c) Unmöglicher Verzicht auf die Privatautonomie und Ablehnung der freien Körperschaftsbildung

Für die Gesamthands-BGB-Gesellschaft als Grundtyp der Gesamthandsgesellschaften hatte der Gesetzgeber keine Organe vorgesehen. Die Gesamthandsgesellschaft, die noch nicht als überindividueller Rechtsträger erkannt war, wurde als ein reines Schuldverhältnis unter den Gesellschaftern und die Gesellschafter selbst als Träger der zum Gesellschaftsvermögen gehörenden Rechte und Pflichten gesehen. Schon mangels eines überindividuellen Rechtsträgers konnte es Organe im engeren Sinne gar nicht geben. Der vertretungsberechtigte Fremdgeschäftsführer würde auf dieser Basis immer nur die Gesellschafter vertreten. Auch wenn die Gesamthand inzwischen im Außenverhältnis als eigenes Zuordnungssubjekt – bildlich gesprochen – „über" den Mitgliedern erscheint, ist sie im Innenverhältnis jederzeit mit der Gesamtheit der ihr gerade angehörenden Mitglieder identisch[468]. In *Flumes*[469] Worten: „*Die Gesamthand als Gruppe ist nicht eine außer den Personen der Gesamthänder noch bestehende Wesenheit. Die Gruppe sind vielmehr die Gesamthänder selbst, die zu einem bestimmten Zweck … vereinigt sind*".

Vor diesem Hintergrund wäre eine Übertragung der Geschäftsführungs- und Außenvertretungsbefugnis auf einen Nichtgesellschafter auf zwei Wegen denkbar. Der erste Weg bestünde in einer abgeleiteten Übertragung, die sich so gestaltet, dass die Gesellschaftergesamtheit die ihnen originär zustehenden Organkompetenzen auf den designierten Fremdgeschäftsführer überträgt. Eine Übertragung, die gleichzeitig die Gesellschaftergesamtheit von der Eigenvertretung ausschließt, ließe sich rechtstechnisch nur als privative Vollmacht denken. Diese kennt das deutsche Recht jedoch nicht, da sie mit einem nicht möglichen Verzicht auf die Privatautonomie des Vollmachtgebers verbunden wäre[470]. Da die

---

die Verbindlichkeiten des Unternehmens entsprechen müßte"); *Chr. Weber*, Privatautonomie und Außeneinfluß, S. 194, *K. Schmidt*, Gesellschaftsrecht, § 14 II 2 e, S. 414, der allerdings die Nützlichkeit einer solchen Koppelung anerkennt.

468 *Huber*, FS Lutter, S. 113 f., 139; *Gierke*, DPrR I, S. 684; *Wertenbruch*, Haftung von Gesellschaften und Gesellschaftsanteilen, S. 211 („Die verbundenen Gesellschafter sind mit der Gesellschaft identisch").

469 *Flume*, BGB AT I/1, § 4 II, S. 56; ebenso *Huber*, FS Lutter, S. 113 f.; *Gierke*, DPrR I, S. 684; *Wertenbruch*, Haftung von Gesellschaften und Gesellschaftsanteilen, S. 211.

470 *Flume*, BGB AT II, § 53 6., S. 884 f.; *v. Tuhr*, FS Laband, S. 60 f. („Niemand kann sich durch Bevollmächtigung eines anderen oder ein sonstiges Rechtsgeschäft der Fähigkeit entäußern, in seinem Rechtskreis rechtswireksame Handlungen vorzunehmen."). Dieses „Axiom unserer Rechtsordnung" (*v. Tuhr*, a. a. O., S. 61) folgt auch aus § 137 BGB, wonach Verfügungs- oder Verpflichtungsvollmacht nicht mit

Gesellschaftergesamtheit einer Personengesellschaft mit dieser identisch ist[471], hätte also die verdrängende Übertragung von Organkompetenzen einen Verzicht auf die Privatautonomie der Gesamthand als Gruppe zur Folge[472].

Der zweite Weg bestünde darin, dass die Gesellschafter dem designierten Fremdgeschäftsführer originär Organkompetenzen einräumen bzw. die Gesellschafter originär eine Organfunktion mit dem Gesellschaftsvertrag schaffen und den designierten Fremdgeschäftsführer in dieses Amt berufen. Auf Basis der herrschenden Gruppenlehre ist die publizitätslose Außen-BGB-Gesellschaft bereits gegenüber ihren Mitgliedern dergestalt rechtssubjektiv verselbständigt, dass sie als Inhaber des zweckgebundenen Aktivvermögens und als Träger von Verbindlichkeiten anzusehen ist[473]. Eine weitere rechtssubjektive Verselbständigung, die auch die Verwaltungsrechte von der Mitgliedschaft löst, liefe auf eine freie Körperschaftsbildung hinaus, gegen die sich der historische BGB-Gesetzgeber bewusst entschieden hat[474] und dessen Erfüllung auch nur durch den Gesetzgeber möglich ist[475]. Sie würde damit auch dem *numerus clausus* der Verbandsformen widersprechen, wonach derjenige, der ein Rechtsgebilde schaffen will,

---

verdrängender Wirkung erteilt werden können, MünchKomm/*Armbrüster*, BGB, § 137, Rdnr. 17; *Flume*, a. a. O.; *R. Liebs*, AcP 175 (1975), 1, 41; *Thiele*, Die Zustimmungen in der Lehre vom Rechtsgeschäft, S. 199, 202; *Weitnauer*, FS F. Weber, 1975, S. 437; *Chr. Weber*, Privatautonomie und Außeneinfluß, S. 226; vereinzelt geblieben ist die von *Müller-Freienfels*, Vertretung, S. 124 ff., 129 ff. vertretene Gegenansicht, die den Zweck des § 137 BGB jedoch zu eng interpretiert, da die Norm die Fälle, in denen dem Entzug der Verfügungsmacht der Übergang auf einen anderen entspricht, nicht von ihrem Anwendungsbereich ausnimmt, *Flume*, a. a. O.; *Weitnauer*, FS F. Weber, 1975, S. 433.

471 *Flume*, BGB AT I/1, § 4 II, S. 56.

472 MünchKomm/*Reuter*, BGB, §§ 21, 22, Rdnr. 91; *Flume*, BG AT I/1, § 14 VIII, S. 244. Die Nicht-Gesellschaftern eingeräumte Vertretungsmacht kann daher nur eine abgeleitete sein.
Auf das einzelne Mitglied bezogen bedeutete dies ein Verstoß gegen das Abspaltungsverbot, siehe BGH, Urteil vom 22.01.1962 – II ZR 11/61, BGHZ 36, 292, 293; *Gummert*, in: MünchHdb GesR I, § 16, Rdnr. 1 ff., 6 f.; MünchKomm/*Ulmer/Schäfer*, BGB, § 717, Rdnr. 16.
Für die Vor-GmbH wird die Entstehung der Organe nicht problematisiert, sondern vorausgesetzt, siehe etwa *Meister*, FS Werner, S. 522.

473 *K. Schmidt*, Gesellschaftsrecht, § 8 IV 5, S. 206.

474 *Mugdan*, Materialien zum BGB, Bd. I, S. 400 f. (Mot. S. 88 f.).

475 Der Unterschied zu den juristischen Personen des Handelsrechts, der nur noch darin bestünde, dass bei letzteren die Mitgliederhaftung beschränkt ist (ausgenommen die KGaA, die einen Sonderfall bildet), wäre zu unbedeutend.

das eigenes Vermögen haben und selbständig handeln können soll, zwischen den vorgegebenen Rechtsformen wählen muss, deren Organisation und Haftungsverfassung vom objektiven Recht geordnet ist[476]. Zur Begründung originärer Organkompetenzen bedarf es daher der gesetzlichen Ermächtigung[477], die für werbende Außen-BGB-Gesellschaft und die Personenhandelsgesellschaften nicht geschaffen wurde[478]. Lediglich für die aufgelöste Handelsgesellschaft enthält das Gesetz in § 146 Abs. 1 HGB eine entsprechende Ermächtigung. Der wirkliche Grund für die Geltung des Prinzips der Selbstorganschaft für die Gesamthands-Personengesellschaften ist daher schlicht die fehlende gesetzliche Ermächtigung[479]. Grund für die Geltung des Prinzips der Selbstorganschaft bei den Gesamthandsgesellschaften ist nach alledem die rechtspolitische Entscheidung gegen ein System der freien Körperschaftsbildung.

Die Existenz der obligatorischen Organe der Kapitalgesellschaft wird vom Gesetz bereits für das Gründungsstadium vorausgesetzt[480]. Aber auch die fakultativen

---

476 *K. Schmidt*, Gesellschaftsrecht, § 5 II 1 a, S. 96,

477 *Reuter*, FS 100 Jahre GmbHG, S. 633 f.; *Huber*, Vermögensanteil, S. 35; siehe auch Artikel 16 Abs. 2 EWIV-VO: „Der Gründungsvertrag kann andere Organe vorsehen; er bestimmt in diesem Fall deren Befugnisse".

478 Selbst wenn die Gesellschafter eine verdrängende Übertragung von Organkompetenzen beschließen könnten, könnten sie jederzeit durch satzungsändernde oder -durchbrechende Beschlüsse Geschäftsführungsmaßnahmen wieder an sich ziehen, s. *A. Hueck*, OHG, § 10, S. 119 f. (dort Fn. 10).

479 In diese Richtung auch *Reuter*, FS Steindorff, S. 233. Richtigerweise können aufgrund des *numerus clausus* der Verbandsformen auch im GmbH-Recht nur im Rahmen des gesetzlich Zulässigen (§ 52 GmbHG) Organe mit verdrängender Zuständigkeit neu geschaffen werden, *Reuter*, FS Steindorff, S. 230; wohl auch *Zöllner*, in: Baumbach/Hueck, GmbHG, § 45, Rdnr. 17 („Durch Satzung geschaffene Organe bleiben voll unter satzungsrechtlicher Umgestaltungs- u Abschaffungsautonomie der GfterVers.").

480 Für die Hauptversammlung: Großkomm/*K. Schmidt*, AktG, § 41, Rdnr. 62; MünchKomm/*Pentz*, AktG, § 41, Rdnr. 38; teilweise wird die Hauptversammlung als Gründerversammlung tituliert, so etwa *Hüffer*, AktG, § 41, Rdnr. 6, wohl vor dem Hintergrund, dass die Gründer noch keine Aktionäre seien, siehe hierzu Großkomm/*K. Schmidt*, a. a. O., was allerdings unzutreffend ist, wenn damit zum Ausdruck kommen soll, dass im Gründungsstadium noch keine Mitgliedschaften bestehen sollen, siehe oben D.II.; für den Vorstand: MünchKomm/*Spindler*, AktG, § 76, Rdnr. 7; Großkomm/*Kort*, AktG, § 76, Rdnr. 12; *Hüffer*, AktG, § 76, Rdnr. 5; Mertens/*Cahn*, in: KölnerKomm, AktG, § 76, Rdnr. 78; für den Aufsichtsrat: Großkomm/*K. Schmidt*, AktG, § 41, Rdnr. 61; siehe auch oben B.I. Dass die Organe in der Gründungsphase durch gründungsspezifische Mitwirkungs- und Treuepflichten geprägt sind (so Großkomm/*K. Schmidt*, AktG, § 41, Rdnr. 62), ändert nichts an ihrer Existenz als solche.

Organe, wie der Aufsichtsrat in der nicht mitbestimmungspflichtigen GmbH, haben eine gesetzliche Grundlage. Sie werden daher nicht von den Gründern privatautonom nach Art einer freien Körperschaftsbildung geschaffen. Die Rechtsmacht der Leitungsorgane ist diesen originär zugewiesen und leitet sich nicht von der Gründergesamtheit ab. Ihre Besetzung mit Nichtmitgliedern kann sich folglich nicht als Verzicht auf die Privatautonomie der Mitgliedergesamtheit oder als Akt freier Körperschaftsbildung darstellen. Die unbeschränkte Haftung der Mitglieder der Vorgesellschaft begründet daher für sie keine konkurrierende Organvertretungs- und Geschäftsführungsbefugnis.

Da das Kapitalgesellschaftsrecht die Leitungsorgane, deren Zuständigkeiten und Kompetenzen vorgibt und deren Besetzung bereits im Gründungsstadium vorschreibt, ist der Grund für die Geltung des Prinzips der Selbstorganschaft in der Vorgesellschaft nicht gegeben[481].

6. Fazit

Als Fazit kann festgehalten werden, dass die wesentlichen die Gesamthand kennzeichnenden Merkmale für die Vorgesellschaft nicht festgestellt werden können. Namentlich die Prinzipien der Einheitlichkeit der Mitgliedschaft und der Selbstorganschaft gelten für die Vorgesellschaft nicht. Auch kann die Kapitalgesellschaft mit nur einer Person gegründet werden, was bei der Gesamthandsgesellschaft nicht möglich ist. Hinsichtlich der Haftungsverfassung unterscheiden sich beide Verbände in der Haftungsrichtung (Außenhaftung bei der Gesamthandsgesellschaft, Binnenhaftung bei der Vorgesellschaft) und in der dogmatischen Begründung (§ 128 HGB bzw. allgemeines gesamthänderisches Prinzip bei der Gesamthandsgesellschaft und Analogie zu den Kapitalerhaltungsvorschriften bei der Vorgesellschaft). Wenn die Vorgesellschaft trotzdem als Gesamthand eingeordnet wird, kann damit lediglich zum Ausdruck gebracht werden, dass das Vermögen der Vorgesellschaft wie bei den Gesamthands-Personengesellschaften nicht den Gesellschaftern zusteht, sondern dem Verband selbst als überindividuellem Rechtsträger, ohne dass dieser juristische Person im herkömmlichen Sinne ist[482]. Mit einem so zu verstehenden Begriff der Gesamthand, der lediglich zum Ausdruck bringt, dass die Vorgesellschaft noch keine fertige juristische Person ist, ist für die Frage, welche Merkmale für die Vorgesellschaft charakteristisch sind, kein Erkenntnisgewinn verbunden. Um keine falschen Assoziationen zu wecken,

---

481 S. auch *John*, Rechtsperson, S. 31 („Das bedeutet, daß den Gründern als solchen keine externen Kompetenzen zustehen, außer einigen im Gesetz genau beschriebenen.").

482 *Flume*, BGB AT I/1, § 7 I, S. 89; siehe auch oben B.III.3.

insbesondere von dem Begriff der Gesamthand Rückschlüsse auf die Verbandsstruktur zu ziehen, wäre es besser, von der Vorgesellschaft als werdender juristischer Person zu sprechen[483]. Der postulierte Wechsel von der „Gesamthand" zur juristischen Person ist jedenfalls kein Differenzierungskriterium hinsichtlich der Anwendung des Kapitalgesellschaftsrechts auf die Vorgesellschaft.

V. Die Fiktion der Handelsgesellschaft

Das Gesetz fingiert in den §§ 3 Abs. 1 AktG, 13 Abs. 3 GmbHG die Kapitalgesellschaft unabhängig vom tatsächlich gewählten Zweck als Handelsgesellschaft[484]. Die Kapitalgesellschaft ist damit gemäß § 6 Abs. 1 HGB Kaufmann (Formkaufmann). Die Eintragung des Verbandes in das Handelsregister ist nicht unmittelbar Regelungsbestandteil der §§ 3 Abs. 1 AktG, 13 Abs. 3 GmbHG. Dennoch sollen nach h. M.[485] diese Normen die Eintragung voraussetzen.

Hierfür mag im Falle der GmbH zunächst die systematische Stellung des § 13 Abs. 3 GmbHG sprechen, da der vorangehende Absatz sich eindeutig auf den bereits mit der Haftungsbeschränkung versehenen Verband bezieht. Dagegen spricht jedoch, dass im Aktiengesetz ein solcher systematischer Zusammenhang nicht besteht und für die GmbH als später kodifizierte „kleine AG" nichts anderes gelten sollte als für die Aktiengesellschaft. Das Argument aus der äußeren Systematik darf zudem nicht überschätzt werden[486]. Der Bedeutungszusammenhang des Gesetzes und die ihm zugrunde liegende begriffliche Systematik erschließen sich dem Verständnis erst dann, wenn auch die Regelungszwecke beachtet werden[487]. Zum Kaufmann kraft Rechtsform wurde die Aktiengesellschaft erst mit

---

483 *K. Schmidt*, Gesellschaftsrecht, § 11 IV 2b, S. 301, auf den von *Rittner*, Die werdende juristische Person, S. 319 ff. geprägten Begriff zurückgreifend; ähnlich *Fastrich*, in: Baumbach/Hueck, GmbHG, § 11, Rdnr. 7 („vorläufige juristische Person").

484 Großkomm/*Brändel*, AktG, § 3, Rdnr. 3; *H. P. Westermann*, in: Scholz, GmbHG, Einl., Rdnr. 22; *Emmerich*, in: Scholz, GmbHG, § 13, Rdnr. 33.

485 Staub/*Oetker*, HGB, § 6, Rdnr. 24; Heymann/*Emmerich*, HGB, § 1, Rdnr. 35; MünchKomm/*K. Schmidt*, HGB, § 6, Rdnr. 12 (will aber Firmenschutz nach § 37 HGB gewähren); *Hüffer*, AktG, § 3, Rdnr. 2; MünchKomm/*Doralt/Diregger*, AktG, § 3, Rdnr. 7; *Drescher*, in: Spindler/Stilz, AktG, Rdnr. 2; *Dauner-Lieb*, in: KölnerKomm, § 3, Rdnr. 4; Rowedder/*Schmidt-Leithoff*, GmbHG, § 11, Rdnr. 76; *Fastrich*, in: Baumbach/Hueck, GmbHG, § 11, Rdnr. 13; *K. Schmidt*, in: Scholz, GmbHG, § 11, Rdnr. 37; *Flume*, BGB AT I/2, S. 161; *K. Schmidt*, Handelsrecht, § 10, Rdnr. 19.

486 *Larenz*, Methodenlehre, S. 326; *Herschel*, BB 1966, 791, 791 ff.

487 *Larenz*, Methodenlehre, S. 327.

der Aktienrechtsnovelle von 1870 bestimmt[488]. Bis dahin war die Handelsgesellschaft Voraussetzung für eine Aktiengesellschaft, nicht Folge[489]. Die Regelungen der Aktienrechtsnovelle 1870 waren dann Vorbild für das GmbH-Gesetz 1892. In den Motiven zur Aktienrechtsnovelle 1870 findet sich kein Hinweis auf die Gründe, weshalb auch die Aktiengesellschaft, deren Zweck nicht auf den Betrieb eines Handelsgewerbes gerichtet ist, als Handelsgesellschaft und mithin als Kaufmann gelten soll. In der Begründung zur Reichstagsvorlage des GmbHG von 1892[490] werden zwei Rechtsfolgen hervorgehoben, die mit der Kaufmannseigenschaft verbunden sind, was den Schluss nahelegt, dass es dem Gesetzgeber insbesondere auf diese ankam: die Buchführungspflicht und dass die Rechtsstreitigkeiten über Ansprüche, die aufgrund des GmbH-Gesetzes erhoben werden, als Handelssachen i. S. d. Gerichtsverfassungsgesetzes gelten[491]. Für diese Kriterien kommt es auf die Eintragung nicht an. Weder die unbeschränkte Haftung der Gründer noch die fehlende Registerpublizität der Vorgesellschaft stehen dem entgegen. Im Gegenteil: Die Buchführungspflicht des Vorstands nach § 91 Abs. 2 AktG setzt sachlogisch eine Buchführungspflicht der Aktiengesellschaft voraus[492]. Mangels geordneter Buchführungspflicht bestünde keine effektive Kontrollmöglichkeit nach § 258 ff. HGB mit der Folge, dass geschäftliche Vorgänge verschleiert werden könnten[493]. Im Ergebnis wird eine Buchführungspflicht der Vorgesellschaft nahezu einhellig bejaht[494]. Es ist jedoch inkonsequent, die Kaufmannseigenschaft

488 Siehe Artikel 208 Abs. 1 des Gesetzes, betreffend die Kommanditgesellschaften auf Aktien und die Aktiengesellschaften, Bundesgesetzblatt des Norddeutschen Bundes Band 1870, Nr. 21, Seite 378 („Eine Aktiengesellschaft gilt als Handelsgesellschaft, auch wenn der Gegenstand des Unternehmens nicht in Handelsgeschäften besteht.").

489 „Eine Handelsgesellschaft ist eine Aktiengesellschaft, wenn sich die sämmtlichen Gesellschafter nur mit Einlagen betheiligen, ohne persönlich für die Verbindlichkeiten der Gesellschaft zu haften" (Art. 207 Abs. 1 ADHGB 1861).

490 Begründung zur Reichstagsvorlage des GmbHG von 1892, Stenographische Berichte über die Verhandlungen des Reichstages, VIII. Legislaturperiode, I. Session 1890/92, Aktenstück Nr. 660, S. 3737.

491 Begründung zur Reichstagsvorlage des GmbHG von 1892, Stenographische Berichte über die Verhandlungen des Reichstages, VIII. Legislaturperiode, I. Session 1890/92, Aktenstück Nr. 660, S. 3737.

492 *Binz*, Sacheinlage, S. 103.

493 *Binz*, Sacheinlage, S. 103.

494 *Mertens/Cahn*, in: KölnerKomm, AktG, § 91, Rdnr. 4; *Fleischer*, in: Spindler/Stilz, AktG, § 91, Rdnr. 18; *Krieger/Sailer-Coceani*, in: Schmidt/Lutter, AktG, § 91, Rdnr. 5; *Haas*, in: Baumbach/Hueck, GmbHG, § 41, Rdnr. 7; Ulmer/*Paefgen*, GmbHG, § 41, Rdnr. 4 (mit dem Argument, dass es der Buchführungspflicht zwecks Berechnung

kraft Rechtsform abzulehnen, die Rechte und Pflichten, die mit der (Form-)Kaufmannseigenschaft verbunden sind, aber dann im Wege der Analogie auf die Vorgesellschaft zu übertragen.

Es sprechen auch praktische Gründe dafür, der Vorgesellschaft den Status als Kaufmann nicht zu versagen. Die kaufmännischen Angestellten der Vorgesellschaft könnten etwa noch nicht zu Handlungsgehilfen gemacht werden, und die mündlich abgegebene Bürgschaft der Vorgesellschaft wäre nicht gültig[495].

Nur als Formkaufmann unterliegt die Vorgesellschaft den Vorschriften der Rechnungslegung gemäß §§ 264 ff. HGB, was auch die Prüfung und Offenlegung betrifft. Dies ist konsequent, da die Vorgesellschaft aufgrund der Maßgeblichkeit der zivilrechtlichen Organisationsform für das Steuerrecht bereits als Körperschaftssteuersubjekt angesehen wird[496] und als solches unabhängig vom Verbandszweck ohnehin die Buchführungspflichten der eingetragenen Kapitalgesellschaft zu erfüllen hat[497]. Auch müssen bereits im Gründungsstadium die Grundsätze zur Firmenbildung (§ 18 HGB) anzuwenden sein.[498]

Entgegen *K. Schmidt*[499] können bei den Vorgesellschaften keine Zweifel hinsichtlich der Rechtsform aufkommen, die dagegen sprechen würden, die Vorgesellschaft nicht als Formkaufmann anzuerkennen. *K. Schmidt* ist der Ansicht, dass andere als die an der Eintragung ausgerichteten Kriterien zur Bestimmung der Kaufmannseigenschaft kraft Rechtsform zu Abgrenzungsschwierigkeiten führen. Als Beispiel für seine These nennt er das Problem der Abgrenzung des nichtrechtsfähigen Idealvereins von der nicht eingetragenen Genossenschaft. Bei einer nicht an der Eintragung ausgerichteten Abgrenzung des Formkaufmanns könnte so ein Selbsthilfeverein als nicht eingetragene Genossenschaft

---

der Vorbelastungshaftung bedürfe); **a. A.** *Altmeppen*, in: Roth/Altmeppen, GmbHG, § 41, Rdnr. 7, der anders als die vorgenannten Stimmen die Buchführungspflicht nicht von der Kaufmannseigenschaft trennen will.

495 Beispiele von *Schreiber*, KGaA, S. 69 f.

496 Siehe dazu BFH, Urteil vom 14.10.1992 – I R 17/92, BStBl II 1993, 353, 354 (Vor-GmbH wird steuerrechtlich als Kapitalgesellschaft behandelt, sofern sie später als GmbH ins Handelsregister eingetragen wird); BFH, Urteil vom 05.12.1956 – II 71/56 U, BStBl III 1957, 28, 29 (grunderwerbssteuerlich sind Vor-GmbH und GmbH dasselbe Rechtsgebilde); *Knobbe-Keuk*, Unternehmenssteuerrecht, § 15 III 1, S. 572 f. m. w. N.

497 *Wiedmann*, in: Ebenroth/Boujong/Joost/Strohn, HGB, § 238, Rdnr. 17;

498 *Wiesner*, in: MünchHdb GesR IV, § 7, Rdnr. 4. Selbstverständlich muss eine Unterscheidbarkeit von Firmen am gleichen Ort auch vor Eintragung gegeben sein.

499 *K. Schmidt*, Handelsrecht, § 10, Rdnr. 19.

und damit zum Formkaufmann qualifiziert werden[500]. Bei den Kapitalgesellschaften können jedoch keine Abgrenzungsfragen aufkommen, da für die Satzung der Kapitalgesellschaft anders als für die der Genossenschaft die notarielle Form vorgeschrieben ist. Die Satzung muss dabei die Rechtsform der Gesellschaft klar benennen, §§ 23 Abs. 3 Nr. 1, 4 AktG, 3 Abs. 1 Nr. 1, 4 GmbHG. Bei der Vor-GmbH und der Vor-AG sind Mehrdeutigkeiten der Rechtsform damit ausgeschlossen. Ob auch die Vor-Genossenschaft als Formkaufmann einzuordnen ist, ist hier nicht zu entscheiden. Denkbar wäre es, diese Frage anders zu beantworten als im Falle der Kapitalgesellschaften. Wer Formkaufmann ist, wird schließlich nicht durch § 6 HGB, sondern durch die einschlägigen Spezialgesetze bestimmt[501]. Im Übrigen ist die Frage, ob es sich bei einem Verband um eine Vorgesellschaft handelt und er deshalb (Form-)Kaufmann ist, leichter zu beantworten als die Frage, ob der Gründerverband ein Handelsgewerbe betreibt, also bereits mit einem Gewerbebetrieb ausgestattet ist, der nach Art oder Umfang einen in kaufmännischer Weise eingerichteten Geschäftsbetrieb erfordert (§ 1 Abs. 2 HGB)[502]. Hinsichtlich der Kaufmannseigenschaft kraft Rechtsform gibt es bei den Kapitalgesellschaften mithin kein praktisches Bedürfnis für eine an der Eintragung ausgerichteten Abgrenzung.

Als Ergebnis ist somit festzuhalten, dass die Vorgesellschaft als Handelsgesellschaft gilt und damit Formkaufmann ist[503]. Unabhängig vom Zweck des Verbandes führt die Vorgesellschaft daher eine Firma (§ 17 HGB) und genießt damit Firmenschutz nach § 37 HGB.

VI. Publizitätsfunktion

Die Ersteintragung der Kapitalgesellschaft im Handelsregister hat wie jede Handelsregistereintragung Publizitätsfunktion hinsichtlich der einzutragenden Gegenstände[504]. Konkret handelt es sich um die in den §§ 39 AktG, 10 GmbHG genannten Tatsachen und Rechtsverhältnisse. Daher könnten die Rechtssätze

500 *K. Schmidt*, Handelsrecht, § 10, Rdnr. 19.

501 *Hopt*, in: Baumbach/Hopt, HGB, § 6, Rdnr. 6; *K. Schmidt*, Handelsrecht, § 10, Rdnr. 15.

502 *Büttner*, Identität und Kontinuität, S. 121 f; *Flume*, BGB AT I/2, S. 161; Hachenburg/*Ulmer*, GmbHG, § 11, Rdnr. 47.

503 *Eckardt*, in: Geßler/Hefermehl, AktG, § 3, Rdnr. 9; *Roth*, in: Roth/Altmeppen, GmbHG, § 11, Rdnr. 44; *Binz*, Sacheinlage, S. 102 ff.; *Servatius*, NJW 2001, 1696, 1697; wohl auch *Flume*, BGB AT I/2, S. 161;

504 Staub/*Koch*, HGB, § 8, Rndr. 1; MünchKomm/*Krafka*, HGB, § 8, Rdnr. 3; jeweils m. w. N.

von der Anwendung auf die Struktur der Vorgesellschaft auszunehmen sein, die die Registerpublizität des Verbandes voraussetzen. Die Beantwortung dieser Frage hängt von der Funktion der Registerpublizität ab, die sich in eine formelle und eine materielle Publizitätsfunktion aufgliedert.

1. Formelle Publizität

Die Publizität des Handelsregisters ist zunächst eine formelle. Mit ihr ist die Offenkundigmachung eingetragener Tatsachen und Rechtsverhältnisse gemeint, ohne dass damit eine Aussage über die Wahrheit der bekundeten Tatsachen oder Rechtsverhältnisse verbunden ist[505]. Sie wird einmal durch die Bekanntmachung (§§ 10, 11 HGB) erreicht und zum anderen dadurch, dass nach § 9 Abs. 1 S. 1 HGB jedermann gestattetet ist, Registereintragungen einzusehen, ohne hierfür ein besonderes Interesse dartun zu müssen[506]. Die Frage, ob die fehlende formelle Publizität der Vorgesellschaften eine unterschiedliche Behandlung von Vorgesellschaft und eingetragener Kapitalgesellschaft zu begründen vermag, ist für die einzelnen Eintragungsgegenstände gesondert zu beantworten.

a) Eintragungsgegenstände der Kapitalgesellschaft mit einem spiegelbildlichen Pendant bei den Personenhandelsgesellschaften

Personenhandelsgesellschaften und Kapitalgesellschaften gleichen sich darin, dass es sich bei ihnen um überindividuelle Rechtsträger handelt, bei denen der Gesetzgeber davon ausgeht, dass sie in kaufmännischer Weise am Rechtsverkehr teilnehmen bzw. er ihnen dies unterstellt. Eine auf die fehlende formelle Publizität gestützte unterschiedliche Behandlung könnte hinsichtlich solcher Eintragungsgegenstände ausscheiden, die ein Gegenstück bei den Personenhandelsgesellschaften finden, da bei den Personenhandelsgesellschaften die Eintragung nur rechtsbekundenden Charakter hat[507], der Gesetzgeber bei ihnen also duldet, dass sie ohne Publizität am Rechtsverkehr teilnehmen. Da eine Eintragungspflicht besteht, die im Wege des Registerzwangs durchgesetzt werden kann

---

505 *Fester*, Handelsregister, S. 31.

506 *K. Schmidt*, Handelsrecht, § 13, Rdnr. 30.

507 Die Personenhandelsgesellschaften, die gemäß § 105 Abs. 2 HGB erst durch Eintragung entstehen, müssen außer Betracht bleiben, da der Gesetzgeber ein Publizitätsbedürfnis nur für die Gesellschaften erkennt, deren Zweck auf den Betrieb eines Handelsgewerbes gerichtet ist. Bei den Gesellschaften, die durch Eintragung erst zu Personenhandelsgesellschaften werden, ersetzt die Eintragung lediglich das fehlende Tatbestandsmerkmal.

(§§ 106 Abs. 1, 108 HGB i. V. m. § 14 HGB), ist jedoch ausgeschlossen, dass die Publizität dauerhaft unterbleibt. Auch bei den Kapitalgesellschaften duldet der Gesetzgeber, dass sie vorübergehend – im Stadium der Vorgesellschaft – über keine Registerpublizität verfügen. Zwar kann die Publizität als Kapitalgesellschaft nicht wie bei den Personenhandelsgesellschaften unmittelbar erzwungen werden (§§ 407 Abs. 2 AktG, 79 Abs. 2 GmbHG), dadurch, dass die Vorgesellschaft aber ihren Status als solche verliert, wenn die Eintragung nicht effektiv betrieben wird, wird gleichermaßen sichergestellt, dass die Registerpublizität nur vorübergehend nicht besteht.

Die Gründe, die für einen vorübergehenden Publizitätsverzicht bei den Personenhandelsgesellschaften sprechen, lassen sich möglicherweise aufgrund der eingangs genannten Gemeinsamkeiten mit der Kapitalgesellschaft auf letztere übertragen. Eintragungsgegenstände, die Kapitalgesellschaften und Personenhandelsgesellschaften gemeinsam haben, sind zunächst Firma, Sitz und inländische Geschäftsanschrift (§§ 39 Abs. 1 S. 1 AktG, 10 Abs. 1 S. 1 GmbHG, 106 Abs. 2 Nr. 2 HGB).

Die nach §§ 39 Abs. 1 AktG, 10 Abs. 1 GmbHG (jeweils Fall 7) anzugebenden Vorstandsmitglieder bzw. die Personen der Geschäftsführer finden bei den Personenhandelsgesellschaften ihre Entsprechung in der Nennung der persönlich haftenden Gesellschafter (§§ 106 Abs. 2 Nr. 1, 161 Abs. 2 HGB), da letztere aufgrund des Prinzips der Selbstorganschaft die geborenen Vertreter der Personenhandelsgesellschaft sind. Demzufolge entsprechen auch die Angaben zur Vertretungsbefugnis der Vorstandsmitglieder und der Geschäftsführer der Kapitalgesellschaft (§§ 39 Abs. 1 S. 3 AktG, 10 Abs. 1 S. 2 GmbHG, jeweils Fall 8) den Angaben zur Vertretungsmacht der Gesellschafter der Personenhandelsgesellschaften (§§ 106 Abs. 2 Nr. 4, 161 Abs. 2 HGB).

Allerdings könnte die Publizität der Personenhandelsgesellschaft auch deshalb vorübergehend entbehrlich sein, weil aufgrund des Prinzips der Selbstorganschaft der organschaftliche Vertreter gemäß §§ 128, 161 Abs. 2 HGB als Gesellschafter stets akzessorisch für die Verbindlichkeiten der Gesellschaft haftet[508]. Da der Handelnde über eine natürliche Publizität verfügt, kann der Gläubiger eine ladungsfähige Anschrift für die Geltendmachung seiner Ansprüche leicht über öffentliche

508 Der Kommanditist ist kein organschaftlicher Vertreter der KG, auch wenn er bis zur Eintragung der Gesellschaft wie ein persönlich haftender Gesellschafter haftet „es sei denn, daß seine Beteiligung als Kommanditist dem Gläubiger bekannt war“, § 176 Abs. 1 S. 1 HS 2 HGB.

Register ermitteln[509], ohne dass die Gesellschaft selbst über Registerpublizität verfügt. Zwar kann sich die Gesellschaft bei ihrem Handeln bevollmächtigter Dritter bedienen, so dass eine persönliche Haftung des Handelnden ausscheidet[510]. In dem Fall haftet aber der organschaftliche Vertreter, der die Vollmacht erteilt hat und dessen Person der Gläubiger ermitteln kann, indem er sich eine Vollmachtsurkunde vorlegen lässt. Bei der Vorgesellschaft ergibt sich aufgrund der Handelndenhaftung eine vergleichbare Rechtslage. Gemäß §§ 41 Abs. 1 S. 2 AktG, § 11 Abs. 2 GmbHG haften die handelnden Organwalter persönlich unbeschränkt. Aus Sicht eines Gläubigers macht es daher keinen Unterschied, ob er mit einer publizitätslosen Personenhandelsgesellschaft oder einer Vorgesellschaft kontrahiert; der Handelnde bietet durch die eigene Haftung gewissermaßen Gewähr für die Existenz des publizitätslosen Rechtsträgers. Aufgrund dieser Gleichartigkeit scheidet eine ungleiche Behandlung der beiden Verbände hinsichtlich der fehlenden Publizität aus. Ob die Handelndenhaftung tatsächlich einen Ausgleich des Publizitätsdefizits bezweckt[511], kommt es vor diesem Hintergrund nicht an.

Die Eintragung der Höhe des Grund- bzw. Stammkapitals (§§ 39 Abs. 1 AktG, 10 Abs. 1 GmbHG, jeweils Fall 5) der Kapitalgesellschaft findet eine Entsprechung bei der Kommanditgesellschaft. Gemäß § 162 Abs. 1 S. 1 HGB sind bei Anmeldung der Kommanditgesellschaft neben den Kommanditisten auch der Betrag ihrer jeweiligen Einlage zur Eintragung anzumelden. Bis zur Eintragung der Kommanditgesellschaft im Handelsregister haftet gemäß § 176 Abs. 1 S. 1 HGB jeder Kommanditist, der dem Geschäftsbeginn zugestimmt hat, für die bis zur Eintragung begründeten Verbindlichkeiten wie ein persönlich haftender Gesellschafter. Weitere Einschränkungen fehlen, d.h., die fehlende Registerpublizität der Kommanditgesellschaft vor Eintragung hat keinen Einfluss auf die Organisationsverfassung, so dass etwa der Kommanditist nicht etwa entgegen § 164 S. 1 HGB

---

509 Bei der natürlichen Person über die Einwohnermelderegister. Die so ermittelte Privatanschrift genügt, da gemäß § 177 ZPO die Zustellung an jedem Ort erfolgen kann, an dem die betreffende Person angetroffen wird. Bei einer juristische Person des Privatrechts über das für diese zuständige Register (i.d.R. Handelsregister, im Falle der Stiftung über das Stiftungsverzeichnis des jeweiligen Bundeslandes).

510 Unter der Voraussetzung, dass sie sich im Rahmen der ihnen eingeräumten Vertretungsmacht halten.

511 So für die Vorgesellschaften *Bergmann*, GmbHR 2003, 563, 570 und für den nichtrechtsfähigen Verein MünchKomm/*Reuter*, BGB, § 54, Rdnr. 54, 59 (Handelndenhaftung als Ausgleich für fehlende Publizität und fehlende Transparenz der Vertretungsverhältnisse); **a. A.** *Beuthien*, GmbHR 2013, 1, 3 f., der hierfür kein Bedürfnis erkennen will.

zur Geschäftsführung oder entgegen § 170 HGB zur Außenvertretung berechtigt ist[512]. Daraus kann geschlossen werden, dass die Information des Publikums über die Höhe des Grundkapitals bzw. Stammkapitals (§§ 39 Abs. 1 AktG, 10 Abs. 1 GmbHG, jeweils Fall 5) lediglich für die mit der Ersteintragung eintretende Haftungsbeschränkung relevant, im Übrigen aber ohne Einfluss auf die Struktur der Vorgesellschaft ist. Solange die Gründer im Innenverhältnis unbegrenzt auf Ausgleich von Vorbelastungen haften[513], besteht kein Bedürfnis für eine Publizität der Höhe des Grund- bzw. Stammkapitals.

b) *Eintragungsgegenstände ohne Pendant bei den Personenhandelsgesellschaften*

Bei den verbleibenden Eintragungsgegenständen ohne Pendant bei den Personenhandelsgesellschaften – Gegenstand des Unternehmens sowie Tag der Feststellung der Satzung bzw. Tag des Abschlusses des Gesellschaftsvertrages[514] – ist sodann danach zu fragen, ob die rechtlichen Interessen, die durch die Publizität dieser Gegenstände geschützt werden sollen, auch bereits vor Eintragung des Schutzes bedürfen. Nur wenn dies der Fall ist, kann die fehlende Publizität des betroffenen Eintragungsgegenstandes eine unterschiedliche Behandlung von Vorgesellschaft und eingetragener Kapitalgesellschaft rechtfertigen. Die Publizität richtet sich zunächst nur an Verbandsfremde, namentlich Gläubiger und zukünftige Mitglieder. Da die Übertragung der Mitgliedschaft in der Vorgesellschaft nur durch allseitige Vertragsänderung möglich ist[515], kann es bei der Frage der Verzichtbarkeit nur auf die Interessen der Gläubiger ankommen.

Der Gegenstand des Unternehmens gehört bei den Personenhandelsgesellschaften nicht zu den eintragungspflichtigen Gegenständen, auch wenn das Registergericht bei den Personenhandelsgesellschaften gemäß § 24 Abs. 4 HRV darauf hinzuwirken hat, dass bei den Anmeldungen auch der Unternehmensgegenstand angegeben wird, soweit er sich nicht aus der Firma ergibt[516]. Die

---

512 MünchKomm/*K. Schmidt*, HGB, § 176, Rdnr. 35.

513 Zur Haftung der Gründer vor Eintragung siehe oben D.III.

514 §§ 39 Abs. 1 AktG, 10 Abs. 1 GmbHG, jeweils Fälle 4 und 6.

515 Siehe oben C.IV.

516 Üblicherweise wird er auch eingetragen (siehe MünchKomm/*K. Schmidt*, HGB, § 106, Rdnr. 34), in jedem Fall aber bekannt gemacht (§ 34 Abs. 1 HRV). Laut Denkschrift zum RJA – E I, S. 36 wurde von der teilweise geforderten Aufnahme des Geschäftszweigs abgesehen, weil sonst auch jede Veränderung eingetragen werden müsste, womit aber nicht ausgeschlossen sei, dass zum Zwecke besserer Unterscheidung entsprechende Angaben vom Registergericht bei der Anmeldung verlangt und

gesetzeshistorisch mit der Publizität des Unternehmensgegenstandes verfolgten Zwecke sind für die heutige Auslegung unergiebig. Die Gegenstandsbestimmung findet ihren Ursprung in der Zeit des Oktroisystems, wo sie aufgrund des seinerzeitigen Misstrauens gegenüber den neu aufkommenden Korporationen in Verbindung mit der staatlichen Genehmigung die Reduzierung der zulässigerweise verfolgbaren Tätigkeiten und die Verbesserung der obrigkeitlichen Kontrolle bezweckte[517]. Nach Rechtsprechung[518] und herrschender Lehre[519] dient die Publizität des Unternehmensgegenstands heute der Information des Rechtsverkehrs, der sich zumindest in groben Zügen über den Tätigkeitsbereich der Kapitalgesellschaften unterrichten können soll. Demgegenüber wird teilweise eingewendet, dass dieser der Information nicht bedürfe, da er durch die unbegrenzte Organvertretungsmacht geschützt sei[520]. Richtig ist, dass der Unternehmensgegenstand nicht die Verpflichtungsfähigkeit des Verbandes oder die Vertretungsmacht des Leitungsorgans beschränkt[521]. Der Unternehmensgegenstand grenzt jedoch dessen Vertretungsbefugnis im Innenverhältnis ein[522]. Überschreitet das Leitungsorgan die Grenzen, die durch den Unternehmensgegenstand gesetzt sind, macht es sich schadensersatzpflichtig[523]. Es darf

---

diese dann in die Bekanntmachung der Eintragung mit aufgenommen würden, wie es in größeren Orten bereits praktiziert würde.

517 Hierzu insgesamt *Tieves*, Unternehmensgegenstand, S. 59 ff. mit den dortigen Quellenangaben. Als Anknüpfungspunkt im Bereich staatlicher Reglementierung erfüllt er diesen Zweck auch noch unter dem heutigen System der Normativbestimmungen, *Tieves*, a. a. O., S. 68 ff.

518 BayObLG, Beschluss vom 22.06.1995 – 3Z BR 71/95, NJW-RR 1996, 413, 413.

519 MünchKomm/*Pentz*, AktG, § 23, Rdnr. 78; *Tieves*, Unternehmensgegenstand, S. 74 f.

520 *Kraft*, in KölnerKomm, AktG (2. Auflage, 1988), § 23, Rdnr. 43 (Schutz gegenwärtiger und zukünftiger Gesellschafter, nicht jedoch der Geschäftspartner); Großkomm/*Wiedemann*, AktG (3. Auflage, 1970), § 275, Anm. 3 („... hat nicht den Schutz von Geschäftspartnern im Auge, der durch die Unbeschränkbarkeit der Vertretungsmacht des Vorstands ... gewährleistet ist, sondern soll in erster Linie den Zuständigkeitsbereich der Hauptversammlung stärken").

521 *Emmerich*, in: Scholz, GmbHG, § 3, Rdnr. 10; *Fleischer*, in: Hdb Vorstandsrecht, § 7, Rdnr. 11; *Tieves*, Unternehmensgegenstand, S. 83 ff.

522 *Emmerich*, in: Scholz, GmbHG, § 3, Rdnr. 10; *Fleischer*, in: Hdb. Vorstandsrecht, § 7, Rdnr. 11; *Tieves*, Unternehmensgegenstand, S. 83 ff.

523 BGH, Urteil vom 05.10.1992 – II ZR 172/91, NJW 1993, 57, 63 – „Klöckner" (*obiter*); *Fleischer*, in: Hdb. Vorstandsrecht, § 7, Rdnr. 12; *Tieves*, Unternehmensgegenstand, S. 321 ff.

den Unternehmensgegenstand aber auch nicht unterschreiten[524]. Der Unternehmensgegenstand begrenzt damit die Autonomie des Leitungsorgans und leistet einen Beitrag zum Minderheitenschutz[525]. Aufgrund dieser Bedeutung für die Mitglieder der Kapitalgesellschaft ist die Kenntnis des Unternehmensgegenstands für potentielle Mitglieder, also für die Anleger – von Interesse. Die Publizitätsfunktion des Handelsregisters bezweckte von Anfang an bei den Kapitalgesellschaften auch die Information der Anleger[526]. Da bis zur Ersteintragung der Kapitalgesellschaft eine Übertragung der Mitgliedschaft nur durch allseitige Vertragsänderung möglich ist, bei der das Neumitglied notwendigerweise über den Unternehmensgegenstand informiert wird (§§ 23 AktG, 2 GmbHG), bedarf der Unternehmensgegenstand vor dem Hintergrund des Anlegerschutzes im Stadium der Vorgesellschaft nicht der Registerpublizität. Umgekehrt findet der Ausschluss der freien Übertragbarkeit der Mitgliedschaft im Stadium der Vorgesellschaft durch den einheitlichen Konstitutivakt der Gründung eine Rechtfertigung in der mangelnden Publizität des Unternehmensgegenstandes. Gerade vor dem Hintergrund seiner unbegrenzten Haftung im Gründungsstadium muss sichergestellt werden, dass ein Neumitglied die im Innenverhältnis bestehenden Grenzen der Vertretungsbefugnis des Fremdorgans kennt.

Nach *Tieves*[527] soll die Publizität des Unternehmensgegenstands insoweit auch noch dem Gläubigerschutz dienen, als dieser in Verbindung mit der Angabe der Höhe des Grund- bzw. Stammkapitals Rückschlüsse auf die Kreditwürdigkeit des Verbandes zulasse. Dem kann aus zwei Gründen nicht gefolgt werden. Einmal stellen solchermaßen mittelbar gewonnene Informationen einen bloßen Reflex dar. Zum anderen lässt die Höhe des Grund- bzw. Stammkapitals keine Rückschlüsse auf die tatsächliche Finanzausstattung eines Unternehmens zu. Die Publizität des Unternehmensgegenstandes richtet sich damit ausschließlich an zukünftige (potentielle) Mitglieder der eingetragenen Kapitalgesellschaft. Für die Vorgesellschaft ist seine Publizität daher entbehrlich.

---

524 OLG Köln, Urteil vom 15.01.2009 – 18 U 205/07, RNotZ 2009, 548 (Verpflichtung des Vorstands zur Ausfüllung des satzungsmäßigen Unternehmensgegenstands).

525 *Tieves*, Unternehmensgegenstand, S. 80 ff.

526 Gesetzesbegründung AktG 1884, Allgemeine Begründung zum Entwurf eines Gesetzes, betreffend die KG und die KGaA und die AG, Verhandlungen des Reichstages, V. Legislaturperiode, IV. Session 1890/92, Aktenstück Nr. 21 vom 7. März 1884, S. 260 ff.

527 *Tieves*, Unternehmensgegenstand, S. 74 f.; ihm folgend MünchKomm/*Pentz*, AktG, § 23, Rdnr. 78.

Der Tag der Feststellung der Satzung bzw. Tag des Abschlusses des Gesellschaftsvertrages (§§ 39 Abs. 1 AktG, 10 Abs. 1 GmbHG, jeweils Fall 6) dient der Identifizierung der Kapitalgesellschaft[528]. Die Identifizierungsfunktion kann das Datum nur und erst im Zusammenhang mit der Publizität der übrigen Eintragungsgegenstände entfalten. Sie setzt damit die Eintragung der Kapitalgesellschaft voraus. Der fehlenden Publizität des Tages der Feststellung der Satzung bzw. des Abschlusses des Gesellschaftsvertrages kommt damit ebenfalls keine Bedeutung bei der Bestimmung des auf die Vorgesellschaft anzuwendenden Rechts zu.

c) Zwischenergebnis

Die fehlende Publizität der Eintragungsgegenstände der Kapitalgesellschaft mit einem spiegelbildlichen Pendant bei den Personenhandelsgesellschaften rechtfertigt keine unterschiedliche Behandlung von Vorgesellschaft und eingetragener Kapitalgesellschaft, da diese Eintragungsgegenstände deklaratorischer Natur sind. Soweit die formelle Publizität der Personenhandelsgesellschaft deshalb entbehrlich ist, weil ihre geschäftsführenden Gesellschafter über eine natürliche Publizität verfügen, wird bei der Vorgesellschaft durch die Handelndenhaftung eine vergleichbare Rechtslage hergestellt.

Kein Gegenstück bei den Personenhandelsgesellschaften haben die Eintragungsgegenstände Höhe des Grund- bzw. Stammkapitals (§§ 39 Abs. 1 AktG, 10 Abs. 1 GmbHG, jeweils Fall 5) und Gegenstand des Unternehmens (§§ 39 Abs. 1 AktG, 10 Abs. 1 GmbHG, jeweils Fall 4) und Tag der Feststellung der Satzung bzw. Tag des Abschlusses des Gesellschaftsvertrages (§§ 39 Abs. 1 AktG, 10 Abs. 1 GmbHG, jeweils Fall 6). Ihre fehlende formelle Publizität rechtfertigt allerdings ebenso wenig eine unterschiedliche Behandlung von Vorgesellschaft und eingetragener Kapitalgesellschaft, da die Angabe der Höhe des Grund- bzw. Stammkapitals erst mit Eintritt der mit der Eintragung verbundenen Haftungsbeschränkung der Publizität bedarf. Hinsichtlich des Unternehmensgegenstands fehlt vor der Eintragung das Bedürfnis einer Publizität, da sie die Information von Anlegern vor dem Hintergrund des freien Anteilserwerbs schützen will, dieser aber bis zur Eintragung ausgeschlossen ist. Den Angaben zum Tag der Feststellung der Satzung bzw. Tag des Abschlusses des Gesellschaftsvertrages (§§ 39 Abs. 1 AktG, 10 Abs. 1 GmbHG, jeweils Fall 6) kommt Identifizierungsfunktion lediglich für die eingetragene Kapitalgesellschaft zu.

---

528 Denkschrift zum RJA – E II, S. 128 zum Entwurf des § 198 HGB 1900, der Vorgängernorm von § 39 AktG und Vorbild für § 10 GmbHG.

2. Materielle Publizität

Fraglich ist, inwieweit mit der Ersteintragung der Kapitalgesellschaft auch materielle Publizität verbunden ist, die eine unterschiedliche Behandlung von Vorgesellschaft und eingetragener Kapitalgesellschaft gebietet. Mit der materiellen Publizität ist der Grad öffentlichen Glaubens angesprochen, der dem Registerinhalt zukommt[529]. Sie ist in § 15 HGB normiert[530].

a) § 15 Abs. 1 HGB

§ 15 Abs. 1 HGB bestimmt, dass, solange eine in das Handelsregister einzutragende Tatsache nicht eingetragen und bekanntgemacht ist, sie von demjenigen, in dessen Angelegenheiten sie einzutragen war, einem Dritten nicht entgegengehalten werden kann, es sei denn, dass sie diesem bekannt war. Die Norm dient damit dem Schutz des Guten Glaubens an den Fortbestand einer bestimmten Rechtstatsache und dem Schutz des Guten Glaubens bei Abweichungen von der durch das dispositive Recht als Regelfall festgelegten Rechtslage[531]. Vor diesem Hintergrund stellt sich die Frage, ob § 15 Abs. 1 HGB die Eintragung der Kapitalgesellschaft voraussetzt. Dies wäre notwendigerweise der Fall, wenn zu der konkreten Rechtstatsache eine Voreintragung vorhanden sein müsste[532], wenn sich etwa ein Dritter nur dann auf die fehlende Eintragung des Widerrufs einer Prokura berufen können soll und wenn deren vorherige Erteilung in das Handelsregister eingetragen wurde. Eine solche Auslegung findet in dem Wortlaut des § 15 Abs. 1 HGB indes keine Stütze. Sie verkennt, dass diese Norm lediglich den abstrakten Vertrauensschutz vor Augen hat, der geschützte Dritte den Inhalt des Handelsregisters also gar nicht zu kennen braucht[533]. Das mit dem abstrakten Vertrauensschutz verbundene Risiko der Erleidung von Rechtsnachteilen soll den Kaufmann zu einer raschen Eintragung von Veränderungen veranlassen. Da der Kaufmann es in der Hand hat, die vertrauenszerstörende Eintragung (§ 15 Abs. 2 HGB) herbeizuführen[534], soll er das Risiko tragen, dass das Vertrauen eines Dritten ggf. nicht gerechtfertigt war. Die

529 *Engelmann*, Bürgerliches Recht, S. 503.
530 *K. Schmidt*, Handelsrecht, § 14, Rdnr. 1.
531 *Canaris*, Vertrauenshaftung, S. 151.
532 *Hueck*, AcP 118 (1920), 350, 350 ff; *Canaris*, Vertrauenshaftung, S. 151; *Schilken*, AcP 187 (1987), 1, 7 f.
533 *K. Schmidt*, Handelsrecht, § 14, Rdnr. 36.
534 Staub/*Koch*, HGB, § 15, Rdnr. 24; Röhricht/v. Westphalen/*Ammon/Ries*, HGB, § 15, Rdnr. 25.

h. M.[535] geht daher zu Recht davon aus, dass § 15 Abs. 1 HGB keine Voreintragung der Tatsache verlangt.

Einer Anwendbarkeit von § 15 Abs. 1 HGB auf die Vorgesellschaft könnte aber entgegenstehen, dass hinsichtlich der nicht eingetragenen Tatsache nach zutreffender Ansicht[536] auch eine Eintragungspflicht bestehen muss. Hieran könnte es bei der Vorgesellschaft fehlen, da bei ihr eine Eintragung stets nur zusammen mit der Ersteintragung der Kapitalgesellschaft denkbar ist, für letztere das Gesetz aber gerade keinen Registrierungszwang vorgesehen hat, §§ 407 Abs. 2 S. 1 AktG, 79Abs. 2 GmbHG. Durch die Geltung des § 15 Abs. 1 HGB würde mittelbar entgegen §§ 407 Abs. 2 S. 1 AktG, 79 Abs. 2 GmbHG ein Zwang zur Ersteintragung bewirkt. Ein solcher mittelbarer Zwang wäre allerdings mit den §§ 407 Abs. 2 S. 1 AktG, 79 Abs. 2 GmbHG vereinbar, wenn er mit dem gesetzgeberischen Zweck dieser Normen zu vereinbaren ist.

Der historische Gesetzgeber der §§ 407 Abs. 2 S. 1 AktG, 79 Abs. 2 GmbHG – hinsichtlich der Ersteintragung waren von Anfang an keine Zwangsmaßnahmen vorgesehen – ging davon aus, dass erst mit der Eintragung ein Verband als Rechtssubjekt entsteht, das uneingeschränkt am (kaufmännischen) Rechtsverkehr teilnehmen kann. Für einen Verband, der nicht am Rechtsverkehr teilnimmt besteht schließlich auch kein Publizitätsbedürfnis zum Schutz des Rechtsverkehrs. Wie in allen übrigen Fällen, in denen erst mit der Eintragung ein rechtlicher Tatbestand vollendet wird, wurde daher von Zwangsmaßnahmen für die Ersteintragung der Kapitalgesellschaft abgesehen. Einmal wird dadurch, dass die Rechtsfolgen erst mit der Eintragung eintreten, ein Druck erzeugt, die Eintragung herbeizuführen und damit die gewünschte Publizität zu erreichen, zum anderen besteht kein Interesse an der zwangsweisen Herbeiführung eines Rechtszustands, bei dem die

535 BGH, Urteil vom 21.12.1970 – II ZR 258/67, BGHZ 55, 267, 272; BGH, Urteil vom 11.11.1991, BGHZ 116, 37, 44; Staub/*Koch*, HGB, § 15, Rdnr. 44; *Hopt*, in: Baumbach/Hopt, HGB, § 15, Rdnr. 11; *v. Gierke/Sandrock*, Handelsrecht, § 11 III 2 a, S. 150; Röhricht/v. Westphalen/*Ammon/Ries*, HGB, § 15, Rdnr. 14; Heymann/*Sonnenschein/Weitemeyer*, HGB, § 15, Rdnr. 9; *Gehrlein*, in: Ebenroth/Boujong/Joost/Strohn, HGB, § 15, Rdnr. 8; *Roth*, in: Koller/Roth/Morck, HGB, § 15, Rdnr. 9; *K. Schmidt*, Handelsrecht, § 14, Rdnr. 36; *Hofmann*, JA 1980, 264, 268.

536 BGH, Urteil vom 21.12.1970 – II ZR 258/67, BGHZ 55, 267, 273; OLG Karlsruhe GmbHR 1964, 78; OLG Frankfurt BB 1973, 677; noch enger BAG NJW 1988, 222, 223; MünchKomm/*Krebs*, HGB, § 15, Rdnr. 27; Staub/*Koch*, HGB, § 15, Rdnr. 35; *Gehrlein*, in: Ebenroth/Boujong/Joost/Strohn, HGB, § 15, Rdnr. 6; Röhricht/v. Westphalen/*Ammon/Ries*, HGB, § 15, Rdnr. 6; v. *Gierke/Sandrock*, Handelsrecht, § 11 III 2 b, S. 150; *K. Schmidt*, Handelsrecht, § 14, Rdnr. 20.

Entscheidung über dessen Begründung allein der Privatautonomie zufällt[537]. Tatsächlich besteht bereits vor der Eintragung ein überindividueller Rechtsträger, der mit der eingetragenen Kapitalgesellschaft identisch ist[538] und die Fähigkeit hat, in vollem Umfange am (kaufmännischen) Rechtsverkehr teilzunehmen. Sinn und Zweck der §§ 407 Abs. 2 S. 1 AktG, 79 Abs. 2 GmbHG stehen also einem mittelbaren Zwang zur Ersteintragung nicht entgegen, wenn die Vorgesellschaft von diesen Fähigkeiten, die nach den Vorstellungen des historischen Gesetzgebers erst der eingetragenen Kapitalgesellschaft zukommen sollten, Gebrauch macht, namentlich eintragungspflichtige Tatsachen i. S. d. § 15 HGB begründet oder beendet[539]. Die Geltung der negativen Publizität des § 15 Abs. 1 HGB setzt folglich nicht die Eintragung der Kapitalgesellschaft voraus.

b) § 15 Abs. 2 und Abs. 3 HGB

Die Folgen der richtigen Eintragung und Bekanntmachung von Tatsachen behandelt § 15 Abs. 2 HGB. Danach wird Dritten der Einwand abgeschnitten, sie hätten eine Tatsache, die eingetragen und bekannt gemacht worden ist, nicht gekannt. Die Norm hat demgemäß Entlastungsfunktion zu Gunsten des Eintragungspflichtigen[540], besteht also allein in dessen Interesse. Gemäß den Ausführungen im vorangehenden Abschnitt ist die Vorgesellschaft als Eintragungspflichtige zu behandeln, wenn sie eintragungspflichtige Tatsachen i. S. d. § 15 HGB begründet oder beendet. Der Gründerverband hat es selbst in der Hand, die Wirkungen des § 15 Abs. 2 herbeizuführen, indem er entweder die Eintragung als Kapitalgesellschaft betreibt oder, im Falle von Eintragungshindernissen, sich als oHG eintragen lässt.

---

537 *Veil*, in: Scholz, GmbHG, § 79, Rdnr. 6, 14.

538 Siehe oben C.I.

539 Nicht zu entscheiden ist in dem Zusammenhang die Frage, ob die §§ 407 Abs. 2 S. 1 AktG, 79 Abs. 2 GmbHG im Wege der teleologischen Reduktion dahingehend einzuschränken sind, dass nur solange kein Eintragungszwang (§ 14 HGB) bestehen soll, solange der Gründerverband nicht werbend tätig ist, wie dies früher vor allem von *Ganßmüller*, GmbHR 1953, 116, 199 vertreten wurde (in die gleiche Richtung *Lieb*, Ehegattenmitarbeit, S. 37 und *Flume*, BGB AT I/2, § 5 III 3, S. 161). Für einen öffentlich-rechtlichen Zwang zur Anmeldung der Ersteintragung besteht jedenfalls vor dem Hintergrund der Umwandlung in eine „unechte Vorgesellschaft" bei Vernachlässigung der Eintragung kein Bedürfnis, da die Vernachlässigung der Eintragung der Nichtbeachtung der öffentlichen-rechtlichen Eintragungspflicht entsprechen würde. Den Eintragungszwang sieht *Lieb*, a. a. O. dann auch als Alternative zu der Konstruktion der unechten Vorgesellschaft.

540 MünchKomm/*Krebs*, HGB, § 15 HGB, Rdnr. 7.

Ohne Einfluss auf das Recht der Vorgesellschaft ist schließlich die Regelung in § 15 Abs. 3 HGB, die den Fall zum Gegenstand hat, dass eine richtig eingetragene Tatsache unrichtig bekannt gemacht wurde.

c) *Zwischenergebnis*

Im Hinblick auf die materielle Publizität des Handelsregisters gibt es zwischen eingetragener Kapitalgesellschaft und bereits werbender Vorgesellschaft keine Unterschiede. Der Rechtsverkehr kann auch bei der Vorgesellschaft gemäß § 15 Abs. 1 HGB im Hinblick auf eintragungspflichtige Tatsachen, wie etwa der Entziehung von Prokura, auf das Schweigen des Registers vertrauen und die Vorgesellschaft hat wie die eingetragene Kapitalgesellschaft gemäß § 15 Abs. 2 HGB die Möglichkeit, dieses Vertrauen durch die durch Registereintragung und Bekanntmachung – freilich nur zusammen mit der Ersteintragung als Kapitalgesellschaft – zu zerstören.

3. Ergebnis

Der Ersteintragung der Kapitalgesellschaft kommt Publizitätsfunktion zu, wobei zwischen formeller und materieller Publizität zu unterscheiden ist. Die fehlende formelle Publizität der Vorgesellschaft stellt im Ergebnis kein Differenzierungskriterium für eine unterschiedliche Behandlung von eingetragener Kapitalgesellschaft und Vorgesellschaft dar[541]. Im Hinblick auf die materielle Publizität des Handelsregisters kann der Rechtsverkehr bei der Vorgesellschaft ebenso wie bei der eingetragenen Kapitalgesellschaft gemäß § 15 Abs. 1 HGB auf das Nichtvorhandensein eintragungspflichtiger Tatsachen vertrauen, solange Eintragung und Bekanntmachung nicht erfolgt sind. Die Vorgesellschaft kann dieses Vertrauen gemäß § 15 Abs. 2 HGB durch Eintragung der Tatsache und dessen Bekanntmachung zusammen mit der Ersteintragung als Kapitalgesellschaft zerstören.

VII. Änderung des Verbandszwecks und Erweiterung der Organvertretungsmacht

Mit der Ersteintragung der Kapitalgesellschaft wird mehrheitlich noch eine Änderung des Verbandszwecks verbunden. Der Verbandszweck ist konstituierendes Element aller Verbände des Privatrechts[542] und damit auch der der werdenden Kapitalgesellschaft. Der Verbandszweck der eingetragenen Aktiengesellschaft liegt

541 Siehe oben D.VI.1.c).

542 Staub/*Schäfer*, HGB, § 105, Rdnr. 20; *K. Schmidt*, Gesellschaftsrecht, § 4 II 2a, S. 63.

nach dem legislatorischen Leitbild des Aktienrechts in der Gewinnerzielung[543]. Gleiches gilt für die eingetragene GmbH, die als „Kleine AG" geschaffen wurde, ungeachtet dessen, dass mit ihr nicht selten gemeinnützige Zwecke verfolgt werden[544]. Bis zur Eintragung soll der Verbandszweck dagegen grundsätzlich darauf beschränkt sein, den Entstehungsprozess der Kapitalgesellschaft durch Herbeiführung der Eintragung zum erfolgreichen Abschluss zu bringen und darauf, das bis dahin eingebrachte Vermögen zu verwalten und zu erhalten[545]. Die Gründer sollen den Zweck der Vorgesellschaft allerdings auf den der eingetragenen Kapitalgesellschaft erweitern können[546]. Hierfür soll eine formlose Willensübereinstimmung ausreichen, die dadurch zum Ausdruck kommen kann, dass die Vorgesellschaft mit Zustimmung der Gründer werbend tätig wird[547].

Die Vorstellung von einem auf die Herbeiführung der Eintragung beschränkten Zweck der Vorgesellschaft rührt noch aus der Zeit der Geltung des Vorbelastungsverbots. Der eingeschränkte Verbandszweck sollte verhindern, dass das Stammkapital bereits im Eintragungszeitpunkt durch nicht gründungsnotwendige Geschäfte aufgezehrt ist, indem entweder die Vorgesellschaft nur im Rahmen des eng verstandenen Verbandszwecks verpflichtet werden konnte oder das

---

543 MünchKomm/*Pentz*, AktG, § 23, Rdnr. 76 (für ihn sind Unternehmensgegenstand und Gesellschaftsziel Teilbereiche des beides umfassenden Gesellschaftszwecks); *Fleischer*, in: Spindler/Stilz, AktG, § 82, Rdnr. 27.

544 Wird der Zweck der GmbH von den Finanzbehörden als gemeinnützig anerkannt, wird dies in aller Regel durch die besondere Firmierung als „gGmbH" zum Ausdruck gebracht; die firmenrechtliche Zulässigkeit ist inzwischen mit § 4 S. 2 GmbHG klargestellt worden (ablehnend zuvor noch: OLG München, Beschluss vom 13.12.2006 – 31 Wx 84/06, NJW 2007, 1601 und *Krafka/Kühn*, Registerrecht, Rdnr. 229 a. E.).

545 BGH, Urteil vom 09.03.1981 – II ZR 54/80, BGHZ 80, 129, 139; BayObLG, Beschluss vom 23.07.1965 – BReg. 2 Z 7/65, NJW 1965, 2254, 2257; *Bayer*, in: Lutter/Hommelhoff, GmbHG, § 11, Rdnr. 14; Ulmer/*Ulmer/Habersack*, GmbHG, § 11, Rdnr. 68 ff.; *Grunewald*, Gesellschaftsrecht, § 13, Rdnr. 38; *Salinger*, Die Gesellschaften des Handelsrechts im Gründungs- und Liquidationsstadium, S. 21 (Zweckerweiterung möglich).

546 BGH, Urteil vom 09.03.1981 – II ZR 54/80, BGHZ 80, 129, 139; MünchKomm/*Merkt*, GmbHG, § 11, Rdnr. 15; Ulmer/*Ulmer/Habersack*, GmbHG, § 11, Rdnr. 34; *Grunewald*, Gesellschaftsrecht, § 13, Rdnr. 38 (dort Fn. 70); *Schumann*, Der Ausgleich zwischen GmbH-Gründern, S. 114 ff.

547 BGH, Urteil vom 09.03.1981 – II ZR 54/80, BGHZ 80, 129, 139; MünchKomm/*Merkt*, GmbHG, § 11, Rdnr. 15; *Grunewald*, Gesellschaftsrecht, § 13, Rdnr. 38 (dort Fn. 70); *Schumann*, Der Ausgleich zwischen GmbH-Gründern, S. 116.

Leitungsorgan nur solche Verpflichtungen eingehen konnte (Beschränkung der Organvertretungsmacht)[548].

Gegen eine Beschränkung des Verbandszwecks der Vorgesellschaft bzw. der Organvertretungsmacht spricht, abgesehen von den damit verbundenen rechtskonstruktiven Problemen[549], dass dessen eigentliche Grundlage mit Aufgabe des Vorbelastungsbots durch BGHZ 80, 129[550] weggefallen ist. Gewissermaßen als Rechtfertigung für einen begrenzten Zweck der Vorgesellschaft nachgeschoben wurde ein Schutzbedürfnis der Gründer, welche sich seit Einführung der Verlustdeckungshaftung dem Risiko einer unbegrenzten Haftung ausgesetzt sehen[551].

Die unbegrenzte Haftung der Verbandsmitglieder ist jedoch keine Besonderheit der Vorgesellschaft, sondern der für Personenzusammenschlüsse vorgesehene gesetzliche Regelfall. Das Risiko eines pflichtwidrigen Handelns des Leitungsorgans im Außenverhältnis kann auch nicht dem Rechtsverkehr aufgebürdet werden, sondern ist von denjenigen zu tragen, die die Verbandsorganisation ins Leben gerufen haben[552]. Aus § 177 Abs. 1 BGB, wonach ein Überschreiten der Vertretungsmacht nicht zu Lasten des Vertretenen geht, folgt nichts anderes[553]. Der Vergleich der Organvertretungsmacht mit der rechtsgeschäftlichen Vollmacht geht fehl, da bei der rechtsgeschäftlichen Vollmacht offenkundig[554] ist, dass der als Vertreter Auftretende für jemanden handelt, in dessen Rechtsmacht es liegt, das Geschäft selbst vorzunehmen und der damit für die Vornahme des Geschäfts originär zuständig ist. Für denjenigen, der mit einem Vertreter kontrahiert, besteht

548 Siehe oben D.III.2.

549 Beschränkung der Verpflichtungsfähigkeit eines Verbandes auf den Verbandszweck würde die *ultra vires*-Doktrin in das deutsche Recht Einzug halten. Die Beschränkung der Organvertretungsmacht im Außenverhältnis ist gleichermaßen ohne Vorbild, einhellige Ansicht, s. nur *Fleischer*, NZG 2005, 529, 529, wonach die Unbeschränkbarkeit der Organvertretungsmacht im Außenverhältnis zu den „Eckpfeilern des deutschen Kapitalgesellschaftsrechts" gehört.

550 BGH, Urteil vom 09.03.1981 – II ZR 54/80.

551 *Schumann*, Der Ausgleich zwischen GmbH-Gründern, S. 247 ff. Dieser Grund schließt sich damit nicht einmal nahtlos an, da zwischen Abkehr vom Vorbelastungsverbot und Anerkennung der unbegrenzten Haftung der Gründer im Stadium der Vorgesellschaft rund 15 Jahre liegen, in der der BGH noch von einer beschränkten Mitgliederhaftung im Gründungsstadium ausging, siehe oben D.III.2. und D.III.4.

552 *K. Schmidt*, in: Scholz, GmbHG, § 11, Rdnr. 73,

553 So aber *Kießling*, Vorgründungs- und Vorgesellschaften, S. 254; s. MünchKomm/*Schramm*, BGB, § 177, Rdnr. 10.

554 § 164 Abs. 1 BGB, sonst ist keine Stellvertretung gegeben - sieht man von der Ausnahme für die Geschäfte „wen es angeht" einmal ab.

deshalb grundsätzlich Anlass, den Umfang der behaupteten Bevollmächtigung zu hinterfragen und sich hierfür an den Vertretenen zu wenden. Anders jedoch bei der organschaftlichen Vertretung. Hier kann der Verband unmittelbar nur durch das Organ handeln und nur das Organ kann nach außen hin die Interessen des Verbandes wahrnehmen[555]. Ein vergleichbarer Grund, den Umfang der Geschäftsführungsbefugnis des Organwalters in Frage zu stellen, besteht damit nicht. Der einzelne Gläubiger wird zudem kaum beurteilen können, ob eine Rechtshandlung gründungsnotwendig ist oder nicht. Die Beurteilung lässt sich – wenn überhaupt – nur auf Basis eines Geschäftsplans und damit von Unternehmensinterna treffen, in die Geschäftspartner keinen Einblick haben. Die unklaren, da gesetzlich nicht bestimmten Grenzen einer solchermaßen beschränkten organschaftlichen Vertretungsmacht gingen mithin zu Lasten der Rechtssicherheit[556].

Ein Schutzbedürfnis der Mitglieder könnte sich allerdings aus der Kombination der unbeschränkten Haftung mit der Fremdorganschaft ergeben. Bei den Personenhandelsgesellschaften gibt es diese nur im Liquidationsstadium (§ 146 Abs. 1 S. 1 HGB), mit dessen Eintritt die h. M.[557] eine Beschränkung des Verbandszwecks verbindet. Der Zweck der aufgelösten Personenhandelsgesellschaft soll auf die Abwicklung beschränkt sein. Auf dieser Basis ließe sich ein Prinzip ableiten, wonach die Fremdorganschaft in Verbindung mit einer unbeschränkten Mitgliederhaftung stets einen eingeschränkten Verbandszweck verlange. Indes trifft die Annahme, dass die Auflösung eine Änderung des Verbandszwecks bewirkt, nicht zu[558]. Entsprechendes gilt für eine Beschränkung des Verbandszwecks vor Eintragung der Kapitalgesellschaft. Der Zweck des Gründungsverfahrens ist ebenso wie der Zweck des Liquidationsverfahrens von dem Verbandszweck und erst recht von dem Unternehmensgegenstand zu unterscheiden[559]. Der spezielle Verfahrenszweck überlagert Verbandszweck

---

555 So die herrschende Organtheorie, s. *K. Schmidt*, Gesellschaftsrecht, § 10 I 2, S. 250 f. m. w. N.

556 *Büttner*, Identität und Kontinuität, S. 146.

557 BGH, Urteil vom 26.01.1959 – II ZR 174/57, WM 1959, 323, 324; BGH, Urteil vom 01.12.1983 – III ZR 149/8, NJW 1984, 982, 982; OLG Frankfurt, Beschluss vom 19.11.1979 – 20 W 708/79, MittBayNot 1980, 158; *Hopt*, in: Baumbach/Hopt, HGB, § 149, Rdnr. 7; *Butzer/Knopf*, in: MünchHdb GesR I, § 84, Rdnr. 18; *A. Hueck*, OHG, § 32 IV 5 b, S. 495 ff.

558 Staub/*Habersack*, HGB, § 149, Rdnr. 46; *K. Schmidt*, AcP 174 (1974), 55, 71 ff., 76 f.; für den Verein: Soergel/*Hadding*, BGB, § 49, Rdnr. 13; Staudinger/*Weick*, BGB, § 49, Rdnr. 14 f.

559 *K. Schmidt*, Gesellschaftsrecht, § 11 V 4 c, S. 313 (zur Liquidation).

und Unternehmensgegenstand lediglich in dem Sinne, als er die Rechte und Pflichten der Mitglieder der Organe verändert[560].

Aus der Kombination von unbeschränkter Mitgliederhaftung und Fremdorganschaft folgt kein besonderes Schutzbedürfnis der Mitglieder, das eine Einschränkung des Verbandszwecks verbunden mit einer darauf beschränkten Organvertretungsmacht erzwingt. Die Vertretungsmacht des Leitungsorgans ist daher bereits im Stadium der Vorgesellschaft unbeschränkt und unbeschränkbar[561].

Die Geschäftsführungsbefugnis des Leitungsorgans könnte allerdings bis zur Eintragung dahingehend beschränkt sein, dass es zur Aufnahme der werbenden Tätigkeit der Zustimmung sämtlicher Gründer bedarf.

Nach *Schäfer/Jahntz*[562] soll die Geschäftsaufnahme deshalb der Zustimmung sämtlicher Gründer bedürfen, weil, wie § 123 Abs. 2 HGB erkennen lasse, der von den Gesellschaftern konsentierte Geschäftsbeginn zu den Voraussetzung der Entstehung jeder Außengesellschaft und damit auch der Vorgesellschaft gehöre. Vor Entstehung des Verbands im Außenverhältnis sei den Mitgliedern das Risiko aus weisungswidrigem Handeln der Organe nicht zuzurechnen. Außengesellschaft ist die Vorgesellschaft allerdings auch dann, wenn sie sich auf das gründungsnotwendige Halten und Verwalten der Einlagen beschränkt, ohne dass damit für die Gründer atypische Risiken oder Pflichten verbunden wären. Tatsächlich geht es nicht um den Übergang vom bloßen Schuldverhältnis zur Außengesellschaft, sondern um den von der vermögensverwaltenden Außengesellschaft zur werbenden Außengesellschaft.

Überwiegend wird die Zustimmung der Gründer damit begründet, dass mit der Aufnahme des Geschäftsbetriebs das Risiko unbegrenzter Verluste verbunden ist, für die die Gründer unbegrenzt haften[563]. Das Haftungsrisiko wird jedoch überbewertet. Da eine Unterbilanz nach zutreffender Ansicht ein

---

560 *K. Schmidt*, in: Scholz, GmbHG, § 69, Rdnr. 3; *K. Schmidt*, Gesellschaftsrecht, § 11 V 4 c, S. 313 (zur Liquidation).

561 *K. Schmidt*, in: Scholz, GmbHG, § 11, Rdnr. 33, 73; *Fastrich*, in: Baumbach/Hueck, GmbHG, § 11, Rdnr. 19 f.; *Theobald*, Vor-GmbH, S. 31; *Weimar*, GmbHR 1988, 289, 292.

562 *Schäfer/Jahntz*, in: Bayer/Habersack, Aktienrecht im Wandel, Band II, 6. Kapitel, Rdnr. 53.

563 So etwa *Grunewald*, Gesellschaftsrecht, § 13, Rdnr. 38 (dort Fn. 70) und 41; *Meyer*, GmbHR 2002, 1176, 1181.

Eintragungshindernis darstellt[564], muss das Leitungsorgan alles tun, um eine solche zu vermeiden[565]. Richtigerweise ist die Zustimmungsbedürftigkeit zur Aufnahme der werbenden Tätigkeit aus dem Verfahrenszweck der Gründung abzuleiten, aus dem eine Begrenzung der Geschäftsführungsbefugnis auf die Vornahme gründungsnotwendiger Geschäfte folgt[566], zu denen die Aufnahme der werbenden Tätigkeit grundsätzlich nicht gehört[567]. Die Entscheidung, über den Verfahrenszweck hinaus die Geschäfte aufzunehmen, ist keine Geschäftsleitungsaufgabe, sondern fällt in den originären Zuständigkeitsbereich der Mitglieder.

Zusammenfassend ist daher festzustellen, dass der Zweck der Vorgesellschaft mit dem Zweck der eingetragenen Kapitalgesellschaft identisch ist[568]. Die Vertretungsmacht der Leitungsorgane ist gemäß §§ 82 Abs. 1 AktG, 37 Abs. 2 GmbHG

---

564 Umstritten ist lediglich, ob insoweit auf das Datum der Anmeldung oder das der Eintragung abzustellen ist, *Roth*, in: Roth/Altmeppen, GmbHG, § 9c, Rdnr. 8 ff. m. w. N. Die Forderung, Gründer nicht nur für Vermögensminderungen zwischen Anmeldung und Eintragung haften zu lassen, sondern von ihnen zu verlangen, diese effektiv auszugleichen, andernfalls die Eintragung zu versagen ist, entspricht dem Zweck einer optimalen Gewährleistung der Kapitalaufbringung, wonach das Entstehen einer GmbH mit bereits erkennbar wertgemindertem Einlagevermögen zu verhindern ist, *Roth*, a. a. O., Rdnr. 11.

565 Die grundsätzliche Unzulässigkeit der Herbeiführung einer Unterbilanz geht nicht zwangsläufig einher mit einer Beschränkung auf die Vornahme gründungsnotwendiger Geschäfte. Werden von den Bareinlagen bereits Warenvorräte angeschafft, liegt regelmäßig ein nicht erfolgswirksamer Aktivtausch vor, der der Eintragung nicht entgegensteht, weil seit Aufgabe des Vorbelastungsverbots das Stammkapital dem Leitungsorgan lediglich wertmäßig zur freien Verfügung stehen muss (siehe oben D.III.2.), allerdings sind ggf. die Vorschriften zur Sachgründung zu beachten. Die Herbeiführung von Vorbelastungen durch das Leitungsorgan ist nicht pflichtwidrig, wenn durch sie erst die Voraussetzungen für die Leistung von Einlagen geschaffen und erhalten werden (etwa der Abschluss von Mietverträgen über Lagerflächen, damit die als Sacheinlage vereinbarte Lieferung von Maschinen entgegengenommen werden kann).

566 So Großkomm/*K. Schmidt*, AktG, § 41, Rdnr. 57 und wohl auch *Körber*, in: Bürgers/Körber, AktG, § 41, Rdnr. 8.

567 Die werbende Tätigkeit ist regelmäßig nur dann gründungsnotwendig, wenn ein lebendes Unternehmen eingebracht wurde.

568 Ebenso: MünchKomm/*Pentz*, AktG, § 41, Rdnr. 29; *Körber*, in: Bürgers/Körber, AktG, § 41, Rdnr. 2; *Gummert*, in: MünchHdb GesR III, § 16, Rdnr. 11 f.; *K. Schmidt*, FS Kraft, S. 582; *K. Schmidt*, Gesellschaftsrecht, § 11 IV 2 b, S 301.

unbeschränkt und unbeschränkbar[569]. Die Geschäftsführungsbefugnis ist hingegen auf die gründungsnotwendigen Maßnahmen beschränkt, so dass die Aufnahme der werbenden Tätigkeit der Zustimmung der Gründer bedarf.

VIII. Bestandsschutzfunktion durch den Schutz des Verbandsvermögens

Eine Besonderheit der Kapitalgesellschaften besteht darin, dass das Verbandsvermögen vor den Dispositionen seiner Mitglieder weitestgehend geschützt ist[570]. Im Falle der GmbH darf das zum Erhalt des Stammkapitals erforderliche Vermögen nicht an ihre Gesellschafter ausgezahlt werden (§§ 30 bis 32 und 43 Abs. 3 GmbHG). Für die Aktiengesellschaft geht der Vermögensschutz in den §§ 57, 59, 62, 71 ff. AktG noch weiter. Auch aus dem Vermögen, das über das Grundkapital hinausgeht, darf nicht ausgezahlt werden, wenn die Zahlung nur mit Rücksicht auf die Mitgliedschaft von Aktionären bewirkt wird und nicht in der Verteilung von Bilanzgewinn besteht[571]. Fraglich ist, ob dieser Bestandsschutz des Verbandsvermögens funktionell an die Eintragung geknüpft ist. Der BGH[572] stellte fest, dass die Kapitalschutzvorschriften „jedenfalls nicht unmittelbar und uneingeschränkt" auf die Vorgesellschaft zu übertragen seien. Er begründete dies damit, dass die Kapitalschutzvorschriften davon ausgingen, dass ein Mitglied seine Bareinlagepflicht nur durch Zahlung an die Gesellschaft erfüllen könne[573]. Diese Voraussetzung sei bei der Vorgesellschaft nicht gegeben. Da die Vorgesellschaft eine gesamthänderische Personenvereinigung sei, könnten die Gründer ihre Zahlungspflicht auch den Gläubigern gegenüber erfüllen, die sie wiederum direkt in Anspruch nehmen könnten[574]. Dieser Argumentation hat der BGH durch den Übergang zur Binnenhaftung selbst den Boden entzogen. Aufgrund des auch hier favorisierten Binnenhaftungsmodells[575] besteht für die Gläubiger nicht die Möglichkeit, die Gründer direkt in Anspruch zu nehmen. Das gilt jedenfalls für die

---

569 So im Ergebnis auch *Raiser/Veil*, Kapitalgesellschaften, § 26, Rdnr. 122; *K. Schmidt*, in: Scholz, GmbHG, § 11, Rdnr. 72; *Theobald*, Vor-GmbH, S. 29 ff.; *Roth*, ZGR 1984, 597, 608 f; *Weimar*, GmbHR 1988, 289, 291 f.

570 *Flume*, FS Raiser, S. 49 ff.

571 Statt aller: *Hüffer*, AktG, § 57, Rdnr. 2.

572 BGH, Urteil vom 09.03.1981 – II ZR 54/80, BGHZ 80, 129, 133.

573 BGH, Urteil vom 29.05.1980 – II ZR 225/78, WM 1980, 955, 956.

574 BGH, Urteil vom 29.05.1980 – II ZR 225/78, WM 1980, 955, 956 wenn auch nur im Rahmen ihrer – damals angenommenen - beschränkten Haftung.

575 Siehe oben D.III.5.

Haftung in der Vorgesellschaft. Dass es sich bei der Vorgesellschaft nicht um eine gesamthänderische Personenvereinigung handelt, wurde bereits festgestellt[576].

Außer Zweifel dürfte die Geltung der Kapitalerhaltungsvorschriften im Zeitraum zwischen Anmeldung und Eintragung sein, da die Vorgesellschaft zu diesem Zeitpunkt gemäß der bei Anmeldung abgegebene Versicherung über eine effektive Kapitalgrundlage verfügt[577]. So bezweckte der Gesetzgeber mit der Formulierung der §§ 36 Abs. 2 AktG, 7 Abs. 3 GmbHG, dass die eingezahlten Beträge „endgültig" zur freien Verfügung des Vorstands bzw. des Geschäftsführers stehen sollen und der Rückfluss der einmal gezahlten Beträge verhindert wird[578]. Daraus folgt, dass das Registergericht die Eintragung ablehnen kann und soll, wenn es zwischen Anmeldung und Eintragung von einem nachträglichen Wertverlust der Sacheinlagen erfährt[579].

Die Geltung der strengen Kapitalschutzregeln könnte allerdings deshalb auf den Zeitraum nach Anmeldung zu beschränken sein, weil die Gläubiger in dem Zeitraum davor durch die Verlustdeckungshaftung ausreichend geschützt sind[580]. Die Verlustdeckungshaftung knüpft jedoch ebenso wie die Unterbilanzhaftung und die Gründerhaftung nach § 26 AktG an einen planwidrigen Zustand an[581]. Die Verlustdeckungshaftung soll ebenso wie die Gründerhaftung nicht die Eintragung der Gesellschaft trotz unzureichender Kapitalausstattung ermöglichen[582]. Sie steht der Eintragung sogar entgegen[583]. Mit einem mangelnden Schutzbedürfnis der Gläubiger kann daher nicht gegen die Geltung der Kapitalschutzvorschriften argumentiert werden.

---

576 Siehe oben D.IV.

577 MünchKomm/*Pentz*, AktG, § 41, Rdnr. 44; *Theobald*, Vor-GmbH, S. 108 ff.

578 RMJ, AktG 1937, S. 97 („Die freie Verfügungsmacht des Vorstandes soll ... endgültig' sein, um ein Zurückfließen der eingezahlten Beiträge an die Aktienübernehmer, auch soweit es nicht unter das Verbot des § 43 fällt, zu verhindern"); MünchKomm/*Pentz*, AktG, § 36, Rdnr. 39.

579 Begr. RegE, BT-Drucks. 8/1347, S. 35; Ulmer/*Ulmer/Casper*, GmbHG, § 5, Rdnr. 94; *Geßler*, BB 1980, 1385, 1387 (wenn die Ursachen schon vor der Anmeldung liegen).

580 *Fleck*, GmbHR 1983, 5, 10.

581 MünchKomm/*Pentz*, AktG, § 41, Rdnr. 44.

582 BGH, Urteil vom 09.03.1981 – II ZR 54/80, BGHZ 80, 129, 143; OLG Hamm, Beschluss vom 01.12.1992 – 15 W 275/92, NJW-RR 1993, 1381, 1382; MünchKomm/*Pentz*, AktG, § 41, Rdnr. 44; Ulmer/*Ulmer/Casper*, GmbHG, § 5, Rdnr. 94; *Roth*, DNotZ 1989, 3, 6 ff.

583 BGH, Urteil vom 09.03.1981 – II ZR 54/80, BGHZ 80, 129, 143; OLG Hamm, Beschluss vom 01.12.1992 – 15 W 275/92, NJW-RR 1993, 1381, 1382.

Auf Basis des Binnenhaftungsmodells spricht im Gegenteil gerade der Gläubigerschutz für die Geltung der Kapitalschutzregeln, nämlich in den Fällen der Veränderungen im Mitgliederbestand[584]. Scheidet etwa ein solventes Mitglied durch allseitige Änderung des Errichtungsgeschäfts aus der Vorgesellschaft aus und betreiben die übrigen Mitglieder die Gründung weiter, könnten ohne Geltung der Kapitalschutzvorschriften dem ausgeschiedenen Mitglied seine Binnenhaftung erlassen und seine bereits gezahlte Einlage zurückgezahlt werden. Scheitert dann die Gründung, stünde den Gläubigern des Verbandes eine verringerte Haftungsmasse zur Verfügung und es hafteten auch weniger – gegebenenfalls auch weniger solvente – Schuldner.

Als Fazit steht damit fest, dass die Geltung der Kapitalschutzvorschriften des Aktien- und GmbH-Gesetzes nicht auf den Zeitraum nach Eintragung der Kapitalgesellschaft beschränkt ist, sondern auch das Stadium der Vorgesellschaft umfasst[585].

IX. Bestandsschutzfunktion durch die Einschränkung des mitgliedschaftlichen Individualrechts zur Kündigung

Anders als bei der idealtypischen Personengesellschaft, bei der sich das Mitglied durch Kündigung von dem Verband lösen kann, soll das Mitglied der eingetragenen Kapitalgesellschaft nur durch Veräußerung seines Kapitalanteils, also durch Übertragung der Mitgliedschaft aus dem Verband ausscheiden[586]. Das Ausscheiden durch Übertragung der Mitgliedschaft ist ohne Auswirkung auf die Fortexistenz des Verbandes.

Hat das Mitglied dagegen die Möglichkeit, durch ordentliche Kündigung aus dem Verband auszuscheiden, gefährdet dies die Fortexistenz des Verbandes und zwar nicht nur dann, wenn durch die Kündigung der Verband selbst aufgelöst wird („Auflösungskündigung“), wie im Fall des § 723 BGB, sondern auch dann,

---

584 Dieser ist im Wege der allseitigen Änderung des Errichtungsgeschäfts möglich, siehe oben C.IV.

585 MünchKommAktG/*Pentz*, AktG, Rdnr. 44 (allerdings nicht bei der unechten Vorgesellschaft); Großkomm/*K. Schmidt*, AktG, § 41, Rdnr. 76; *K. Schmidt*, in: Scholz, GmbHG § 11, Rdnr. 62; *Büttner*, Identität und Kontinuität, S. 73; *Hentschke*, Untreueschutz, S. 236; *Priester*, ZIP 1982, 1141, 1147 f.; *Flume*, ZHR 146 (1982), 205, 209.

586 Begründung zur Reichstagsvorlage des GmbHG von 1892, Stenographische Berichte über die Verhandlungen des Reichstages, VIII. Legislaturperiode, I. Session 1890/92, Aktenstück Nr. 660, S. 3756; RG, Urteil vom 07.06.1910 – Rep. II 507/09, RGZ 73, 429, 432; RG, Urteil vom 30.10.1923 – II 898/22, 108, 20, 23.

wenn im Gesellschaftsvertrag eine isolierte Kündigung der Mitgliedschaft eröffnet ist („Austrittskündigung"). Im letzten Fall deshalb, weil und wenn mit dem Ausscheiden die Mindestmitgliederzahl unterschritten wird[587] oder eine Abfindung zu zahlen ist, wie dies bei den Gesamthands- und Kapitalgesellschaften der Fall ist[588], da es die Erfüllung dieser Abfindungsansprüche erforderlich machen kann, den Verband zu liquidieren. Eine Einschränkung des Rechts zur Auflösungs- oder Austrittskündigung bewirkt folglich einen Bestandsschutz zugunsten des Verbandes.

Ein solcher Bestandsschutz ist bei der eingetragenen Kapitalgesellschaft aus zwei Gründen geboten. Einmal kann die Kapitalgesellschaft die ihr zugedachte Kapitalsammelfunktion nur bieten, wenn ihr die Einlagen als *working capital* verlässlich auf Dauer zur Verfügung stehen. Zum anderen beruht der Gedanke, dass den Gläubigern der Kapitalgesellschaft nur das Verbandsvermögen haftet, darauf, dass das Haftkapital nicht an die Mitglieder zurückfließt. Letzteres zu verhindern ist Aufgabe der Kapitalschutzvorschriften, die damit auch der Zahlung einer Abfindung entgegenstehen. Den einzelnen Mitgliedern der Kapitalgesellschaft wurde deshalb bewusst nicht das Recht eingeräumt, individuell die Mitgliedschaft durch Auflösungskündigung bzw. -klage oder durch Austrittskündigung zu beenden[589].

---

587 Die Mindestmitgliederzahl beträgt in der Personengesellschaft zwei, bei dem eingetragenen Verein und bei der eingetragenen Genossenschaft jeweils drei Mitglieder (§§ 73 BGB, 80 Abs. 1 GenG). Das Unterschreiten der Mindestmitgliederzahl führt bei den Personengesellschaften zur Anwachsung bei dem verbleibenden Gesellschafter, bei dem eingetragenen Verein und der eingetragenen Genossenschaft zum Verlust der Rechtsfähigkeit im Sinne der juristischen Persönlichkeit und damit zur Auflösung. Die Umwandlung in einen nichtrechtsfähigen Verein ist möglich, erfordert aber einen entsprechenden Beschluss, *Schöpflin*, in: Bamberger/Roth, BGB, § 41, Rdnr. 13 m. w. N.

588 Eine Ausnahme besteht bei der BGB-Gesellschaft mit ideeller Zweckverfolgung, bei der der Gesellschaftsvertrag den Auseinandersetzungsanspruch für alle Gesellschafter wirksam ausschließen kann, *Flume*, BGB AT I/1, § 12 III, S. 180 f., so dass in dem Fall eine vermögensmäßige Beteiligung am Verbandsvermögen nicht besteht.

589 Die Nichtigkeitsklage (§§ 275 ff. AktG, 75 ff. GmbHG) zielt zwar auch auf die Auflösung des Verbandes (siehe dazu später D.X.), bei ihr handelt es sich jedoch nicht um ein mit der Mitgliedschaft verbundenes Individualrecht, was darin zum Ausdruck kommt, dass die Nichtigkeitsklage nicht nur von den Verbandsmitgliedern, sondern auch von den Mitgliedern des Leitungs- und Aufsichtsorgans geltend gemacht werden kann (§ 275 Abs. 1 HS 2, 75 Abs. 1 HS 2 GmbHG). Nicht um ein Individualrecht sondern um ein Minderheitenrecht handelt es sich bei der Auflösungsklage des § 61 GmbHG, da diese an ein Quorum geknüpft ist, ein Individualrecht aber voraussetzt,

Die Mitglieder der Vorgesellschaft können weder durch ordentliche Kündigung noch durch freie Übertragung der Mitgliedschaft aus dem Verband ausscheiden. Sie haben daher ebenso wie die Mitglieder der eingetragenen Kapitalgesellschaft nicht die Möglichkeit, nach freiem Willen aus dem Verband auszuscheiden und damit dessen Fortexistenz zu gefährden. Insoweit vermittelt also nicht erst die Eintragung den Bestandsschutz.

Zu klären bleibt, ob sich in einer Möglichkeit der außerordentlichen Beendigung der Mitgliedschaft die Eintragung einen gegenüber der Vorgesellschaft gesteigerten Bestandsschutz bewirkt.

1. Austritt aus der eingetragenen Kapitalgesellschaft

Für die eingetragene GmbH ist das Austrittsrecht aus wichtigem Grund seit langem anerkannt[590]. Als dogmatische Grundlage genannt wird überwiegend ein Prinzip der Lösbarkeit von Dauerschuldverhältnissen[591], wie es inzwischen in § 314 BGB positiv-rechtlich Anerkennung gefunden hat. Teilweise[592] soll die positiv-rechtliche Regelung des Austrittsrechts für das Vereinsmitglied in § 39 BGB die Grundlage bilden. Teilweise[593] wird das außerordentliche Austrittsrecht aus der gesellschaftlichen Treuepflicht abgeleitet. Richtigerweise sind die Gründe für die Anerkennung eines außerordentlichen Austrittsrechts sowohl in der Lösbarkeit von Dauerschuldverhältnissen als auch in der gesellschaftlichen Treuepflicht zu sehen, in der Lösbarkeit von Dauerschuldverhältnissen deshalb, weil es sich bei der Mitgliedschaft in der Kapitalgesellschaft um ein solches handelt[594], in der gesellschaftlichen Treuepflicht deshalb, weil mit der mitgliedschaftlich vermittelten Einwirkungsmöglichkeit auf die Belange des Einzelnen ein besonderes Maß an Verantwortung verbunden ist[595], das auch so weit gehen kann, den Austritt zu

---

dass das einzelne Mitglied das Recht als unentziehbaren Bestandteil seiner Mitgliedschaft ausüben kann, *Wiedemann*, Gesellschaftsrecht I, § 7, S. 357 ff.

590 BGH, Urteil vom 16.12.1991 – II ZR 58/91, BGHZ 116, 359 („Grundprinzip des Verbandsrechts"); BGH, Urteil vom 16.12.1991 – II ZR 58/91, BGHZ 116, 359; BGH, Urteil vom 01.04.1953 – II ZR 235/52, BGHZ 9, 157, 162 f. (*obiter dictum*).

591 BGH, Urteil vom 16.12.1991 – II ZR 58/91, BGHZ 116, 359, 369; *Schindler*, Austrittsrecht, S. 47 ff.; *Pohl*, Austritt, S. 149 (allgemeine verbandsrechtliche Grundsätze und dem Charakter als Dauerschuldverhältnis).

592 *Becker*, Austritt, S. 18 f., 75 ff.

593 *Müller*, Austrittsrecht, S. 33 ff.

594 *Kalss*, wbl 2001, 366, 373; *Klöhn*, Abfindungsansprüche, S. 47 („Dauerrechtsverhältnis" genannt).

595 *Müller*, Austrittsrecht, S. 35.

ermöglichen. Auch schafft erst die wechselseitige Pflicht zur Rücksichtnahme auf die berechtigten Interessen der jeweils anderen Seite die Voraussetzung für eine Interessenabwägung, die über die Zumutbarkeit oder Unzumutbarkeit des Verbleibs in dem Verband entscheidet[596]. Die Begründung eines außerordentlichen Austrittsrechts über eine Analogie zu dem ordentlichen Austrittsrecht des § 39 BGB ist dagegen abzulehnen, da die Ausübung des Rechts nach § 39 BGB nicht von einem sachlichen Grund abhängig ist[597].

Die eben genannten dogmatischen Gründe für eine Anerkennung eines außerordentlichen Austrittsrechts treffen gleichermaßen auf die Aktiengesellschaft zu. Auch für sie gilt der Grundsatz, dass niemand dauerhaft an seiner Mitgliedschaft festgehalten werden kann[598]. Auch bei der aktienrechtlichen Mitgliedschaft handelt es sich um ein Dauerschuldverhältnis[599]. Dass es in der Aktiengesellschaft Treuepflichten zwischen den Aktionären geben kann („horizontale Treuepflichten"), ist inzwischen unstreitig. Der Anerkennung eines Austrittsrechts aus wichtigem Grund kommt zudem disziplinierende Wirkung zu[600]. Die speziellen Abfindungsrechte im Aktienrecht sprechen nicht gegen ein außerordentliches Austrittsrecht, da es bei Ersteren um den Minderheitenschutz, bei Zweitem um den Individualschutz geht[601]. Das außerordentliche Austrittsrecht ist daher auch für die Aktionäre anzuerkennen[602].

Voraussetzung für das außerordentliche Austrittsrecht ist das Vorliegen eines wichtigen Grundes. Dieser ist gegeben, wenn dem austrittswilligen Mitglied die weitere Förderung des Verbandszwecks nicht länger zugemutet werden kann[603].

---

596 *Müller*, Austrittsrecht, S. 35.

597 *Röhricht*, FS Kellermann, S. 372.

598 BGH, Urteil vom 01.12.1986 – II ZR 287/85, NJW 1987, 1019, 1020 – *obiter dictum* („Grundsatz ..., daß niemand auf Dauer in einer AG festgehalten werden kann").

599 *Kalss*, wbl 2001, 366, 373; *Klöhn*, Abfindungsansprüche, S. 47 spricht von einem „Dauerrechtsverhältnis".

600 *Kalss*, wbl 2001, 366, 368 („Instrument des Investorenschutzes *ex ante*").

601 *Klöhn*, Abfindungsansprüche, S. 50.

602 *Wiedemann*, Gesellschaftsrecht I, § 7 IV 2 b, S. 401; *Grunewald*, FS Claussen, S. 106 ff.; *Hofmann*, Minderheitsschutz, S. 486; *Schindler*, Austrittsrecht, S. 82 ff.; *Klöhn*, Abfindungsansprüche, S. 45 ff.; *Kalss*, wbl 2001, 366, 368 ff. (mit Argumenten aus der rechtsvergleichenden Betrachtung des angelsächsischen und romanischen Rechtskreises); *Pohl*, Austritt, S. 135 ff.

603 BGH, Urteil vom 16.12.1991 – II ZR 58/91, BGHZ 116, 359, BGHZ 116, 359, 369; Ulmer/*Ulmer*, GmbHG, Anh. § 34, Rdnr. 51; Rowedder/*Görner*, GmbHG, § 34, Rdnr. 101 ff.; *Fastrich*, in: Baumbach/Hueck, GmbHG, Anh. § 34 Rdnr. 19; *K. Schmidt*, Gesellschaftsrecht, § 35 IV 3b, S. 1065; *Balz*, Beendigung der Mitgliedschaft, S. 106 f.;

Er kann in der Person des Mitglieds, in dem Verhalten der übrigen Mitglieder und in den Verhältnissen des Verbandes begründet sein[604]. Die Feststellung der Unzumutbarkeit ist dabei das Ergebnis einer umfassenden Abwägung der Interessen des Austretenden gegen die Interessen der übrigen Mitglieder[605]. Letztere sind dabei auf den Erhalt des bisherigen Mitgliederbestandes und die Verhinderung des mit der Abfindung notwendigerweise verbundenen Liquiditätsabflusses gerichtet[606]. Bei der Gewichtung der widerstreitenden Interessen ist die Realstruktur des Verbandes zu berücksichtigen[607], also inwieweit der Verband von der körperschaftlichen Idealstruktur abweicht, insbesondere personalistische Züge trägt[608]. Teilweise wird auch gefordert, die Interessen der Gläubiger bei der Abwägung mit zu berücksichtigen[609]. Dagegen spricht jedoch entscheidend, dass im Falle eines Auflösungsbeschlusses nach §§ 262 Abs. 1 Nr. 2 AktG, 60 Abs. 1 Nr. 2 GmbHG Gläubigerinteressen richtigerweise ebenfalls nicht zu berücksichtigen sind[610]. Für

---

Hofmann, Minderheitsschutz, S. 486 f.; *Kalss*, wbl 2001, 366, 373.; *Müller*, Austrittsrecht, S. 52; *Scholz*, Ausschließung und Austritt, S. 33 ff.

604 Ulmer/*Ulmer*, Anh § 34, Rdnr. 52 ff.; *Lutter*, in: Lutter/Hommelhoff, GmbHG, § 34, Rdnr. 71; *Fastrich*, in: Baumbach/Hueck, GmbHG, Anh. § 34 Rdnr. 19; *Kort*, in: MünchHdb GesR III, § 29, Rdnr. 7 ff.; *Röhricht*, FS Kellermann, S. 378 ff. (Gründe in der Person des Mitglieds (seiner Individualsphäre) sollen allerdings nur im Ausnahmefall in Betracht kommen, *Röhricht*, a. a. O., S. 386 f.); *Müller*, Austrittsrecht, S. 52 ff., 63 f., 65 f.; *Pohl*, Austritt, S. 150 f., 154. Wenn im Einzelfall private Interessen Rücksichtnahmepflichten der übrigen Mitglieder begründen können, siehe *Lutter*, AcP 180 (1980), 85, S. 129, dann müssen entsprechende Rücksichtnahmepflichten auch im Rahmen der Interessenabwägung zu Gunsten des austrittswilligen Mitglieds berücksichtigt werden können, *Müller*, Austrittsrecht, S. 65 f.

605 *Kalss*, wbl 2001, 366, 373; *Klöhn*, Abfindungsansprüche, S. 47; *Müller*, Austrittsrecht, S. 67 ff.; *Schindler*, Austrittsrecht, S. 88 f.

606 *Schindler*, Austrittsrecht, S. 52 f.

607 *Schindler*, Austrittsrecht, S. 89.

608 *Papadimopoulos*, Austritts- und Auflösungsrecht, S. 49.

609 *Kalss*, in: Semler/Stengel, UmwG, § 29, Rdnr. 20; *Klöhn*, Abfindungsansprüche, S. 47.

610 BGH, Urteil vom 28.01.1980 – II ZR 124/78, BGHZ 76, 352, 353; BGH, Urteil vom 01.02.1988 – II ZR 75/87, BGHZ 103, 184, 190 f. – „Linotype"; BayObLG, Beschluss vom 09.12.1974 – BReg. 2 Z 57/74, BayObLGZ 1974, 479, 484 (…mit der Auflösung der Gesellschaft aus wichtigen Gründen … muß der Geschäftsverkehr jederzeit rechnen."); OLG Stuttgart, Urteil vom 21.12.1993 – 10 U 48/93, ZIP 1995, 1515, 1519 – „MotoMeter"; LG Stuttgart, Urteil vom 22.01.1993 – 2 KfH O 113/92, ZIP 1993, 514, 516 – „MotoMeter"; MünchKomm/*Hüffer*, AktG, § 243, Rdnr. 64; *Hüffer*, AktG, § 262, Rdnr. 11 und § 243, Rdnr. 28; Rowedder/*Gsell*, GmbHG, § 60, Rdnr. 16; *Haas*, in: Baumbach/Hueck, GmbHG, § 60, Rdnr. 20; *K. Schmidt*, Gesellschaftsrecht, § 38

das weniger einschneidende Austrittsrecht können keine höheren Anforderungen gelten[611].

Der Austritt vollzieht sich durch einseitige empfangsbedürftige Willenserklärung, die gegenüber dem Verband, vertreten durch das Geschäftsleitungsorgan, abzugeben ist[612]. Nach erfolgreicher Ausübung des außerordentlichen Austrittsrechts bleibt der Austretende zunächst Mitglied. Er erwirbt lediglich einen schuldrechtlichen Anspruch gegen den Verband auf Abnahme der Aktie bzw. des Geschäftsanteils gegen Zahlung einer Abfindung[613]. Austrittserklärung und Ausscheiden fallen mithin auseinander[614]. Die eingetragene Kapitalgesellschaft kann unter Beachtung des Grundsatzes der Kapitalaufbringung und -erhaltung den Austritt nach ihrer Wahl dadurch vollziehen, dass sie den Kapitalanteil einzieht (§§ 237 Abs. 1 AktG[615], 34 GmbHG), die Übertragung an sich (nur bei voll eingezahlten Aktien bzw. Geschäftsanteilen: §§ 71 ff. AktG[616], 33 GmbHG) oder an einen oder (anteilig) mehrere Mitglieder bzw. Dritte[617] verlangt.

Kommt die eingetragene Kapitalgesellschaft ihrer Mitwirkungspflicht nicht innerhalb angemessener Frist nach, zieht sie also den fraglichen Kapitalanteil nicht innerhalb angemessener Frist ein oder nimmt ihn ab und leistet die geschuldete

---

IV 2 b, S. 1197; die Ansicht, die mit *Martens*, FS R. Fischer, S. 446; *Martens*, GmbHR 1984, 265, 269 f. (Interessenabwägung); *Bischoff*, BB 1987, 1055, 1061; *Schindler*, Austrittsrecht, S. 173 f.; *Wiedemann*, DB 1993, 141, 144 alle Beschlüsse, die in Mitgliedsstatus eingreifen und folglich auch Auflösungsbeschlüsse einer materiellen Beschlusskontrolle unterwerfen will, ist abzulehnen, da die Regelung des § 262 Abs. 1 Nr. 2 AktG wegen unverzichtbarer Freiheit zur Desinvestition als abschließend zu beurteilen, *Hüffer*, AktG, § 243, Rdnr. 28.

611 Zutreffend daher *Schindler*, Austrittsrecht, S. 88 f., der die Gläubigerinteressen dagegen erst über die Kapitalbindungsvorschriften als Durchführungsschranke berücksichtigen will.

612 *Hofmann*, Minderheitsschutz, S. 489; *Müller*, Austrittsrecht, S. 87; *Schindler*, Austrittsrecht, S. 63; *Becker*, Austritt, S. 169 ff. (siehe dort auch die Nachweise zu den nicht mehr vertretenen Ansichten, die einen Austritt nur durch Gestaltungsurteil zulassen wollen).

613 *Fastrich*, in: Baumbach/Hueck, GmbHG, Anh. § 34, Rdnr. 24; *Schindler*, Austrittsrecht, S. 64.

614 *Schindler*, Austrittsrecht, S. 65.

615 Zur Durchführung eines Austritts mittels Einziehung im Detail siehe *Pohl*, Austritt, S. 156; *Schindler*, Austrittrecht, S. 96 ff.

616 Zur Durchführung eines Austritts im Wege des Rückerwerbs eigener Aktien siehe *Pohl*, Austritt, S. 157; *Schindler*, Austrittrecht, S. 98 ff.

617 Rowedder/*Görner*, GmbHG, § 34, Rdnr. 109; *Fastrich*, in: Baumbach/Hueck, GmbHG, Anh. § 34, Rdnr. 24.

Abfindung nicht, kann das austrittsberechtigte Mitglied gegen die Kapitalgesellschaft auf Einziehung seines Anteils oder auf Benennung einer übernahmewilligen Person klagen[618]. Nicht alternativ[619], sondern subsidiär[620] hierzu und beschränkt auf die GmbH kann das austrittsberechtigte Mitglied entsprechend § 61 GmbHG die Auflösungsklage erheben[621], da es sich bei der das Bestandsinteresse wahrenden Leistungsklage um das mildere Mittel handelt[622].

2. Austritt aus der Vorgesellschaft

Da es sich bei dem Recht des Mitglieds, bei Vorliegen eines wichtigen Grundes aus dem Verband auszuscheiden, um ein verbandsübergreifendes Prinzip handelt, muss es auch für die Vorgesellschaft gelten. Zu klären ist, ob es auch in der Form besteht, die die Fortexistenz des Verbandes wahrt, nämlich dem Austritt aus wichtigem Grund, oder ob die Beendigung der Mitgliedschaft in der Vorgesellschaft nur durch die Verbandsauflösung zu erreichen ist, sei es durch Kündigung (analog § 723 Abs. 1 S. 2, S. 3 Nr. 1 BGB) oder durch Gestaltungsklage (analog § 133 HGB bzw. § 61 GmbHG).

Für ein Austrittsrecht und gegen den Zwang zur Auflösung spricht, dass der Gesetzgeber für die Erwerbsgesellschaften unter den Personengesellschaften, die Personenhandelsgesellschaften, mit dem HRefG bestimmt hat, dass mangels anderweitiger gesellschaftsvertraglicher Bestimmung die ordentliche Kündigung eines Gesellschafters nur noch zu dessen Ausscheiden aus dem Verband führt und also nicht länger die Auflösung des Verbandes bewirkt. Der BGH[623] wendet gegen

618 Rowedder/*Görner*, GmbHG, § 34, Rdnr. 109; OLG Koblenz, Beschluss vom 08.06.2005 - 6 W 203/05, NZG 2006, 66, 67; *Becker*, Austritt, S. 184 f.

619 So aber *Seibt*, in: Scholz, GmbHG, Anhang § 34, Rdnr. 21; *Fastrich*, in: Baumbach/Hueck, GmbHG, Anh. § 34, Rdnr. 24; *Lutter*, in: Lutter/Hommelhoff, GmbHG, § 34, Rdnr. 77; *Kort*, in: MünchHdb GesR III, § 29, Rdnr. 31.

620 OLG Koblenz, Beschluss vom 08.06.2005 - 6 W 203/05, NZG 2006, 66, 67; *Balz*, Beendigung der Mitgliedschaft, S. 122; *Becker*, Austritt, S. 185.

621 *Obiter*, nur von der Möglichkeit der Auflösungsklage ausgehend: BGH, Urteil vom 26.10.1983 - II ZR 87/83, BGHZ 88, 320, 326; RG, Urteil vom 17.05.1929 - II 541/28, RGZ 125, 114, 118 („Sollte die Einziehung über Gebühr verzögert werden, so muß er das Recht haben, durch Anstrengung der Auflösungsklage dem auf die Dauer unerträglichen Schwebezustand ein Ende zu machen."); BayObLG, Beschluss vom 09.12.1974 - BReg. 2 Z 57/74, BayObLGZ 1974, 479, 484.

622 OLG Koblenz, Beschluss vom 08.06.2005 - 6 W 203/05, NZG 2006, 66, 67; *Becker*, Austritt, S. 185.

623 BGH, Urteil vom 23.10.2006 - II ZR 162/05, NJW 2007, 589, 591; ebenso zuvor schon *Kort*, Bestandsschutz, S. 46.

eine Übertragung dieses Gedankens auf die Vorgesellschaft ein, dass diese nicht auf dauerhaften Bestand als Unternehmensträgerin angelegt sei, sondern darauf, die Entstehung der juristischen Person zu ermöglichen. Dieser Argumentation liegt allerdings das überwundene Verständnis zugrunde, nach der es sich bei der Vorgesellschaft um eine Rechtsform eigener Art handelt. Der Zweck, die Entstehung der juristischen Person zu ermöglichen, ist auch nur Verfahrenszweck, nicht Verbandszweck[624]. Der mit Errichtung entstehende Verband ist bereits auf den dauerhaften Bestand als Unternehmensträger angelegt, der lediglich mit Eintragung nicht seine Form wechselt, sondern vollendet.

Einer Austrittskündigung könnte entgegenstehen, dass es sich bei der Vorgesellschaft nicht um eine Gesamthandsgesellschaft handelt[625], der Anteil des Ausscheidenden also nicht automatisch den verbleibenden Mitgliedern anwächst, aufgrund der Einheitlichkeit des Gründungsvorgangs ein Ausscheiden vielmehr nur auf dem Weg einer allseitigen Änderung des Errichtungsgeschäfts möglich ist[626]. Gerade das Beispiel der eingetragenen Kapitalgesellschaft zeigt jedoch, dass ein automatisches Ausscheiden nach erfolgter Austrittserklärung kein Wesensmerkmal des Austritts ist. Weil mithin der Austritt aus der Vorgesellschaft des Vollzugs bedarf, kann auch nicht argumentiert werden, dass die Austrittsmöglichkeit eine unkontrollierte Flucht aus dem Verband zur Folge haben kann, bei der nur noch wenige die Abwicklungslast tragen, obwohl sie ebenfalls von dem wichtigen Grund betroffen sind[627]. Ein schutzwürdiges Interesse, gerade durch Änderung des Errichtungsgeschäfts aus der Vorgesellschaft auszuscheiden, besteht für den Austrittswilligen nämlich nicht. Der Austritt bedarf keines Vollzuges, wenn die Mitglieder auf die Austrittserklärung hin die Auflösung beschließen und die Vorgesellschaft liquidieren. Die Liquidation erfolgt dann unter Beteiligung des austrittswilligen Mitglieds.

Eines Vollzuges bedarf der Austritt auch dann nicht, wenn die Vorgesellschaft ihren Status als solche verliert und sich durch Rechtsformzwang in eine oHG oder BGB-Gesellschaft umwandelt. Das vorher noch bestandene Vollzugserfordernis fällt dann weg und der Austrittswillige scheidet im Falle der Umwandlung in eine

---

624 Siehe oben D.VII.

625 Siehe oben D.IV.

626 Für die Vor-AG: BGH, Urteil vom 23.10.2006 – II ZR 162/05, NJW 2007, 589, 590; Großkomm/*K. Schmidt*, AktG, § 41, Rdnr. 63. Für die Vor-GmbH: BGH, Urteil vom 17.01.1983 – II ZR 89/82, WM 1983, 230, 230 (keine Lösung von der Vor-GmbH durch einseitige formlose Austrittserklärung); BGH, Urteil vom 12.07.1956 – II ZR 218/54, BGHZ 21, 242, 246. Zur Einheitlichkeit des Gründungsvorgangs siehe oben C.IV.

627 So *Becker*, Austritt, S. 64.

oHG ohne weiteres aus dem Verband aus (§ 131 Abs. 3 Nr. 3 HGB), im Falle der Umwandlung in eine BGB-Gesellschaft, wird diese aufgelöst. Zu einer Beendigung der Mitgliedschaft auf diesem Wege wird es vor allem dann kommen, wenn der wichtige Grund in einem Eintragungshindernis besteht, das nicht in angemessener Zeit beseitigt wird und an dessen Beseitigung der Austrittswillige mitzuwirken auch nicht verpflichtet ist[628].

Der Austritt müsste gegenüber der Vorgesellschaft, vertreten durch ihr Leitungsorgan, erklärt werden. Zur Durchsetzung des Austritts könnte der Austrittswillige die übrigen Gründer auf Basis der mitgliedschaftlichen Treuepflicht, die darauf gerichtet ist, den Austritt zu ermöglichen, auf entsprechende Vertragsänderung klagen. Ein entsprechendes Urteil bedürfte wegen § 894 ZPO keiner Vollstreckung.

Zwischenfazit ist, dass die Möglichkeit der Austrittskündigung auch im Stadium der Vorgesellschaft besteht[629], wobei der Austritt wie bei der eingetragenen Kapitalgesellschaft des Vollzugs bedarf.

Bei Feststellung des wichtigen Grundes ist zu berücksichtigen, dass die Mitgliedschaft in der Vorgesellschaft zwar nicht frei übertragbar ist, dies jedoch dem Gründungsstadium immanent ist und deswegen für sich genommen kein wichtiger Grund für einen Austritt sein kann.

Die unbeschränkte persönliche Haftung der Mitglieder dürfte bei Abwägung der widerstreitenden Interessen keinen Ausschlag geben, da sie sowohl auf Seiten des Austrittswilligen als auch auf Seiten der übrigen Gründer zu berücksichtigen ist. Anders als im Stadium der eingetragenen Kapitalgesellschaft ist das gegen den Austritt gerichtete Interesse der übrigen Mitglieder nicht auf die Verhinderung eines Liquiditätsabflusses, sondern darauf gerichtet, die Kapitalaufbringung und damit die Eintragung nicht zu gefährden.

Da das Austrittsrecht aus wichtigem Grund seiner Grundlage auch in der Lösbarkeit von Dauerschuldverhältnissen findet, ist die Zumutbarkeit auch unter einem zeitlichen Aspekt zu beurteilen. Die Voraussetzungen für eine außerordentliche Kündigung eines Dauerschuldverhältnisses liegen nämlich nicht vor, wenn es dem Kündigenden zuzumuten ist, bis zu dem Zeitpunkt zu warten, zu dem das Dauerschuldverhältnis aufgrund Befristung oder ordentlicher Kündigung enden

---

628 Siehe dazu ausführlich unten D.X.2.c).

629 *Becker*, Austritt, S. 86 ff. Gegen ein außerordentliches Austrittsrecht der Mitglieder der Vorgesellschaft: *Kießling*, Vorgründungs- und Vorgesellschaften, S. 193 ff., der die Beendigung der einzelnen Mitgliedschaft aufgrund der von ihm (zu Unrecht) unterstellten personalistischen Struktur der Vorgesellschaft nur über ein Recht zur außerordentlichen Kündigung des Verbandsverhältnisses ermöglichen will.

würde[630]. Das Stadium der Vorgesellschaft endet nämlich entweder mit der Eintragung als Kapitalgesellschaft oder mit dem Verlust des Status als Vorgesellschaft durch Vernachlässigung der Eintragung. Wird der Verband als Kapitalgesellschaft eingetragen, besteht die Möglichkeit der Anteilsübertragung; im Falle des Verlusts des Status als Vorgesellschaft scheidet das Mitglied entweder in Folge der Liquidation aus, oder es macht von den für die Gesamthandsgesellschaften bestehenden Lösungsmöglichkeiten Gebrauch[631]. Vor dem Hintergrund dürfte es regelmäßig zumutbar sein, die Eintragung in das Handelsregister abzuwarten, um sich dann durch Anteilsübertragung von dem Verband zu lösen, wenn sämtliche Gründer ihre Einlagepflicht erfüllt haben und keine Eintragungshindernisse im Wege stehen, die Kapitalgesellschaft also alsbald eingetragen werden kann. An dem Beispiel wird deutlich, dass der formelle Akt der Eintragung allein nicht den entscheidenden Anknüpfungspunkt für die Einschränkung des Kündigungsrechts und die damit verbundene Schaffung von Bestandsschutz bildet.

3. Zusammenfassende Bewertung der Unterschiede

Die Mitglieder der eingetragenen Kapitalgesellschaft können sich grundsätzlich nur durch Veräußerung ihres Kapitalanteils von dem Verband lösen. Sie haben kein ordentliches Kündigungsrecht. Hierdurch erhält die Kapitalgesellschaft gegenüber den Auflösungs- und Austrittsbestrebungen einzelner Mitglieder einen im Vergleich zu den Gesamthandsgesellschaften erhöhten Bestandsschutz. Der durch den Ausschluss des ordentlichen Kündigungsrechts vermittelte Bestandsschutz der Kapitalgesellschaft ist nicht auf den Zeitraum nach Eintragung beschränkt, sondern erstreckt sich auch auf das Stadium der Vorgesellschaft.

Für die Mitglieder der eingetragenen Kapitalgesellschaft besteht jedoch ein ungeschriebenes Austrittsrecht aus wichtigem Grund in den Fällen, in denen ein Verbleib in der Kapitalgesellschaft nicht zumutbar und ein Ausscheiden durch Veräußerung des Kapitalanteils nicht möglich ist. Der Austritt muss gegenüber dem Leitungsorgan erklärt werden und bedarf des Vollzuges. Innerhalb der von den Kapitalerhaltungsvorschriften gesteckten Grenzen hat der Verband die Wahl,

630 Nunmehr § 314 Abs. 1 BGB. Siehe auch BGH, Urteil vom 12.05.1977 – II ZR 89/75, BGHZ 69, 160, 169 zur Publikums-KG („... zu prüfen, ob ... [dem aus der Gesellschaft Strebenden] ... wenigstens eine zeitlich begrenzte Fortsetzung des Gesellschaftsverhältnisses zugemutet werden kann.“).

631 § 723 Abs. 1 S. 1 BGB bzw. §§ 132, 105 Abs. 3 HGB i. V. m. § 723 Abs. 1 S. 1 BGB oder Auflösungsklage gemäß § 133 HGB.

ob er den Kapitalanteil einzieht oder ob er die Übertragung auf ein anderes Mitglied oder einen Dritten verlangt.

Die Möglichkeit des Austritts aus wichtigem Grund besteht auch in der Vorgesellschaft. Er bedarf wie bei der eingetragenen Kapitalgesellschaft des Vollzuges. Dieser besteht in einer allseitigen Änderung des Errichtungsgeschäfts. Das austrittswillige Mitglied hat die Möglichkeit, die übrigen Gründer gerichtlich auf Entlassung aus der Vorgesellschaft in Anspruch zu nehmen, wenn ein Vollzug nicht innerhalb angemessener Frist erfolgt. Grundlage hierfür ist die mitgliedschaftliche Treuepflicht. Besteht der wichtige Grund für den erklärten Austritt in einem Eintragungshindernis, wandelt sich die weiter werbend fortgeführte Vorgesellschaft automatisch in eine BGB-Gesellschaft oder oHG um. Das Vollzugserfordernis entfällt damit. Der Austrittswillige scheidet aus dem Verband aus (im Falle der Umwandlung in eine oHG) bzw. der Verband wird aufgelöst (im Falle der Umwandlung in eine BGB-Gesellschaft).

Strukturell gleichen sich damit der Austritt aus wichtigem Grund vor und nach Eintragung. Dass die Eintragung dabei nicht das bestandsschutzrelevante Kriterium ist, wird in den Fällen deutlich, in denen die Vorgesellschaft sämtliche Eintragungsvoraussetzungen erfüllt, so dass Anmeldung und Eintragung unmittelbar erfolgen können. Hier dürfte es dem Austrittswilligen in aller Regel zumutbar sein, bis zur Eintragung zu warten, um dann im Wege der Anteilsübertragung aus dem Verband auszuscheiden.

Auch im Hinblick auf die Möglichkeit der außerordentlichen Beendigung der Mitgliedschaft bewirkt die Eintragung damit keinen gegenüber der Vorgesellschaft gesteigerten Bestandsschutz.

X. Bestandsschutzfunktion durch die eingeschränkte Möglichkeit der Geltendmachung von Gründungsmängeln

Gemäß den §§ 275 ff. AktG, 75 ff. GmbHG können Gründungsmängel ausschließlich mit der Nichtigkeitsklage geltend gemacht werden. Hat diese Erfolg, wird die Kapitalgesellschaft für nichtig erklärt (§§ 275 Abs. 1 S. 1 AktG, 75 Abs. 1 GmbHG). Die Wirkung der Nichtigkeit besteht allerdings nicht in der rückwirkenden Vernichtung des Verbandes, sondern in dessen Auflösung (§§ 277 AktG, 77 GmbHG). Die Nichtigkeitsklage kann gemäß §§ 275 Abs. 1 AktG, 75 Abs. 1 GmbHG zudem nur auf die dort genannten inhaltlichen Satzungsmängel gestützt werden, namentlich darauf, dass die Satzung keine Bestimmungen über die Höhe des Grundkapitals oder über den Gegenstand des Unternehmens enthält oder dass die Bestimmungen der Satzung über den Gegenstand des Unternehmens nichtig sind. Mängel der Beteiligungserklärung, die nach der

Rechtsgeschäftslehre (ggf. erst nach Anfechtung) die Nichtigkeit eines Rechtsgeschäfts zur Folge haben würden, können nicht mit der Nichtigkeitsklage geltend gemacht werden[632]. Gleiches gilt für Mängel der Form (fehlende Beurkundung, §§ 23 Abs. 1 S. 1 AktG, 2 GmbHG) oder für die Verletzung von Ordnungsvorschriften (insbesondere Mängel der Anmeldung, §§ 36 f. AktG, 7 f. GmbHG). Die Nichtigkeitsgründe können bei der GmbH prinzipiell unbeschränkt, bei der Aktiengesellschaft gemäß § 275 Abs. 3 S. 1 AktG dagegen nur bis zum Ablauf von drei Jahren nach der Eintragung geltend gemacht werden.

Die Kehrseite des Ausschlusses der Rückabwicklung und der eingeschränkten Möglichkeit der Geltendmachung von Gründungsmängeln zu Lasten der Existenz des Verbandes (letztere nachfolgend auch „Limitierung der Nichtigkeitsgründe“[633] genannt) kann als „Bestandsschutz“ bezeichnet werden[634].

Der durch den generellen Ausschluss der Rückabwicklung bewirkte Bestandsschutz für die Vergangenheit ist ein absoluter. Er gilt für die Gläubiger der Kapitalgesellschaft gleichermaßen wie für das Einmann-Mitglied. Soweit sich der Bestandsschutz jedoch aus einer Reduzierung der Nichtigkeitsgründe ergibt – Bestandsschutz für die Zukunft –, handelt es sich nur um einen relativen. Die Auflösung bzw. Löschung der eingetragenen Kapitalgesellschaft durch das Registergericht wegen eines Satzungsmangels wird durch die §§ 275 ff. AktG, 75 ff. GmbHG nicht eingeschränkt[635]. Die Mitglieder können zudem, hinreichende Mehrheit vorausgesetzt, jederzeit die Auflösung des Verbandes herbeiführen, ohne dass es hierfür eines wichtigen Grundes bedarf und ohne dass Gläubiger dies verhindern könnten[636]. Hierzu genügen, sofern die Satzung keine höheren Anforderungen bestimmt, eine Mehrheit von drei Viertel des bei der Beschlussfassung vertretenen Grundkapitals bzw. drei Viertel der abgegebenen Stimmen, §§ 262 Abs. 2 Nr. 2 AktG, 60 Abs. 1 Nr. 2 GmbHG. Mit der Limitierung der Nichtigkeitsgründe durch die §§ 275 ff. AktG, 75 ff. GmbHG wird also nur das Recht der kapitalmäßigen Minderheit eingeschränkt, gegen die Kapitalmehrheit eine Auflösung herbeizuführen. Daraus folgt, dass der aus den §§ 275 ff. AktG, 75 ff.

---

632 Großkomm/*Brändel*, AktG, § 2, Rdnr. 81.

633 Siehe *Schäfer*, Fehlerhafter Verband, S. 139.

634 Ulmer/*Ulmer/Löbbe*, GmbHG, § 2, Rdnr. 142; *Canaris*, Vertrauenshaftung, S. 173; *Schäfer*, Fehlerhafter Verband, S. 115; *Paschke*, ZHR 155 (1991), 1, 6 ff.

635 Siehe §§ 397, 399 FamFG.

636 Siehe oben D.IX.1. Zu beachten ist bei der Liquidation freilich, dass der Liquidator zur Vermeidung eigener Haftung Insolvenz anmelden muss, sollte das Aktivvermögen des Verbandes nicht zur vollständigen Zahlung an alle Gläubiger (Insolvenzgrund der Überschuldung) reichen.

GmbHG abgeleitete Bestandsschutz für die Zukunft nur bei der Mehrpersonengründung in Frage kommen kann.

Die Eintragung hat Bestandsschutzfunktion im vorgenannten Sinne, wenn [1.] die §§ 275 ff. AktG, 75 ff. GmbHG unmittelbar nur für die eingetragene Kapitalgesellschaft gelten und [2.] sich der Bestandsschutz auch nicht aus allgemeinen Grundsätzen ergibt.

1. Anwendbarkeit der §§ 275 ff. AktG, 75 ff. GmbHG auf die Vorgesellschaft

Die §§ 275 ff. AktG, 75 ff. GmbHG könnten unmittelbar auf die Vorgesellschaft anwendbar sein. Entscheidend ist hierfür, ob diese Normen die Eintragung der Kapitalgesellschaft voraussetzen.

Aus der Formulierung in § 275 Abs. 3 S. 1 AktG, wonach die Klage „binnen drei Jahren nach Eintragung der Gesellschaft" erhoben werden muss, wird bereits gefolgert, dass die §§ 275 Abs. 3 S. 1 AktG, 77 Abs. 1 GmbHG insgesamt die Eintragung voraussetzen[637]. Der Wortsinn trägt allerdings auch eine Auslegung, wonach die Eintragung nur dazu dient, den spätesten Zeitpunkt für die Erhebung der Nichtigkeitsklage zu markieren.

Dafür, dass die §§ 275 ff. AktG, 75 ff. GmbHG dennoch die Eintragung voraussetzen, spricht aber, dass Mängel des Errichtungsgeschäfts, die der Eintragung entgegenstehen, nicht mit der Nichtigkeitsklage geltend gemacht werden können. Auch unter der Berücksichtigung der Tatsache, dass die Vorgesellschaft ihren Charakter als solche verliert, wenn Eintragungshindernisse nicht alsbald, nachdem sie als solche erkannt worden sind, beseitigt werden, gibt es keinen vernünftigen Grund, die zeitnahe Geltendmachung dieser Mängel kategorisch auszuschließen.

Ihrem Sinn und Zweck nach ist die Anwendbarkeit der §§ 275 ff. AktG, 75 ff. GmbHG auf die eingetragene Kapitalgesellschaft beschränkt.

2. Behandlung von Gründungsmängeln nach allgemeinen Grundsätzen

Unstreitig hat sich inzwischen die aus dem Personengesellschaftsrecht stammende Lehre von der fehlerhaften Gesellschaft zu einem verbandsübergreifenden Prinzip des Gesellschaftsrechts entwickelt, wenn auch die dogmatische Grundlage und

637 Ganz h. M., statt aller: *Bachmann*, in: Spindler/Stilz, AktG, § 275, Rdnr. 4; *K. Schmidt*, in: Scholz, GmbHG, § 75, Rdnr. 2.

die inhaltlich Reichweite im Einzelnen noch umstritten sind[638]. Auch für die Vorgesellschaft ist losgelöst von den hier zu untersuchenden §§ 275 ff. AktG, 75 ff. GmbHG im Grundsatz anerkannt, dass Gründungsmängel mit Invollzugsetzung regelmäßig nur einen Auflösungsgrund darstellen[639]. Die §§ 275 ff. AktG, 75 ff. GmbHG könnten vor diesem Hintergrund auch so auszulegen sein, dass sie die Lehre vom fehlerhaften Verband lediglich in einzelnen Beziehungen modifizieren[640], ohne dass in dem für den Bestandsschutz relevanten Kern – Ausschluss der Rückwirkung von geltend gemachten Mängeln und Limitierung der Nichtigkeitsgründe – zwischen Vorgesellschaft und eingetragener Kapitalgesellschaft ein Unterschied besteht.

Die Lehre vom fehlerhaften Verband bildet das dogmatische Fundament dafür, dass ein Verband, der nach allein zivilrechtlichen Maßstäben als von Anfang an nichtig zu gelten hätte, bis zur Geltendmachung der Nichtigkeit – von im Einzelnen umstrittenen Ausnahmen abgesehen als wirksam zu behandeln ist. Es sind also zunächst [a)] die Voraussetzungen festzustellen, bei deren Vorliegen von einer nichtigen Vorgesellschaft im Sinne der Lehre vom fehlerhaften Verband auszugehen ist, um sodann [b)] der Frage nachzugehen, wie die Nichtigkeit geltend zu machen ist. Im Anschluss ist zu klären, welche Auswirkungen [c)] die nicht zur Gesamtnichtigkeit führenden Gründungsmängel und [d)] die Geltendmachung zivilrechtlicher Anfechtungstatbestände auf den Bestand der Vorgesellschaft haben.

---

638 Siehe hierzu insgesamt mit weiteren Nachweisen: MünchKomm/*Ulmer/Schäfer*, BGB, § 705, Rdnr. 323 ff.

639 Für die Vor-GmbH: RG, Urteil vom 13.01.1941 – II 88/40, RGZ 166, 51, 59; BGH, Urteil vom 12.05.1954 – II ZR 167/53, BGHZ 13, 320, 323 f.; Rowedder/*Schmidt-Leithoff*, GmbHG, § 2, Rdnr. 74; *Emmerich*, in: Scholz, GmbHG, § 2, Rdnr 70; *K. Schmidt*, in: Scholz, GmbHG, § 75, Rdnr. 2; Ulmer/*Ulmer/Löbbe*, GmbHG, § 2, Rdnr. 144; *Wiesner*, NJW 1984, 95, 98; für die Vor-AG: Großkomm/Brändel, AktG, § 2, Rdnr. 78 f.; Großkomm/*Röhricht*, AktG, § 23, Rdnr. 208; *Körber*, in: Bürgers/Körber, AktG, § 23, Rdnr. 47; *Paschke*, ZHR 155 (1991), 1, 7 f.

640 Etwa die Geltendmachung im Klagewege, auch durch Leitungs- und Aufsichtsorgane; bei der Aktiengesellschaft das Erfordernis fruchtloser Abmahnung (§ 275 Abs. 2 AktG) und der Frist zur Geltendmachung (§ 275 Abs. 3 AktG). Im GmbH-Gesetz wurde keine Frist zur Geltendmachung bestimmt. Äußere Grenzen der Klageerhebung können sich jedoch aus den Regeln der Verwirkung ergeben, *K. Schmidt*, in: Scholz, GmbHG, § 75, Rdnr. 19; *Kort*, Bestandsschutz, S. 26 (bei jahrelanger Verzögerung der Klageerhebung).

a) Vorgesellschaft auf nichtiger rechtsgeschäftlicher Grundlage

Ein Verband ist im Sinne der Lehre vom fehlerhaften Verband nichtig, wenn das Errichtungsgeschäft der Abschluss des Gesellschaftsvertrages bzw. die Feststellung der Satzung nach allgemein zivilrechtlichen Maßstäben insgesamt als nichtig anzusehen wäre[641].

Die Nichtigkeit ist vorliegend unter der Prämisse festzustellen, dass es sich bei dem Gründerverband tatsächlich um eine Vorgesellschaft handelt, der Fehler also nicht dazu führt, dass der Gründerverband als – ggf. ebenfalls fehlerhafte BGB-Gesellschaft oder oHG einzuordnen ist. Zunächst gilt es daher, die Mindestanforderungen an eine Vorgesellschaft zu ermitteln [(1)]. Sodann ist zu klären, inwiefern auf dieser Basis Wirksamkeitsmängel zu einer fehlerhaften Vorgesellschaft führen können [(2)].

(1) Mindestanforderungen an das Entstehen einer Vorgesellschaft

Fraglich ist, welche Mindestanforderungen an die Entstehung einer Vorgesellschaft zu stellen sind, oder, genauer gefragt, welche Anforderungen an ein Errichtungsgeschäft zu stellen sind, damit ein Verband entsteht, der wenn auch erst nach Vornahme von Änderungen dieses Errichtungsgeschäfts noch identitätswahrend als Kapitalgesellschaft in das Handelsregister eingetragen werden kann. Mit identitätswahrend ist gemeint, dass Mängel des Errichtungsgeschäfts durch Änderung oder Ergänzung desselben geheilt werden können, also keine Neuvornahme erforderlich ist. Der Unterschied zur Neuvornahme wird deutlich, sobald der Verband in Vollzug gesetzt wird. Bis zu diesem Zeitpunkt ist eine identitätswahrende Heilung von Satzungsmängeln ohne weiteres möglich, da Satzungsänderungen auch als Bestätigung und damit als erneute Vornahme im Sinne des § 141 Abs. 1 BGB gewertet werden können. Mit der Neuvornahme kann auch zum Ausdruck kommen, dass zuvor getroffene Beschlüsse fortgelten. Das gilt auch für die Bestellung der Leitungsorgane, da schutzwürdige Belange Dritter noch nicht entgegenstehen.

Ab Invollzugsetzung gilt der Rechtsformzwang[642]. Es muss dann Klarheit darüber herrschen, wer Träger des Verbandsvermögens ist und welche Rechtsform der Verband hat. Auf Basis des Aktien- bzw. GmbH-Gesetzes darf eine Eintragung nur dann erfolgen, wenn es sich bei dem Verband um eine Vorgesellschaft handelt. Die Eintragung nach dem Aktien- oder GmbH-Gesetz soll nicht eine formwechselnde Umwandlung von einer oHG oder BGB-Gesellschaft in eine

---

641 Siehe hierzu insgesamt mit weiteren Nachweisen: MünchKomm/*Ulmer/Schäfer*, BGB, § 705, Rdnr. 323 ff.

642 Siehe oben C.III.

Kapitalgesellschaft ermöglichen. Für die oHG folgt dies ohne weiteres daraus, dass der Gesetzgeber den Formwechsel von der oHG in eine Kapitalgesellschaft im Umwandlungsgesetz speziell geregelt hat[643], für die BGB-Gesellschaft daraus, dass der Gesetzgeber aufgrund ihrer mangelnden Registerpublizität eine formwechselnde Umwandlung gar nicht erst vorgesehen hat[644]. Einer formwechselnden Umwandlung einer BGB-Gesellschaft oder einer oHG in eine Vorgesellschaft steht der *numerus clausus* der Umwandlungsformen[645] entgegen.

Die Aspekte des Errichtungsgeschäfts, die darauf hin zu untersuchen sind, ob sie notwendige Bedingung für das Entstehen einer Vorgesellschaft sind, betreffen [(a)] die notarielle Form des Errichtungsgeschäfts, [(b)] das Vorliegen einer zurechenbaren Beteiligungserklärung, [(c)] den Inhalt der Beteiligungserklärung und [(d)] das Erfordernis der Übernahme sämtlicher Kapitalanteile durch die Gründer.

(a) Notarielle Form des Errichtungsgeschäfts

Aus § 125 S. 1 BGB folgt als Voraussetzung für die Existenz einer Vorgesellschaft, dass das Errichtungsgeschäft der von §§ 23 Abs. 2 AktG, 2 Abs. 1 S. 1 GmbHG verlangten notariellen Form entsprechen muss. Die fehlende Form kann bis zur Invollzugsetzung nach außen nur durch Neuvornahme mit Wirkung *ex nunc* geheilt (im weiteren Sinne) werden. Danach ist eine Heilung nicht mehr möglich. Das gebildete Aktiv- und Passivvermögen bleibt entweder solches des Einmann-Gründers oder ist Gesamthandsvermögen der durch Invollzugsetzung im Wege des Rechtsformzwangs entstandenen BGB-Gesellschaft bzw. oHG. Erfolgt allerdings eine Eintragung des nicht der notariellen Form entsprechenden Gründerverbandes als Kapitalgesellschaft in das Handelsregister, so kann der Formmangel nicht mehr geltend gemacht werden und es entsteht eine Aktiengesellschaft bzw. GmbH, ohne dass vorher eine Vorgesellschaft bestand[646]. Der Eintragung kommt dann insoweit rechtsgestaltende Funktion zu.

---

643 §§ 191 Abs. 1 Nr. 1, Abs. 2 Nr. 3, 197 S. 1, 202 Abs. 1 Nr. 1 UmwG.

644 *Schlitt*, in: Semler/Stengel, Umwandlungsgesetz, § 214 UmwG, Rdnr. 14. Den Gründern bleibt die Möglichkeit, die BGB-Gesellschaft in eine oHG „umzuwandeln“ indem sie sie als vermögensverwaltende Gesellschaft in das Handelsregister eintragen lassen, § 105 Abs. 2 HGB. Weitere Möglichkeiten bestehen darin, die Anteile an der BGB-Gesellschaft in eine neu gegründete Kapitalgesellschaft im Wege der Sachgründung einzubringen oder eine neu errichtete Kapitalgesellschaft als Gesellschafter in die BGB-Gesellschaft aufzunehmen um ihr dann das Gesellschaftsvermögen durch Austritt der Gründer anwachsen zu lassen, *Schlitt*, a. a. O., Rdnr. 14 f.

645 *J. Semler*, in: Semler/Stengel, Umwandlungsgesetz, § 1, Rdnr. 58 m. w. N.

646 Rowedder/*Schmidt-Leithoff*, GmbHG, § 2, Rdnr. 48 m. w. N.

(b) Zurechenbare Beteiligungserklärung

Die Kapitalgesellschaft kann mit nur einer Beteiligungserklärung errichtet werden[647]. Nach der Lehre vom fehlerhaften Verband kann auch dann ein wirksamer Verband errichtet werden, wenn diese eine Beteiligungserklärung fehlerhaft ist, vorausgesetzt, der Gründer ist geschäftsfähig bzw. es wurde unter Mitwirkung des gesetzlichen Vertreters bzw. Betreuers gehandelt und die familien- bzw. betreuungsgerichtliche Genehmigung lag bei Abgabe der Beteiligungserklärung vor (§§ 1831, 1903 Abs. 1, 1908i Abs. 1, 111 S. 1 BGB) und die Erklärung erfüllt den äußeren Tatbestand einer Willenserklärung, lässt also auf einen Rechtsbindungswillen des Erklärenden schließen[648]. Wurde die Beteiligungserklärung nicht von dem Gründer selbst abgegeben, muss dieser wenigstens den Rechtsschein der Bevollmächtigung nach den Grundsätzen der Anscheinsvollmacht zu vertreten haben und der Erklärende muss wenigstens beschränkt geschäftsfähig sein (§ 175 BGB). Gemäß §§ 23 Abs. 1 S. 2 AktG, 2 Abs. 2 GmbHG muss die Vollmacht notariell beglaubigt sein, um wirksam zu sein[649], so dass eine ohne Einhaltung der Form erteilte Vollmacht gemäß § 125 BGB nichtig ist[650]. Bei der Einmann-Gründung besteht wegen § 180 S. 1 BGB keine Möglichkeit der nachfolgenden Genehmigung der vollmachtlosen Vertretung[651]. Das aufgrund einer nicht der notariellen Form genügenden Vollmacht vorgenommene Errichtungsgeschäft ist in dem Fall mithin unheilbar nichtig.

Die Invollzugsetzung ohne zurechenbare Beteiligungserklärung begründet keine (fehlerhafte) Vorgesellschaft, sondern eine Scheingesellschaft[652]. Für eine

---

647 Da es Verträge ohne Konsens von wenigstens zwei Personen nicht gibt, handelt es sich bei der Beteiligungserklärung des Einmann-Gründers um ein einseitiges Rechtsgeschäft, statt aller: *Hüffer*, AktG, § 2, Rdnr. 4a; *Fastrich*, in: Baumbach/Hueck, GmbHG, § 2, Rdnr. 7.

648 MünchKomm/*Pentz*, AktG, § 23, Rdnr. 175 ff.; *Schäfer*, Fehlerhafter Verband, S. 202 ff.

649 Auch wenn nur im GmbH-Gesetz die stärkere Form der notariell errichteten Vollmacht genannt ist, kann diese gemäß § 129 Abs. 2 BGB auch die nach dem Aktiengesetz allein genannte Form der notariellen Beglaubigung ersetzen, siehe MünchKomm/*Pentz*, AktG, § 23, Rdnr. 14.

650 MünchKomm/*Pentz*, AktG, § 23, Rdnr. 15; *Hüffer*, AktG, § 23, Rdnr. 12.

651 *Körber*, in: Bürgers/Körber, AktG, § 23, Rdnr. 10.

652 Nach MünchKomm/*Hüffer*, AktG, § 275, Rdnr. 12; Rowedder/*Baukelmann*, GmbHG, § 75, Rdnr. 1 und MünchKomm/*Reuter*, BGB, §§ 21, 22, Rdnr. 62 soll daran auch eine Eintragung als Kapitalgesellschaft nichts ändern. Nach Ulmer/*Ulmer/Löbbe*, GmbHG, § 2, Rdnr. 149; *K. Schmidt*, in Scholz, GmbHG, § 75, Rdnr. 1. und *Schäfer*, Fehlerhafter Verband, S. 284 soll eine als juristische Person eingetragene Gesellschaft

zurechenbare Beteiligungserklärung genügt es, wenn der äußere Tatbestand einer Willenserklärung erfüllt ist. Erfüllt die innere Seite einen der Tatbestände der §§ 116 ff. BGB, steht dies einer zurechenbaren Beteiligungserklärung nicht entgegen[653].

(c) Inhalt der Beteiligungserklärung

Fraglich ist, worauf der Inhalt der Beteiligungserklärung gerichtet sein muss, damit eine wenn auch noch nicht als Kapitalgesellschaft eintragungsfähige Vorgesellschaft entsteht.

Konstituierendes Element aller privatrechtlichen Verbände ist, dass sie zu einem überindividuellen Zweck errichtet werden[654]. Zweifelhaft ist, ob es sich auch um einen „gesetzlich zulässigen Zweck" (§ 1 GmbHG) handeln muss. Anders gefragt, kann ein sittenwidriger (§ 138 Abs. 1 BGB), ein kartellrechtswidriger (§ 1 GWB) oder gegen ein gesetzliches Verbot (§ 134 BGB) verstoßender und damit nichtiger Zweck identitätswahrend durch einen gesetzlich zulässigen Zweck ersetzt werden? Die Frage ist zu verneinen, wenn man davon ausgeht, dass ein sittenwidriger oder verbotener Verbandszweck auch nach in Invollzugsetzung mit Wirkung *ex tunc* geltend gemacht werden kann[655].

Dagegen spricht, dass die *ex tunc* Nichtigkeit eines nach außen aufgetretenen Verbandes und eine damit verbundene Parteiunfähigkeit keine angemessene

---

auch in diesen Fällen im Interesse der Gläubiger und des Rechtsverkehrs Bestandsschutz haben. Es entstünde also mit Eintragung eine Kapitalgesellschaft, ohne dass zuvor eine Vorgesellschaft bestanden hätte. Der Streit ist damit ohne Auswirkung auf das auf die Vorgesellschaft anwendbare Recht, eine Entscheidung nicht erforderlich.

653 Ausgenommen der Fall, in dem die Beteiligungserklärung gewaltsam oder durch Drohung mit Gewalt gegen Leib oder Leben herbeigeführt wurde, Großkomm/*Röhricht*, AktG, § 23, Rdnr. 230; *Körber*, in: Bürgers/Körber, AktG, § 23, Rdnr. 48; Ulmer/*Ulmer/Löbbe*, GmbHG, § 2, Rdnr. 153; *Fastrich*, in: Baumbach/Hueck, GmbHG, § 2, Rdnr. 44. Die Anfechtung muss in Abweichung von § 124 BGB allerdings unmittelbar mit Beendigung der Zwangslage geltend gemacht werden, *Röhricht*, a. a. O.

654 *Flume*, BGB AT I/1, § 3 I, S. 37 ff.; *Flume*, BGB AT I/2, § 9 II, S. 323; *K. Schmidt*, Gesellschaftsrecht, § 4 II 1 a, S. 61; *Ballerstedt*, JuS 1963, 253, 255. Siehe auch § 1 GmbHG.

655 So die h. M.: BGH, Urteil vom 25.03.1974 – II ZR 63/72, BGHZ 62, 234, 241; BGH, Urteil vom 24.09.1979 – II ZR 95/78, BGHZ 75, 214, 217; BGH, Beschluss vom 04.03.2008 – KVZ 55/07, BeckRS 2008, 16751 – „NordKS/Xella"; Staudinger/*Habermeier*, BGB, § 705, Rdnr. 68; *A. Hueck*, OHG, § 7 III 4 a, S. 94; *Paschke*, ZHR 155 (1991), 1, 19 f.; *Goette*, DStR 1996, 266, 270; *Wiesner*, Fehlerhafte Gesellschaft, S. 130 ff.

Reaktion auf einen gesetzes- oder sittenwidrigen Verbandszweck darstellt[656]. Das wird deutlich, wenn man auf die Interessen Dritter, namentlich der Gläubiger abhebt[657]. Für diese muss es keineswegs erkennbar sein, ob die Gesellschaft, mit der sie es zu tun haben, auf einem nichtigen Gesellschaftsvertrag beruht[658]. Aber selbst wenn betroffene Dritte die Gesetz- oder Sittenwidrigkeit kennen, kann ihnen nicht zugemutet werden, dass sich die Gesellschaft unter Berufung auf die Nichtigkeit in Nichts auflöst[659]. Das Abstellen von Verstößen gegen § 1 GWB und §§ 134, 138 BGB ist letztlich auch nicht Sache der Vertragspartner, sondern der Kartellbehörde und anderer öffentlich-rechtlicher Einrichtungen[660]. Das wird deutlich daran, dass auch das Vereinsgesetz von einer Rechtsträgerschaft des verbotenen Vereins ausgeht, wenn es in § 3 Abs. 1 Nr. 1 VereinsG die Einziehung des Vermögens anordnet[661]. Eine Abwicklung ohne Anwendung der Regeln der fehlerhaften Gesellschaft kommt allenfalls im Verhältnis der Gesellschafter untereinander in Betracht[662]. Eine solche Abwicklung im Innenverhältnis kollidierte jedoch wiederum mit der angenommenen Wirksamkeit im Außenverhältnis[663]. Richtigerweise kann daher bei dem in Vollzug gesetzten Verband die Nichtigkeit des Verbandszwecks nur mit Wirkung *ex nunc* geltend gemacht werden, mit der Folge, dass auch eine Heilung möglich sein muss[664]. Für die Entstehung einer Vorgesellschaft genügt daher zunächst die Verfolgung irgendeines überindividuellen, also auch eines unzulässigen Zwecks.

Daraus, dass die Vorgesellschaft nicht auf Dauer als solche betrieben werden kann, ist zu folgern, dass die Beteiligungserklärung darauf gerichtet sein muss, den überindividuellen Zweck in der Rechtsform einer eingetragenen

---

656 MünchKomm/*Ulmer/Schäfer*, BGB, § 705, Rdnr. 334.

657 *Grunewald*, Gesellschaftsrecht, § 1, Rdnr. 174.

658 *Grunewald*, Gesellschaftsrecht, § 1, Rdnr. 174.

659 *Grunewald*, Gesellschaftsrecht, § 1, Rdnr. 174.

660 *K. Schmidt*, Gesellschaftsrecht, § 6 III 3 b aa, S. 151; *Grunewald*, Gesellschaftsrecht, § 1, Rdnr. 174; bezogen auf die kartellrechtswidrige Personengesellschaft auch *Lohse*, FS Säcker, S.

661 MünchKomm/*Ulmer/Schäfer*, BGB, § 705, Rdnr. 334; *K. Schmidt*, Gesellschaftsrecht, § 6 III 3, S. 150.

662 *Grunewald*, Gesellschaftsrecht, § 1, Rdnr. 174.

663 *Grunewald*, Gesellschaftsrecht, § 1, Rdnr. 174.

664 MünchKomm/*Ulmer/Schäfer*, BGB, § 705, Rdnr. 334; *Arnold*, in KölnerKomm, AktG, § 23, Rdnr. 163; *Grunewald*, Gesellschaftsrecht, 1. A, Rdnr. 166; *K. Schmidt*, Gesellschaftsrecht, § 6 III 3, S. 149 ff.; *Schäfer*, Fehlerhafter Verband, S. 260 ff.; *Schwintowski*, NJW 1988, 937, 942.

Kapitalgesellschaft zu verfolgen[665]. War der Wille der Gründer bei Vornahme des Errichtungsgeschäfts darauf gerichtet, den überindividuellen Zweck dauerhaft im Stadium der Vorgesellschaft zu verfolgen, handelt es sich bei diesem Verband nicht um eine Vorgesellschaft. Mit Invollzugsetzung entsteht entweder eine BGB-Gesellschaft oder eine oHG.

Weitere zwingende Grundvoraussetzung eines Verbandes ist die Verpflichtung des Mitglieds, den Verbandszweck durch einen Beitrag zu fördern[666]. Nach dem Aktien- und GmbH-Gesetz muss dieser Beitrag in Form einer Einlage geleistet werden, damit der Verband als Kapitalgesellschaft eingetragen werden darf. Bei einer Einlage handelt es sich um einen an den Verband zu übertragenden Vermögensgegenstand mit feststellbarem wirtschaftlichen Wert[667]. Die Verpflichtung zu Dienstleistungen (§ 27 Abs. 2 HS 2 AktG) oder die Verpflichtung zur ideellen Zweckförderung, wie sie für eine BGB-Gesellschaft ausreicht[668], genügt mithin nicht. Da das Innenhaftungskonzept der Vorgesellschaft bereits auf dem Kapitalaufbringungsgrundsatz beruht, ist bereits für die Entstehung einer Vorgesellschaft zu fordern, dass die Beitragsleistung die Qualität einer Einlage haben muss.

Fraglich ist, ob darüber hinaus die Satzung des Gründerverbandes den in §§ 23 Abs. 2 und 3 AktG, 3 Abs. 1 GmbHG geforderten Mindestinhalt aufweisen muss, um Vorgesellschaft zu sein, oder ob Mängel des Mindestsatzungsinhalts identitätswahrend geheilt werden können.

Schäfer[669] schließt daraus, dass die in §§ 275 ff. AktG, 75 f. GmbHG aufgeführten Satzungsmängel für die eingetragene Kapitalgesellschaft lediglich Auflösungsgründe darstellten, und Satzungsmängel darüber hinaus, einschließlich fehlender Mindestsatzungsbestandteile, nicht einmal zur Auflösung berechtigten, dass die Mindestsatzungsbestandteile insgesamt keine *essentialia* des Errichtungsgeschäfts sein könnten. Dass der Schluss unzulässig ist, zeigt sich daran, dass der Mangel der Form bei dem in Vollzug gesetzten Gründerverband nicht durch Nachholung der Form geheilt werden kann[670]. Eine Heilung tritt nur ein, wenn das Registergericht seine Prüfpflichten vernachlässigt und den Verband dennoch einträgt. Daraus, dass auch eine unzulässig erfolgte Eintragung den Entstehungsprozess der Kapitalgesellschaft wirksam vollendet, lässt sich nicht schließen, dass dieselben Mängel bereits der Entstehung einer Vorgesellschaft nicht entgegenstehen.

---

665 Siehe bereits oben C.III.

666 *K. Schmidt*, Gesellschaftsrecht, § 20 II 1 a), S. 567.

667 Siehe § 27 Abs. 2 HS 1 AktG.

668 Statt aller: MünchKomm/*Schäfer*, BGB, § 706, Rdnr. 2.

669 *Schäfer*, Fehlerhafter Verband, S. 164 f.

670 Siehe oben D.X.2.a)(1)(a).

Gegen einen grundsätzlichen Ausschluss der identitätswahrenden Nachholbarkeit der Vereinbarung von Gegenständen des Mindestsatzungsinhalts spricht aber, dass eine Zwischenverfügung nicht nur dann zu erlassen ist, wenn die Anmeldung zur Eintragung in das Handelsregister unvollständig ist, sondern auch dann, wenn der Eintragung zwar Hindernisse entgegenstehen, diese aber behebbar sind, § 25 Abs. 1 S. 3 HS 1 Alt. 2 HRV[671]. Es würde dem komplexen Gründungsvorgang nicht gerecht, bei Mängeln der notwendigen Satzungsbestandteile sogleich von einer Rechtsformverfehlung auszugehen und im Wege des Rechtsformzwangs dem Gründerverband die Rechtsform der BGB-Gesellschaft oder oHG zuzuweisen.

Eine identitätswahrende Heilung müsste allerdings für solche Mängel des Mindestsatzungsinhalts ausscheiden, die noch nach Eintragung mit der Nichtigkeitsklage geltend gemacht werden können und einer Heilung nicht zugänglich sind. Von den in §§ 275 Abs. 1 AktG, 75 Abs. 1 GmbHG genannten Mängeln soll nach dem Wortlaut der §§ 276 AktG, 76 GmbHG nur ein Mangel, der die Bestimmungen über den Gegenstand des Unternehmens betrifft, durch Satzungsänderung geheilt werden können. Allein das GmbH-Gesetz verlangt hierfür die Einstimmigkeit. Ob auch das Fehlen der Bestimmungen über die Höhe des Grund- bzw. Stammkapitals, einer Heilung nach §§ 276 AktG, 76 GmbHG zugänglich ist, ist umstritten. Eine verbreitete Ansicht folgert aus dem Wortlaut dieser Normen, der den Nichtigkeitsgrund des Fehlens der Bestimmungen über die Höhe des Grund- bzw. Stammkapitals nicht nennt, dass dieser Mangel überhaupt nicht heilbar sei[672]. Beim Fehlen der Bestimmungen über die Höhe des Grund- bzw. Stammkapitals wäre mithin stets eine Neugründung erforderlich. Diese Ansicht berücksichtigt jedoch nicht hinreichend, dass es sich bei der Nichtigkeit nach heute einhelliger Ansicht um einen Auflösungsgrund handelt

---

671 In der Zwischenverfügung ist das Hindernis, das zu beseitigen ist, unter Darlegung der Gründe vollständig zu bezeichnen und zu seiner Beseitigung regelmäßig auch eine Frist zu bestimmen, *Ammon*, DStR 1993, 1025, 1029. Das Aktiengesetz 1937 sah sogar in § 31 Abs. 2 Satz 2, der Vorgängernorm des jetzigen § 38 AktG, ausdrücklich vor, dass den Beteiligten vor einer Ablehnung der Eintragung Gelegenheit gegeben werden sollte, den Beanstandungen abzuhelfen. Diese Bestimmung wurde nur deshalb nicht in das Aktiengesetz 1965 übernommen, weil kein Anlass bestand, neben § 26 Satz 2 HRV eine auf die Eintragung einer Aktiengesellschaft beschränkte Sonderregelung zu treffen, *Kropff*, AktG, S. 58.

672 MünchKomm/*Hüffer*, AktG, § 276, Rdnr. 5; *Hüffer*, AktG, § 276, Rdnr. 1; *Kraft*, in: KölnerKomm, AktG, § 276, Rdnr. 4; *Bachmann*, in: Spindler/Stilz, § 276 AktG, Rdnr. 3; Rowedder/*Baukelman*, GmbHG, § 76, Rdnr. 1 f., 5.

und die Fortsetzung einer aufgelösten Gesellschaft bei allen Auflösungsgründen zulässig ist[673]. Weiter spricht gegen diese Ansicht, dass es keinen Grund gibt, das Fehlen einer Bestimmung über die Höhe des Stammkapitals anders zu behandeln als die Nichtigkeit einer solchen Bestimmung[674]. Die Heilung der letzteren ist durch die §§ 276 AktG, 76 GmbHG nicht ausgeschlossen, weil sie gar nicht erst zur Nichtigkeitsklage berechtigen soll. Ihre Heilbarkeit wird aber für die Aktiengesellschaft von § 399 Abs. 1 S. 1 FamFG und für die GmbH von § 399 Abs. 4 i. V. m. Abs. 1 S. 1 FamFG vorausgesetzt[675]. Der Mangel des Fehlens der Bestimmungen über die Höhe des Grund- bzw. Stammkapitals muss mithin ebenfalls durch Satzungsänderung heilbar sein[676]. Mit den §§ 276 AktG, 76 GmbHG ist eine Einschränkung der Heilbarkeit von Satzungsmängeln vor Eintragung mithin nicht zu begründen.

Zweifelhaft ist, ob auch der Schutz der Gründer gebieten kann, dass ein Gründerverband nicht als Vorgesellschaft, sondern als Gesamthandsgesellschaft einzuordnen ist. Dagegen spricht, dass der Gesetzgeber in zwei anderen Zusammenhängen bestimmt hat, dass die innere Verbandsordnung grundsätzlich nicht im öffentlichen Interesse ist, solange nicht Rechte Dritter oder der Allgemeinheit berührt sind. So soll nach dem erklärten Willen des Gesetzgebers das Registergericht eine Eintragung der Kapitalgesellschaft auch dann vornehmen, wenn Bestimmungen des fakultativen Satzungsinhalts auf Grund der Verletzung von Mitgliederrechten nichtig sind[677]. Eine vergleichbare Wertung findet sich im

---

673 *K. Schmidt*, in: Scholz, GmbHG, § 76, Rdnr. 1; *K. Schmidt/Bitter*, in: Scholz, GmbHG, § 60, Rdnr. 79; Michalski/*Rühland*, GmbHG, § 76, Rdnr. 5.

674 Michalski/*Rühland*, GmbHG, § 76, Rdnr. 5; *Büteröwe*, in: Henssler/Strohn, Gesellschaftsrecht, § 76 GmbHG, Rdnr. 3; *Haas*, in: Baumbach/Hueck, GmbHG, § 76, Rdnr. 3.

675 Michalski/*Rühland*, GmbHG, § 76, Rdnr. 5; *Büteröwe*, in: Henssler/Strohn, Gesellschaftsrecht, § 76 GmbHG, Rdnr. 3; *Haas*, in: Baumbach/Hueck, GmbHG, § 76, Rdnr. 3.

676 *K. Schmidt*, in: Scholz, GmbHG, § 76, Rdnr. 2; Michalski/*Rühland*, GmbHG, § 76, Rdnr. 5; *Büteröwe*, in: Henssler/Strohn, Gesellschaftsrecht, § 76 GmbHG, Rdnr. 3; *Haas*, in: Baumbach/Hueck, GmbHG, § 76, Rdnr. 3.

677 „Eine vorbeugende Überprüfung der Satzung im Hinblick auf Bestimmungen, die Gesellschafterrechte verletzten [ist] nicht notwendig; bei den Personenhandelsgesellschaften (oHG, KG) wird der Gesellschaftsvertrag überhaupt nicht überprüft, er muß in der Regel noch nicht einmal beim Registergericht eingereicht werden. Sinnvollerweise sollte sich das Gericht bei der Ersteintragung von Kapitalgesellschaften auf die Kontrolle der für das Entstehen einer juristischen Person im öffentlichen Interesse und aus Gläubigerschutzgründen unabdingbaren Vertragsbestandteile beschränken

Beschlussmängelrecht, wo nur besonders evidente oder inhaltlich schwerwiegende Normverstöße zur Beschlussnichtigkeit führen[678]. Ein Beschluss ist wegen inhaltlicher Mängel nur dann nichtig, wenn er mit dem Wesen der Aktiengesellschaft nicht zu vereinbaren ist oder durch seinen Inhalt Vorschriften verletzt, die ausschließlich oder überwiegend zum Schutze der Gläubiger der Gesellschaft oder sonst im öffentlichen Interesse gegeben sind (§ 241 Nr. 3 AktG) oder durch seinen Inhalt gegen die guten Sitten verstößt (§ 241 Nr. 4 AktG). Die Verletzung von Mitgliedschaftsrechten führt daher regelmäßig nur zur Anfechtbarkeit[679].

Eine identitätswahrende Heilung fehlender oder nichtiger Gegenstände des Mindestsatzungsinhalts müsste aber dann ausgeschlossen sein, wenn rechtliche Interessen Dritter oder der Allgemeinheit durch das Fehlen oder die Nichtigkeit der Bestimmungen unter der Rechtsform der Vorgesellschaft stärker beeinträchtigt werden als unter der Rechtsform der Gesamthandsgesellschaft, die der Gründerverband bei Versagung der identitätswahrenden Heilung im Wege des Rechtsformzwangs zugewiesen bekommen würde.

Eine solche Beeinträchtigung rechtlicher Interessen Dritter oder der Allgemeinheit könnte bei der fehlenden oder nichtigen Satzungsbestimmungen zu Firma oder Sitz der Vorgesellschaft (§§ 23 Abs. 3 Nr. 1 AktG, 3 Abs. 1 Nr. 1 GmbHG) gegeben sein. Nur weil der formelle Satzungstext eine Bestimmung zu Firma oder Sitz nicht enthält, bedeutet dies allerdings nicht, dass der Gründerverband nicht dennoch hierüber verfügt. Bestimmt der formelle Satzungstext weder Firma noch Sitz der Vorgesellschaft (§§ 23 Abs. 3 Nr. 1 AktG, 3 Abs. 1 Nr. 1 GmbHG), ist daher ebenso wie bei der Gesamthandsgesellschaft, deren Gesellschaftsvertrag keiner Form bedarf, der Name maßgeblich, unter dem der Verband im geschäftlichen Verkehr auftritt[680]. Hinsichtlich ihres Sitzes ist der tatsächliche Verwaltungssitz bestimmend[681]. Interessen der Allgemeinheit und der Gläubiger sind durch fehlende Satzungsbestimmungen zu Firma und Sitz daher nicht weniger beeinträchtigt, wenn der Gründerverband als BGB-Gesellschaft oder oHG qualifiziert wird, denn als Vorgesellschaft.

---

und nicht eine vollständige Vorabkontrolle privatrechtlicher Bestimmungen vornehmen.“, Begr RegE HRefG, BT-Drucks. 13/8444, S. 99 (zur Einführung des damaligen § 38 Abs. 3 AktG, nunmehr § 38 Abs. 4 AktG).

678 *Hüffer*, AktG, § 241, Rdnr. 1.

679 *Hüffer*, AktG, § 241, Rdnr. 14 ff. m. w. N.; *Haas*, in: Baumbach/Hueck, GmbHG, Anhang nach § 47, Rdnr. 44 ff. m. w. N.

680 Vgl. § 17 Abs. 1 HGB.

681 MünchKomm/*Reuter*, BGB, § 24, Rdnr. 9; *Breuninger*, BGB-Gesellschaft als Rechtssubjekt, S. 47 f.

Die Bestimmung des Gegenstands des Unternehmens (§§ 23 Abs. 3 Nr. 2 AktG, 3 Abs. 1 Nr. 2 GmbHG) dient allein dem Interesse der Verbandsmitglieder und dem der Anleger[682]. Da vor Eintragung ein Mitgliederwechsel nur durch allseitige Vertragsänderung möglich ist, sind durch eine fehlende Bestimmung des Unternehmensgegenstands Anlegerinteressen nicht berührt.

Eine fehlende Bestimmung des Grund- bzw. Stammkapitals (§§ 23 Abs. 3 Nr. 3 AktG, 3 Abs. 1 Nr. 3 GmbHG) berührt nicht die Rechte Dritter, da sie für die Begründung der Verlustausgleichspflicht nach dem Binnenhaftungsmodell nicht erforderlich ist. Gleiches gilt für die detaillierten Angaben zu Aktien und Geschäftsanteilen (§§ 23 Abs. 2 Nr. 4 und 5 AktG, 3 Abs. 1 Nr. 4 GmbHG).

Fehlt eine Satzungsbestimmung, die die Zahl der Mitglieder des Vorstands der Aktiengesellschaft bestimmt, oder fehlen die Regeln, nach denen diese Zahl festgelegt wird (§ 23 Abs. 3 Nr. 6 AktG), wird man die tatsächlich bestellten Vorstandsmitglieder unbeschadet der Vorgaben des § 76 Abs. 2 S. 2 AktG stets als Gesamtvorstand ansehen müssen, so dass der Gründerverband uneingeschränkt handlungsfähig ist. Die Interessen der Allgemeinheit und der Gläubiger sind durch das Fehlen einer Satzungsbestimmung, die die Zahl der Mitglieder des Vorstands bestimmt oder die Regeln, nach denen diese Zahl festgelegt wird, daher nicht beeinträchtigt. Diese Interpretation folgt nicht zuletzt daraus, dass § 23 Abs. 3 Nr. 6 AktG erst in Umsetzung der Kapitalrichtlinie[683] Eingang in das Aktiengesetz gefunden hat[684]. Die Kapitalrichtlinie verfolgt in Fortsetzung der Publizitätsrichtlinie[685] den Zweck „jedem Interessierten die Möglichkeit [zu] bieten, die wesentlichen Merkmale der Gesellschaft“[686] und zwar vor dem Hintergrund, dass „diese Gesellschaften zum Schutze Dritter lediglich das Gesellschaftsvermögen zur Verfügung stellen.“[687] Da die Mitglieder der Vorgesellschaft unbegrenzt für Verluste haften, gebietet die effektive Umsetzung der Kapitalschutzrichtlinie nicht, die Möglichkeit der Heilung des Satzungsmangels im Gründungsstadium

---

682 Siehe oben D.VI.1.b).

683 Zweite Richtlinie des Rates der Europäischen Gemeinschaften zur Koordinierung des Gesellschaftsrechts – Kapitalschutzrichtlinie vom 13. Dezember 1976 (77/91/EWG), Amtsblatt Nr. L 26/1 vom 31. Januar 1977, S. 1–13, siehe dort Art. 2 lit. d.

684 Begr. RegE, BT-Drucks. 8/1679, S. 11 f.

685 Erste Richtlinie des Rates der Europäischen Gemeinschaften zur Koordinierung Gesellschaftsrechts – Publizitätsrichtlinie vom 9. März 1968 (68/151/EWG), Amtsblatt Nr. L 65 vom 14/03/1968, S. 8 ff.

686 Dritter Erwägungsgrund der Kapitalschutzrichtlinie.

687 Dritter Erwägungsgrund Publizitätsrichtlinie.

auszuschließen und dem Verband den Charakter als Vorstufe der Aktiengesellschaft zu versagen.

Die Satzung der Aktiengesellschaft muss schließlich Bestimmungen über die Form der Bekanntmachungen der Gesellschaft enthalten (§ 23 Abs. 4 AktG). Dieses Erfordernis besteht nur vor dem Hintergrund der freiwilligen Bekanntmachungen, also solchen, die das Gesetz oder die Satzung vorschreiben, ohne zugleich die Gesellschaftsblätter als Publikationsorgan zu bestimmen[688]. Interessen der Allgemeinheit oder gesellschaftsfremder Dritter sind durch das Fehlen einer Satzungsbestimmung über die Form der Bekanntmachungen der Gesellschaft mithin nicht betroffen.

Zusammenfassend kann daher festgestellt werden, dass der Inhalt der Beteiligungserklärung lediglich auf die Verfolgung eines überindividuellen Zwecks in der Rechtsform einer Kapitalgesellschaft gerichtet sein muss, damit eine – wenn auch noch nicht eintragungsfähige Vorgesellschaft entsteht.

(d) Erfordernis der Übernahme sämtlicher Kapitalanteile

Aus § 29 AktG könnte für die Aktiengesellschaft und in entsprechender Anwendung für die GmbH zu folgern sein, dass eine Vorgesellschaft erst dann entstanden ist, wenn *sämtliche* Kapitalanteile von den Gründern übernommen worden sind. Wurden etwa aufgrund fehlender Geschäftsfähigkeit eines Gründers nicht sämtliche Kapitalanteile übernommen, könnte mit Geschäftsaufnahme eine (fehlerhafte) BGB-Gesellschaft oder oHG entstanden sein. Die Norm des § 29 AktG ist vor dem Hintergrund der bis zum Inkrafttreten des Aktiengesetzes 1965 möglichen Stufengründung auszulegen. Im Unterschied zu der heute allein zulässigen Simultangründung, bei der nur die Gründer die Aktien übernehmen können (§§ 28, 29 AktG), war die Stufengründung dadurch gekennzeichnet, dass die Gründer bei Feststellung der Satzung nur einen Teil der satzungsmäßig vorgesehenen Aktien übernommen hatten, der Rest der Aktien sodann von anderen Personen als den Gründern übernommen wurde (§ 30 Abs. 2 AktG 1937) und die Gesellschaft dann erst in einer vom Gericht einberufenen Hauptversammlung über die Errichtung beschlossen wurde (§ 30 Abs. 6 AktG 1937). Bei Auslegung des § 29 AktG ist die Betonung daher nicht auf die Worte „*aller* Aktien“, sondern auf dem Ausdruck „durch die *Gründer*“ zu legen. § 29 AktG soll also lediglich zum Ausdruck bringen, dass die Kapitalgesellschaft bei der Simultangründung bereits mit Feststellung der Satzung, also mit dem

688 MünchKomm/*Pentz*, AktG, § 23, Rdnr. 143; *Kraft*, in: KölnerKomm, AktG, § 23, Rdnr. 80; *Hüffer*, AktG, § 23, Rdnr. 32.

förmlichen Abschluss des Beurkundungsvorgangs[689], errichtet ist. Die materielle Unwirksamkeit einzelner Beteiligungserklärungen steht daher der Entstehung einer Vorgesellschaft nicht entgegen.

(e) Fazit

Eine Vorgesellschaft entsteht bereits dann, wenn eine wirksame Beteiligungserklärung vorliegt, die auf die Verwirklichung eines überindividuellen Zwecks in der Rechtsform der eingetragenen Kapitalgesellschaft gerichtet ist, die die Verpflichtung zur Leistung einer Einlage beinhaltet und notariell beurkundet ist. Ein Verband, der durch ein solches „Rumpfgeschäft" errichtet wurde, darf erst dann als Kapitalgesellschaft in das Handelsregister eingetragen werden, wenn das Errichtungsgeschäft so geändert bzw. ergänzt oder erweitert wurde, dass es den Vorgaben des § 23 AktG oder § 3 Abs. 1 GmbHG entspricht. Hierbei ist die Form des § 23 AktG bzw. § 2 Abs. 1 GmbHG zu wahren.

(2) Feststellung der Gesamtnichtigkeit der Satzung

Im Rahmen der Bestimmung der Mindestanforderungen an die Entstehung einer Vorgesellschaft wurde bereits festgestellt, dass ein nichtiger Verbandszweck zur Gesamtnichtigkeit des Errichtungsgeschäfts im Sinne der Lehre vom fehlerhaften Verband führt und deshalb mit Invollzugsetzung eine fehlerhafte Vorgesellschaft entstehen lässt. Zu klären ist, in welchen weiteren Fällen ein Verband, der die im vorigen Abschnitt aufgestellten Mindestanforderungen einer Vorgesellschaft erfüllt, nichtig i. S. d. Lehre vom fehlerhaften Verband sein kann. Die ermittelten Mindestanforderungen an die Entstehung einer Vorgesellschaft sind denknotwendig als „Minus" in den Anforderungen enthalten, die das Gesetz an die Eintragung als Kapitalgesellschaft stellt. In subjektiver Hinsicht werden bei der Gründung regelmäßig mehr als eine Beteiligungserklärung abgegeben, in objektiver Hinsicht wird das Errichtungsgeschäft zumeist die Mindestsatzungsbestandteile enthalten und darüber hinaus noch weitere Satzungsregelungen vorsehen.

Die Nichtigkeit des Errichtungsgeschäft könnte sich also nur noch daraus ergeben, dass hinsichtlich des für die Eintragung erforderlichen oder aber von den Gründern gewollten „Mehr" an Satzungsregelung ein rechtsgeschäftlicher Mangel vorliegt, der die Nichtigkeit des Rumpfgeschäfts zur Folge hat. Dieser kann nur darin bestehen, dass ein Einigungsmangel vorliegt oder aber eine

689 *Hüffer*, AktG, § 29, Rdnr. 2; MünchKomm/*Doralt/Diregger*, AktG, § 29, Rdnr. 3.

Satzungsbestimmung aufgrund Gesetzes- oder Sittenverstoßes[690] nichtig ist, also ein Inhaltsmangel gegeben ist. Die Feststellung sowohl eines Einigungs- wie eines Inhaltsmangels setzt regelmäßig voraus, dass der rechtsgeschäftliche Regelungsgehalt der Satzung durch Auslegung ermittelt wurde. Zunächst soll daher nachfolgend [(a)] geklärt werden, nach welchen Maßstäben die Satzung der Vorgesellschaft auszulegen ist. Da bei Einmann-Gründung naturgemäß Einigungsmängel als Nichtigkeitsgrund ausscheiden, soll bei der sich anschließenden Untersuchung der Nichtigkeitsgründe die Mehrpersonen-Vorgesellschaft [(b)] und die Einmann-Vorgesellschaft [(c)] getrennt betrachtet werden.

(a) Maßstab für die Auslegung der Satzung

Zur Feststellung von Satzungsmängeln ist zunächst der genaue Regelungsgehalt der Satzung durch Auslegung zu ermitteln. Von Interesse sind dabei nur die Bestimmungen der Satzungsurkunde, die materiell auch dorthin gehören, weil sie dem Formerfordernis der §§ 23 Abs. 1 S. 1 AktG, 2 GmbHG genügen müssen, deren Änderung daher den strengen Anforderungen der §§ 177 ff. AktG, 53 ff. GmbHG unterliegen und die Rechtsnachfolger in der Mitgliedschaft binden. Das sind neben den zwingend aufzunehmenden Bestimmungen also in jedem Fall die von den §§ 23 AktG 2, 3 Abs. 1 GmbHG geforderten Regelungen solche Bestimmungen, „die in Ergänzung oder Änderung des gesetzlichen Organisationsrechts die Grundlagen der Gesellschaft, ihre Beziehungen zu den Gesellschaftern sowie die Rechtsstellung ihrer Organe regeln“[691]. Es handelt sich hierbei um die „echten“ Satzungsbestimmungen. Sie werden auch gleichermaßen als korporative, materielle oder als körperschaftsrechtliche Satzungsbestandteile bezeichnet[692].

---

690 Mit der Nichtigkeit wegen Gesetzesverstoßes sind nicht nur die Verstöße gegen ein gesetzliches Verbot (§ 134 BGB), sondern auch die gegen zwingendes (Gesellschafts-) Recht angesprochen. Eine Vertragsbestimmung ist auch dann nichtig, wenn sie gegen Normen verstößt, die die rechtsgeschäftlichen Gestaltungsmöglichkeiten begrenzen. Diese Normen sind keine Verbotsgesetze i. S. d. § 134 BGB, *Flume*, BGB AT II, § 17 2., S. 343. Zur Abgrenzung der Unwirksamkeit wegen Verstoßes gegen zwingendes Recht und der Unwirksamkeit wegen Verstoßes gegen ein Verbotsgesetz, siehe auch *Ulrici*, JuS 2005, 1073, 1073 ff. m. w. N. Die Bezeichnungen eines Rechtsgeschäfts als „nichtig“ bzw. „unwirksames“ sind austauschbar, da sie vom Gesetzgeber selbst synonym gebraucht werden, *Flume*, BGB AT II, § 30 2., S. 548 f.

691 Ulmer/*Ulmer*, GmbHG, § 53, Rdnr. 8. Siehe auch MünchKomm/*Harbarth*, GmbHG, § 53, Rdnr. 10.

692 MünchKomm/*Harbarth*, GmbHG, § 53, Rdnr. 10 mit den dortigen Nachweisen. Ihnen stehen die Bestimmungen gegenüber, die nur der äußeren Form nach in die Urkunde mit aufgenommen werden, die sog. unechten Satzungsbestimmungen

Einigkeit besteht darin, dass Satzungen wie Willenserklärungen und nicht wie Gesetze auszulegen sind[693], ein Auslegungskriterium in jedem Fall also der Empfängerhorizont ist[694]. Streitig ist jedoch, ob individuelle Vorstellungen der Gründer zu berücksichtigen sind (§ 133 BGB). Bereits aus dem Erfordernis der Beurkundung der Satzung gemäß §§ 23 Abs. 1 S. 1 AktG, 2 GmbHG folgt bei der eingetragenen Kapitalgesellschaft und der Vorgesellschaft gleichermaßen, dass Auslegungen der Satzung ausscheiden, die in der Urkunde selbst nicht wenigstens angedeutet sind[695].

Gegen die Berücksichtigung der individuellen Vorstellungen der Gründer könnte sprechen, dass mit Invollzugsetzung der Vorgesellschaft die Satzung nicht nur für die unmittelbaren Gründer, sondern auch für außenstehende Dritte rechtliche Wirkungen entfaltet[696]. Zu diesen außenstehenden Dritten gehören zunächst die Gläubiger der Kapitalgesellschaft. Ihre Interessen werden insbesondere von Satzungsregelungen zur Haftungs- und Kapitalverfassung berührt[697]. *Grunewald*[698] wendet dagegen ein, dass Gläubigerinteressen nur hinsichtlich solcher Satzungsbestimmungen schützenswert seien, die dem Schutz des § 15 HGB unterliegen, weil sie gemäß §§ 39 AktG, 10 GmbHG unmittelbar in das Register eingetragen werden. Hinsichtlich der fakultativen Satzungsbestimmungen werde das Gläubigerinteresse durch zwingendes Recht hinreichend geschützt. Dieser Befund deckt sich jedenfalls seit dem HRefG nicht mehr mit dem Gesetz. Gemäß den seinerzeit eingefügten §§ 38 Abs. 4 Nr. 2 AktG, 9c Abs. 2 Nr. 2 GmbHG ist die Ersteintragung auch dann abzulehnen, wenn eine Satzungsbestimmung, ihr Fehlen oder ihre Nichtigkeit Vorschriften verletzt, die ausschließlich oder überwiegend zum Schutze der Gläubiger der Gesellschaft oder sonst im öffentlichen Interesse gegeben sind. Da die §§ 38 Abs. 4 Nr. 1 AktG, 9c Abs. 2 Nr. 1 GmbHG bereits die Zurückweisung des Eintragungsantrags ermöglichen, wenn

---

(synonym werden die Bezeichnungen formelle, nichtkorporative oder individualrechtliche Satzungsbestimmungen genannt), MünchKomm/*Harbarth*, GmbHG, a. a. O.

693 RG, Urteil vom 12.10.1940 – II 33/40, RGZ 165, 68, 73.

694 *Wiedemann*, DNotZ 1977, Sonderheft, S. 99 ff.

695 Zur sog. Andeutungstheorie bei formbedürftigen Rechtsgeschäften siehe MünchKomm/*Einsele*, BGB, § 125, Rdnr. 37 f. m. w. N.

696 Michalski/*Michalski*, GmbHG, § 2, Rdnr. 48; *Flume*, BGB AT I/2, § 9 I, S. 320 (dort Fn. 28).

697 Zur Geltung der Kapitalschutzvorschriften im Stadium der Vorgesellschaft siehe oben D.VIII.

698 *Grunewald*, ZGR 1995, 68, 88; ebenso MünchKomm/*Mayer*, GmbHG, § 2, Rdnr. 166.

eine der Regelungen des Mindestsatzungsinhalts fehlt oder nichtig ist, können sich die vorgenannten Vorschriften nur auf die fakultativen Satzungsbestandteile beziehen. Das Gesetz sieht demnach die Gefahr der Beeinträchtigung von Gläubigerinteressen durch fakultative Satzungsbestimmungen. Satzungsbestimmungen, die Gläubigerinteressen berühren, sind daher objektiv auszulegen[699].

Nahezu komplementär zu den Satzungsbestimmungen mit Bezug zu Gläubigerinteressen verhalten sich die Regelungen, die die Rechte und Pflichten der Organe konkretisieren. Sie sind in erster Linie von den handelnden Organen auszulegen. Der Vorstand muss etwa die Hauptversammlung einberufen, wenn die in der Satzung hierfür gemäß § 121 Abs. 1 AktG aufgestellten besonderen Einberufungsgründe gegeben sind. Wurden gemäß § 121 Abs. 5 AktG in der Satzung mehrere Orte für die Hauptversammlung bestimmt, so hat der Vorstand (oder der sonst zur Einberufung Berechtigte) hinsichtlich der Orte möglicherweise ein Wahlrecht[700], was aber erst durch Auslegung der Bestimmung zu klären ist. Da die Satzung gemäß § 121 Abs. 4 AktG auch die Form der Einberufung bestimmen kann, können sich auch hier für den Einberufenden Auslegungsprobleme ergeben. Schließlich kann die Satzung von nichtbörsennotierten Gesellschaften gemäß § 121 Abs. 7 AktG die Berechnung der Fristen im Zusammenhang mit der Einberufung der Hauptversammlung bestimmen, wobei diese Fristen dann der Auslegung bedürfen. Beispielhaft für eine Satzungsbestimmung, die sich an den Aufsichtsrat richtet, ist die gemäß § 23 Nr. 6 AktG zu treffende Bestimmung der Anzahl der Vorstandsmitglieder, da der Aufsichtsrat gemäß § 84 Abs. 1 S. 1 AktG die Vorstandsmitglieder beruft. Die GmbH-Satzung kann aufgrund der fehlenden Satzungsstrenge unzählige Regelungen treffen, die sich an den GmbH-Geschäftsführer, den (fakultativen) Aufsichtsrat oder etwa an einen Beirat richten. Hinsichtlich der Einberufungspflichten kann die Satzung etwa die in § 49 Abs. 2 und 3 GmbHG geregelten Tatbestände erweitern[701] und bei einem fakultativ eingerichteten Aufsichtsrat dessen Einberufungsrecht und -pflicht nach Belieben ausschließen, einschränken oder erweitern[702]. Da bei der Kapitalgesellschaft die Fremdorganschaft zulässig ist, ist bei dem Empfängerhorizont des angesprochenen Organs nicht notwendigerweise von der Kenntnis

---

699 RG, Urteil vom 04.06.1940 – II 171/39, RGZ 164, 129, 140; RG, Urteil vom 25.01.1939 – II 94/38, RGZ 159, 321, 326; *Flume*, BGB AT I/2, S. 320; *K. Schmidt*, Gesellschaftsrecht, § 5 I 4. a, S. 88.

700 *Hüffer*, AktG, § 121, Rdnr. 13.

701 Michalski/*Römermann*, GmbHG, § 49, Rdnr. 138.

702 *Seibt*, in: Scholz, GmbHG, § 49, Rndr. 7; Michalski/*Römermann*, GmbHG, § 49, Rdnr. 146.

eines einheitlichen Satzungsverständnisses der Gründer auszugehen. Das Organ wird die Satzung daher aus sich heraus, also objektiv auslegen.

Die Satzung ist nicht zuletzt für Neumitglieder von Bedeutung, welche die Motive der Gründer i.d.R. nicht kennen und auch nicht kennen müssen. Nach wohl einhelliger Ansicht[703] ist daher jedenfalls nach dem ersten Mitgliederwechsel die Satzung ausschließlich aus sich heraus auszulegen. Streitig ist lediglich, ob dies auch für den Zeitraum davor gilt. Ein Teil des Schrifttums sieht für eine Beschränkung der Auslegung auf die Satzungsurkunde vor einem Mitgliederwechsel kein Bedürfnis[704]. Nach der Rechtsprechung und eines Teils der Literatur[705] soll es hierauf nicht ankommen. Sieht die Satzung eine freie Übertragung der Mitgliedschaft vor, soll dies bereits genügen, um sich bei der Auslegung von Anfang an allein auf den Empfängerhorizont eines nicht mit den Vorstellungen der Gründer vertrauten Dritten abzustellen. Da im Stadium der Vorgesellschaft ein freier Mitgliederwechsel nicht möglich ist, lässt sich nach beiden Ansichten eine Beschränkung der Auslegung auf objektive Kriterien nicht mit dem Schutz der Interessen von Neumitgliedern begründen.

Für eine objektive Auslegung der Satzung, unabhängig von einem Mitgliederwechsel oder davon, dass Gläubigerinteressen betroffen sind, spricht jedoch letztlich, dass es sich bei der eingetragenen Kapitalgesellschaft wie bei der Vorgesellschaft um einen überindividuellen Rechtsträger handelt, der auch im Innenverhältnis von der Gesamtheit seiner Mitglieder verschieden ist[706]. Die eingetragene Kapitalgesellschaft wie die Vorgesellschaft verfügen über eine echte organschaftliche Organisationsverfassung, bei der den gesetzlich vorgesehenen Organen Kompetenzen originär und in einer die Kompetenzen der

703 Siehe die Nachweise in den beiden nachfolgenden Fußnoten.

704 MünchenKomm/*Busche*, BGB, § 133, Rdnr. 39; *Nitschke*, Personengesellschaft, S. 172; *Grunewald*, ZGR 1995, 68, 77 f., 92.

705 BGH, Urteil vom 11.10.1993 – II ZR 155/92, BGHZ 123, 347, 350; BGH, Urteil vom 16.02.1981 – II ZR 89/79, GmbHR 1982, 129, 130 (keine Ausnahme von der objektiven Auslegung für die personalistisch strukturierte GmbH; „Notwendigkeit, alle Bestimmungen, die nicht nur individual-rechtlichen Charakter haben, sondern die mitgliedschaftlichen Verhältnisse generell mit Wirkung für und gegen jedermann bestimmen, einheitlich und gleichmäßig allein auf der Grundlage des Gesellschaftsvertrags auszulegen“); Ulmer/*Ulmer/Löbbe*, GmbHG, § 2, Rdnr. 195; *K. Schmidt*, Gesellschaftsrecht, § 5 I 4 c, S. 90.

706 Ebenso *Kießling*, Vorgründungs- und Vorgesellschaften, S. 268, der auch die BGB-Gesellschaft und Personenhandelsgesellschaften als überindividuelle, gegenüber den Mitgliedern abstrahierte Wirkungseinheiten ansieht und konsequenterweise für den Gesellschaftsvertrag ebenfalls zu einer objektiven Auslegung gelangt.

Mitgliedergesamtheit verdrängenden Weise zugewiesen sind, sich also nicht von der Mitgliedergesamtheit ableiten. Die Vorgesellschaft ist damit auch im Innenverhältnis gegenüber ihren Mitgliedern verabsolutiert. Der Verband hat eigene Interessen[707], was dadurch zum Ausdruck kommt, dass die Organe bei ihrem Handeln nicht den Mitgliederinteressen verpflichtet sind, sondern sich von dem Unternehmensinteresse leiten lassen müssen[708]. Dem wird nur eine objektive Auslegung der Satzung gerecht. Damit steht nicht nur für die eingetragene Kapitalgesellschaft, sondern auch für die Vorgesellschaft fest, dass die Auslegung der Satzung allein nach objektiven Kriterien zu erfolgen hat[709], da auch letztere bereits über eine organschaftliche Organisationsverfassung verfügt[710].

Das schließt nicht aus, dass ein von der objektiven Satzungsauslegung abweichendes Verständnis der Gründer im Verhältnis dieser untereinander nicht noch Berücksichtigung finden kann. Insoweit ist mit *K. Schmidt*[711] zwischen der für jedermann maßgeblichen objektiven Auslegung auf Verbandsebene und den daraus resultierenden Rechten und Pflichten der einzelnen Mitglieder zu unterscheiden. Im Verhältnis untereinander sind die Gründer durch individuelle Treuepflichten an ihr subjektives Verständnis der Satzung gebunden, soweit dies nicht gegen zwingendes Recht oder den eindeutigen Wortlaut der Satzung verstößt[712].

---

707 Diese eigenen Interessen des Verbandes lässt *Fleischer*, DB 2013, 1466, 1474 ff. bei seiner interessengeleiteten Differenzierung leider unerwähnt.

708 Für die AG: MünchKomm/*Habersack*, AktG, § 116, Rdnr. 11; *Hüffer*, AktG, § 76, Rdnr. 12; Ziff. 4.1.1, 5.5.1 DCGK; *Hopt*, ZGR 1993, 534, 536 f.; krit. Großkomm/*Kort*, AktG, § 76, Rdnr. 40; MünchKomm/*Spindler*, AktG, § 76, Rdnr. 69 ff.; *Raiser/Veil*, Kapitalgesellschaften, § 14, Rdnr. 14; *Schön*, ZGR 1996, 429, 438 ff. Für die GmbH: BGH, Beschluss vom 08.10.2007 – AnwZ (B) 92/06, NJW 2008, 517, 519; OLG Koblenz, Urteil vom 12.05.1999 – 1 U 1649/97, NJW-RR 2000, 483, 484; OLG Zweibrücken, Urteil vom 22.12.1998 – 8 U 98/98, NZG 1999, 506, 507; MünchKomm/*Fleischer*, GmbHG, § 43, Rdnr. 13; Michalski/*Haas/Ziemons*, GmbHG, § 43, Rdnr. 71 a; *Raiser/Veil*, Kapitalgesellschaften, § 32, Rdnr. 75; *Schneider*, in: Scholz, GmbHG, § 43, Rdnr. 65.

709 Ebenfalls für objektive Auslegung der Satzung auch bei der Vorgesellschaft: *Arnold*, in: Kölner Komm, AktG, § 23, Rdnr. 25; Großkomm/*Röhricht*, AktG, § 23, Rdnr. 33; Großkomm/*K. Schmidt*, AktG, § 41, Rdnr. 53; *Körber*, in: Bürgers/Körber, AktG, § 41, Rdnr. 7; *Körber*, in: Bürgers/Körber, AktG, § 23, Rdnr. 23 (auch mit dem berechtigten Hinweis, dass der Satzungsinhalt vor und nach Eintragung nicht unterschiedlich sein kann).

710 Siehe oben D.IV.5.c).

711 *K. Schmidt*, Gesellschaftsrecht, § 5 I 4 c, S. 90 f.

712 *K. Schmidt*, Gesellschaftsrecht, § 5 I 4 c, S. 91. Siehe zu den Treuepflichten auch unten D.X.2.c).

Im Ergebnis bleibt es jedoch dabei, dass die Satzung der Vorgesellschaft ebenso wie die der eingetragenen Kapitalgesellschaft stets und ausschließlich aus sich heraus, mithin „objektiv" auszulegen ist.

(b) Mehrpersonen-Vorgesellschaft

Die Gesamtnichtigkeit des Errichtungsgeschäfts der Mehrpersonengesellschaft kann sich daraus ergeben, dass es an einer vertraglichen Einigung im weiteren Sinne fehlt, weil ein Konsens im engeren Sinne nicht gegeben ist oder weil Satzungsbestimmungen aufgrund Gesetzes- oder Sittenverstoßes nichtig sind. Auch dann liegt ein Einigungsmangel vor. Ob ein Einigungsmangel stets die Gesamtnichtigkeit des Rechtsgeschäfts zur Folge hat, hängt davon ab, welcher Teil des Rechtsgeschäfts von ihm betroffen ist. Sind die *essentialia negotii* betroffen, tritt stets Gesamtnichtigkeit ein. Sind die *accidentalia negotii* betroffen, soll das rechtliche Schicksal nach der allgemeinen Rechtsgeschäftslehre vom Parteiwillen abhängen (§§ 139, 155 BGB) bzw. davon, ob den Beteiligten der Einigungsmangel bekannt war (§ 154 Abs. 1 BGB). Gemäß dieser Einteilung sollen nachfolgend [(i)] die *essentialia negotii* der Kapitalgesellschaft ermittelt und sodann [(ii)] untersucht werden, welche Auswirkungen die Einigungsmängel hinsichtlich der *accidentalia negotii* auf die Wirksamkeit der Satzung haben.

(i) Gesamtnichtigkeit der Satzung infolge fehlender Einigung über die essentialia negotii

Nach der Rechtsgeschäftslehre kommt ein Vertrag nicht zustande, wenn nicht sämtliche *essentialia negotii* wirksam vereinbart sind[713]. An einer wirksamen Vereinbarung fehlt es, wenn entweder gar keine Regelung getroffen wurde oder wenn die Vertragserklärungen einander nicht entsprechen[714].

Zweifelhaft ist, welches im Hinblick auf den Satzungsinhalt die *essentialia negotii* der Aktiengesellschaft und GmbH sind. Es liegt zunächst nahe, sämtliche von den Normativbestimmungen geforderten Mindestsatzungsbestandteile der Kapitalgesellschaft (hier auch „notwendige Satzungsbestandteile" genannt) als *essentialia negotii* i. S. d. Rechtsgeschäftslehre anzusehen. Dies setzt allerdings voraus, dass es den Gründern obliegt, die Normativbestimmungen festzulegen, an denen

---

713 *Flume*, BGB AT II, § 34 6 b, S. 627; *Diederichsen*, FS Juristische Gesellschaft Berlin, S. 89 ff.

714 Da die Kapitalgesellschaft auch durch sukzessive Beurkundung der Beteiligungserklärungen errichtet werden kann, kann sich die Gesamtnichtigkeit der Satzung auch aus der fehlenden inhaltlichen Entsprechung der Beteiligungserklärungen ergeben.

der Inhalt ihrer rechtsgeschäftlichen Erklärungen gemessen werden soll. Grundsätzlich liegt es in der Privatautonomie der Parteien zu bestimmen, welche Art von Vertrag sie schließen wollen[715]. Im Gesellschaftsrecht wird die Privatautonomie allerdings eingeschränkt durch den *numerus clausus* der Rechtsformen. Die Rechtsform einer bestimmten Außengesellschaft kann von den Gründern nicht unmittelbar privatautonom, sondern nur durch Erfüllung der jeweiligen Normativbestimmungen und damit mittelbar bestimmt werden.

Überwiegend wird daher die Rechtsform nicht als Bestandteil der *essentialia negotii* gesehen[716]. Entspricht die vertragliche Einigung nicht den Normativbestimmungen der angestrebten Rechtsform, ist der Vertragsschluss dennoch wirksam, wenn er die Normativbestimmungen einer anderen Rechtsform erfüllt. Die Rechtsformverfehlung steht danach einem wirksamen Vertragsschluss nicht entgegen, soll aber einen wichtigen Grund für eine außerordentliche Kündigung bilden können[717].

Wäre die Rechtsform allerdings Bestandteil der *essentialia negotii* wie vereinzelt[718] gefordert, wäre der Gesellschaftsvertrag im Falle der Rechtsformverfehlung nach allgemein zivilrechtlichen Maßstäben nichtig. Mit Invollzugesetzung entstünde dann gemäß der Lehre vom fehlerhaften Verband ein wirksamer Verband in der Rechtsform, dessen Voraussetzungen dieser objektiv erfüllt. Außenstehende Dritte wären dadurch geschützt, dass die Nichtigkeit der Verbandsgrundlage nur mit Wirkung *ex nunc* geltend gemacht werden könnte.

Weder der *numerus clausus* der Verbandsformen noch der Schutz außenstehender Dritter sprechen vor diesem Hintergrund dagegen, einen wirksamen Vertragsschluss nicht auch von den übereinstimmenden Vorstellungen der Rechtsform abhängig zu machen.

Gegen die Berücksichtigung der Rechtsform als Teil der *essentialia negotii* sprechen systematische und innerverbandsrechtliche Gründe: in systematischer

---

715 Statt aller: *Flume*, BGB AT II, § 34 6, S. 627 f.

716 BGH, Urteil vom 17.06.1953 – II ZR 205/52, BGHZ 10, 91, 97; BGH, Urteil vom 29.11.1956 – II ZR 282/55, BGHZ 22, 240, 244; BGH, Urteil vom 19.05.1960 – II ZR 72/59. BGHZ 32, 307, 310; BGH WM 1962, 10, 11; Staub/*Schäfer*, HGB, § 105, Rdnr. 158; MünchKomm/*K. Schmidt*, HGB, § 105, Rdnr. 10, 118; *Roth*, in: Baumbach/Hopt, HGB, § 105, Rdnr. 7; *Schäfer*, Fehlerhafter Verband, S. 224; *K. Schmidt*, OHG, S. 158 ff., 164, 169; *H. P. Westermann*, in: Westermann, Handbuch Personengesellschaften (August 2009), § 5, Rdrn. I, 122. **A. A.** *Lieb*, Ehegattenmitarbeit, S. 24 f.

717 MünchKomm/*K. Schmidt*, HGB, § 105, Rdnr. 235; *Schäfer*, Fehlerhafter Verband, S. 224, 226 f.

718 *Lieb*, Ehegattenmitarbeit, S. 24 f.

Hinsicht, dass die Fehlvorstellungen der Parteien mit einem Rechtsfolgenirrtum vergleichbar sind, die einen wirksamen Vertragsschluss ebenfalls nicht hindern[719], in innerverbandsrechtlicher Hinsicht, dass das Interesse der Gründer bei Vertragsschluss vorrangig auf die Errichtung eines überindividuellen Rechtsträgers gerichtet ist und erst in zweiter Linie auf eine bestimmte Rechtsform. Der Einwand, es stünden den Gründern ggf. weitere Gestaltungsmöglichkeiten offen[720], so dass es unzulässig sei, im Wege des Rechtsformzwangs eine konkrete Rechtsform als verbindlich zu bestimmen, trägt nicht, da es gerade darum geht, den bereits erklärten Willen auszulegen und diesem zur Geltung zu verhelfen, und nicht darum, dass die Gründer auch einen anderen Vertrag hätten schließen können, unterstellt, sie hätten sich entsprechend geeinigt. Die Interessenabwägung, die einer Kündigung aus wichtigem Grund vorauszugehen hat, ermöglicht zudem eine einzelfallgerechte Entscheidung. Dagegen wird für eine auf die Fehlerhaftigkeit eines Verbandes gestützte außerordentliche Kündigung ein wichtiger Grund überwiegend nicht verlangt[721]. Zwar können auch Treuepflichten ausnahmsweise der Kündigung des fehlerhaften Verbandes entgegenstehen[722]. Fehlt dem Verband eine vertragliche Grundlage, wie dies bei der fehlenden Einigung über die *essentialia negotii* der Fall ist, dürften *vertragliche* Treuepflichten allerdings dogmatisch kaum begründbar sein[723]. Die von den Gründern angestrebte Rechtsform ist daher nicht Bestandteil der *essentialia negotii*.

Wenn aber die Rechtsform im Verbandsrecht nicht zu den *essentialia negotii* gehört, können auch die notwendigen Satzungsbestimmungen der Kapitalgesellschaften nicht *essentialia negotii* des Errichtungsgeschäfts sein[724]. Für dieses

---

719 Ein Irrtum über gesetzliche Rechtsfolgen berechtigt nach ständiger Rechtsprechung nur dann zur Anfechtung wegen Inhaltsirrtums (§ 119 Abs. 1 Alt. 1 BGB), „wenn das vorgenommene Rechtsgeschäft wesentlich andere als die beabsichtigten Wirkungen erzeugt.", BGH, Beschluss vom 05.07.2006 – IV ZB 39/05, NJW 2006, 3353, 3355 m. w. N. Dem Recht zur Anfechtung einer Willenserklärung wegen eines Inhaltsirrtums entspricht nach Invollzugsetzung das Recht zum Austritt aus wichtigem Grund, siehe dazu unten D.X.2.d).

720 *Lieb*, Ehegattenmitarbeit, S. 25.

721 BGH, Urteil vom 24.10.1951 – II ZR 18/51, BGHZ 3, 285, 290 ff.; Soergel/*Hadding/Kießling*, BGB, § 705, Rdnr. 78; MünchKomm/*Ulmer/Schäfer*, BGB, § 705, Rdnr. 345; *A. Hueck*, OHG, § 7 III 1 b, S. 84 f.; *Schäfer*, Fehlerhafter Verband, S. 177 ff.; *Wiesner*, Fehlerhafte Gesellschaft, S. 126.

722 *Schöne*, in: Bamberger/Roth, BGB, § 705, Rdnr. 92.

723 Großkomm/*Röhricht*, AktG, § 23, Rdnr. 214; siehe näher dazu unten D.X.2.c).

724 *Schäfer*, Lehre vom fehlerhaften Verband, S. 164 f. kommt zu dem gleichen Ergebnis, indem er von den §§ 275 f. AktG, 75 f. GmbHG, 399 FamFG ausgehend argumen-

Ergebnis spricht auch, dass Mängel des notwendigen Satzungsinhalts mit den §§ 38 Abs. 4 Nr. 1 AktG, 9c Abs. 2 Nr. 1 GmbHG und Mängel, die die Gesamtnichtigkeit der Satzung zur Folgen haben, mit den §§ 38 Abs. 4 Nr. 3 AktG, 9c Abs. 2 Nr. 3 GmbHG jeweils eigene Zurückweisungsgründe bilden. Hätten Mängel des notwendigen Satzungsinhalts stets die Gesamtnichtigkeit der Satzung zur Folge, hätte der Gesetzgeber nicht für beide Fälle einen eigenen Zurückweisungsgrund vorsehen müssen. Der erste Fall (§§ 38 Abs. 4 Nr. 1 AktG, 9c Abs. 2 Nr. 1 GmbHG) wäre zwingend vom zweiten (§§ 38 Abs. 4 Nr. 3 AktG, 9c Abs. 2 Nr. 3 GmbHG) mit umfasst.

Wegen fehlender Einigung hinsichtlich der *essentialia negotii* ist ein Gesellschaftsvertrag daher nur dann nichtig i. S. d. Lehre vom fehlerhaften Verband, wenn nicht einmal die *essentialia negotii* der BGB-Gesellschaft als der Verbandsform mit den geringsten Anforderungen an die vollwertige Entstehung wirksam vereinbart worden sind.

Die *essentialia negotii* der BGB-Gesellschaft sind in objektiver Hinsicht der gemeinsame Zweck und die Beitragsleistungen[725]. Da die Nichtbeachtung der

---

tiert, dass die notwendigen Satzungsbestimmungen, deren Fehlen oder Nichtigkeit lediglich einen Auflösungsgrund bilden, nicht *essentiale* des Rechtsgeschäft sein können. Umso weniger könnten die Satzungsbestandteile zu den *essentialia negotii* gehören, deren Fehlen oder Nichtigkeit nicht einmal einen Auflösungsgrund bilden. Nach *Schäfer*, a. a. O., soll zu den *essentialia* allerdings gehören, dass die Erklärungen auf die Gründung einer Kapitalgesellschaft gerichtet sind, ohne sich mit dem diesbezüglichen Streit auseinanderzusetzen.
Ein Zusammenhang zwischen den notwendigen Satzungsbestimmungen und den *essentialia negotii* wird soweit ersichtlich nur von *Peres*, in: Schüppen/Schaub, MAH Aktienrecht, § 14, Rdnr. 2, 113 hergestellt, der ohne nähere Begründung die notwendigen Satzungsbestimmungen als *essentialia negotii* bezeichnet. Teilweise wird auch ohne Verweis auf die *essentialia negotii* vertreten, dass das Fehlen oder die Nichtigkeit einer der notwendigen Satzungsbestimmungen stets Nichtigkeit des ganzen Gesellschaftsvertrages zur Folge habe, *Veil*, in: Scholz, GmbHG, § 9c, Rdnr. 23; *Fastrich*, in: Baumbach/Hueck, GmbHG, § 3, Rdnr. 22.

725 Staub/*Schäfer*, HGB, § 105, Rdnr. 157; MünchKomm/*K. Schmidt*, HGB, § 105, Rdnr. 118.; *Happ/Möhrle*, in: MünchHdb GesR I, § 47, Rdnr. 1. Das Auftreten nach außen unter einer eigenen Firma muss entgegen *Wertenbruch*, in: Ebenroth/Boujong/Joost/Strohn, § 105, Rdnr. 42 nicht vom Erklärungsbewusstsein umfasst sein, MünchKomm/*K. Schmidt*, HGB, § 105, Rdnr. 119. Die von *K. Schmidt*, a. a. O., Rdnr. 118 f. vorgenommene Unterscheidung zwischen gesetzlichem und rechtsgeschäftlichem Mindestinhalt des Gesellschaftsvertrages entspricht der Sache nach der Differenzierung zwischen den *essentialia negotii* und den *accidentalia negotii*, auch wenn *K. Schmidt* den rechtsgeschäftlichen Mindestinhalt missverständlich als

notariellen Form gar nicht erst eine Vorgesellschaft entstehen lässt, kann sich die Nichtigkeit der Vereinbarung von Zweck und Beitragsleistung jeweils nur aus einem Verstoß gegen ein gesetzliches Verbot (§ 134 BGB) oder der Sittenwidrigkeit (§ 138 Abs. 1 BGB) ergeben.

Der nichtigen Zweckvereinbarung möglicherweise gleichzustellen ist der Fall der anfänglichen Unmöglichkeit der Zweckerreichung. Aus § 726 BGB, der bestimmt, dass bei nachträglicher Unmöglichkeit der Zweckerreichung die Gesellschaft ohne weiteres aufgelöst ist, wird für die BGB-Gesellschaft geschlossen, dass bei anfänglicher Unmöglichkeit der Zweckerreichung ungeachtet von § 311a BGB ein fehlerhafter Verband entsteht[726]. Da § 726 BGB über § 54 BGB auch auf den nichtrechtsfähigen Verein[727], also einen körperschaftlichen publizitätslosen Verband anzuwenden ist, könnte dies auch für die Vorgesellschaft gelten[728]. Die Unmöglichkeit der Zweckerreichung ist allerdings in § 61 Abs. 1 HS 1 GmbHG als exemplarischer Fall für die Auflösung durch Urteil genannt. Wäre § 61 Abs. 1 GmbHG auch auf die Vorgesellschaft anzuwenden, entstünde auch im Fall der anfänglichen Unmöglichkeit des Verbandszwecks eine vollwirksame Vorgesellschaft. Für die Anwendbarkeit von § 61 GmbHG auf die Vorgesellschaft spricht, dass auch für die Personenhandelsgesellschaften gemäß § 133 HGB nur durch Urteil aufgelöst werden können. Tatsächlich war Art. 125 ADHGB, die Vorgängernorm des heutigen § 133 HGB[729], sogar Vorbild für § 61 GmbHG[730]. Dem kann die Wertentscheidung des Gesetzgebers entnommen werden, dass für Erwerbsgesellschaften Rechtsgewissheit über Fortbestehen des Verbandes anzustreben ist, die nur durch

---

essentialia negotii tituliert. Insofern ist die Kritik von Staub/*Schäfer*, a. a. O., Fn. 505, an der Differenzierung berechtigt.

726 Staudinger/*Habermeier*, BGB, § 726, Rdnr. 5; *Schöne*, in: Bamberger/Roth, BGB, § 726, Rdnr. 7.

727 *Schöne*, in: Bamberger/Roth, BGB, § 726, Rdnr. 2; Soergel/*Hadding/Kießling*, BGB, § 726, Rdnr. 4.

728 *Feine*, GmbH, S. 208 und *Schreiber*, KGaA, S. 73 beschränkt auf den Fall, dass die Herbeiführung der Eintragung unmöglich ist. *Feine*, a. a. O., S. 201 und *Schreiber*, a. a. O. gehen dabei davon aus, dass der Zweck der Vor-GmbH mit dem der eingetragenen GmbH identisch ist und anders als hier zugrundegelegt (Herbeiführung der Eintragung ist Verfahrens-, nicht Verbandszweck) daneben auch auf die Herbeiführung der Eintragung gerichtet ist. Im Falle der Unmöglichkeit des erstgenannten Zwecks will *Feine*, a. a. O., S. 207 f. bereits § 61 GmbHG anwenden.

729 Staub/*Schäfer*, HGB, § 133, Rdnr. 2.

730 Begründung zur Reichstagsvorlage des GmbHG von 1892, Stenographische Berichte über die Verhandlungen des Reichstages, VIII. Legislaturperiode, I. Session 1890/92, Aktenstück Nr. 660, S. 3256.

Urteil zu erreichen ist[731]. Dass der Gründerverband auf den dauerhaften Bestand als Unternehmensträger angelegt ist – auch wenn er seine Form erst mit Eintragung vollendet – wurde bereits festgestellt[732].

Dem steht nicht entgegen, dass das Aktiengesetz eine vergleichbare Vorschrift nicht kennt. Der maßgebliche Grund, weshalb im Aktienrecht auf eine § 61 GmbHG entsprechende Regelung verzichtet wurde – eine entsprechende Regelung war im ersten Entwurf des Aktiengesetzes vom 18.07.1884 noch enthalten, besteht nämlich darin, dass der damalige Gesetzgeber befürchtete, sie könnte zur Manipulation des Aktienkurses missbraucht werden[733]. Da eine solche Beeinflussung des Aktienkurses aufgrund der fehlenden Übertragbarkeit von Aktien vor Eintragung ausgeschlossen ist, gibt es keinen Grund, § 61 GmbHG nicht nur auf die Vor-GmbH[734] sondern auch auf die Vor-AG anzuwenden[735], zumal die Vor-AG noch mehr als die eingetragene GmbH eine Art „personalistische Kapitalgesellschaft" ist[736]. Die anfängliche Unmöglichkeit der Zweckerreichung eröffnet daher nicht den Anwendungsbereich der Lehre vom fehlerhaften Verband.

An einer Einigung über die *essentialia negotii* könnte es weiterhin fehlen, wenn das Einlageversprechen nichtig ist. Gründe, die die Nichtigkeit eines Bareinlageversprechens zur Folge haben könnten, sind zwar nicht ersichtlich, denkbar ist aber, dass die Leistung einer Sacheinlage gegen ein gesetzliches Verbot oder die guten Sitten verstößt. Hat sich der Gründer zur Leistung einer gesetz- oder sittenwidrigen Sacheinlage verpflichtet, liegt ein Fall der anfänglichen (rechtlichen) Unmöglichkeit vor, der trotz Befreiung von der Pflicht zur Leistung der Sacheinlage (§ 275 Abs. 1 BGB) nicht die Nichtigkeit der Vereinbarung zur Folge hat (§ 311a Abs. 1 BGB). An die Stelle der rechtlich unmöglichen Leistung tritt analog § 27 Abs. 3 S. 3 AktG bzw. analog § 9 Abs. 2 GmbHG die Pflicht zur Bareinlage, da diese von einer Sacheinlagevereinbarung nur insoweit überlagert

---

731 *Rittner*, Die werdende juristische Person, S. 348.

732 Siehe oben D.IX.2.

733 Zitiert nach der Begründung zur Reichstagsvorlage des GmbHG von 1892, Stenographische Berichte über die Verhandlungen des Reichstages, VIII. Legislaturperiode, I. Session 1890/92, Aktenstück Nr. 660, S. 3256, die die exakte Quelle hierfür nicht bezeichnet.

734 Rowedder/*Schmidt-Leithoff*, GmbHG, § 2, Rdnr. 67 ohne § 61 Abs. 2 S. 2; *Feine*, GmbH, S. 208; *Schreiber*, KGaA, S. 73.

735 *Rittner*, Die werdende juristische Person, S. 348.

736 *Rittner*, Die werdende juristische Person, S. 348.

wird, als die Sacheinlage tatsächlich erfolgt und den Wert des übernommenen Geschäftsanteils erreicht[737].

Da § 705 BGB keine Anforderungen an die Zahl der Vertragsschließenden stellt, genügt für die Gründung einer BGB-Gesellschaft in subjektiver Hinsicht die für das Zustandekommen eines jeden Vertrages geltende Mindestzahl von zwei Personen. Daraus kann abgeleitet werden, dass im Gesellschaftsrecht eine unwirksame Beteiligungserklärung nicht zwingend die Gesamtunwirksamkeit des Gesellschaftsvertrags zur Folge hat[738], sondern zunächst nur die (subjektive) Teilunwirksamkeit, vorausgesetzt, dass zwei wirksame Beteiligungserklärungen verbleiben und Einigkeit besteht, dass die Gesellschaft jedenfalls aus eben diesen beiden Vertragsschließenden bestehen soll. Verbleibt nur eine wirksame Beteiligungserklärung, ist das Errichtungsgeschäft zwar als Vertrag nichtig, nicht jedoch die Beteiligungserklärung als einseitiges Rechtsgeschäft, so dass *ceteris paribus* auch dann eine wirksame Vorgesellschaft besteht.

Ein Verband, der die Mindestanforderungen an das Entstehen einer Vorgesellschaft erfüllt, kann nach alledem nur dann wegen fehlender Einigung hinsichtlich der *essentialia negotii* nichtig im Sinne der Lehre vom fehlerhaften Verband sein, wenn mit der Vorgesellschaft ein gesetz- oder sittenwidriger Verbandszweck verfolgt wird oder wenn die Erreichung des Verbandszwecks von Anfang an unmöglich ist. Letzterer Fall kann auch die Folge eines unwirksamen Sacheinlageversprechens sein.

---

737 BGH, Beschluss vom 17.02.1997 – II ZR 259/96, NJW-RR 1997, 670 (zur Rechtslage vor der Schuldrechtsreform); MünchKomm/*Pentz*, AktG, § 27, Rdnr. 51; Rowedder/*Schmidt-Leithoff*, GmbHG, § 5, Rdnr. 40; *Fastrich*, in: Baumbach/Hueck, GmbHG, § 5, Rdnr. 38 (mit Hinweis auf § 9 Abs. 2 GmbHG).

738 Abzulehnen ist daher die Ansicht von MünchKomm/*Ulmer/Schäfer*, BGB, § 705, Rdnr. 54 für die die Personen der Vertragsschließenden uneingeschränkt zu den *essentialia negotii* zählen, mit der Folge, dass bei einer Mehrpersonengründung einer BGB-Gesellschaft auch dann keine subjektive Teilunwirksamkeit des Gesellschaftsvertrages, sondern stets Gesamtnichtigkeit gegeben sein soll. Wie *Ulmer/Schäfer* auch Soergel/*Hadding/Kießling*, BGB, § 705, Rdnr. 41; Erman/*H. P. Westermann*, BGB, § 705, Rdnr. 16; *A. Hueck*, OHG, § 7 I 2, S. 77.

(ii) Gesamtnichtigkeit der Satzung infolge fehlender Einigung über die accidentalia negotii

Die Vertragsbestandteile, die über die *essentialia negotii* hinausgehen, bezeichnet die Rechtsgeschäftslehre als *accidentalia negotii*[739]. Es gilt zu untersuchen, inwieweit ein Einigungsmangel hinsichtlich der Vertragsbestandteile, die den *accidentalia negotii* zuzurechnen sind, die Gesamtnichtigkeit der Satzung zur Folge haben kann.

Der Einigungsmangel kann einmal im weiteren Sinne, namentlich im Falle der Teilnichtigkeit begründet sein. Hinsichtlich dieser ist danach zu differenzieren, ob der objektive Vertragsinhalt betroffen ist, dann liegt objektive Teilnichtigkeit vor [(a)], oder ob einzelne Beteiligungserklärungen nichtig sind, dann wird von subjektiver Teilnichtigkeit gesprochen [(b)]. Zum anderen kann ein Einigungsmangel im engeren Sinne vorliegen, nämlich in einem offenen oder verdeckten Dissens [(c)].

(α) Objektive Teilnichtigkeit

Sind zu den *accidentalia negotii* zählende Satzungsbestimmungen nicht wirksam, weil sie gegen zwingendes Recht oder gegen ein gesetzliches Verbot i. S. d. § 134 BGB verstoßen oder weil sie gemäß § 138 Abs. 1 BGB sittenwidrig sind, liegt objektive Teilnichtigkeit vor. Zu den Auswirkungen der Teilnichtigkeit eines Rechtsgeschäfts auf dessen Wirksamkeit im Übrigen enthält § 139 BGB eine Auslegungsregel. Danach soll im Zweifel das ganze Rechtsgeschäft nichtig sein, „wenn nicht anzunehmen ist, dass es auch ohne den nichtigen Teil vorgenommen sein würde". Die Norm des § 139 BGB setzt damit die Maßgeblichkeit des Willens der am Rechtsgeschäft Beteiligten voraus. Auf die Vorgesellschaft übertragen müsste es also auf den hypothetischen Willen der Gründer ankommen. Hiervon gehen offenbar die Gesetzesbegründung zu § 9c Abs. 2 Nr. 3 GmbHG[740], die auch für § 38 Abs. 4 Nr. 3 AktG maßgeblich ist[741], und ein Teil des Schrifttums[742] aus. Wenn

---

739 *Flume*, BGB AT II, § 6.2, S. 80 m. w. N.; *Diederichsen*, FS Juristische Gesellschaft Berlin, S. 90; *Leenen*, BGB AT, § 8, Rdnr. 17.

740 Begr. RegE, BT-Drucks. 13/8444, S. 79.

741 Begr. RegE, BT-Drucks. 13/8444, S. 74.

742 MünchKomm/*Wicke*, GmbHG, § 9c, Rdnr. 26; Großkomm/*Röhricht*, AktG, § 23, Rdnr. 212; Ulmer/*Ulmer/Habersack*, GmbHG, § 9c, Rdnr. 56 (in teilweisem Widerspruch zu Ulmer/*Ulmer/Löbbe*, GmbHG, § 2, Rdnr. 139); *Veil*, in: Scholz, GmbHG, § 9c, Rdnr. 23; *Fastrich*, in: Baumbach/Hueck, GmbHG, § 9c, Rdnr. 5; *Bayer*, in: Lutter/Hommelhoff, GmbHG § 9c, Rdnr. 11; *Roth*, in: Roth/Altmeppen, GmbHG, § 9c, Rdnr. 20.

indes, wie hier zugrundegelegt[743], die Satzung der Vorgesellschaft nach objektiven Kriterien auszulegen ist und damit schon der tatsächliche Wille der Gründer unberücksichtigt bleiben muss, kann *a maiore ad minus* auch nicht ihr hypothetischer Wille maßgeblich sein[744], § 139 BGB mithin keine Anwendung finden[745]. Anstelle des hypothetischen Parteiwillens ist die Auswirkung der Nichtigkeit einzelner Satzungsbestimmungen der *accidentalia negotii* auf die Wirksamkeit der Satzung im Übrigen nach objektiven Kriterien zu bestimmen. Nach einer Entscheidung des BGH[746] zum eingetragenen Verein soll es hierfür darauf ankommen, ob ohne den nichtigen Teil der Satzung „eine in sich sinnvolle Regelung des Vereinslebens" bleibt. Eine sinnvolle Regelung des Verbandslebens verbleibt allerdings stets, solange die *essentialia negotii* wirksam vereinbart sind. Denn objektiv erforderlich für den Verband sind die *accidentalia negotii* nicht, da es sich sonst um *essentialia negotii* handeln würde. Die Frage, ob „eine in sich sinnvolle Regelung" verbleibt, ist daher ausschließlich auf den Teil der *accidentalia negotii* zu beziehen, der nicht unmittelbar von der Nichtigkeit betroffen ist. Ist etwa eine einzelne Bestimmung eines Regelungskomplexes nichtig, hat dies die Nichtigkeit des gesamten Regelungskomplexes zur Folge, wenn die verbleibenden Regelungen auch unter Einbeziehung der ergänzenden Vertragsauslegung[747] nicht sinnvoll bestehen bleiben können.

---

743 Siehe oben D.X.2.a)(2)(a).

744 BGH, Urteil vom 06.03.1967 – II ZR 231/64, BGHZ 47, 172, 178 f.; MünchKomm/*Reuter*, BGB, § 25 BGB, Rdnr. 25 („Logische Konsequenz der Unabhängigkeit der Satzung vom Willen der Gründer ist, dass im Falle der Nichtigkeit einzelner Bestimmungen der Rückgriff auf § 139 ausscheidet.").

745 Gegen Anwendung von § 139 BGB auf die Vorgesellschaft daher zu Recht: Großkomm/*Brändel*, AktG, § 2, Rdnr. 77; MünchKomm/*Pentz*, AktG, § 23, Rdnr. 167; *Hüffer*, AktG, § 23, Rdnr. 41; MünchKomm/*Wicke*, GmbHG, § 9c, Rdnr. 26; Ulmer/*Ulmer/Löbbe*, GmbHG, § 2, Rdnr. 139; Rowedder/*Schmidt-Leithoff*, GmbHG, § 9c, Rdnr. 24.

746 BGH, Urteil vom 06.03.1967 – II ZR 231/64, BGHZ 47, 172, 180. Der BGH hatte allerdings konkret nicht über die Frage zu entscheiden, ob die Teilnichtigkeit einer Satzung deren Gesamtnichtigkeit zur Folge hat, sondern ob die Teilnichtigkeit der Geschäftsordnung („Ehrengerichtsordnung") eines eingetragenen Vereins die Gesamtnichtigkeit der Geschäftsordnung – nicht der Vereinssatzung – zur Folge haben sollte. Dem BGH folgend: MünchKomm/*Reuter*, BGB, § 25, Rdnr. 25.

747 BGH, Urteil vom 13.06.1983 – II ZR 67/82, WM 1983, 835, 837; OLG Düsseldorf, Urteil vom 08.01.1982 – 6 W 61/81, BB 1982, 1574, 1574 (auf Basis einer salvatorischen Klausel); MünchKomm/*Pentz*, AktG, § 23, Rdnr. 52; Großkomm/*Röhricht*, AktG, § 23, Rdnr. 33; *Körber*, in: Bürgers/Köber, AktG, § 23, Rdnr. 22; *Hüffer*, AktG, § 23, Rdnr. 39; *Arnold*, in: KölnerKomm, AktG, § 23, Rdnr. 24; Ulmer/*Ulmer/Löbbe*, GmbHG, § 2,

Die Nichtigkeit einzelner Satzungsbestimmungen, die zu den *accidentalia negotii* gehören, hat nach alledem nicht die Gesamtnichtigkeit der Satzung zur Folge.

(β) Subjektive Teilnichtigkeit

Zu den *accidentalia negotii* gehören in subjektiver Hinsicht die Beteiligungserklärungen, die über die gesetzlich geforderte Anzahl hinausgehen. Um einen subjektiven Satzungsmangel der *accidentalia negotii* bezogen auf die Kapitalgesellschaft handelt es sich, wenn wenigstens eine Beteiligungserklärung wirksam ist – sie ist Teil der *essentialia* der Vorgesellschaft – und mindestens eine Beteiligungserklärung unwirksam ist.

Die Folgen der subjektiven Teilnichtigkeit eines mehrseitigen Vertrages beurteilen sich grundsätzlich ebenfalls nach der Auslegungsregel des § 139 BGB[748]. Da Voraussetzung für dessen Anwendung ist, dass der hypothetische Wille der Vertragsschließenden für die Auslegung maßgeblich ist, diese Voraussetzung aber in der Vorgesellschaft nicht erfüllt ist, führt die subjektive Teilnichtigkeit nicht zur Gesamtnichtigkeit der Satzung.

(γ) Dissens i. S. d. §§ 154 f. BGB

Ein Einigungsmangel hinsichtlich der *accidentalia negotii* kann nach der Rechtsgeschäftslehre die Gesamtnichtigkeit des Rechtsgeschäfts zur Folge haben. Bei Einigungsmängeln unterscheidet das Gesetz zwischen dem verdeckten (§ 155 BGB) und dem offenen Dissens (§ 154 Abs. 1 BGB). Beide Vorschriften setzen voraus, dass trotz bestehenden Dissenses eine Einigung über die *essentialia*

Rdnr. 202, die zu Recht darauf hinweisen, dass auch bei der ergänzenden Vertragsauslegung für subjektive Kriterien kein Raum ist.

748 RG, Urteil vom 23.11.1904 – V 225/04, RGZ 59, 174, 175; RG, Urteil vom 19.05.1933 – VII 22/33, RGZ 141, 104, 108; BGH, Urteil vom 02.10.1951 – V ZR 77/50, BGHZ 3, 206, 209; *Flume*, BGB AT II, § 32 2b), S. 573; Staub/*Schäfer*, HGB, § 105, Rdnr. 184 („Weil diese Mängel den Tatbestand der Willenserklärung unberührt lassen, fehlt es hier nicht etwa am Erfordernis eines abgeschlossenen Vertrages. Wie im Falle der objektiven (Teil-)Unwirksamkeit liegt vielmehr lediglich ein Wirksamkeitsdefizit vor."); **a. A.** MünchKomm/*Ulmer/Schäfer*, BGB, § 705, Rdnr. 54, wonach aufgrund der fehlenden Beteiligungserklärung bereits ein Abschlusserfordernis fehle und damit der Anwendungsbereich des § 139 BGB nicht eröffnet sei; ebenso *A. Hueck*, OHG, § 7 I 2, S. 77; Soergel/*Hadding/Kießling*, BGB, § 705, Rdnr. 41. Die letztgenannte Auffassung übersieht jedoch, dass jedenfalls im Gesellschaftsrecht lediglich das Vorliegen von höchstens zwei Willenserklärungen Abschlusserfordernis ist.

negotii vorhanden ist, der Dissens also nur vertragliche Nebenpunkte betrifft, da andernfalls die Parteien nicht die nach § 154 BGB mögliche Bestimmung treffen könnten, dass der Vertrag gleichwohl gelten soll[749]. Beim offenen Dissens sieht das Gesetz als Auslegungsregel vor, dass das Rechtsgeschäft insgesamt nicht geschlossen ist. Dies kann jedoch mit Invollzugsetzung des Verbandes nicht mehr gelten[750]. Beim verdeckten Dissens wird der Vertrag gemäß § 155 BGB aufrecht erhalten, sofern anzunehmen ist, dass der Vertrag auch ohne eine Bestimmung über den Punkt geschlossen sein würde, für den es an einer Einigung fehlt. Das Gesetz stellt damit wie bei § 139 BGB auf den hypothetischen Parteiwillen ab[751], der auf die Satzung der Vorgesellschaft jedoch keine Anwendung findet. Der verdeckte Dissens hinsichtlich der *accidentalia negotii* ist daher ebenso wie die objektive Teilnichtigkeit der *accidentalia negotii* zu behandeln. Nach alledem führen weder der offene, noch der verdeckte Dissens zu einer nichtigen Satzung im Sinne der Lehre vom fehlerhaften Verband.

(δ) Zwischenergebnis

Ein Einigungsmangel hinsichtlich der Bestandteile des Errichtungsgeschäfts, die den *accidentalia negotii* zuzurechnen sind, bewirkt nach alledem nicht die Gesamtnichtigkeit der Satzung.

(iii) Ergebnis

Die Satzung der Mehrpersonen-Vorgesellschaft ist nur dann als Vertrag nichtig im Sinne der Lehre vom fehlerhaften Verband, wenn nicht wenigstens zwei wirksame Beteiligungserklärungen vorliegen, die inhaltlich auf die Verfolgung eines gemeinsamen Zwecks gerichtet sind und die Verpflichtung zu Beitragsleistungen vorsehen. Ob in dem Fall eine fehlerhafte Einmann-Vorgesellschaft entsteht, ist Gegenstand des nachfolgenden Abschnitts [(c)].

(c) Einmann-Vorgesellschaft

Zu klären ist, in welchen Fällen das Errichtungsgeschäft des Einmann-Gründers, das den Mindestanforderungen an das Entstehen einer Vorgesellschaft genügt, nach rechtsgeschäftlichen Grundsätzen nichtig ist. Da die Einmann-Kapitalgesellschaft nicht durch Vertrag sondern durch einseitiges Rechtsgeschäft errichtet

749 MünchKomm/*Busche*, BGB, § 154, Rdnr. 3.

750 BGH, Urteil vom 23.11.1959 – II ZR 187/58, NJW 1960, 430, 430; *Wiesner*, Fehlerhafte Gesellschaft, S. 109.

751 *Schäfer*, Fehlerhafter Verband, S. 216; *Flume*, BGB AT II, § § 34 7, S. 634.

wird, kann sich die Nichtigkeit naturgemäß nicht aus einem Einigungsmangel, sondern nur aus einem Inhaltsmangel ergeben.

Die *essentialia negotii* der durch Vertrag errichteten Kapitalgesellschaft[752] sind auch *essentiale* des einseitigen Errichtungsakts, lediglich mit der Maßgabe, dass in subjektiver Hinsicht ein Gründer genügt. Die Auswirkung der Unwirksamkeit von Bestimmungen, die nicht zu den *essentialia* des einseitigen Errichtungsgeschäfts gehören, ist nicht anders zu beurteilen, als bei der Mehrpersonengründung, da auch die Satzung der Einmann-Vorgesellschaft ebenso wie die Satzung der Mehrpersonen-Vorgesellschaft objektiv auszulegen ist[753], die Auslegungsregel des § 139 BGB mithin nicht zur Anwendung kommt.

(d) Ergebnis

Eine Vorgesellschaft auf nichtiger rechtsgeschäftlicher Grundlage im Sinne der Lehre vom fehlerhaften Verband besteht nur dann, wenn der Verbandszweck gegen ein gesetzliches Verbot verstößt oder sittenwidrig ist.

Voraussetzung für das Entstehen einer Vorgesellschaft im Sinne eines Verbandes, der wenn auch erst nach Vornahme von Änderungen des Errichtungsgeschäfts noch identitätswahrend als Kapitalgesellschaft in das Handelsregister eingetragen werden kann, ist das Vorliegen einer Beteiligungserklärung, die auf die Verfolgung eines überindividuellen Zwecks in der Rechtsform einer Kapitalgesellschaft gerichtet ist, die Leistung einer Einlage verspricht und notariell beurkundet ist.

Fehlende oder nichtige Satzungsbestimmungen berechtigen das Registergericht zwar zur Zurückweisung des Eintragungsantrags, haben aber nicht die Nichtigkeit der Satzung im Sinne der Lehre vom fehlerhaften Verband zur Folge. Die Satzungsmängel können indentitätswahrend durch allseitige Änderung des Gründungsgeschäfts geheilt werden. Sie müssen geheilt werden, will die Vorgesellschaft ihren Status als solche nicht verlieren[754].

Nachfolgend gilt es nun zu klären welche Auswirkungen jeweils die Gesamtnichtigkeit der Satzung [b)] und die sonstigen zur Zurückweisung des Eintragungsantrags berechtigenden Satzungsmängel [c)] auf den Bestand der Vorgesellschaft haben.

---

752 Siehe oben D.X.2.a)(2)(b)(i).

753 Siehe oben D.X.2.a)(2)(a).

754 Wie bereits oben C.III. festgestellt, ist Voraussetzung für die Existenz der Vorgesellschaft als Außengesellschaft, dass die Eintragung aktiv betrieben wird. Eine Vernachlässigung der Eintragung bewirkt *ipso iure* dessen Auflösung.

b) *Auswirkungen der Gesamtnichtigkeit der Satzung auf den Bestand der Vorgesellschaft*

Fraglich ist, welche Auswirkung die Gesamtnichtigkeit der Satzung auf den Bestand der Vorgesellschaft hat[755].

Nach der Lehre vom fehlerhaften Verband sind Gründungsmängel, die nach allgemeinem Zivilrecht zur Nichtigkeit der rechtsgeschäftlichen Grundlage des Verbandes führen, Auflösungsgründe und als solche in die allgemeinen Auflösungsgrundsätze einzubetten[756]. Für die Vorgesellschaft wurde die grundsätzliche Anwendbarkeit des § 61 GmbHG – im Falle der Vor-AG analog bereits festgestellt[757]. Da der Gesetzgeber mit den §§ 275 ff. AktG, 75 ff. GmbHG zum Ausdruck gebracht hat, dass Wirksamkeitsmängel der Satzung, unabhängig von der Beteiligungshöhe zur Auflösung berechtigen – gemäß §§ 275 Abs. 1 HS 2 AktG, 75 Abs. 1 HS 2 GmbHG ist hierzu auch jedes Mitglied des Leitungs- und Aufsichtsorgans berechtigt, muss auch die Unwirksamkeit der Satzung der Vorgesellschaft ohne das von § 61 Abs. 2 S. 2 GmbHG verlangte Quorum geltend gemacht werden können[758]. Die Geltendmachung der Auflösungsklage ist allerdings an den Subsidiaritätsgrundsatz gebunden, d.h. sie kommt nur dann in Betracht, wenn der Austritt aus wichtigem Grund keinen Erfolg verspricht[759]. Die auch vom BGH[760] vertretene Auffassung[761], wonach die Vorgesellschaft durch Kündigung analog § 723 Abs. 1 S. 2, S. 3 Nr. 1 BGB aufgelöst werden können soll, ist abzulehnen, da aus § 61 GmbHG und § 133 HGB folgt, dass Erwerbsgesellschaften aus Gründen der Rechtssicherheit nicht durch einseitige Erklärung, sondern durch Urteil aufzulösen sind[762].

Im Falle der eingetragenen Kapitalgesellschaft soll die Zwecknichtigkeit zum Austritt aus wichtigem Grund und – beschränkt auf die GmbH auch zur Auflösungsklage gemäß § 61 GmbHG berechtigen, da die Zwecknichtigkeit als von den

---

755 Dass es sich hierbei nicht um eine *ex tunc* Nichtigkeit handelt, wurde bereits oben D.X.2.a)(1)(c) ausgeführt.

756 *Schäfer*, Fehlerhafter Verband, S. 177.

757 Siehe oben D.X.2.a)(2)(b)(i).

758 Rowedder/*Schmidt-Leithoff*, GmbHG, § 2, Rdnr. 67.

759 *Körber*, in: Bürgers/Körber, AktG, § 23, Rdnr. 46; *K. Schmidt/Bitter*, in: Scholz, GmbHG, § 61, Rdnr. 3; Ulmer/*Casper*, GmbHG, § 61, Rdnr. 4; jeweils m. w. N.

760 BGH, Urteil vom 23.10.2006 – II ZR 162/05, NJW 2007, 589, 591.

761 Ulmer/*Ulmer/Löbbe*, GmbHG, § 2, Rdnr. 145; *Fastrich*, in: Baumbach/Hueck, GmbHG, § 2, Rdnr. 39.

762 Siehe oben D.X.2.a)(2)(b)(i).

§§ 75 ff. GmbHG nicht erfasst angesehen wird[763]. Aufgrund des Subsidiaritätsgrundsatzes fällt es nicht entscheidend ins Gewicht, dass bei der eingetragenen Aktiengesellschaft die Auflösungsklage für den Fall der Zwecknichtigkeit nicht vorgesehen ist und eine analoge Anwendung von § 61 GmbHG nahezu einhellig abgelehnt wird[764].

In der Behandlung der Gesamtnichtigkeit der Satzung im Sinne der Lehre vom fehlerhaften Verband unterscheiden sich eingetragene Kapitalgesellschaft und Vorgesellschaft demnach wertungsmäßig nicht.

c) Auswirkungen der nicht zur Gesamtnichtigkeit führenden Gründungsmängel auf den Bestand der Vorgesellschaft

Zu klären ist, welche Auswirkungen die Gründungsmängel auf den Fortbestand der Vorgesellschaft haben, die zwar nicht zur Gesamtnichtigkeit der Satzung führen, jedoch eine Zurückweisung des Eintragungsantrags zu begründen vermögen. Das Bestehen von Eintragungshindernissen könnte die Mitglieder zur Auflösung oder zum Austritt aus wichtigem Grund berechtigen. Werden die Eintragungshindernisse nämlich nicht beseitigt, verliert die Vorgesellschaft ihren Status als solche, und die Rechtsform der Kapitalgesellschaft wurde verfehlt. Die Rechtsformverfehlung kann zur Kündigung aus wichtigem Grund berechtigten[765]. Wenn sie im konkreten Fall hierzu berechtigt, muss die Kündigung aus wichtigem Grund bereits dann zulässig sein, wenn die Rechtsformverfehlung bei unverändertem Sachverhalt zwangsläufig eintritt. Ein Zuwarten bis zum dem Zeitpunkt, zu dem die Rechtsformverfehlung unzweifelhaft feststeht, kann nicht geboten sein. Als milderes Mittel hat eine bestehende Verpflichtung zur Satzungsanpassung allerdings Vorrang vor Auflösung und dem Austritt aus wichtigem Grund[766].

Eine solche Verpflichtung zur Satzungsanpassung könnte sich aus der gesellschaftlichen Treuepflicht ergeben. Aus ihr kann nämlich auch eine positive Stimmpflicht hinsichtlich konkreter Versammlungsbeschlüsse abgeleitet werden[767].

---

763 Rowedder/*Schmidt-Leithoff*, GmbHG, § 1, Rdnr. 52; *Fastrich*, in: Baumbach/Hueck, GmbHG, § 1, Rdnr. 17; *Roth*, in: Roth/Altmeppen, GmbHG, § 1, Rndr. 15.

764 Sympathisierend wohl nur *Bachmann*, in Spindler/Stilz, AktG, § 262, Rdnr. 65 (in Extremfällen und nur für die geschlossene AG).

765 Ob die Fortführung unter veränderter Rechtsform unzumutbar ist, kann nicht pauschal beantwortet werden, siehe etwa *Schäfer*, Fehlerhafter Verband, S. 226 f.

766 Siehe Nachweise bei Fußnote 758.

767 Für die AG: BGH, Urteil vom 17.12.1959 – II ZR 81/59, NJW 1960, 434, 434 f: Zustimmung zur Satzungsänderung; Hölters/*Englisch*, AktG, § 243, Rdnr. 36; *Würthwein*, in: Spindler/Stilz, AktG, § 243, Rdnr. 162; *Lutter*, ZHR 153 (1989), 446,

Konkret leitet sich die positive Stimmpflicht einmal aus dem Schädigungsverbot und zum anderen daraus ab, dass der im Einzelfall gesteigerten Einflussmöglichkeit durch dass Stimmrecht eine entsprechende Verantwortung korrespondieren muss[768]. Streitig ist, ob die positive Stimmpflicht auch solche Versammlungsbeschlüsse erfasst, die eine Satzungsänderung zum Gegenstand haben. Einhellig anerkannt ist die positive Stimmpflicht nur im Hinblick auf Satzungsänderungen der GmbH[769]. Für Satzungsänderungsbeschlüsse der Aktiengesellschaft hat sie zwar ebenfalls Zustimmung erfahren[770], wird aber teilweise noch mit Verweis auf das Mehrheitsprinzip abgelehnt[771]. Für Satzungsänderungen im Stadium der Vorgesellschaft gilt das Mehrheitsprinzip allerdings gerade nicht[772]. Folglich kann es auch nicht als Argument gegen eine positive Stimmpflicht in Bezug auf Satzungsänderung im Gründungsstadium angeführt werden. Gründe, warum die positive Stimmpflicht speziell für die Vorgesellschaft nicht gelten sollte, sind nicht ersichtlich. Insbesondere spricht die unbeschränkte Mitgliederhaftung nicht gegen eine positive Stimmpflicht, da die positive Stimmpflicht gerade auch für die oHG und BGB-Gesellschaft anerkannt ist[773].

Die Anforderungen an eine positive Stimmpflicht zur Satzungsänderung sind freilich hoch. Sie setzen einmal voraus, dass die erforderliche Satzungsänderung nicht auch durch eine negative Stimmpflicht erreicht werden kann, eine treuwidrig abgegebene Stimme also als nicht abgegeben gewertet und im Falle der Aktiengesellschaft dem bei der Beschlussfassung vertretenen Grundkapital

467 ff.; für die GmbH: BGH, Urteil vom 25.09.1986 – II ZR 262/85, BGHZ 98, 276, 279 ff. (personalistische GmbH: Zustimmungspflicht zu einer Kapitalerhöhung, die aufgrund der GmbH-Novelle 1980 notwendig geworden ist).

768 *Kunze*, Positive Stimmpflichten. S. 117 ff.; *Nehls*, Treuepflicht im Aktienrecht, S. 30 ff. 65, 67.

769 BGH, Versäumnisurteil vom 07.07.2003 – II ZR 235/01, NZG 2003, 867, 868 („Treugebundene Mitwirkungspflicht an ‚heilender' Änderung der Einlagendeckung von Bar- zu Sacheinlage"); Rowedder/*Pentz*, GmbHG, § 13, Rdnr. 51 m. w. N.; *Kunze*, Positive Stimmpflicht, S. 63 ff.

770 MünchKomm/*Stein*, AktG, § 179, Rdnr. 219; *Holzborn*, in: Spindler/Stilz, AktG, § 179, Rdnr. 23; *Kunze*, Positive Stimmpflicht, 68 ff.; *Nehls*, Treuepflicht im Aktienrecht, S. 153 ff.; *Säcker*, FS Lukes, S. 553.

771 MünchKomm/*Hüffer*, AktG, § 276, Rdnr. 10; *Füller*, in: Bürgers/Körber, AktG, § 276, Rdnr. 3; *Wermeckes*, in: Heidel, Aktienrecht, § 276 AktG, Rdnr. 3.

772 Siehe oben C.IV.

773 Ständige Rechtsprechung, s. nur BGH, Urteil vom 25.09.1986 – II ZR 262/85, BGHZ 98, 276, 279; BGH, Urteil vom 28.4.1975 – II ZR 16/73, BGHZ 64, 253, 257. Siehe auch *Weipert*, in: MünchHdb GesR I, § 57, Rdnr. 52 ff. m. w. N.

(§ 179 Abs. 2 S. 1 AktG) nicht hinzugerechnet wird[774]. Da bei der Vorgesellschaft eine Satzungsänderung nur durch allseitige Vertragsänderung möglich ist, kann mithilfe der negativen Stimmpflicht keine Satzungsänderung herbeigeführt werden.

Eine positive Stimmpflicht setzt weiterhin voraus, dass die Satzungsänderung für die Kapitalgesellschaft dringend geboten und dem einzelnen Mitglied zumutbar ist[775]. Ist die Satzungsänderung zur Herbeiführung der Eintragung erforderlich, so ist sie stets geboten. Mit dem Zeitpunkt, in dem der Gründerverband in Vollzug gesetzt ist, ist sie auch dringend geboten, weil die Vorgesellschaft ihren Status als solche verliert, wenn die Eintragung nicht aktiv betrieben wird[776]. Hinsichtlich der Zumutbarkeit von Satzungsänderung ist danach zu differenzieren, ob sie den Mindestsatzungsinhalt [(1)] oder fakultative Satzungsbestimmungen [(2)] betreffen.

(1) Mängel des Mindestsatzungsinhalts

Überwiegend wird vertreten, dass den Gründern die Heilung von Mängeln des Mindestsatzungsinhalts (§§ 23 Abs. 3 und 4 AktG, 3 Abs. 1 GmbHG) dann zuzumuten sei, wenn sie sich über eine zulässige Fassung der Satzung einig waren, der Mangel also auf einem Versehen beruhte[777]. Nach anderer Ansicht soll die Zumutbarkeit für das einzelne Mitglied stets gegeben sein, wenn dieses

---

774 MünchKomm/*Stein*, AktG, § 179, Rdnr. 219; *Zöllner*, in: KölnerKomm, AktG, § 179, Rdnr. 213 f.; *Hüffer*, AktG, § 179, Rdnr. 30 f.; Großkomm/*Brändel*, AktG § 1, Rdnr. 88; *Säcker*, FS Lukes, S. 553, 555 f. (für satzungsändernde Beschlüsse, die den Unternehmensgegenstand erweitern).

775 BGH, Urteil vom 25.09.1986 – II ZR 262/85, BGHZ 98, 276, 280; MünchKomm/*Stein*, AktG, § 179, Rdnr. 219; *Zöllner*, in: KölnerKomm, AktG, § 179, Rdnr. 214; Großkomm/*Brändel*, AktG, § 1, Rdnr. 88; *Holzborn*, in: Spindler/Stilz, AktG, § 179, Rdnr. 176; Großkomm/*Wiedemann*, AktG, § 179, Rdnr. 157; *Seibt*, in: Schmidt/Lutter, § 179, Rdnr. 45; *Hüffer*, AktG, § 179, Rdnr. 30; Rowedder/*Schnorbus*, GmbHG, § 53, Rdnr. 82; *Säcker*, FS Lukes, S. 553.

776 Siehe oben C.III.

777 *Riesenhuber*, in: Schmidt/Lutter, AktG, § 276, Rdnr. 3 (Zustimmungspflicht soll nicht ohne weiteres bestehen, sich aber aus besonderen Gründen ergeben können); *A. Hueck*, in: Baumbach/Hueck, AktG, § 276, Rdnr. 2; *Kraft*, in: KölnerKomm, § 276, Rdnr. 11 (bei bloßen Redaktionsversehen und im Ausnahmefall auf Basis von Treuepflichten der Aktionäre untereinander, wenn die Erhaltung der Gesellschaft für die Aktionäre mit keinerlei Nachteilen verbunden ist, die Liquidation dagegen die übrigen Aktionäre erhebliche schädigen würde); Rowedder/*Baukelmann*, GmbHG, § 76, Rdnr. 8; *Haas*, in: Baumbach/Hueck, GmbHG, § 76, Rdnr. 8.

keine triftigen Gründe anführen kann, warum es sich dem Heilungsbeschluss widersetzt[778].

Richtigerweise ist eine Zumutbarkeit der Änderung des Satzungstextes stets anzunehmen, wenn mit ihr eine materielle Änderung der Satzung nicht verbunden ist, weil die Änderung nur klarstellt bzw. formell nachvollzieht, was der Satzung bereits im Wege der ergänzenden Vertragsauslegung zu entnehmen ist[779]. Fehlt etwa die Angabe zur Höhe des Grund- bzw. Stammkapitals (§ 7 AktG bzw. § 5 Abs. 1 GmbHG), entspricht die Summe der von jedem Mitglied übernommenen Kapitalanteile aber einem als Grund- bzw. Stammkapital zulässigen Betrag, wird der Satzung im Wege der ergänzenden Vertragsauslegung zu entnehmen sein, dass diese Summe den satzungsmäßigen Betrag des Grund- bzw. Stammkapitals bilden soll.

Weiterhin kommt die Zumutbarkeit nur für solche Satzungsänderungen in Frage, die die Zustimmung des einzelnen Gründers allein deshalb erforderlich machen, weil es sich bei dem Gründungsvorgang um einen einheitlichen Konstitutivakt handelt[780], nicht jedoch für solche Satzungsänderungen, in denen die positive Zustimmung des Betroffenen auch materiell erforderlich ist, weil sie selbst einer qualifizierten Mehrheitsentscheidung nicht zugänglich sind. Letztgenannte Fälle betreffen Satzungsänderungen, die auch nach Eintragung der Einstimmigkeit bzw. der Zustimmung des Betroffenen bedürfen, um wirksam zu sein, namentlich solche, die mitgliedschaftliche Sonderrechte im Sinne des § 35 BGB einschränken[781] oder die zu einer Pflichtenmehrung oder Haftungserweiterung führen (*arg ex* §§ 54 Abs. 1 AktG, 53 Abs. 3 GmbHG)[782].

Fälle, in denen sich ein Mangel des Mindestsatzungsinhalts unmittelbar dadurch beseitigen lässt, dass ein Mitglied auf ein Sonderrecht verzichtet, dürften sich allerdings kaum konstruieren lassen. Ist eine Bestimmung des Mindestsatzungsinhalts nichtig und ist zur Beseitigung der Nichtigkeit der Verzicht auf ein

---

778 *Bachmann*, in: Spindler/Stilz, AktG, § 276, Rdnr. 5; 437; *Kunze*, Positive Stimmpflichten, S. 159 ff.,168 verlangt sogar, dass die Gründe des Mitglieds, um dessen Stimmpflicht es geht, „schutzwert“ sind.

779 Die ergänzende Vertragsauslegung findet auch auf korporative Satzungsbestimmungen Anwendung, siehe Nachweise oben Fußnote 746.

780 Siehe oben C.IV.

781 MünchKomm/*Schröer*, AktG, § 133, Rdnr. 48; *Zöllner/Noack*, in: Baumbach/Hueck, GmbHG, § 53, Rdnr. 35 ff.

782 MünchKomm/*Bungeroth*, AktG, § 54, Rdnr. 21; *K. Schmidt*, in: Scholz, GmbHG, § 47, Rdnr. 31 (zumutbar sind auch Kapitalmaßnahmen, solange damit keine Nachschusspflichten verbunden sind); *Zöllner/Noack*, in: Baumbach/Hueck, GmbHG, § 53, Rdnr. 32.

mitgliedschaftliches Sonderrecht erforderlich, so kann es sich in Wahrheit nicht um ein Sonderrecht, sondern nur ein vermeintliches Sonderrecht handeln. Die fragliche Satzungsbestimmung ist gerade nichtig, weil ein derartiges Sonderrecht nicht wirksam begründet werden kann[783].

Zu einer Pflichtenmehrung oder Haftungserweiterung könnte es mit einer Anpassung der Bestimmungen zu den übernommenen Kapitalanteilen (§§ 23 Abs. 2 AktG, 3 Abs. 1 Nr. 4 GmbHG) kommen, nämlich dann, wenn weitere Kapitalanteile übernommen werden müssen, um die Eintragung zu erreichen. Gründe für das Erfordernis der Übernahme weiterer Kapitalanteile können etwa darin bestehen, dass eine Beteiligungserklärung wegen mangelnder Geschäftsfähigkeit unwirksam ist, dass der in der Satzung als Grund- bzw. Stammkapital bestimmte Betrag unterhalb der Schwelle von EUR 50.000,00 (§ 7 AktG) bzw. EUR 25.000,00 (§ 5 Abs. 1 GmbHG) bleibt oder dass ein Gründer wirksam den Austritt aus wichtigem Grund erklärt hat[784]. Eine Pflichtenmehrung oder Haftungserweiterung des einzelnen Gründers ist mit einer Anpassung der Bestimmungen zu den übernommenen Kapitalanteilen (§§ 23 Abs. 2 AktG, 3 Abs. 1 Nr. 4 GmbHG) jedoch nicht zwingend verbunden, nämlich dann nicht, wenn die Summe der wirksam übernommenen Kapitalanteile den von § 7 AktG bzw. § 5 Abs. 1 GmbHG vorgegebenen Mindestbetrag erreicht[785]. Sie ist ferner dann nicht mit einer Pflichtenmehrung oder Haftungserweiterung verbunden, wenn die Bereitschaft anderer Mitglieder besteht, die Kapitallücke durch entsprechende Erhöhung ihrer Einlagepflichten zu schließen[786]. Mit einer Verringerung der Mitgliederzahl oder Veränderung der Zusammensetzung der Mitglieder ist eine

783 So etwa, wenn die Satzung einem bestimmten Aktionär und nicht – was zulässig und üblich ist, siehe MünchKomm/*Pentz*, AktG, § 23, Rdnr. 138 – dem Aufsichtsrat die Bestimmung der Zahl der Vorstandsmitglieder übertragen wird.

784 Zum möglichen Austritt aus der Vorgesellschaft siehe oben D.IX.2.

785 Allerdings sind auch hier Konstellationen denkbar, die eine Zumutbarkeit zweifelhaft erscheinen lassen, etwa wenn die Beteiligungserklärung des Hauptkapitalgebers unwirksam ist und ohne diesen der Verbandszweck nicht erreicht werden kann. Dies ist aber dann keine Frage des Satzungsmangels mehr.

786 In dem Fall könnten allerdings die übrigen Gründer nach dem Grundsatz „Sanieren oder Ausscheiden" des BGH, Urteil vom 19.10.2009 – II ZR 240/08, NJW 2010, 60, möglicherweise verlangen, dass der Gründer, der nicht bereit ist, einen größeren Kapitalanteil zu übernehmen, durch allseitige Änderung des Errichtungsgeschäfts aus der Vorgesellschaft ausscheidet. Die Entscheidung erging zwar zu einer Personenhandelsgesellschaft, die Übertragung auf die Kapitalgesellschaft wird aber zumindest in Teilen befürwortet, siehe für die Aktiengesellschaft *Brand*, KTS 2011, 481, 481 ff. und für die GmbH *K. Schmidt*, in: Scholz, GmbHG, § 47, Rdnr. 31.

Haftungserweiterung nicht verbunden, da die Verlustdeckungshaftung auf die Beteiligungsquote begrenzt ist[787]. Mit einer solchen Erhöhung ist zwar eine Verwässerung der Anteile derer verbunden, die nicht ebenfalls zu einer Erhöhung ihrer Einlagepflichten bereit sind. Eine Verwässerung der Beteiligung spricht jedoch nicht *per se* gegen die Zumutbarkeit einer positiven Stimmpflicht[788].

Zweifelhaft ist, ob nach vorstehend entwickelten Grundsätzen eine positive Stimmpflicht zu einer Satzungsänderung zumutbar sein kann, wenn die Bestimmung des Unternehmensgegenstands mangelhaft ist, fehlt oder nichtig ist (§ 38c Abs. 4 Nr. 1 Var. 1 i V. m. § 23 Abs. 3 Nr. 2 AktG bzw. § 9c Abs. 2 Nr. 1 Var. 1 i. V. m. § 3 Abs. 1 Nr. 2 GmbHG). Zunächst einmal sind an die Satzungsänderungen, die den Unternehmensgegenstand betreffen, materiell nicht höhere Anforderungen zu stellen als an die Änderung der übrigen Bestimmungen des Mindestsatzungsinhalts[789]. Mit einer Änderung des Unternehmensgegenstands kann jedoch eine Haftungserweiterung verbunden sein, nämlich in dem Fall der Ausweitung des Unternehmensgegenstands, da dann der Handlungsspielraum des Leitungsorgans im Innenverhältnis erweitert wird, womit sich das abstrakte Risiko der Inanspruchnahme aus der Vorbelastungs- und Verlustdeckungshaftung erhöht. Eintragungshindernisse, deren Beseitigung die Ausweitung des Unternehmensgegenstands erfordern, sind allerdings kaum vorstellbar. Besteht das Eintragungshindernis darin, dass die Bestimmung des Unternehmensgegenstands gänzlich fehlt, wird mit dessen erstmaliger Bestimmung die bis dahin unbegrenzte Handlungsbefugnis des Leitungsorgans erstmalig eingeschränkt. Das Gleiche gilt für die Ersetzung einer nichtigen durch eine wirksame Bestimmung. Sollte der Eintragungsantrag zurückgewiesen werden, weil die Bestimmung des Unternehmensgegenstands wegen unzureichender Individualisierung mangelhaft ist, ist mit der gebotenen Individualisierung ebenfalls keine Ausweitung, sondern im Gegenteil eine Einschränkung verbunden.

In den Fällen, in denen mit der erforderlichen Satzungsänderung weder eine ergänzende Vertragsauslegung nachvollzogen würde noch eine Pflichtenmehrung

---

787 Siehe oben D.III.5.

788 Großkomm/*Wiedemann*, AktG, § 182, Rdnr. 38; *K. Schmidt*, in: Scholz, GmbHG, § 47, Rdnr. 31; *Schuster*, ZGR 2010, 325, 335; *v. Schorlemer/Stupp*, NZI 2003, 345, 349 ff.

789 Der Unternehmensgegenstand ist nicht mit dem Verbandszweck zu verwechseln, dessen Änderung nach richtiger, wenn auch im Aktienrecht nicht unumstrittener Ansicht nur einstimmig erfolgen kann, siehe exemplarisch *Hüffer*, AktG, § 179, Rdnr. 33 (dort auch Nachweise der abweichenden Ansichten); Zöllner/Noack, in: Baumbach/Hueck, GmbHG, § 53, Rdnr. 29.

oder Haftungserweiterung verbunden ist, hat eine Interessenabwägung zu erfolgen. Die Interessen des Gründers, der sich der erforderlichen Mitwirkung bei der Satzungsänderung verweigert, sind gegen das Verbandsinteresse abzuwägen. Dem sich verweigernden Gründer sollte es dann obliegen darzulegen, aus welchen Motiven er sich der Mitwirkung widersetzt und weshalb diese Motive ein anerkennenswertes Interesse begründen. Die Satzungsänderung ist dem Gründer dabei umso eher zuzumuten, je weniger schwerwiegend der Satzungsmangel ist, je geringfügiger die erforderlichen Änderungen sind und je weniger anerkennenswert seine Interessen an der Verweigerung der Mitwirkung sind[790]. So wird in dem Fall mangelnder Individualisierung des Unternehmensgegenstandes eine positive Stimmpflicht eher anzunehmen sein[791] als in dem Fall, in dem eine aufgrund Gesetzesverstoßes nichtige Bestimmung des Unternehmensgegenstands durch eine völlig andere ersetzt wird[792].

(2) Nichtige fakultative Satzungsbestimmungen

Bei der Nichtigkeit fakultativer Satzungsbestimmungen stellt sich die Frage nach der Zumutbarkeit nur dann, wenn die Nichtigkeit die Ablehnung des Eintragungsantrags zur Folge hätte, wenn also die Nichtigkeit auf der Verletzung von Vorschriften beruht, die ausschließlich oder überwiegend zum Schutze der Gläubiger der Gesellschaft oder sonst im öffentlichen Interesse gegeben sind (§§ 38 Abs. 4 Nr. 3 AktG, GmbHG). In den übrigen Fällen ist eine formelle Änderung der Satzung jedenfalls nicht geboten, um die Eintragung herbeizuführen. Soweit Mängel der fakultativen Satzungsbestimmungen ein Eintragungshindernis bilden, genügt die Bereinigung des formellen Satzungsinhalts. Eine solche ist stets zumutbar, da es ein berechtigtes Interesse an dem Erhalt nicht zu beachtender Satzungsbestimmungen im formellen Satzungstext nicht geben kann. Die Vereinbarung von Alternativbestimmungen mit (gerade noch) zulässigem Inhalt ist im Hinblick auf die Herbeiführung der Eintragung nicht erforderlich und damit nicht dringend geboten.

---

790 In diese Richtung bereits *Feine*, GmbH, S. 207 („Soweit es sich … um geringfügige Änderungen handelt, die zur Herbeiführung der Eintragung erforderlich sind, z.B. bezüglich der Firma, besteht eine Rechtspflicht jedes Einzelnen zur Mitwirkung an der Änderung.").

791 OLG Düsseldorf, Beschluss vom 06.10.2010 – I-3 Wx 231/10, DNotZ 2011, 444.

792 Für eine positive Stimmpflicht hinsichtlich der Anpassung des Unternehmensgegenstandes siehe auch *Säcker*, FS Lukes, S. 555 f.

(3) Fazit

Mängel des notwendigen Satzungsinhalts können von dem einzelnen Gründer nur dann zu Lasten der Existenz der Vorgesellschaft geltend gemacht werden, wenn diesem die Mitwirkung an einer Satzungsanpassung nicht zugemutet werden kann. Zumutbar ist eine Satzungsanpassung, wenn mit ihr lediglich formell nachvollzogen werden soll, was materiell das Ergebnis ergänzender Vertragsauslegung ist. Nicht zumutbar ist dagegen eine Anpassung der Angaben zu den übernommenen Kapitalanteilen (§ 23 Abs. 2 Nr. 2 AktG, § 3 Abs. 1 Nr. 4 GmbHG), wenn damit eine Erhöhung seiner Einlagepflicht verbunden ist. In den übrigen Fällen, in denen eine Anpassung der Bestimmungen des Mindestsatzungsinhalts erforderlich ist, ist die Zumutbarkeit von einer einzelfallbezogenen Interessenabwägung abhängig, wobei dem sich verweigernden Gründer die Darlegungslast hinsichtlich der einer Satzungsänderung entgegenstehenden Interessen obliegt.

Mängel des fakultativen Satzungsinhalts, können nicht zu Lasten der Existenz der Vorgesellschaft geltend gemacht werden. Stellen fakultative Satzungsbestandteile ein Eintragungshindernis dar, sind die Gründer aus der mitgliedschaftlichen Treuepflicht heraus verpflichtet, die Satzung entsprechend anzupassen.

d) Geltendmachung zivilrechtlicher Anfechtungstatbestände

Abschließend zu klären ist, ob sich eingetragene Kapitalgesellschaft und Vorgesellschaft in der Behandlung der Beteiligungserklärungen unterscheiden, die nach allgemein zivilrechtlichen Maßstäben mit Wirkung *ex tunc* angefochten werden könnten (§§ 119 ff. BGB i. V. m. § 142 Abs. 2 BGB).

(1) Eingetragene Kapitalgesellschaft

Beruhte die Abgabe einer Beteiligungserklärung auf einem Willensmangel, so kann dieser nach der Eintragung nicht mit der Nichtigkeitsklage zu Lasten der Existenz des Verbandes geltend gemacht werden. Dies folgt aus der abschließenden Regelung der §§ 275 ff. AktG, 75 ff. GmbHG, auch wenn diese nur für die Aktiengesellschaft ausdrücklich in § 275 Abs. 1 S. 2 AktG angeordnet ist. Der nach §§ 119 ff. BGB beachtliche Willensmangel könnte allerdings als wichtiger Grund für ein außerordentliches Austrittsrecht in Betracht kommen[793]. Dies setzt zunächst voraus, dass die Anwendbarkeit des außerordentlichen

793 Zu dem Recht, aus wichtigem Grund aus der eingetragenen Kapitalgesellschaft auszuscheiden, siehe oben D.IX.1.

Austrittsrechts auf Willensmängel bei Abgabe der Beteiligungserklärung nicht grundsätzlich ausgeschlossen ist.

Der abschließende Charakter der §§ 275 ff. AktG, 75 ff. GmbHG spricht nicht gegen die Gewährung eines außerordentlichen Austrittsrechts, da es bei der Nichtigkeitsklage um Gründungsmängel geht, die den Fortbestand des Verbandes insgesamt betreffen, wohingegen es bei dem Austrittsrecht aus wichtigem Grund nur um die Beendigung einer einzelnen Mitgliedschaft geht.

Auch von einer Heilung kann entgegen *Körber*[794] nicht ausgegangen werden, da die Eintragung den Tatbestand, an dem das allgemeine Zivilrecht die Anfechtbarkeit festmacht, nicht beseitigt. Der Unwirksamkeitstatbestand geht nämlich, wie *Becker*[795] zutreffend feststellt, mit der Eintragung grundsätzlich nicht verloren, „sondern wird hinübergerettet ... in anderem rechtlichen Gewande". Dass es sich bei dem Austrittsrecht aus wichtigem Grund tatsächlich um ein anderes rechtliches Gewand handelt, wird daran deutlich, dass es sich im Tatbestand und den Rechtsfolgen vom zivilrechtlichen Anfechtungsrecht unterscheidet. Der Tatbestand, der nach allgemein zivilrechtlichen Grundsätzen unmittelbar die Anfechtung ermöglicht, berechtigt nicht zwangsläufig auch zum Austritt aus wichtigem Grund. Vielmehr muss die Unzumutbarkeit des Festhaltens an der Beteiligung als Ergebnis einer Abwägung gegen die Interessen der übrigen Mitglieder am Erhalt der Beteiligung positiv festgestellt werden[796]. Hinzu kommt, dass der Austritt unter Beachtung der Kapitalerhaltungsgrundsätze noch des Vollzugs bedarf. Die Anwendbarkeit des außerordentlichen Austrittsrechts auf Willensmängel bei Abgabe der Beteiligungserklärung ist folglich nicht grundsätzlich ausgeschlossen[797].

(2) Vorgesellschaft

Hinsichtlich der Behandlung von nach allgemeinen bürgerlich-rechtlichen Grundsätzen anfechtbaren Beteiligungserklärungen ist bei der Vorgesellschaft zwischen der Geltendmachung vor und nach Invollzugsetzung zu unterscheiden. Bis zur

---

794 *Körber*, in: Bürgers/Körber, AktG, § 23, Rdnr. 48.

795 *Becker*, Austritt, S. 146.

796 Besteht die Möglichkeit der Veräußerung der Beteiligung so hat diese Vorrang vor dem Austritt aus wichtigem Grund. Siehe zu den Voraussetzungen des außerordentlichen Austrittsrechts und dessen Vollzug oben D.IX.

797 Ulmer/*Ulmer/Löbbe*, GmbHG, § 2, Rdnr. 146, 175; *Fastrich*, in: Baumbach/Hueck, GmbHG, § 2, Rdnr. 43 („Schließlich kann je nach Art des einzelnen Mangels seine Ursache, falls sie fortbesteht u entspr schwer wiegt, ... ein außerordentliches Austrittsrecht ... in Betracht kommen."); *Becker*, Austritt, S. 146; *Müller*, Austrittsrecht, S. 72 f.

Invollzugsetzung gelten die allgemeinen zivilrechtlichen Nichtigkeitstatbestände, so dass die Beteiligungserklärung wegen eines gemäß §§ 119 ff. BGB beachtlichen Mangels mit Wirkung *ex tunc* angefochten werden kann (§ 142 Abs. 1 BGB)[798].

Mit Invollzugsetzung sind die §§ 119 ff. BGB nicht mehr anwendbar, da sie auf Individualrechtsgeschäfte und -verhältnisse ausgerichtet sind[799]. Die Willensmängel, die den Tatbestand der §§ 119 ff. BGB erfüllen, können nach Invollzugsetzung nur mit Wirkung *ex nunc* und mit den hierfür vorgesehenen gesellschaftsrechtlichen Instrumenten geltend gemacht werden. Da der rechtsgeschäftliche Mangel nur die Beteiligungserklärung und nicht die Satzung betrifft, kommt hierfür nur das ungeschriebene Recht zum Austritt aus wichtigem Grund[800] in Frage. Umstritten ist insoweit, ob die Erfüllung eines Anfechtungstatbestands stets einen wichtigen Grund darstellt[801] oder ob der wichtige Grund erst nach Abwägung gegen das Bestandsinteresse der übrigen Mitglieder positiv festgestellt werden muss[802].

Überwiegend wird vertreten, dass Mängel der Beteiligungserklärung stets zur außerordentlichen Kündigung berechtigen sollen, es der Feststellung eines wichtigen Grundes durch Abwägung gegen die Interessen der übrigen Mitglieder am Fortbestand des Verbandes also nicht bedarf[803]. Die Kündigung sei in dem

---

798 *Arnold*, in: KölnerKomm, AktG, § 23, Rdnr. 158; *Körber*, in: Bürgers/Köber, AktG, § 23, Rdnr. 46; *Emmerich*, in: Scholz, GmbHG, § 2, Rdnr. 67; *Bayer*, in: Lutter/Hommelhoff, GmbHG, § 2, Rdnr. 26.

799 MünchKomm/*Ulmer*, BGB,§ 705, Rdnr. 354 ff.; *Gierke*, Genossenschaftstheorie, S. 133 („einseitiger Gesammtakt, der im Individualrecht keine Parallele hat").

800 Siehe oben D.IX.

801 So BGH, Urteil vom 24.10.1951 - II ZR 18/51, BGHZ 3, 285, 290 ff.; Soergel/*Hadding/Kießling*, BGB, § 705, Rdnr. 78; MünchKomm/*Ulmer/Schäfer*, BGB, § 705, Rdnr. 345; *A. Hueck*, OHG, § 7 III 1 b, S. 84 f.; *Schäfer*, Fehlerhafter Verband, S. 177 ff.; *Wiesner*, Fehlerhafte Gesellschaft, S. 126;

802 RG, Urteil vom 02.08.1943 – II 70/43, DR 1943, 1221, 1223; RG, Urteil vom 28.04.1941 – II 102/40, DR 1941, 1943, 1944; *Flume*, BGB AT I/1, § 2 III, S. 21 f.

803 BGH, Urteil vom 24.10.1951 – II ZR 18/51, BGHZ 3, 285, 291 f. („Die Auffassung des Reichsgerichts würde in Fällen der vorliegenden Art, wo durch einen versteckten Einigungsmangel eine Vereinbarung über eine für die Parteien wesentliche Vertragsbestimmung nicht getroffen worden ist, dazu führen, daß die Parteien unter Umständen auch noch für die Zukunft in einem Gemeinschaftsverhältnis festgehalten werden, dem nach ihren ersichtlichen Vorstellungen die für sie wesentliche Grundlage fehlt."); *Kübler/Assmann*, Gesellschaftsrecht, § 26 III 2 a, S. 394; *Schäfer*, Fehlerhafter Verband, S. 181: „Weil diese [*scil.* Auflösung] nach den Grundsätzen der LfV [*scil.* Lehre vom fehlerhaften Verband] nur in den Formen der außerordentlichen Kündigung erfolgt, der materiale Geltungsgrund im Vertragsprinzip als solcher aber erhalten bleibt, bedarf es für die Auflösung im Zeitpunkt ihrer Geltendmachung

rechtsgeschäftlichen Mangel begründet, der nicht perpetuiert werden dürfe und der lediglich in der Form der außerordentlichen Kündigung geltend gemacht werden könne. Grund für die außerordentliche Kündigung wegen eines Willensmangels ist jedoch nicht ein rechtsgeschäftlicher Mangel, sondern wie bei dem außerordentlichen Austrittsrecht der eingetragenen Kapitalgesellschaft die Unzumutbarkeit für den Austritt Begehrenden, an seiner Mitgliedschaft festzuhalten. Die Unzumutbarkeit bedarf aber der Feststellung im Einzelfall. Eine Perpetuierung des Mangels erfolgt nicht, da das Errichtungsgeschäft als solches fehlerfrei zustande gekommen ist. Es würde erst durch die Beseitigung einer Beteiligungserklärung im Wege der Anfechtung fehlerhaft und nur dann, wenn man es als reinen Schuldvertrag ansehen würde. Richtigerweise ist das Errichtungsgeschäft aber auch Organisationsvertrag bzw. Organisationsakt, da es die Grundlage für die Handlungsorganisation als einer Wirkungseinheit bildet[804]. Mit Invollzugsetzung löst sich der Verband von der schuldrechtlichen Grundlage. Willensmängel bei Abgabe einer Beteiligungserklärung setzen sich daher nicht im Verband fort, wenn sie erst nach Invollzugsetzung geltend gemacht werden.

Die Anfechtbarkeit einer Beteiligungserklärung allein berechtigt demnach nicht zum Austritt aus wichtigem Grund[805]. Es muss erst festgestellt werden, dass dem Austrittswilligen der Verbleib in dem Verband auch unter Berücksichtigung der Bestandsinteressen der übrigen Mitglieder bis zur Eintragung nicht zuzumuten ist[806].

(3) Fazit

Willensmängel, die nach allgemeinen zivilrechtlichen Grundsätzen zur Anfechtung der Beteiligungserklärung mit Wirkung *ex tunc* berechtigen würden (§§ 119 ff. i. V. m. § 142 Abs. 2 BGB), kommen bei der eingetragenen Kapitalgesellschaft

keines wichtigen Grundes – und damit keiner damit verbundenen objektiven Interessenabwägung."

804 *Fastrich*, in: Baumbach/Hueck, GmbHG, § 2, Rdnr. 5, 7; *Roth*, in: Roth/Altmeppen, GmbHG, § 2, Rdnr. 10; *Wiedemann*, Gesellschaftsrecht I, § 3 II 1, S. 159 f.; *K. Schmidt*, Gesellschaftsrecht, § 5 I, S. 75 ff.

805 *Feine*, GmbH, S. 178: „Die Beitrittserklärung zur GmbH., welche die Übernahme einer Stammeinlage in sich schließt, ist überhaupt nicht anfechtbar, sie ist auch nicht nichtig, weil sie im Scherz oder zum Schein oder unter innerem Vorbehalt abgegeben wurde, sobald sie formgerecht von einem Geschäftsfähigen erklärt worden ist; zugleich die mit ihr juristisch verbundene Aufstellung der Satzung. Und das ganz gleich, ob die Eintragung der GmbH. erfolgt, ob der Gesellschaftsvertrag eingereicht worden ist oder nicht."

806 Siehe oben D.IX.2.

ebenso wie bei der in Vollzug gesetzten Vorgesellschaft als wichtiger Grund für ein außerordentliches Austrittsrecht in Betracht.

3. Zusammenfassung und Bewertung

Die fehlerhafte Vorgesellschaft genießt ebenso wie die fehlerhafte eingetragene Kapitalgesellschaft Bestandsschutz für die Vergangenheit. Dogmatische Grundlage hierfür ist die Lehre vom fehlerhaften Verband, die auch bei der Invollzugsetzung einer fehlerhaften Vorgesellschaft eingreift. Eine Vorgesellschaft ist nur dann fehlerhaft im Sinne der Lehre vom fehlerhaften Verband, wenn der Verbandszweck wegen Verstoßes gegen ein Verbotsgesetz (§ 134 BGB) oder wegen Sittenwidrigkeit (§ 138 Abs. 1 BGB) nichtig ist. Voraussetzung für das Entstehen einer Vorgesellschaft ist dabei das Vorliegen einer Beteiligungserklärung, die auf die Verfolgung eines überindividuellen Zwecks in der Rechtsform einer Kapitalgesellschaft gerichtet ist, die die Leistung einer Einlage verspricht und notariell beurkundet ist[807]. Die fehlerhafte Vorgesellschaft kann durch Auflösungsklage analog § 61 GmbHG aufgelöst werden.

Hinsichtlich der Folgen von fehlenden oder nichtigen Satzungsbestimmungen, die nicht die Nichtigkeit der gesamten Satzung im Sinne der Lehre vom fehlerhaften Verband zur Folge haben, aber ein Eintragungshindernis darstellen, ist danach zu differenzieren, ob die Mängel den Mindestsatzungsinhalt oder die fakultativen Satzungsbestandteile betreffen.

Fehlende, nichtige oder mangelhafte Bestandteile des Mindestsatzungsinhalts können den einzelnen Gründer zum Austritt aus wichtigem Grund berechtigen, wenn ihn keine Pflicht zur Heilung des Satzungsmangels trifft. Eine positive Stimmpflicht zur Heilung besteht, wenn durch die Satzungsänderung nur förmlich nachvollzogen werden soll, was materiell das Ergebnis der ergänzenden Vertragsauslegung ist. Umgekehrt ist die positive Stimmpflicht ausgeschlossen, wenn die Bestimmungen zu den übernommenen Kapitalanteilen (§§ 23 Abs. 2 AktG, 3 Abs. 1 Nr. 4 GmbHG) anzupassen sind und dabei von dem einzelnen Gründer eine Erhöhung seiner Einlagepflicht verlangt wird. In den übrigen Fällen hat eine Abwägung der Interessen des Gründers, der sich der erforderlichen Mitwirkung bei der Satzungsänderung verweigert, gegen das Verbandsinteresse zu erfolgen, wobei dem sich verweigernden Gründer die Darlegungslast hinsichtlich der einer Satzungsänderung entgegenstehenden Interessen obliegt.[808]

---

807 Siehe oben D.X.2.a)(1).
808 Siehe oben D.X.2.c)(1).

Mangelhafte fakultative Satzungsbestandteile, die der Ersteintragung der Kapitalgesellschaft entgegenstehen, berechtigen nicht zum Austritt aus wichtigem Grund. Jeder Gründer ist aus der mitgliedschaftlichen Treuepflicht heraus verpflichtet, an der Beseitigung von Eintragungshindernissen mitzuwirken.[809]

Willensmängel bei Abgabe der Beteiligungserklärung berechtigen nach Invollzugsetzung der Vorgesellschaft nur noch zum Austritt aus wichtigem Grund. Ob ein wichtiger Grund vorliegt, ist von einer Interessenabwägung im Einzelfall abhängig. Gleiches gilt für die eingetragene Kapitalgesellschaft.[810]

Ein Bestandsschutz des Verbandes für die Zukunft in dem Sinne, dass nicht alle Gründungsmängel zur Auflösung des Verbandes berechtigen, existiert damit nicht nur für die eingetragene Kapitalgesellschaft, sondern auch für die Vorgesellschaft. Er ist bei der eingetragenen Kapitalgesellschaft allerdings stärker ausgeprägt, wenn der Mangel in einer fehlenden oder unwirksamen Bestimmung des Mindestsatzungsinhalts besteht. Auf Basis der §§ 275 ff. AktG, 75 ff. GmbHG kann ein Mangel des Mindestsatzungsinhalts bei der eingetragenen Kapitalgesellschaft nur noch dann geltend gemacht werden, wenn dieser darin besteht, dass die Satzung keine Bestimmungen über die Höhe des Grund- bzw. Stammkapitals oder über den Gegenstand des Unternehmens enthält oder die Bestimmungen der Satzung über den Gegenstand des Unternehmens nichtig sind. Bei der Vorgesellschaft hat dagegen, wie vorstehend zusammengefasst, regelmäßig eine Interessenabwägung zu erfolgen.

Der Unterschied in der Behandlung von Mängeln des Mindestsatzungsinhalts erklärt sich weniger aus der besonderen Struktur der eingetragenen Kapitalgesellschaft bzw. den Besonderheiten ihres Entstehungsprozesses als aus der Umsetzung der Publizitätsrichtlinie[811] und damit aus europarechtlichen Vorgaben. Erst mit ihr wurde der bis dahin anerkannte Zusammenhang der Anforderungen an den Mindestinhalt der Satzung mit den Gründen, auf die eine Nichtigkeitsklage gestützt werden konnte, aufgelöst[812]. Die Nichtigkeitsklage war zuvor auch dann statthaft, wenn hinsichtlich des übrigen in §§ 23 Abs. 3 AktG, 3 Abs. 1 GmbHG bestimmten notwendigen Satzungsinhalts keine Regelungen aufgenommen wurden oder diese nichtig waren. In denselben Fällen konnte das Amtslöschungsverfahren

809 Siehe oben D.X.2.c)(2).

810 Siehe oben D.X.2.d).

811 Erste Richtlinie des Rates der Europäischen Gemeinschaften zur Koordinierung des Gesellschaftsrechts – Publizitätsrichtlinie vom 9. März 1968 (68/151/EWG), Amtsblatt Nr. L 65 vom 14/03/1968, S. 8 ff. Siehe auch Begr. RegE, BT-Drucks. V/3862, S. 11, 15 und 17.

812 *Paschke*, ZHR 155 (1991), 1, 10.

nach § 144 Abs. 1 FGG a.F. durchgeführt werden. Die „Nichtigkeitsgründe", die mit Umsetzung der Publizitätsrichtlinie aus den §§ 275 ff. AktG, 75 ff. GmbHG ausgeklammert wurden, bilden seitdem in § 144a FGG (nunmehr § 399 FamFG) Gründe für die Einleitung des Auflösungsverfahrens[813]. Von einem durch die Eintragung vermittelten Bestandsschutz für die Zukunft kann also ohnehin nur insoweit gesprochen werden, als einzelne Verbands- oder Organmitglieder wegen der nicht in §§ 275 AktG, 75 GmbHG genannten Mängeln des Mindestsatzungsinhalts die Auflösung des Verbandes betreiben können. Ob an einen solchermaßen begründeten höheren Bestandsschutz für die Zukunft eine unterschiedliche Behandlung von Vorgesellschaft und eingetragener Kapitalgesellschaft geknüpft werden kann, erscheint mehr als zweifelhaft.

XI. Heilungsfunktion

In engem Zusammenhang mit der Bestandsschutzfunktion wird auch die Heilungsfunktion der Eintragung genannt[814]. Gemeint ist damit der dauerhafte Ausschluss der Geltendmachung bestimmter Gründungsmängel.

Eine tatsächliche Heilung im engeren Sinne erfolgt hinsichtlich eines Formmangels der Satzung[815] und der bei der Anmeldung zu beachtenden Ordnungsvorschriften[816]. Da bei formellen Gründungsmängeln gar nicht erst eine

813 *K. Schmidt*, in: Scholz, GmbHG, § 75, Rdnr. 7; der Sache nach hätte eine Klarstellung genügt, dass es sich bei den in §§ 275 ff. AktG, 75 ff. GmbHG genannten „Nichtigkeitsgründen" tatsächlich nur um Auflösungsgründe handelt, es also nicht um eine von Anfang an bestehende Nichtigkeit der Kapitalgesellschaft geht, wie sie der Regelung in der Richtlinie zugrunde liegt, *K. Schmidt*, a. a. O.

814 Exemplarisch: *Körber*, in: Bürgers/Körber, AktG, § 23, Rdnr. 48; Ulmer/*Ulmer/Löbbe*, GmbHG, § 2, Rdnr. 166 ff.

815 BGH, Beschluss vom 09.10.1956 – II ZB 11/56, BGHZ 21, 378, 383 (für den Fall der Strohmanngründung); MünchKomm/Pentz, AktG, § 23, Rdnr. 174; *Fastrich*, in: Baumbach/Hueck, GmbHG § 2, Rdnr. 15; Ulmer/*Ulmer/Löbbe*, § 2, Rdnr. 30; *Bayer*, in: Lutter/Hommelhoff, § 2, Rdnr. 25; *Roth*, in: Roth/Altmeppen, GmbHG, § 2, Rdnr. 31; *Emmerich*, in: Scholz, GmbHG, § 2, Rdnr. 20; Rowedder/*Schmidt-Leithoff*, § 2, Rdnr. 48 f.

816 MünchKomm/*Pentz*, AktG, § 37, Rdnr. 85; *Hueck/Fastrich*, in: Baumbach/Hueck, GmbHG, § 7, Rdnr. 4; *Bayer*, in: Lutter/Hommelhoff, GmbHG, § 7, Rdnr. 3; *Roth*, in: Roth/Altmeppen, GmbHG, § 7, Rdnr. 14; Rowedder/*Schmidt-Leithoff*, GmbHG, § 7, Rdnr. 16; *Veil*, in: Scholz, GmbHG, § 7, Rdnr. 15; ist die Eintragung überhaupt nicht vom Willen der Anmeldungsbefugten getragen, ist Amtslöschung nach § 395 Abs. 1 FamFG möglich.

Vorgesellschaft entsteht[817], rechtfertigt die Heilungsfunktion keine unterschiedliche Behandlung von Vorgesellschaft und eingetragener Kapitalgesellschaft.

Zweifelhaft ist, ob die Ersteintragung auch unwirksame Satzungsbestimmungen heilt. Wenn wegen unwirksamer Satzungsbestimmungen eine Nichtigkeitsklage nicht oder nicht mehr erhoben werden kann, sind diese Satzungsbestimmungen damit nicht wirksam[818], also nicht bindend. Ein nachträgliches Wirksamwerden nichtiger Satzungsbestimmungen könnte sich allerdings aus § 242 Abs. 2 AktG ergeben. Gemäß § 242 Abs. 2 S. 1 AktG kann die Nichtigkeit von Hauptversammlungsbeschlüssen nach Ablauf von drei Jahren nach Eintragung des Beschlusses im Handelsregister nicht mehr geltend gemacht werden. Der Anwendungsbereich der Norm schließt satzungsändernde Beschlüsse mit ein. Die Regelung bewirkt eine echte Heilung nichtiger Satzungsänderungen in dem Sinne, dass auch solche Satzungsregelungen mit Fristablauf wirksam werden, die gegen zwingendes Recht verstoßen. Die Regelung des § 242 Abs. 2 AktG findet auf nichtige Bestimmungen der Ursprungssatzung sowohl im Aktien- als auch im GmbH-Recht entsprechende Anwendung[819]. Die Norm des § 242 Abs. 2 AktG setzt allerdings nicht nur die Eintragung voraus. Entscheidend tritt hinzu, dass seit der Eintragung drei Jahre vergangen sein müssen, damit eine zuvor nichtige Satzungsbestimmung Wirksamkeit erlangt. Die Ersteintragung heilt also

817 Siehe oben D.X.2.a)(1)(a).

818 *K. Schmidt*, in: Scholz, GmbHG, § 75, Rdnr. 4; Rowedder/*Baukelmann*, GmbHG, § 75, Rdnr. 6; *Anton*, GmbHR 1973, 75, 79; s. auch Begr RegE HRefG, BT-Drucks. 13/8444, S. 78, wonach Satzungsbestimmungen soweit sie mit dem Wesen der Kapitalgesellschaft unvereinbar sind, deshalb von der registergerichtlichen Prüfung der Satzung bei Ersteintragung ausgenommen sein sollen, da sie „das wirksame Entstehen der Kapitalgesellschaft durch Registereintragung nicht hindern, sondern Gegenstand etwaiger Streitverfahren zwischen den Beteiligten bleiben" sollen.

819 BGH, Urteil vom 19.06.2000 – II ZR 73/99, BGHZ 144, 365, 365; *Casper*, in: Spindler/Stilz, AktG, § 242, Rdnr. 29; MünchKomm/*Hüffer*, AktG, § 242, Rdnr. 31; Großkomm/*Röhricht*, AktG, § 23, Rdnr. 204; *Wiedemann*, in: Großkomm, AktG, § 181, Rdnr. 47; *Casper*, Heilung nichtiger Beschlüsse, S. 299 ff.; *Emde*, ZIP 2000, 1753, 1755; *Geßler*, ZGR 1980, 427, 453; *Zöllner*, DNotZ 2001, 872, 874 f. Das dagegen von *Goette*, FS Röhricht, S. 115 ff., 127; *K. Schmidt*, AG 1996, 385, 388; *Säcker*, JZ 1980, 82, 84 (für eine Einschränkung bereits der vom Wortlaut des § 242 Abs. 2 AktG erfassten Fälle) vorgebrachte Argument, dass ein Verband damit dauerhaft auf einer Grundlage leben könne, die gegen zwingendes staatliches Recht verstößt, kann mit Verweis auf die §§ 398, 395, 399 FamFG als unzutreffend zurückgewiesen werden, *Geßler*, ZGR 1980, 427, 453.

nicht unmittelbar den inhaltlichen Mangel, sondern setzt lediglich die Frist in Gang, mit deren Ablauf die Satzungsbestimmung wirksam wird.

Da sich sie Heilungsfunktion nach alledem auf die Heilung von Formmängeln und Verstößen gegen Ordnungsvorschriften beschränkt, kann auf sie eine unterschiedliche Behandlung von Vorgesellschaft und eingetragener Kapitalgesellschaft nicht gestützt werden.

XII. Beglaubigungsfunktion

Nach Auffassung von *K. Schmidt*[820] kommt der Ersteintragung der Kapitalgesellschaft in das Handelsregister auch eine Beglaubigungsfunktion in dem Sinne zu, dass der Kapitalgesellschaft als Rechtsträger die Evidenz verschafft wird, die die natürliche Person mit Vollendung der Geburt erfährt. Bedeutsam ist die Evidenz des Rechtssubjekts im Zusammenhang mit den Offenkundigkeitsprinzipien, die das geltende Recht an die Rechtszuordnung im Verkehrsinteresse stellt[821]. Nach früherem Verständnis war diese Evidenz notwendige Bedingung für die Entstehung eines künstlichen Rechtssubjekts – seinerzeit gleichbedeutend mit der juristischen Person und nur der Staat sollte diese Evidenz durch Konzession bzw. Eintragung in ein Register später herstellen können[822]. Nach geltendem Recht sind Konzession oder Registereintragung nicht mehr schlechthin notwendige Bedingung für das Entstehen eines überindividuellen Rechtsträgers, was in dem

820 *K. Schmidt*, BB 1983, 1697, 1697.

821 *K. Schmidt*, BB 1983, 1697, 1697, der u.a. auf den den sachenrechtlichen Bestimmtheitsgrundsatz und das Traditionsprinzip des § 929 BGB verweist.

822 Siehe exemplarisch *v. Savigny*, Römisches Recht II, S. 277 f., „Die Nothwendigkeit der Staatsgenehmigung zur Entstehung jeder juristischen Person hat, unabhängig von politischen Rücksichten, einen durchgreifenden juristischen Grund. Der einzelne Mensch trägt seinen Anspruch auf Rechtsfähigkeit schon in seiner leiblichen Erscheinung mit sich .... Durch diese Erscheinung weiß jeder Andere, daß er in ihm eigene Rechte zu ehren, jeder Richter, daß er in ihm solche Rechte zu schützen hat. Wird nun die natürliche Rechtsfähigkeit des einzelnen Menschen durch Fiction auf ein ideales Subject übertragen, so fehlt jene natürliche Beglaubigung gänzlich; nur der Wille der höchsten Gewalt kann dieselbe ersetzen, indem er künstliche Rechtssubjecte schafft, und wollte man dieselbe Macht der Privatwillkühr überlassen, so würde unvermeidlich die höchste Ungewißheit des Rechtszustandes entstehen, selbst abgesehen von dem großen Misbrauch, der durch unredlichen Willen möglich wäre.“

gewandelten Gesamthandsverständnis[823] und nicht zuletzt in der Rechtsfähigkeit der Vorgesellschaft selbst zum Ausdruck kommt.

Von Bedeutung ist die Evidenz des Rechtssubjekts aber noch, wenn es darum geht, die gegenständlichen Grenzen der Rechtssubjektivität zu bestimmen[824]. Dies zeigt sich besonders in dem Bereich, der wie das Grundbuchrecht besonders hohe Anforderungen an die Offenkundigkeit stellt. So wird die mangelnde Evidenz der BGB-Gesellschaft im Grundbuchverkehr zum Problem. Die gebotenen Nachweise zu Existenz und Identität der Grundbesitz erwerbenden BGB-Gesellschaft in grundbuchmäßiger Form sind nach wie vor streitig[825]. Aufgrund der für die Entstehung einer Vorgesellschaft zwingend erforderlichen notariellen Beurkundung ergeben sich diese Probleme von Existenz und Identität *idealiter* nicht. Durch die notarielle Beurkundung wird nämlich ebenfalls eine Offenkundigkeit erreicht, wenn auch nicht in Form der Registerpublizität[826]. Mit Identität ist dabei die Zusammensetzung des Mitgliederkreises angesprochen. Aufgrund der Einheitlichkeit des Gründungsvorgangs sind sämtliche Mitglieder mit ihrer jeweiligen Kapitalbeteiligung aus der notariellen Errichtungsurkunde bzw. Änderungsurkunde ersichtlich[827], so dass eine Evidenz der Mitgliedschaft besteht. Das Erfordernis der notariellen Beurkundung bewirkt damit bereits eine „Beglaubigungsfunktion". Diese Funktion wird von der Eintragung lediglich

---

823 Dies betrifft nicht nur die Außen-BGB-Gesellschaft, sondern auch die Personenhandelsgesellschaften, da auch zu § 124 HGB lange vertreten wurde, dass „eigentlich" die Gesellschafter in ihrer gesamthänderischen Verbundenheit und nicht die Gesellschaft als solche Inhaberin des Gesamthandsvermögens sei (siehe die Nachweise bei *Flume*, BGB AT I/1, § 4 II, S. 53 f.).

824 Es ist allerdings zu unterscheiden zwischen der abstrakten Fähigkeit, Träger von Rechten und Pflichten zu sein, und der Frage, ob im Einzelfall ein Rechtsträger auch ein konkretes Recht innehaben kann bzw. Bezugspunkt einer konkreten Pflicht sein kann, siehe *K. Schmidt*, Gesellschaftsrecht, § 8 V, S. 213 („Ein Gebilde, das überhaupt nicht imstande ist, Träger von Rechten und Pflichten zu sein ..., ist ganz bestimmt auch nicht ‚grundrechtsfähig', ‚grundbuchfähig', ‚wechselrechtsfähig' usw."), mit insoweit berechtigter Kritik an den Theorien zur „Relativität der Rechtfähigkeit", wie sie insbesondere von *Fabricius*, Relativität, S. 1 ff. propagiert wurde.

825 Siehe nur *Lautner*, DNotZ 2009, 650, 657. Beides ist nicht miteinander zu verwechseln.

826 *K. Schmidt*, BB 1983, 1697, 1697 f., der zu Recht darauf hinweist, dass Evidenz des Rechtssubjekts und Registerpublizität nicht in Eins gesetzt werden dürfen. Aus dem Beurkundungserfordernis für die Übertragung von GmbH-Anteilen leitet *K. Schmidt*, a. a. O., S. 1968 eine Evidenz des (Rechts-)Objekts ab.

827 Da die Urschrift stets beim beurkundenden Notar verbleibt, ist die aktuell gültige Fassung der Errichtungsurkunde jederzeit ermittelbar.

dauerhaft – bis zur Löschung des Verbandes übernommen[828]. Die Beglaubigungsfunktion der Eintragung rechtfertigt daher keine unterschiedliche Behandlung von Vorgesellschaft und eingetragener Kapitalgesellschaft.

XIII. Kontrollfunktion

Das Registergericht hat gemäß §§ 38 Abs. 1 S. 2 AktG, 9c Abs. 1 S. 1 GmbHG die Eintragung einer nicht ordnungsgemäß errichteten und angemeldeten Kapitalgesellschaft abzulehnen[829]. Auch wenn nur für die Aktiengesellschaft in § 38 Abs. 1 S. 1 AktG eine entsprechende Prüfungspflicht niedergelegt ist, besteht eine solche auch bei der Gründung einer GmbH[830]. Die Eintragung ist damit funktionell das Ergebnis einer Rechtmäßigkeitskontrolle[831].

Die Notwendigkeit der Rechtmäßigkeitskontrolle beruht auf dem Normativsystem, die konstitutive Wirkung der Eintragung in das Handelsregister nur eintreten zu lassen, wenn der Verband die vorgeschriebenen rechtlichen Anforderungen tatsächlich erfüllt[832]. Sie besteht auch vor dem Hintergrund der Publizitätsfunktion, da das Registergericht nicht an der Eintragung oder Veröffentlichung unrichtiger Tatsachen oder unwirksamer Rechtsvorgänge mitwirken darf[833]. Das gilt auch für die in den Registerordner aufzunehmenden Unterlagen, da sie gemäß § 9 HGB i. V. m. §§ 9, 13 HRV einsehbar sind und also an der

---

828 Allerdings besteht die durch die Beurkundung bewirkte Evidenz nur solange, wie die seit Errichtung verstrichene Zeit keine berechtigten Zweifel aufkommen lässt, dass es sich bei dem Gründerverband tatsächlich noch um eine Vorgesellschaft handelt, das Betreiben der Eintragung also nicht vernachlässigt wurde.

829 Beim Vorliegen behebbarer Anmeldemängel hat das Gericht allerdings zunächst eine Zwischenverfügung nach § 382 Abs. 4 FamFG zu erlassen, die Gelegenheit zur Beseitigung der Mängel gibt, vgl. *Roth*, in: Roth/Altmeppen, GmbHG, § 9c, Rdnr. 22; *Veil*, in: Scholz, GmbHG, § 9c, Rdnr. 37.

830 MünchKomm/*Wicke*, GmbHG, § 9c, Rdnr. 1 m. w. N.

831 Großkomm/*Hüffer*, HGB, Vor § 8, Rdnr. 3; *Veil*, in: Scholz, GmbHG, Kommentar, § 9c, Rdnr. 9.

832 Großkomm/*Hüffer*, HGB, § 8, Rdnr. 58; MünchKomm/*Krafka*, HGB, § 8, Rdnr. 12 f.; Ulmer/*Ulmer/Habersack*, GmbHG, § 9c, Rdnr. 6 f.; *Veil*, in: Scholz, GmbHG, § 9c, Rdnr. 4; *K. Schmidt*, Gesellschaftsrecht, § 8 II 5, S. 192 ff.; *Keilbach*, MittRhNotK 2000, 365, 366 („Die Anwendung gesetzlicher Bestimmungen durch Gerichte erfordert stets eine Prüfung, ob ein vorliegender Sachverhalt den Tatbestand des Gesetzes erfüllt. Eintragungen in öffentliche Verzeichnisse (Register und Bücher) können deshalb von den zuständigen Gerichten nur vorgenommen werden, wenn sie die gesetzlich festgelegten Eintragungsvoraussetzungen geprüft haben.").

833 Begr. RegE HRefG, BT-Drucks. 13/8444, S. 78.

formellen Publizität im weiteren Sinne teilnehmen[834]. Die Rechtmäßigkeitskontrolle dient weiterhin als innere Rechtfertigung für die Verleihung der Haftungsbeschränkung sowie für die Bestandsschutz- und Heilungsfunktion und geht damit funktionell in ihnen auf.

Zweifelhaft ist, ob sie darüber hinaus eine eigene Funktion in Form einer „Richtigkeitsgewähr"[835] erfüllt, die es rechtfertigt, die Anwendbarkeit der Rechtssätze des Kapitalgesellschaftsrechts von einem positiven Ergebnis der Rechtmäßigkeitskontrolle, also einem beanstandungsfreien Ergebnis der Prüfung der Ordnungsgemäßheit der Anmeldung und der Errichtung der Kapitalgesellschaft, abhängig zu machen. Für die Beantwortung der Frage ist nach den einzelnen Prüfungsgegenständen zu differenzieren.

Das Gericht prüft die Ordnungsmäßigkeit der Errichtung und Anmeldung in formeller und materieller Hinsicht, also nicht nur die äußere Einhaltung der gesetzlichen Vorschriften über die Gründung, sondern auch die inhaltliche Richtigkeit der gemachten Angaben[836]. Die Prüfung der Ordnungsgemäßheit der Errichtung und Anmeldung erfordert, dass alle formellen und materiellen gesetzlichen Eintragungsvoraussetzungen einzubeziehen sind[837].

Aufgrund der Legaldefinition der Errichtung in § 29 AktG geht die aktienrechtliche Literatur davon aus, dass unter dem Prüfungsgegenstand „Errichtung" in § 38 Abs. 1 S. 1 AktG ausschließlich die Feststellung der Satzung mit Übernahme aller Aktien durch die Gründer zu verstehen ist[838]. Die Überprüfung der Einhaltung aller übrigen Normativbestimmungen will sie dementsprechend unter dem Prüfungsgegenstand „Anmeldung" vornehmen[839]. Demgegenüber wird im GmbH-Gesetz der Begriff der „Errichtung" als Bestandteil der Abschnittsüberschrift für die gesamte Gründungsphase, vom formwirksamen Abschluss

834 *Fastrich*, in: Baumbach/Hueck, GmbHG, § 10, Rdnr. 7.

835 *Kort*, Bestandsschutz, S. 45. Siehe auch die Begründung zu Art. 1 Nr. 2 des Entwurfs eines Gesetzes über elektronische Handelsregister und Genossenschaftsregister sowie das Unternehmensregister (EHUG), der die Verwendung des Begriffs „Handelsregister" in § 8 Abs. 2 HGB unter Schutz stellt: „Da jedoch nur mit dem amtlichen Register die staatliche Richtigkeitsgewähr und der Gutglaubensschutz des § 15 verbunden sind, …", RegBegr BT-Drucks. 16/960, S 38. Unklar ist, ob der Gesetzgeber den Begriff der Richtigkeitsgewähr synonym für die materielle Publizität des § 15 HGB verstanden wissen will, oder ob mit dem Ausdruck eine darüber hinausgehende Funktion angesprochen werden soll.

836 *Roth*, in: Roth/Altmeppen, GmbHG, § 9c, Rdnr. 2.

837 *Veil*, in: Scholz, GmbHG, § 9c, Rdnr. 7.

838 MünchKomm/*Pentz*, AktG, § 41, Rdnr. 41 ff.; *Hüffer*, AktG, § 38, Rdnr. 7.

839 MünchKomm/*Pentz*, AktG, § 41, Rdnr. 30 ff.; *Hüffer*, AktG, § 38, Rdnr. 6.

des Gesellschaftsvertrages bis hin zur Eintragung und deren Bekanntmachung verwendet (der entsprechende Teil des Aktiengesetzes ist demgegenüber mit „Gründung der Gesellschaft" überschrieben), so dass unter „Errichtung" im Sinn des § 9c GmbHG die Gesamtheit der zwingend vorgeschriebenen Gründungsvoraussetzungen einer GmbH, insbesondere auch die Bestellung der Geschäftsführer und die erforderlichen Einlage- und Sicherungsleistungen der Gesellschafter subsummiert wird[840]. Die äußere Zuordnung der Prüfungsgegenstände ist allerdings ohne Auswirkung auf den Prüfungsinhalt und -umfang. Die nachfolgende Darstellung folgt der Einteilung des GmbH-Gesetzes.

1. Prüfung der Ordnungsgemäßheit der Anmeldung

Das Registergericht prüft, ob die Gesellschaft formell ordnungsgemäß angemeldet wurde (§§ 38 Abs. 1 S. 1 AktG, 9c Abs. 1 S. 1 GmbHG). Die Anmeldung zur Ersteintragung ist verfahrensbestimmende Handlung, nämlich der verfahrensrechtliche Antrag gegenüber dem zuständigen Gericht auf Vornahme der Eintragung im Handelsregister, und zugleich (gesellschaftsrechtlich) ein organschaftlicher Akt[841]. In verfahrensrechtlicher Hinsicht dient die Anmeldung dazu, die Zuständigkeit des Registergerichts zu klären[842] und weiterhin sicherzustellen, dass die an die Eintragung anknüpfenden Rechtsfolgen dem Verband zu Recht zugeordnet werden können[843], indem das Gericht die Legitimation der zur Anmeldung Verpflichteten und Berechtigten prüft[844]. Der Zweck der Prüfung der Ordnungsgemäßheit der Anmeldung geht damit in den bisher festgestellten Funktionen der Eintragung auf. Die Prüfung der Ordnungsgemäßheit der Anmeldung erfüllt keine selbständige Funktion der Eintragung nach Art einer Richtigkeitsgewähr. Sie ist daher kein Differenzierungskriterium hinsichtlich der Anwendbarkeit des Kapitalgesellschaftsrechts auf die Vorgesellschaft.

---

840 *Veil*, in: Scholz, GmbHG, § 9c, Rdnr. 7.

841 MünchKomm/*Pentz*, AktG, § 36, Rdnr. 3; *Veil*, in: Scholz, GmbHG, § 7, Rdnr. 12; *Bayer*, in: Lutter/Hommelhoff, GmbHG, § 7, Rdnr. 1; Rowedder/*Schmidt-Leithoff*, GmbHG, Rdnr. 4; MünchKomm/*Krafka*, HGB, § 12, Rdnr. 5.

842 *Ammon*, DStR 1993, 1025, 1029.

843 *Schaub*, in: Ebenroth/Boujong/Joost/Strohn, HGB, § 8, Rdnr. 129; *Krafka/Kühn*, Registerrecht, Rdnr. 155.

844 Die Anmeldung der Vor-AG ist von allen Gründern und Mitgliedern des Vorstands und des Aufsichtsrats, die der Vor-GmbH ist von sämtlichen Geschäftsführern zu bewirken (§§ 36 Abs. 1 AktG, 78, 7 Abs. 1 GmbHG).

2. Prüfung der Ordnungsgemäßheit der Errichtung im weiteren Sinne

Das Registergericht hat die Ordnungsgemäßheit der Errichtung in formeller und materieller Hinsicht zu überprüfen.

Die formelle Prüfung bezieht sich auf die Erfüllung des äußeren Tatbestands, während die materielle Prüfung klären soll, ob die mit der Anmeldung bekundeten Tatsachen richtig und die zugrundeliegenden Rechtsgeschäfte gültig sind[845]. Die materielle Prüfung betrifft damit insbesondere die Klärung der Frage, ob [a)] die Satzung bzw. der Gesellschaftsvertrag unter Berücksichtigung der sich aus §§ 38 Abs. 4 AktG, 9c Abs. 2 GmbHG ergebenden Einschränkungen wirksam zustande gekommen ist und die gründungsspezifischen Anforderungen erfüllt[846], [b)] Vorstand und Aufsichtsrat[847] bzw. Geschäftsführer ordnungsgemäß bestellt wurden, [c)] der Haftungsfonds soweit erforderlich aufgebracht ist[848], [d)] der Gründungsbericht und der Prüfungsbericht des Vorstands und des Aufsichtsrats,

---

845 *Keilbach*, MittRhNotK 2000, 365, 366; *Müther*, Rpfleger 2008, 233, 235. Das Beifügen der Urkunden mache nur dann Sinn, wenn die Gerichte nachprüfen, ob aus ihnen die angemeldeten Vorgänge hervorgehen, so bereits KG, Beschluss vom 20.05.1910 - 1a. X. 431/10, KGJ 40, A 73, 78; KG, Entscheidung vom 12.10.1905, ZBlFG 6, 709, 710; KG, Beschluss vom 08.12.1902 - 1. Y. 1340/02, KGJ 25, A 253, 255; *Parisius/Crüger*, GmbHG, § 8, Anm. 1, 1. Absatz. Wenn in der älteren Rechtsprechung und Literatur lediglich von einem „formalen" Prüfungsrecht die Rede war, war damit nicht eine Abgrenzung von einem materiellen Prüfungsrecht gemeint, sondern nur, dass der Registerrichter „nicht die Wahrheit der ihm urkundlich bezeugten Thatsachen, sondern nur die Giltigkeit der Erklärungen zu prüfen hat" (*Staub*, HGB (6./7. Auflage 1899), § 198, Anm. 6 mit Verweis auf KG, Beschluss vom 27.09.1888 - kein Az angegeben, KGJ 8, 12, 15 f.: „Wenn es auch richtig sein mag, dass dem Registerrichter lediglich ein sog. formales Prüfungsrecht hat eingeräumt werden sollen, so hat dieses doch wesentlich nur die Bedeutung, daß demselben verwehrt ist, die Richtigkeit der ihm angegebenen Thatsachen zu prüfen. Im Uebrigen aber kann jene Beschränkung des Prüfungsrechts schon aus allgemeinen Rechtsprinzipien nie dahin führen, daß der Registerrichter dadurch verpflichtet werden könnte, einen von ihm als gesetzwidrig erkannten Beschluß in das Register einzutragen und ihm erst dadurch Wirksamkeit zu verleihen (Art. 214 H.G.B.)"; *Lehmann/Ring*, HGB, § 195, Rdnr. 2.).

846 Zur ordnungsgenäßen Errichtung gehört bei der Aktiengesellschaft zwar auch die Übernahme der Aktien, § 29 AktG, diese geht jedoch wegen § 23 Abs. 2 Nr. 2 AktG in der Feststellung der Satzung auf, s. nur *Hüffer*, AktG, § 29, Rdnr. 2 m. w. N.

847 Auch bei der GmbH sollte Gesetz oder Satzung einen solchen vorsehen, § 52 Abs. 2 GmbHG i. V. m. § 37 Abs. 4 Nr. 3 AktG.

848 §§ 37 Abs. 1 AktG, 8 Abs. 2 GmbHG.

ggf. auch der Gründungsprüfer[849] richtig und vollständig sind und den gesetzlichen Vorschriften entsprechen[850].

a) Prüfung der Satzung auf Wirksamkeit und Rechtmäßigkeit

Das Registergericht hat die rechtswirksame Feststellung der Satzung bzw. des rechtswirksamen Abschlusses des Gesellschaftsvertrages zu prüfen[851]. Hierzu gehört die Prüfung der Wirksamkeit der abgegebenen Beteiligungserklärungen (§§ 23 Abs. 2 AktG, 3 Abs. 1 Nr. 3 GmbHG) und ggf. die Prüfung der ordnungsgemäßen Vertretung hierbei[852]. Mit Beteiligungserklärung ist dabei das einheitliche Rechtsgeschäft gemeint, mit dem der einzelne Gründer die Satzung feststellt und Aktien bzw. Geschäftsanteile gegen das Versprechen der Einlageleistung übernimmt[853]. Bei der Mehrpersonengründung müssen die Anforderungen an einen Vertragsschluss gemäß §§ 145 ff. BGB erfüllt sein, das heißt, die Beteiligungserklärungen müssen einander entsprechen, was naturgemäß nur im Fall der Sukzessivbeurkundung der Prüfung bedarf. Formellrechtlich ist zu untersuchen, ob die Satzung gemäß §§ 23 Abs. 1 und S. 1 AktG, 2 Abs. 1 S. 1 GmbHG der notariellen Form entspricht und im Namen sämtlicher Mitglieder unterzeichnet ist[854]. Im Hinblick auf die Wirksamkeit der Satzung ist deren Inhalt daraufhin zu prüfen, ob die Nichtigkeit einzelner Satzungsregelungen die Gesamtnichtigkeit zur Folge hat[855].

Zweifelhaft ist, ob vor diesem Hintergrund die Aufgabe der Rechtmäßigkeitsprüfung auch darin besteht, den Rechtsverkehr vor Verbänden zu schützen, deren Verfassung gegen zwingende privatrechtliche oder gegen öffentliche

---

849 §§ 32, 33 Abs. 1, 34 Abs. 2 AktG.

850 *Krafka/Kühn*, Registerrecht, Rdnr. 1319.

851 *Hüffer*, AktG, § 38, Rdnr. 7; Rowedder/*Schmidt-Leithoff*, GmbHG, § 9c, Rdnr. 15; *Veil*, in: Scholz, GmbHG, § 9c, Rdnr. 16; Begr. RegE HRefG, BT-Drucks. 13/8444, S. 74 u. 77.

852 Begr. RegE HRefG, BT-Drucks. 13/8444, S. 77.

853 *Hüffer*, AktG, § 23, Rdnr. 16 („Für Trennung zwischen Satzung und Übernahmeerklärung ist nach Abschaffung früherer Stufengründung (vgl § 29 Rn 2) durch AktG 1965 kein Bedürfnis mehr erkennbar").

854 Ulmer/*Ulmer/Habersack*, GmbHG, § 9c, Rdnr. 23; *Ammon*, DStR 1995, 1311, 1312; Begr RegE HRefG, BT-Drucks. 13/8444, S. 77; *Veil*, in: Scholz, GmbHG, § 9c, Rdnr. 16.

855 Das Registergericht kann und muss den Satzungsinhalt auf die Wirksamkeit der einzelnen Bestimmungen hin uneingeschränkt prüfen. Es darf allerdings nur dann die Eintragung zurückweisen, wenn die Nichtigkeit einer einzelnen Regelung die Gesamtnichtigkeit zur Folge hat, siehe Begr. RegE HRefG, BT-Drucks. 13/8444, S. 79.

Normen verstößt, mit anderen Worten, dem Rechtsverkehr Gewähr dafür zu bieten, dass die Verbandsverfassung mit dem Gesetz in Einklang ist. Der Rechtmäßigkeitskontrolle des Registergerichts käme dann eine selbständige Funktion in Form einer Richtigkeitsgewähr zu.

Entsprechend dem Auslegungskanon der Methodenlehre[856] sind die §§ 38 Abs. 4 AktG, 9c Abs. 3 GmbHG unter dem Aspekt des Wortsinns [(1)], der Regelungsabsicht, den Zwecken und Normvorstellungen des historischen Gesetzgebers [(2)], dem Bedeutungszusammenhang [(3)] und nach objektiv-teleologischen Kriterien [(4)] auszulegen.

(1) Grammatikalische Auslegung

Dem Wortsinn nach unterscheidet das Gesetz zwischen einer umfassenden Rechtmäßigkeitskontrolle der notwendigen Satzungsbestimmungen und einer eingeschränkten Rechtmäßigkeitskontrolle der fakultativen Satzungsbestandteile. Erstere sind gemäß §§ 38 Abs. 4 Nr. 1 AktG, 9c Abs. 3 Nr. 1 GmbHG vollumfänglich auf ihre Rechtmäßigkeit zu überprüfen, letztere gemäß §§ 38 Abs. 4 Nr. 1 AktG, 9c Abs. 3 Nr. 1 GmbHG nur eingeschränkt daraufhin, ob sie Vorschriften verletzen, die zumindest überwiegend dem Gläubigerschutz oder dem öffentlichen Interesse dienen. Daneben können fehlende oder nichtige Satzungsbestimmungen nur dann zur Ablehnung des Eintragungsantrags führen, wenn ihr Fehlen oder ihre Nichtigkeit die Gesamtnichtigkeit der Satzung zur Folge hat (§§ 38 Abs. 4 Ziffer 3 AktG, 9c Abs. 3 Ziffer 3 GmbHG). Bereits nach dem Wortsinn der §§ 38 Abs. 4 AktG, 9c Abs. 3 GmbHG können daher Kapitalgesellschaften zulässigerweise in das Handelsregister eingetragen werden, deren Satzung teilweise unwirksam ist. Diese Differenzierung spricht zwar nicht zwingend gegen eine mit der Eintragung verbundene Richtigkeitsgewähr, relativiert sie aber insofern, als dass – wenn überhaupt – hinsichtlich der fakultativen Satzungsbestandteile nur eine eingeschränkte Richtigkeitsgewähr gegeben sein kann.

(2) Subjektiv-teleologische Auslegung

Die subjektiv-teleologische Auslegung fragt nach den Zwecken, die der historische Gesetzgeber bei Abfassung der Norm verfolgte.

Das ADHGB 1865 enthielt zwar noch keinen konkreten Prüfungsauftrag hinsichtlich der Satzung, mit dem Konzessionszwang wurde aber der Zweck verfolgt, den Gesellschaftsgläubigern „in Ermangelung von persönlich haftenden Gesellschaftern die erforderlichen Garantien zu verschaffen“ und die „Solidität

856 *Larenz*, Methodenlehre, S. 320 ff.

des Unternehmens zu verbürgen"[857]. Der Rechtsverkehr hatte sich indes in der Folgezeit zu sehr auf die staatliche Genehmigung als „Gütesiegel" verlassen[858]. Mit dem Übergang zum System der Normativbestimmungen wollte der damalige Gesetzgeber dann erreichen, dass Rechtsverkehr und Gläubiger in die Lage versetzt werden, sich durch die Einsichtnahme in das Handelsregister selbst zu schützen[859]. Dem Handelsregister kam dabei nicht die Funktion zu, bestimmte Tatsachen und Rechtsverhältnisse kundzutun, sondern die Abgabe einer entsprechenden Erklärung des Anmeldenden zu dokumentieren[860]. Dies kam in der seinerzeit herrschenden Auffassung zum Ausdruck, dass die an einem Gründungsmangel leidende juristische Person auch nach Eintragung nur eine Scheinexistenz führen sollte[861]. Der Gesetzgeber des 19. Jahrhunderts wollte mit der Registereintragung daher keine Rechtmäßigkeitskontrolle der Satzung verbunden wissen. Rechtsverkehr und Gläubiger sollten bei Bedarf selbst prüfen, ob die zum Handelsregister eingereichte Satzung materiell rechtmäßig sei.

Es setzte sich in Wissenschaft und Rechtsprechung mit Beginn des zwanzigsten Jahrhunderts immer mehr die Auffassung durch, dass das Register auch hinsichtlich des Registerinhalts möglichst der wahren Tatsachen- und Rechtslage entsprechen sollte[862]. Das Registergericht wurde dementsprechend als berechtigt und verpflichtet angesehen, die bei der Anmeldung gemachten Angaben auf ihre Richtigkeit zu überprüfen, wenn hierzu Anlass bestand. Von dem Gesetzgeber wurde die Entwicklung von Wissenschaft und Rechtsprechung durch Aufnahme

857 Entwurf eines Handelsgesetzbuchs für die Preussischen Staaten nebst Motiven, abgedruckt in: Protokolle der Commission zur Berathung eines allgemeinen deutschen Handelsgesetz-Buches, Beilagenband, Nürnberg 1858, dort S. 91.

858 So die Analyse in den Motiven zum Entwurf eines Gesetzes, betreffend die Kommandit-Gesellschaften auf Aktien und die Aktien-Gesellschaften, Stenographische Berichte über die Verhandlungen des Reichstages des Norddeutschen Bundes, I. Legislatur-Periode, Session 1870, Reichstagsprotokolle, 1867/70, Band 13, Aktenstück Nr. 158 vom 12. Mai 1870, S. 650.

859 Allgemeine Begründung zum Entwurf eines Gesetzes, betreffend die KG und die KGaA und die AG, Verhandlungen des Reichstages, V. Legislaturperiode, IV. Session 1890/92, Aktenstück Nr. 21 vom 7. März 1884, S. 266 „Die beste Garantie ist die eigene Vorsicht".

860 Siehe Staub/*Koch*, HGB, § 8, Rdnr. 80 f. und *Menold*, Prüfungsrecht, S. 70, jeweils m. w. N.

861 Denkschrift zum RJA – E II, S. 169; so auch später noch *Feine*, GmbH, S. 220 f.

862 *Menold*, Prüfungsrecht, S. 71; auch wenn hinsichtlich der Prüfungsintensität teilweise danach differenziert wird, ob die Eintragung konstitutiven oder nur deklaratorischen Charakter hat, siehe die Nachweise bei MünchKomm/*Krafka*, HGB, § 8, Rdnr. 59.

einer Prüfungspflicht in das Aktiengesetz 1937 nachvollzogen, um „das Registergericht als Wahrer des Rechts und Schützer der Oeffentlichkeit" in die Lage zu versetzen, „bei ungünstigem Prüfungsergebnis die Eintragung abzulehnen"[863]. Die Bestimmung wurde nahezu unverändert als § 38 in das AktG 1965 übernommen[864] und mit dem HRefG um die heutigen Absätze 3 und 4 erweitert. Mit dem HRefG wurde in das GmbH-Gesetz auch der heutige § 9c eingefügt. Erklärtes Ziel des Gesetzgebers war es, das Eintragungsverfahren dadurch zu beschleunigen, dass dem Registergericht weniger Anlass für Zwischenverfügung gegeben werden soll[865]. Aus diesem Grund soll die Unwirksamkeit fakultativer Satzungsbestimmungen unbeanstandet bleiben, soweit die Unwirksamkeit nicht auf einer Verletzung gläubigerschützender Normen oder anderer Normen, die im öffentlichen Interesse gegeben sind, beruht. Es wurde von dem Gesetzgeber in diesem Punkt kein Bedürfnis für eine vorbeugende Rechtspflege gesehen. Der Gesetzgeber hat also erneut zum Ausdruck gebracht, dass es in erster Linie dem Rechtsverkehr selbst obliegt, sich durch Prüfung der Wirksamkeit der Satzungsbestimmungen zu schützen.

Eine Auslegung des Gesetzes, die der Rechtmäßigkeitskontrolle auch die Aufgabe einer Richtigkeitsgewähr zuschreibt, entspricht daher nicht den Vorstellungen des historischen Gesetzgebers.

(3) Systematische Auslegung

Bei der Auslegung der §§ 38 Abs. 4 AktG, 9c Abs. 3 GmbHG ist in systematischer Hinsicht zu berücksichtigen, dass eine Rechtmäßigkeitskontrolle durch den Notar erfolgt ist, da ohne notarielle Beurkundung keine Vorgesellschaft entsteht[866]. Gemäß § 4 BeurkG soll der Notar die Beurkundung ablehnen, wenn sie mit seinen Amtspflichten nicht vereinbar ist. Zu diesen Amtspflichten gehört es dafür zu sorgen, dass die Satzung gemäß den gesetzlichen Bestimmungen abgefasst

863 Gesetzesbegründung zu § 31 AktG 1937, abgedruckt im Deutscher Reichsanzeiger und Preußischer Staatsanzeiger Nr. 28 vom 4. Februar 1937, S. 2.

864 Siehe hierzu *Kropf*, AktG, S. 58 f.

865 Begr. RegE HRefG, BT-Drucks. 13/8444, S. 79: „Daß das Gericht … doch gehalten ist, den gesamten Gesellschaftsvertrag durchzusehen, dürfte vor dem angestrebten Regelungsziel – Beschleunigung und Vereinfachung des Registerverfahrens – unschädlich sein: Die beklagte Verzögerung im Eintragungsverfahren dürfte nämlich weniger durch die Prüfung durch den Registerrichter als vielmehr durch die notwendige Korrektur von beanstandeten Satzungsbestimmungen … verursacht sein."

866 Siehe oben D.X.2.a)(1)(a).

wird[867]. Schon gar nicht darf er eine (teil-)nichtige Satzung beurkunden[868]. Die Pflichten des Notars beschränken sich also nicht darauf zu prüfen, ob die innere Verbandsordnung die Normativbestimmungen einhält und nicht Vorschriften verletzt, die im öffentlichen Interesse gegeben sind, wie es die §§ 38 AktG, 9c GmbHG für das Registergericht vorsehen, sondern gehen deutlich darüber hinaus. Den Beratungs- und Prüfpflichten des Notars kommt damit bereits die Aufgabe einer materiellen Richtigkeitsgewähr zu[869]. Dass mit einer nochmaligen und zudem inhaltlich eingeschränkten Prüfung derselbe Zweck verfolgt werden soll, ist nicht ersichtlich. Das Ergebnis der systematischen Auslegung spricht daher ebenfalls dagegen, dass mit der Rechtmäßigkeitskontrolle der Verbandsverfassung durch das Registergericht der selbständige Zweck einer Richtigkeitsgewähr verfolgt wird.

---

867 BGH, Beschluss vom 24.10.1988 – II ZB 7/88, BGHZ 105, 324, 338 (Beurkundungspflicht von Satzungsänderungen bei der GmbH); BGH, Beschluss vom 16.02.1981 – II ZB 8/80, BGHZ 80, 76, 79 (zur Möglichkeit des Verzichts auf die Prüfungs- und Belehrungsfunktion durch die Beteiligten im Falle der Auslandsbeurkundung); OLG Hamburg, Beschluss vom 07.05.1993 – 2 Wx 55/91, NJW-RR 1993, 1317, 1318 f. (Verlegung der Hauptversammlung einer Aktiengesellschaft ins Ausland); MünchKomm/*Pentz*, § 23, Rdnr. 26; *Limmer*, in: Spindler/Stilz, AktG, § 23, Rdnr. 8 (Legalitätskontrolle nach § 14 Abs 2 BnotO); Hölters/*Solveen*, AktG, § 23, Rdnr. 10; *Hüffer*, AktG, § 23, Rdnr. 1 (Rechtssicherheit); MünchKomm/*Mayer*, GmbHG, § 2, Rdnr. 22; *Priester*, in: Scholz, GmbHG (9. Auflage), § 53, Rdnr. 75; Michalski/*Michalski*, GmbHG, § 2, Rdnr. 14. Siehe auch bereits die Begründung zu Art. 157 des Entwurfs eines Handelsgesetzbuchs für die Preussischen Staaten, Entwurf eines Handelsgesetzbuchs für die Preussischen Staaten nebst Motiven, abgedruckt in: Protokolle der Commission zur Berathung eines allgemeinen deutschen Handelsgesetz-Buches, Beilagenband, Nürnberg 1858, dort S. 83 (Art. 157 Abs. 1 des Entwurfs bestimmte für den Vorläufer der KGaA (= „stille Handelsgesellschaft auf Aktien“) den Abschluss des Gesellschaftsvertrags vor einem Notar).

868 BGH, Urteil vom 20.06.2000 – IX ZR 434/98, DNotZ 2001, 486, 486.

869 BGH, Beschluss vom 24.10.1988 – II ZB 7/88, NJW 1989, 295, 298 – „Supermarkt“; *Pfisterer*, in: Saenger/Inhester, GmbH-Gesetz, § 2, Rdnr. 13 („Zum anderen soll die notarielle Beurkundung eine materielle Richtigkeitsgewähr bewirken, also die Sicherheit, dass der abgeschlossene Gesellschaftsvertrag dem geltenden Recht entspricht, …“); *Emmerich*, in: Scholz, GmbHG, § 2, Rdnr. 13.

(4) Objektiv-teleologische Auslegung

Ziel der objektiv-teleologischen Auslegung ist die Ermittlung einer von den subjektiven Vorstellungen des Gesetzgebers losgelösten *ratio legis*[870]. Losgelöst deshalb, weil das auszulegende Gesetz Bestandteil der einem stetigen Wandel unterliegenden Gesamtrechtsordnung und Lebenswirklichkeit ist und als solcher an deren Änderungen teilnimmt[871]. Dem (historischen) Gesetzgeber wird dabei unterstellt, auch für die Gegenwart „eine der Sache angemessene Regelung" zu bezwecken[872].

Zu den objektiv-teleologischen Auslegungskriterien gehört das Prinzip der Gleichbehandlung des gemäß den allgemeinen Wertungen der Rechtsordnung Gleichartigen[873]. Dementsprechend könnte gegen eine selbständige Funktion der Rechtmäßigkeitskontrolle durch das Registergericht sprechen, dass mit der Außen-BGB-Gesellschaft und den Personenhandelsgesellschaften Erwerbsgesellschaften als überindividuelle Rechtsträger zur Verfügung stehen, deren Vollendung nicht von einer Rechtmäßigkeitskontrolle des Gesellschaftsvertrags abhängen. Dies setzt allerdings eine Vergleichbarkeit der Außen-BGB-Gesellschaft mit den Kapitalgesellschaften hinsichtlich der von der inneren Verbandsordnung ausgehenden Gefahren für den Rechtsverkehr voraus. Fehlt es an der Vergleichbarkeit, könnte dies umgekehrt sogar für eine selbständige Funktion der Rechtmäßigkeitskontrolle sprechen. Einer Vergleichbarkeit könnten strukturelle Unterschiede zwischen der Außen-BGB-Gesellschaft und den Personenhandelsgesellschaften auf der einen und den Kapitalgesellschaften auf der anderen Seite entgegenstehen. Im ersten Fall handelt es sich um Personengesellschaften, im zweiten um Körperschaften[874]. Mit dem Begriff der „Körperschaft" ist dabei die weiterreichende Verselbständigung des Verbandes gegenüber seinen Mitgliedern gemeint[875], die sich im Idealfall dadurch auszeichnet, dass der Verband vom Bestand seiner Mitglieder unabhängig, auf einen Mitgliederwechsel angelegt und

---

870 RG, Urteil vom 17.09.1885 – g. L. Rep. 1643/85, RGSt 12, 371 („…das Gesetz gilt für alle Fälle, auf welche es nach richtiger Auslegung paßt, mag der Gesetzgeber an dieselben gedacht haben oder nicht; und es ist in letzterem Falle keine analoge, sondern direkte Anwendung des Gesetzes, …"); BGH, Urteil vom 29.01.1957 – 1 StR 333/56, BGHSt 10, 157, 159 f.; *Larenz*, Methodenlehre, S. 318 f.; 333 ff.; *Alexy*, Argumentation, S. 296; kritisch *Rüthers/Fischer/Birk*, Rechtstheorie, Rdnr. 802, 806 ff.

871 *Engisch*, Einführung, S. 113.

872 *Larenz*, Methodenlehre, S. 334.

873 *Larenz*, Methodenlehre, S. 334.

874 *Kübler/Assmann*, Gesellschaftsrecht, § 3, S. 22 ff.

875 *Medicus*, BGB AT, Rdnr. 1096.

nach außen durch Organe repräsentiert wird[876]. Gegen eine Differenzierung auf Basis dieser Strukturelemente spricht, dass der Gesetzgeber zwar von einem Idealtypus der Außen-BGB-Gesellschaft und Personenhandelsgesellschaften als Personengesellschaften mit personalistischer Struktur ausgeht, es den Gründern jedoch freisteht, den Verband so weit körperschaftlich auszugestalten, dass es allein anhand materieller Strukturmerkmale unmöglich ist, die körperschaftlich strukturierte Personengesellschaft sowohl von den juristischen Personen des Privatrechts (ausgenommen die Stiftung) als auch von den nichtrechtsfähigen Körperschaften zu unterscheiden[877].

Umgekehrt fehlt der Vorgesellschaft sogar ein körperschaftliches Strukturmerkmal, da bei ihr anders als bei den Personengesellschaften nicht die Möglichkeit besteht, die Mitgliedschaft in der Personengesellschaft frei übertragbar auszugestalten[878].

Gegen eine unterschiedliche Behandlung von Personengesellschaften und Körperschaften spricht auch, dass nicht belegt ist, dass die Gefahr von Verstößen gegen allgemeine Normen bei letzteren größer ist als bei anderen Vereinigungen[879]. Es hat sich sogar gezeigt, dass Satzungsmängel, die einer Eintragung entgegenstehen, nicht das Entstehen einer Vorgesellschaft hindern. In den Fällen bleibt der Verband auch im Fall der Zurückweisung des Eintragungsantrags Vorgesellschaft und kann als solche am Rechtsverkehr teilnehmen, solange alles unternommen wird, die Satzungsmängel zu beheben[880].

---

876 *Wiedemann*, Gesellschaftsrecht I, § 2 I 1, S. 90; *Nitschke*, Personengesellschaft, S. 108.

877 *Nitschke*, Personengesellschaft, S. 142, 152 f., wobei *Nitschke* zur nichtrechtsfähigen Körperschaft auch die Vorgesellschaften zählt, a. a. O., S. 146. Dass die BGB-Gesellschaft derart körperschaftlich verfasst werden kann, ist heute unstreitig (entgegen den früher vertretenen Theorien zur Typengesetzlichkeit), so bereits *Flume*, BGB AT I/1, § 13 I, S. 191; *K. Schmidt*, Gesellschaftsrecht, § 5 III, S 109 ff., 119 f.; *Westermann*, Typengesetzlichkeit, S. 210 f.

878 Dass die Mitgliedschaft in der Personengesellschaft Gegenstand einer Übertragung sein kann, ist inzwischen unstrittig: RG, Beschluss vom 30.09.1944 – GSE 39/1943, DNotZ 1944, 195, 198 f.; BGH, Urteil vom 28.04.1954 – II ZR 8/53, BGHZ 13, 179, 185 f.; BGHZ 24, 106, 114; BGH, Urteil vom 08.11.1965 – II ZR 223/64, BGHZ 44, 229, 231; BGH, Urteil vom 14.05.1986 – IVa ZR 155/84, BGHZ 98, 48, 50; BGH, Urteil vom 05.05.1986 – II ZR 163/85, NJW-RR 1987, 286, 287; *K. Schmidt*, Gesellschaftsrecht, § 45 III 2 b, S. 1322 f.; *Wiedemann*, Gesellschaftsrecht II, § 5 II 1 a, S. 423 ff.

879 *Rittner*, Die werdende juristische Person, S. 95.

880 Werden die Satzungsmängel der werbenden Vorgesellschaft allerdings nicht beseitigt, wandeln sie sich aufgrund des Rechtsformzwangs in eine BGB-Gesellschaft oder oHG um, siehe oben C.III.

Nach alledem sind die von der inneren Verbandsordnung der Außen-BGB-Gesellschaft und der Personenhandelsgesellschaften ausgehenden Gefahren für den Rechtsverkehr vergleichbar mit den Gefahren, die von der Satzung der Kapitalgesellschaften ausgehen, so dass sich eine Rechtmäßigkeitskontrolle gerade der Satzung der Kapitalgesellschaften darauf nicht stützen lässt.

Gegen eine mit der Rechtmäßigkeitskontrolle der Satzung verbundene Richtigkeitsgewähr spricht ferner, dass die Wirkungen der Eintragung unabhängig davon eintreten, ob der Registerrichter seiner Prüfungspflicht nachgekommen ist[881], so dass auf die Rechtmäßigkeit und damit Gültigkeit der einzelnen Satzungsbestimmungen kein Verlass ist. Trotz beanstandungsfreier Prüfung und nachfolgender Eintragung kann das Registergericht Mängel des Mindestsatzungsinhalts zu Lasten der Existenz des Verbandes gemäß § 397 FamFG bzw. § 399 FamFG von Amts wegen verfolgen.

Eine Richtigkeitsgewähr kann auch nicht aus dem besonderen Schutzbedürfnis des Rechtsverkehrs abgeleitet werden. Für den Fall, dass die Satzung insgesamt nicht wirksam ist, ist der Rechtsverkehr dadurch ausreichend geschützt, dass Wirksamkeitsmängel nur für die Zukunft geltend gemacht werden können[882]. Nicht unbeschränkt geschäftsfähige Gründer sind hingegen dadurch geschützt, dass Ihnen aus der Beteiligung jedenfalls keine Rechtsnachteile erwachsen dürfen[883]. Da die Gründer der Vorgesellschaft gegenüber unbeschränkt für Verluste haften, ist auch eine Überprüfung der Satzung im Hinblick auf den möglichen Verstoß gegen gläubigerschützende Normen nicht geboten.

Die objektiv-teleologischen Auslegung kommt damit ebenfalls zu dem Ergebnis, dass mit der Rechtmäßigkeitskontrolle der Verbandsverfassung durch das Registergericht nicht der selbständige Zweck einer Richtigkeitsgewähr verfolgt wird.

(5) Fazit

Die These, wonach mit der in §§ 38 Abs. 4 AktG, 9c Abs. 3 GmbHG angeordneten Rechtmäßigkeitskontrolle der Satzung ein selbständiger Zweck in Form einer Richtigkeitsgewähr zukommt, wird unter keinem der vier Auslegungsaspekte bestätigt.

---

881 *Kort*, Bestandsschutz, S. 45.

882 Siehe oben D.X.2.

883 *Arnold*, in KölnerKomm, AktG, § 23, Rdnr. 163; Ulmer/*Ulmer/Löbbe*, GmbHG, § 2, Rdnr. 150.

b) Prüfung der Bestellung des Geschäftsleitungsorgans und des Aufsichtsrats

Das Registergericht hat die Ordnungsgemäßheit der Bestellung des Geschäftsleitungsorgans und des Aufsichtsrats auf das Vorliegen der Eignungsvoraussetzungen und das Fehlen zwingender Ausschlussgründe hin zu überprüfen[884]. Ob die Registerkontrolle der Bestellung der Organe zu einer unterschiedlichen Behandlung von Vorgesellschaft und eingetragener Kapitalgesellschaft zwingt, zeigt ein Vergleich mit der Änderung der Besetzung dieser Organe nach vollzogener Eintragung. Änderungen in der Besetzung der Geschäftsleitungsorgane sind bei der eingetragenen Kapitalgesellschaft dem Handelsregister zur Eintragung anzumelden (§§ 81 Abs. 1 AktG, 39 Abs. 1 GmbHG). Auch hier prüft das Gericht wie bei der Ersteintragung der Kapitalgesellschaft die Rechtmäßigkeit der Bestellung. Indes ist die Eintragung von Änderungen in der Besetzung der Geschäftsleitungsorgane bei der eingetragenen Kapitalgesellschaft – Satzungsänderungen ausgenommen – nur deklaratorisch[885] und also vor der Prüfung durch das Registergericht wirksam. Bei Änderungen in der Zusammensetzung des Aufsichtsrats hat der Vorstand eine Liste der Mitglieder des Aufsichtsrats, aus welcher Name, Vorname, ausgeübter Beruf und Wohnort der Mitglieder ersichtlich ist, zum Handelsregister einzureichen (§ 106 AktG). Eine Eintragung in das Handelsregister und eine gerichtliche Bekanntmachung der Aufsichtsratsmitglieder finden nicht statt[886]. Wenn die Prüfung der Bestellung von Organen bei der eingetragenen Kapitalgesellschaft keine Auswirkungen auf die Wirksamkeit der Bestellung für den Zeitraum bis zur Prüfung hat, dann kann für die Wirksamkeit der erstmaligen Organbestellung nichts anderes gelten. Aus der Prüfungspflicht des Registergerichts hinsichtlich der Bestellung des

---

884 BayOblG, Beschluss vom 10.12.1981 – Breg. 1 Z 184/81, GmbHR, 1982, 210; MünchKomm/*Pentz*, AktG, § 38, Rdnr. 34; *Veil*, in: Scholz, GmbHG, § 9c, Rdnr. 24, 27.

885 OLG Düsseldorf, Beschluss vom 15.12.1999 – 3 Wx 354/99, NJW-RR 2000, 702, 703 (für die GmbH); MünchKomm/*Spindler*, AktG, § 81, Rdnr. 22; Großkomm/*Habersack*, AktG, § 81, Rdnr. 13; *Mertens/Cahn*, in: KölnerKomm, AktG, § 81, Rdnr. 18; *Hüffer*, AktG, § 81, Rdnr. 10; *Krafka/Kühn*, Registerrecht, Rdnr. 1095 (für die GmbH), 1586 (für die AG); Ulmer/*Paefgen*, GmbHG, § 39, Rdnr. 24; *Altmeppen*, in: Roth/Altmeppen, GmbHG, § 39, Rdnr. 5.

886 Großkomm/*Hopt/Roth*, AktG, § 106, Rdnr. 22; *Mertens*, in: KölnerKomm, AktG, § 106, Rdnr. 6; *Spindler*, in: Spindler/Stilz, AktG, § 106, Rdnr. 2. Die Norm des § 106 AktG bezweckt lediglich die Publizität der Zusammensetzung des Aufsichtsrats, MünchKomm/*Habersack*, AktG, § 106, Rdnr. 1; *Spindler*, in: Spindler/Stilz, AktG, § 106, Rdnr. 2; *Hüffer*, AktG, § 106, Rdnr. 1.

Geschäftsführungsorgans und des Aufsichtsrats im Zusammenhang mit der Errichtung lässt sich daher keine unterschiedliche Behandlung von Vorgesellschaft und eingetragener Kapitalgesellschaft rechtfertigen.

c) *Erfüllung der Einlageleistungen*

Das Registergericht hat festzustellen, ob die vorgeschriebenen Einlageleistungen gemäß §§ 36 Abs. 2, 36a AktG, 7 Abs. 2 u. 3 GmbHG vor der Anmeldung erbracht sind und bei der Anmeldung endgültig zur freien Verfügung des Vorstands bzw. des Geschäftsführers stehen[887]. Grundlage der Feststellung sind zunächst die gemäß §§ 37 Abs. 1 AktG, 8 Abs. 2 GmbHG abzugebenden Versicherungen und Nachweise. Ergeben sich für das Registergericht aus den Umständen Zweifel an der Richtigkeit der Versicherungen und Nachweise[888], ist es aufgrund des Amtsermittlungsgrundsatzes (§ 26 FamFG) zu Nachforschungen berechtigt[889].

Bei Sacheinlagen und Sachübernahmen prüft das Registergericht[890] auch, ob eine Überbewertung der geleisteten Einlagen vorliegt (§ 38 Abs. 2 S. 2 AktG, § 9c Abs. 1

---

887 OLG Düsseldorf, Beschluss vom 03.12.1997 – 3 Wx 545/97, NJW-RR 1998, 898, 899.

888 Michalski/*Tebben*, GmbHG, § 9c, Rdnr. 22: Bei Bareinlagen ist dies die Bankbestätigung (gemäß § 37 Abs. 1 S. 3 AktG für die Gründung der Aktiengesellschaft, analog für die GmbH), bei Sacheinlagen sind dies die zur Ausführung geschlossenen Verträge, § 37 Abs. 4 Ziff. 2 AktG, bzw. Unterlagen darüber, dass der Wert der Sacheinlagen den Nennbetrag der dafür übernommenen Geschäftsanteile erreicht, § 8 Abs. 1 Ziff. 5 GmbHG.

889 Inzwischen ist auch anerkannt, dass das Registergericht dann, wenn es auf Basis der eingereichten Unterlagen Zweifel an der Richtigkeit der mitgeteilten Tatsachen hat, zu Nachforschungen berechtigt ist. Eine solche Berechtigung wurde dem Registergericht erst relativ spät durch die Rechtsprechung zugebilligt. Die Aufgabe des Registerrichters sollte davor gerade nicht darin bestehen, die Richtigkeit belegter Tatsachen zu untersuchen, *Lehmann/Ring*, HGB, § 195, Rdnr. 2. Einen praktischen Unterschied gab es im Wesentlichen in der Frage der Überprüfbarkeit des Wertes von Sacheinlagen. Bei der GmbH wurde dies anfangs verneint (KG, Beschluss vom 14.03.1913 – 1 a. X. 240/13, KGJ, 44, A 146, 148 f.; KG, Beschluss vom 28.02.1913 – 1 a. X. 211/13, 45, A 175, 177 f.; *Brodmann*, GmbHG, § 5, Anm. 5.c; *Staub*, GmbHG (2. Auflage 1906), § 10, Anm. 1), und erst mit RG, Beschluss vom 20.06.1937 – II B 3/37, RGZ 155, 211, 214 ff. zugelassen. Allerdings war der Grund für Verneinung eines Prüfungsrechts hinsichtlich des Wertes der Sacheinlage bei der GmbH, dass das GmbH-Gesetz anders als das Aktienrecht keine Gründungsprüfung vorsieht.

890 Der Notar hat insoweit keine Prüfpflichten, *Bayer*, in: Lutter/Hommelhoff, § 9c, Rdnr. 14.

S. 1 GmbHG)[891]. Enthält die Anmeldung die Erklärung nach § 37a Abs. 1 S. 1 AktG, ist die Prüfung gemäß § 38 Abs. 3 AktG auf eine formelle Prüfung beschränkt, es sei denn, eine Überbewertung ist offenkundig und erheblich (§ 38 Abs. 3. S. 2 AktG). In jedem Fall soll durch die Prüfung verhindert werden, dass durch nicht werthaltige Sacheinlagen oder durch die Gewährung überhöhter Gegenleistungen seitens des Verbandes die reale Kapitalaufbringung gefährdet wird[892].

Das Haftkapital ist der „Preis", den die Gründer für die beschränkte Haftung bezahlen müssen. Die Kontrolle, ob dieser Preis tatsächlich gezahlt wurde, dient dazu, sicherzustellen, dass die Haftungsbeschränkung erst und nur dann eintritt, wenn deren Voraussetzungen erfüllt wurden. Sie ist damit kein selbständiges Kriterium, wenn es darum geht zu ermitteln, welche Rechtssätze des Kapitalgesellschaftsrechts auf die Vorgesellschaft anwendbar sind. Sie geht insoweit in dem bereits festgestellten Differenzierungskriterium der Haftungsbeschränkung auf[893].

d) Prüfung des Gründungsberichts und der Prüfungsberichte der Mitglieder des Vorstands und des Aufsichtsrats sowie der Gründerprüfer (§ 38 Abs. 2 S. 1 AktG)

Die Eintragung der Aktiengesellschaft kann das Gericht auch ablehnen, wenn die Gründungsprüfer erklären oder es offensichtlich ist, dass der Gründungsbericht oder der Prüfungsbericht der Mitglieder des Vorstands und des Aufsichtsrats unrichtig oder unvollständig sind oder den gesetzlichen Vorschriften nicht entsprechen (§ 38 Abs. 2 AktG). Der Gründungsbericht der Gründer soll den Schutz gegen unzulängliche Gründungen verstärken und dem Registergericht die Prüfung der Eintragungsvoraussetzungen erleichtern[894]. Zweck der Prüfung des Gründungshergangs durch die Mitglieder des Vorstands, des Aufsichtsrats und die Gründungsprüfer ist es, „die Gründung von Gesellschaften zu verhindern, die nicht im Interesse der künftigen Gläubiger und der Aktionäre die

---

891 Auch wenn § 9c Abs. 1 S. 1 GmbHG nur von Sacheinlagen spricht, ist die Vorschrift nach einhelliger Ansicht auch auf Sachübernahmen anzuwenden, *Bayer*, in: Lutter/Hommelhoff, § 9c, Rdnr. 14.

892 *Kropff*, AktG, S. 53; MünchKomm/*Pentz*, AktG, § 38, Rdnr. 59; mit Rücksicht auf diesen Zweck kann die Eintragung auch trotz Bescheinigung einer fehlenden Werthaltigkeit der Sacheinlagen oder Sachübernahmen erfolgen, wenn der Differenzbetrag durch den Inferenten gezahlt wird und der Vorstand eine Versicherung entsprechend § 37 Abs. 1 S. 1 AktG abgibt, MünchKomm/*Pentz*, AktG, § 38, Rdnr. 59; *Hüffer*, AktG, § 38, Rdnr. 16; Ulmer/*Ulmer/Habersack*, GmbHG, § 9c, Rdnr. 43.

893 Siehe oben D.III.

894 *Kropff*, AktG, S. 52; *Hüffer*, AktG, § 32, Rdnr. 1.

notwendigen Sicherungen erfüllen"[895]. Der Bericht des Gründungsprüfers soll dem Registergericht zudem die Entscheidung über die Eintragung erleichtern, da die Gründungsprüfer im Regelfall über eine bessere Sachkunde verfügen, so dass das Gericht so von einer vertieften Sachprüfung absehen kann[896]. Die Prüfung des Gründungsberichts und der Prüfungsberichte der Mitglieder des Vorstands und des Aufsichtsrats sowie der Gründerprüfer geht als Ordnungsvorschrift in den Rechtswirkungen der Eintragung auf, ohne eine eigenständige Bedeutung im Hinblick auf die anwendbaren Normen zu haben.

3. Zusammenfassendes Ergebnis

Die Eintragung ist funktionell das Ergebnis einer Rechtmäßigkeitskontrolle. Die Rechtmäßigkeitskontrolle dient als innere Rechtfertigung für die bisher festgestellten Funktionen der Eintragung, namentlich die Verleihung der Haftungsbeschränkung, die Publizitätsfunktion, die Bestandsschutz- und Heilungsfunktion und geht funktionell in ihnen auf. Ihr kommt keine darüber hinausweisende Funktion in Form einer „Richtigkeitsgewähr" zu, die es rechtfertigen würde, die Anwendbarkeit der Rechtssätze des Kapitalgesellschaftsrechts von einem positiven Ergebnis der Rechtmäßigkeitskontrolle abhängig zu machen.

XIV. Ergebnisübersicht

Im Überblick stellen sich die Ergebnisse der Untersuchung zu den Funktionen der Ersteintragung und ihre Auswirkung auf die Struktur der Vorgesellschaft wie folgt dar:

1. Die Eintragung hat Konstitutivfunktion, der jedoch als solche keine eigenständige Bedeutung zukommt, da sie in den übrigen Funktionen der Eintragung aufgeht.[897]
2. Die Mitgliedschaft wird durch Teilnahme am Gründungsgeschäft erworben. Ihre Entstehung ist damit keine Funktion der Ersteintragung der Kapitalgesellschaft.[898]

---

895 *Kropff*, AktG, S. 53; ebenso *Hüffer*, AktG, § 33, Rdnr. 1.

896 *Kropff*, AktG, S. 52; MünchKomm/*Pentz*, AktG, § 38, Rdnr. 59; Großkomm/*Röhricht*, AktG, § 38, Rdnr. 33. An das Ergebnis der Gründungsprüfer ist das Gericht jedoch nicht gebunden, es kann sich darüber hinwegsetzen, wenn es der Auffassung ist, dass das Ergebnis nicht richtig ist, *Döbereiner*, in: Spindler/Stilz, AktG, § 38, Rdnr. 8.

897 Siehe oben D.I.

898 Siehe oben D.II.

3. Mit der Eintragung ist eine die Haftung der Mitglieder begrenzende Funktion verbunden. Die Mitglieder haften für nach Eintragung eintretende Minderungen des Verbandsvermögens beschränkt auf ihre Einlage. Für bis zur Eintragung eintretende Verluste haften sie dem Verband gegenüber anteilig, in der Höhe jedoch unbegrenzt.[899]
4. Mit der Eintragung ist keine Änderung der Verbandsstruktur von der Gesamthand zur juristischen Person verbunden. Die Vorgesellschaft ist „werdende Aktiengesellschaft" bzw. „werdende GmbH".[900]
5. Die Vorgesellschaft gilt bereits als Handelsgesellschaft und ist damit Formkaufmann.[901]
6. Der Ersteintragung kommt Publizitätsfunktion zu. Diese stellt jedoch kein Differenzierungskriterium dar, das eine unterschiedliche Behandlung von Vorgesellschaft und eingetragener Kapitalgesellschaft zu rechtfertigen vermag. Die fehlende formelle Publizität der Vorgesellschaft wird durch die Handelndenhaftung ausgeglichen. Hinsichtlich der materiellen Publizität unterscheiden sich Vorgesellschaft und eingetragene Kapitalgesellschaft nicht. Auch auf die Vorgesellschaft findet § 15 Abs. 1 HGB Anwendung.[902]
7. Mit der Ersteintragung sind keine Änderung des Verbandszwecks und auch keine Erweiterung der Organvertretungsmacht verbunden. Die Vorgesellschaft kann wie die eingetragene Kapitalgesellschaft am Rechtsverkehr teilnehmen. Die Aufnahme der werbenden Tätigkeit bedarf im Innenverhältnis allerdings der Zustimmung aller Gründer.[903]
8. Die Kapitalerhaltungsvorschriften gelten auch im Stadium der Vorgesellschaft.[904]
9. Vorgesellschaft und eingetragene Kapitalgesellschaft genießen gleichermaßen Bestandsschutz in dem Sinne, dass das einzelne Mitglied nur aus wichtigem Grund seine Mitgliedschaft durch Kündigung beenden kann.[905]

899 Siehe oben D.III.
900 Siehe oben D.IV.
901 Siehe oben D.V.
902 Siehe oben D.VI.
903 Siehe oben D.VII.
904 Siehe oben D.VIII.
905 Siehe oben D.IX.

10. Unabhängig von der Eintragung kann die Kapitalgesellschaft auf fehlerhafter Vertragsgrundlage d.h. auf Grundlage einer Satzung, die nach rechtsgeschäftlichen Maßstäben insgesamt nichtig ist oder die nicht den Mindestsatzungsinhalt aufweist nach Invollzugsetzung nur mit Wirkung *ex nunc* aufgelöst werden.

    Das Recht des einzelnen Mitglieds, den Verband wegen einer solchermaßen fehlerhaften Vertragsgrundlage aufzulösen, ist bei der eingetragenen Kapitalgesellschaft im Vergleich zur Vorgesellschaft begrenzt.

    Im Fall der Nichtigkeit der Vertragsgrundlage, die nur bei nichtigem Verbandszweck gegeben ist, kann die Vorgesellschaft analog § 61 GmbHG aufgelöst werden, ohne dass die Voraussetzungen des § 61 Abs. 2 GmbHG vorliegen müssen. Ein nichtiger Verbandszweck berechtigt nur bei der eingetragen GmbH zur Auflösungsklage, nicht dagegen bei der eingetragenen Aktiengesellschaft.

    Bei der Vorgesellschaft kommen zudem sämtliche Mängel des Mindestsatzungsinhalts als wichtiger Grund zur Erhebung der Auflösungsklage analog § 61 Abs. 1 GmbHG in Betracht. Im Einzelfall kann allerdings eine positive Stimmpflicht zur Heilung des Satzungsmangels bestehen. Dies ist der Fall, wenn durch die Satzungsänderung nur förmlich nachvollzogen werden soll, was materiell das Ergebnis der ergänzenden Vertragsauslegung ist. Eine positive Stimmpflicht besteht nicht, wenn die Bestimmungen zu den übernommenen Kapitalanteilen (§§ 23 Abs. 2 AktG, 3 Abs. 1 Nr. 4 GmbHG) anzupassen sind und dabei von dem einzelnen Gründer eine Erhöhung seiner Einlagepflicht verlangt wird. In den übrigen Fällen hat eine Abwägung der Interessen des Gründers, der sich der erforderlichen Mitwirkung bei der Satzungsänderung verweigert, gegen das Verbandsinteresse zu erfolgen, wobei dem sich verweigernden Gründer die Darlegungslast hinsichtlich der einer Satzungsänderung entgegenstehenden Interessen obliegt.[906]

    Bei der eingetragenen Kapitalgesellschaft können dagegen Mängel des Mindestsatzungsinhalts mit Ausnahme fehlender Bestimmungen über die Höhe des Grundkapitals oder über den Gegenstand des Unternehmens oder nichtiger Bestimmungen über den Gegenstand des Unternehmens (§§ 275 Abs. 1 AktG, 75 Abs. 1 GmbHG) von den Mitgliedern nicht zu Lasten der Existenz des Verbandes geltend gemacht werden. Soweit die Eintragung der Kapitalgesellschaft damit Bestandsschutz vermittelt, ist dieser nicht in der besonderen Struktur der eingetragenen Kapitalgesellschaft bzw. den Besonderheiten

906 Siehe oben D.X.2.c).

ihres Entstehungsprozesses begründet, sondern der Umsetzung der Publizitätsrichtlinie geschuldet. Ob an einen solchermaßen begründeten höheren Bestandsschutz für die Zukunft eine unterschiedliche Behandlung von Vorgesellschaft und eingetragener Kapitalgesellschaft geknüpft werden kann, erscheint daher mehr als zweifelhaft.[907] Aufgelöst werden kann die eingetragene Kapitalgesellschaft aufgrund der nicht zur Auflösungsklage berechtigenden Satzungsmängel dennoch, nämlich auf Initiative des Registergerichts gemäß § 399 FamFG.[908]

11. Mit der Eintragung werden Formmängel und Verstöße gegen Ordnungsvorschriften geheilt. Wurde bei Gründung die notarielle Form nicht beachtet, entsteht mit Eintragung eine Kapitalgesellschaft, ohne dass vorher eine Vorgesellschaft bestanden hat.[909] Da die Entstehung einer Vorgesellschaft zwingend die Beachtung der notariellen Form erfordert, kann an die Heilungsfunktion keine unterschiedliche Behandlung von Vorgesellschaft und eingetragener Kapitalgesellschaft geknüpft werden.
12. Die Eintragung hat Beglaubigungsfunktion in dem Sinne, dass sie der Kapitalgesellschaft als Rechtsträger die Evidenz verschafft, die die natürliche Person mit Vollendung der Geburt erfährt. Bis zur Eintragung übernimmt die notarielle Errichtungsurkunde diese Funktion.[910]
13. Die Eintragung ist das positive Ergebnis einer Rechtmäßigkeitskontrolle. Die Rechtmäßigkeitskontrolle ist jedoch keine eigene Funktion der Eintragung, sondern geht in den mit den vorgenannten Funktionen der Eintragung beschriebenen Rechtswirkungen (Eintritt der Haftungsbeschränkung, Publizitätsfunktion, Heilungsfunktion und Beglaubigungsfunktion) auf. Eine unterschiedliche Behandlung von Vorgesellschaft und eingetragener Kapitalgesellschaft lässt sich aus ihr daher nicht ableiten.[911]

Von den untersuchten Funktionen der Ersteintragung der Kapitalgesellschaft in das Handelsregister rechtfertigt nach alledem nur die mit Eintragung eintretende Haftungsbeschränkung der Gründer eine unterschiedliche Behandlung von Vorgesellschaft und eingetragener Kapitalgesellschaft.

907 Siehe oben D.X.
908 Siehe oben D.X.3.
909 Siehe oben D.XI.
910 Siehe oben D.XII.
911 Siehe oben D.XIII.

E. Schlussbetrachtung

Die Vorgesellschaft ist rechtsfähig und als Rechtsträger mit der eingetragenen Kapitalgesellschaft identisch. Sie ist keine Rechtsform eigener Art, sondern sie hat als „werdende Aktiengesellschaft“ bzw. „werdende GmbH“ dieselbe Rechtsform wie die eingetragene Aktiengesellschaft bzw. die eingetragene GmbH. Zur Rechtsnatur der Vorgesellschaft gehört, dass ihr Zustand nur ein vorübergehender ist. In Verbindung mit dem *numerus clausus* der Rechtsformen folgt daraus, dass die Vorgesellschaft als Außengesellschaft nicht auf Dauer als solche betrieben werden kann. Die Vorgesellschaft behält ihren Status als solche nur, wenn die Eintragung durch Gründer und Organwalter nicht vernachlässigt wird. Wird der als Vorgesellschaft gegründete Verband dennoch werbend fortgeführt, wandelt er sich im Wege des Rechtsformzwangs in eine oHG bzw. BGB-Gesellschaft um.

Die §§ 41 AktG, 11 GmbHG sind mit *Schreiber/Feine* dahingehend auszulegen, dass vor Eintragung eine Aktiengesellschaft bzw. GmbH existiert, lediglich abzüglich der Eigenschaften, die der Verband erst durch Eintragung erwirbt. Da Aktien- und GmbH-Gesetz jeweils den Anspruch haben, alle Lebensphasen der Kapitalgesellschaft zu regeln und der Wortlaut der einzelnen Bestimmungen die Vorgesellschaft nicht ausschließt, ist bei der Auslegung grundsätzlich von einer unmittelbaren Rechtsanwendung auszugehen, wenn die Norm nicht Eintragung voraussetzt. Der Anwendungsbereich der einzelnen Normen ist teleologisch auf die eingetragene Kapitalgesellschaft zu beschränken, wenn die Auslegung ergibt, dass die fragliche Norm eine Eigenschaft des Verbandes voraussetzt, die dieser erst durch die Eintragung erlangt. Die Anwendung der allgemeinen Normen des Aktien- und GmbH-Gesetzes ist insoweit ausgeschlossen, als sie von speziellen Regeln des Gründungsstadiums verdrängt werden. Zu diesen speziellen Regeln des Gründungsstadiums gehören die Handelnden- und die Binnenhaftung und der Grundsatz der Gründung als eines einheitlichen Konstitutivakts. Letzterer besagt, dass Strukturänderungen in der Vorgesellschaft nur in der Form der §§ 23 Abs. 1 S. 1 AktG, 2 Abs. 1 S. 1 GmbHG möglich sind. Die Formel *Schreiber/Feine* gibt dem Normanwender nach alledem ein Regel-Ausnahmeverhältnis vor, bei dem die Anwendung des Rechts der eingetragenen Kapitalgesellschaft die Regel, dessen Nichtanwendung die Ausnahme ist.

Um zu ermitteln, welche Vorschriften durch die Eintragung bedingt sind, wurde nach den Funktionen der Ersteintragung der Kapitalgesellschaft gefragt und diese daraufhin untersucht, ob sie eine unterschiedliche Behandlung von Vorgesellschaft und eingetragener Kapitalgesellschaft rechtfertigen. Von den ermittelten zwölf Funktionen der Ersteintragung rechtfertigt nur die mit Eintragung eintretende Haftungsbeschränkung der Gründer eine unterschiedliche Behandlung von Vorgesellschaft und eingetragener Kapitalgesellschaft. Die Untersuchung der Funktionen der Ersteintragung hat damit das Regel-Ausnahmeverhältnis der Formel *Schreiber/Feine* bestätigt.

Abkürzungen

Denkschrift zum RJA – E I	Begründung zu dem Entwurf eines Handelsgesetzbuchs für das Deutsche Reich, Berlin 1895
Denkschrift zum RJA – E II	Entwurf eines Handelsgesetzbuchs mit Ausschluß des Seehandelsrechts nebst Denkschrift, Aufgestellt im Reichs-Justizamt, Amtliche Ausgabe, Berlin 1896
HRefG	Gesetz zur Neuregelung des Kaufmanns- und Firmenrechts und zur Änderung anderer handels- und gesellschaftsrechtlicher Vorschriften (Handelsrechtsreformgesetz HRefG) vom 22. Juni 1998, BGBl. I 1998, S. 1474 (Nr. 38)
MoMiG	Gesetz zur Modernisierung des GmbH-Rechts und zur Bekämpfung von Missbräuchen (MoMiG), Gesetz vom 23. Oktober 2008, BGBl. I 2008, S. 2026 (Nr. 48)

Es werden daneben die üblichen Abkürzungen verwendet. Im Übrigen wird verwiesen auf:

Kirchner, Hildebert, Abkürzungsverzeichnis der Rechtssprache, 7. Auflage, Berlin u.a. 2013

Literaturverzeichnis

Alexy, Robert, Theorie der juristischen Argumentation, 3. Auflage, Frankfurt am Main 1996 (Alexy, Argumentation, S.)

Ammon, Ludwig, Die Prüfungsbefugnisse des Registergerichts bei GmbH-Anmeldungen - besteht Reformbedarf?, DStR 1995, S. 1311–1315

Ammon, Ludwig, Die Anmeldung zum Handelsregister, DStR 1993, S. 1025–1032

Anton, Udo, Nichtige GmbH-Satzung, GmbHR 1973, S. 75–80

Armbrüster, Christian, Zur uneinheitlichen Ausübung des Stimmrechts im Gesellschaftsrecht, Festschrift für Gerold Bezzenberger zum 70. Geburtstag am 13. März 2000, Berlin 2000, S. 3–22 (Armbrüster, FS Bezzenberger, S.)

Bälz, Ulrich, Organisationsvertrag und Gesamthand - Zur Abgrenzung von Außen- und Innengesellschaften -, Festschrift für Wolfgang Zöllner, S. 35–63, Köln u.a. 1998 (Bälz, FS Zöllner, S.)

Balz, Gerhard K., Die Beendigung der Mitgliedschaft in der GmbH - Eine empirische und dogmatische Untersuchung zur Ausschließung und zum Austritt von Gesellschaftern, Berlin 1984 (Balz, Beendigung der Mitgliedschaft, S.)

Bär, Rolf, Gründergesellschaft und Vorgesellschaft zur AG, Festgabe zum 65. Geburtstag von Max Kummer, S. 77–98, Bern 1980 (Bär, FG Kummer, S.)

Ballerstedt, Kurt, Rezension zu Gadow-Heinichen, Großkommentar zum Aktiengesetz, 2., neubearbeitete Auflage, ZHR 127 (1965), S. 92–111

Ballerstedt, Kurt, Der gemeinsame Zweck als Grundbegriff des Rechts der Personengesellschaften, JuS 1963, S. 253–263

Balz, Gerhard K., Die Beendigung der Mitgliedschaft in der GmbH – Eine empirische und dogmatische Untersuchung zur Ausschließung und zum Austritt von Gesellschaftern, Berlin 1984 (Balz, Beendigung der Mitgliedschaft, S.)

Bamberger, Heinz Georg / Roth, Herbert (Hrsg.), Kommentar zum Bürgerlichen Gesetzbuch, Band 1, §§ 1 – 610, CISG, 3. Auflage, München 2012, Band 2, §§ 611–1296, AGG, ErbbauRG, WEG, 3. Auflage, München 2012 (Bearbeiter, in: Bamberger/Roth, §, Rdnr.)

Baritsch, Hans, Die Rechtslage der GmbH vor ihrer Eintragung in das Handelsregister, Diss. Hamburg 1940, (Baritsch, Vor-GmbH, S.)

Baumann, Wolfgang, Der Nießbrauch am Anteil einer Einmann-Personengesellschaft, NZG 2005, S. 919–920

Baumbach, Adolf / Hopt, Klaus J. / Kumpan, Christoph / Merkt, Hanno / Roth, Markus, Handelsgesetzbuch mit GmbH & Co., Handelsklauseln, Bank- und

Börsenrecht, Transportrecht (ohne Seerecht), 36. Auflage, München 2014 (Bearbeiter, in: Baumbach/Hopt, HGB, §, Rdnr.)

Baumbach, Adolf / Hueck, Alfred, GmbH-Gesetz, Kommentar, 20. Auflage, München 2013 (Bearbeiter, in: Baumbach/Hueck, GmbHG, §, Rdnr.)

Baumbach, Adolf / Hueck, Alfred, Aktiengesetz, Kommentar, 13. Auflage, München 1968 (Bearbeiter, in: Baumbach/Hueck, AktG, §, Rdnr.)

Bayer, Walter/ Habersack, Mathias Habersack, Aktienrecht im Wandel, Band I: Entwicklung des Aktienrechts, Band II: Grundsatzfragen des Aktienrechts, Tübingen 2007 (Bearbeiter, in: Bayer/Habersack, Aktienrecht im Wandel, Band, Seite/Kapitel, Rdnr.)

Bayer, Walter, 1000 Tage neues Umwandlungsrecht - eine Zwischenbilanz, ZIP 1997, S. 1613–1626

Bayer, Wilhelm, Haupt- und Gesellschafterversammlungen vor Eintragung der AG und der GmbH in das Handelsregister, JZ 1952, S. 551–555

Becker, Michael, Der Austritt aus der GmbH - Durchsetzung eines unentziehbaren Individualrechts im Interesse effektiven Minderheitenschutzes, Kehl u.a. 1985 (Becker, Austritt, S.)

Berghoff, Silke, Die organschaftliche Vertretung der Gesellschaft bürgerlichen Rechts, Baden-Baden 2005 (Berghoff, Organschaftliche Vertretung, S.)

Bergmann, Andreas, Die Handelnden-Haftung als Ausgleich fehlender Registerpublizität, GmbHR 2003, 563–573

Bergmann, Andreas, Die fremdorganschaftlich verfasste offene Handelsgesellschaft, Kommanditgesellschaft und BGB-Gesellschaft als Problem des allgemeinen Verbandsrechts – Ein Beitrag zur Überwindung des Dualismus von Personengesellschaften und Körperschaften, Berlin 2002 (Bergmann, Die fremdorganschaftlich verfasste Personengesellschaft, S.)

Beuthien, Volker, Wer sind die Handelnden? Warum und wie lange müssen sie haften? – Zu Sinn, Inhalt, Reichweite und Dauer der Handelndenhaftung, GmbHR 2013, S. 1–17

Beuthien, Volker, Ist die Innengesellschaft nicht rechtsfähig?, NZG 2011, S. 161–165

Beuthien, Volker, Genossenschaftsgesetz mit Umwandlungs- und Kartellrecht sowie Statut der Europäischen Genossenschaft, 15. Auflage, München 2011 (Beuthien, GenG, §, Rdnr.)

Beuthien, Volker, Haftung bei gesetzlichen Schuldverhältnissen einer Vorgesellschaft - Zum Vorlagebeschluß des BAG vom 23.8.1995, 1996 1010, BB 1996, S. 1337–1344

Beuthien, Volker, Die Vorgesellschaft im Privatrechtssystem, ZIP 1996, S. 305–320 (Teil 1) und S. 360–369 (Teil II)

Beuthien, Volker / Ernst, Astrid, Die Gesellschaft bürgerlichen Rechts als Mitglied einer eingetragenen Genossenschaft, ZHR 156 (1992), S. 227–247

Binz, Harald, Das Handelsgeschäft als Sacheinlage bei der Gründung einer Aktiengesellschaft, Diss. Mainz 1972 (Binz, Sacheinlage, S.)

Binz, Karlheinz, Haftungsverhältnisse im Gründungsstadium der GmbH & Co. KG, Zugleich ein Beitrag zum Recht der Kapital-Vorgesellschaft, Köln 1976 (Binz, Haftungsverhältnisse, S.)

Bischoff, Thomas, Sachliche Voraussetzungen von Mehrheitsbeschlüssen in Kapitalgesellschaften, BB 1987, S. 1055–1061

Bittmann, Folker / Pikarski, Stefan, Strafbarkeit der Verantwortlichen der Vor-GmbH, wistra 1995, S. 91–93

Bork, Reinhard, Allgemeiner Teil des Bürgerlichen Gesetzbuchs, 3. Auflage, Tübingen 2011 (Bork, BGB AT, Rdnr.)

Brandes, Helmut, Anmerkung zu OLG Stuttgart, Urteil vom 30.9.1998 - 20 U 21/98, NZG 1999, S. 33–34.

Breuninger, Gottfried E., Die BGB-Gesellschaft als Rechtssubjekt im Wirtschaftsverkehr - Voraussetzungen und Grenzen, Köln 1991 (Breuninger, BGB-Gesellschaft als Rechtssubjekt, S.)

Brodmann, Erich, Aktienrecht, Kommentar, Berlin 1928 (Brodmann, Aktienrecht, §, Anm.)

Brodmann, Erich, Gewerbe- und Industrie-Kommentar (GIK.), Band I., Gesetz, betreffend die Gesellschaften mit beschränkter Haftung, 2. Auflage, Berlin u.a. 1930 (Brodmann, GmbHG, §, Anm.)

Bürgers, Tobias / Körber, Torsten, Aktiengesetz, 3. Auflage, Heidelberg 2014 (Bearbeiter, in: Bürgers/Körber, AktG, §, Rdnr.)

Büttner, Hermann, Identität und Kontinuität bei der Gründung juristischer Personen, Bielefeld 1967 (Büttner, Identität und Kontinuität, S.)

Canaris, Claus-Wilhelm, Die Übertragung des Regelungsmodells der §§ 125–130 HGB auf die Gesellschaft bürgerlichen Rechts als unzulässige Rechtsfortbildung contra legem, ZGR 2004, S. 69–125

Canaris, Claus-Wilhelm, Die Feststellung von Lücken im Gesetz, 2. Auflage, Berlin 1983 (Canaris, Lücken, S.)

Canaris, Claus-Wilhelm, Die Vertrauenshaftung im deutschen Privatrecht, München 1971 (Canaris, Vertrauenshaftung, S.)

Casper, Matthias, Die Heilung nichtiger Beschlüsse im Kapitalgesellschaftsrecht, Köln 1998 (Casper, Heilung nichtiger Beschlüsse, S.)

Cavin, Adrian, Kapitalaufbringung in GmbH und AG, Abgrenzung zur Kapitalerhaltung – Haftung in der Vorgesellschaft, Berlin 2012 (Cavin, Kapitalaufbringung, S.)

Dauner-Lieb, Barbara, Ein neues Fundament für die BGB-Gesellschaft, DStR 2001, S. 356–361

Dauses, Manfred A., Handbuch des EU-Wirtschaftsrechts, Band 1, Loseblatt, Stand: Februar 2012 (30. Ergänzungslieferung), München 2012 (Bearbeiter, in: Dauses, EU-Wirtschaftsrecht, Abschnitt, Rdnr.)

Diederichsen, Uwe, Der logische Dissens, in: Festschrift zum 125 jährigen Bestehen der Juristischen Gesellschaft zu Berlin, Berlin u.a. 1984 (Diederichsen, FS Juristische Gesellschaft Berlin, S.)

Dilcher, Gerhard, Rechtsfragen der sogenannten Vorgesellschaft, JuS 1966, S. 89–95

Dressler, Karl, Die Rechtsgeschäfte der Kapitalgesellschaft vor der Eintragung, Mayen 1927 (Dressler, Vorgesellschaft, S.)

Ebenroth, Carsten Thomas / Boujong, Karlheinz / Joost, Detlev / Strohn, Lutz, Handelsgesetzbuch, Band 1: §§ 1–342e, Band 2: §§ 343–475h, 2. Auflage, München 2008 (Bearbeiter, in: Ebenroth/Boujong/Joost/Strohn, HGB, §, Rdnr.)

Ebert, Sabine, Folgepflicht und Haftung des GmbH-Geschäftsführers beim Erhalt und bei der Ausführung von Weisungen, GmbHR 2003, S. 444–449

Ehrenberg, Victor, Handbuch des gesamten Handelsrechts mit Einschluß des Wechsel-, Scheck-, See- und Binnenschiffahrtsrechts, des Versicherungsrechts sowie des Post- und Telegraphenrechts, Dritter Band, III. Abteilung, Leipzig 1929 (Bearbeiter, in: Ehrenberg, Hdb des ges. HandelsR III/1, S.)

Ehrenberg, Victor, Rechtssicherheit und Verkehrssicherheit, mit besonderer Rücksicht auf das Handelsregister, in: Jherings Jahrbücher für die Dogmatik des bürgerlichen Rechts, Band 47 (1904), S. 273–338

Elze, Hans, Lücken im Gesetz - Begriff und Ausfüllung - Ein Beitrag zur Methodologie des Rechts, München u.a. 1916 (Elze, Lücken im Gesetz, S.)

Emde, Raimond, Restitutionsansprüche nach Heilung gemäß § 242 Abs. 2 AktG?, ZIP 2000, S. 1753–1758

Endemann, W. (Hrsg.), Handbuch des Deutschen Handels-, See- und Wechselrechts, Erster Band, Einleitung, Buch I: Die Personen des Handelsrechts, Leipzig 1881 (Bearbeiter, in: Endemann, Hdb Handelsrecht, S.)

Engelmann, Artur, Das Bürgerliche Recht Deutschlands mit Einschluss des Handels-, Wechsel- und Seerechts, 5. Auflage, Berlin 1909 (Engelmann, Bürgerliches Recht, S.)

Engisch, Karl, Einführung in das juristische Denken, 9. Auflage, Stuttgart u.a. 1997 (Engisch, Einführung, S.)

Erman, Walter, Bürgerliches Gesetzbuch, Handkommentar mit AGG, EGBGB (Auszug), ErbbauRG, LPartG, ProdHaftG, UKlaG, VBVG, VersAusglG und

WEG (hrsg. von Westermann, Harm Peter / Grunewald, Barbara / Maier-Reimer, Georg), Band I, 13. Auflage, Köln 2011 (Erman/Bearbeiter, BGB, §, Rdnr.)

Esch, Günter, Einheitlichkeit der Personengesellschaftsbeteiligung, BB 1993, S. 664–668

Fabricius, Fritz, Relativität der Rechtsfähigkeit, München und Berlin 1963 (Fabricius, Relativität, S.)

Farrenkopf, Stefan / Cahn, Andreas, Differenzhaftung im Aktienrecht?, AG 1985, S. 209–212

Feine, Hans Erich, Die Gesellschaft mit beschränkter Haftung, in Ehrenberg, Victor (Hrsg.), Handbuch des gesamten Handelsrechts, Dritter Band, III. Abteilung, Leipzig 1929 (Feine, GmbH, S.)

Fester, Fritz, Die Bedeutung des Eintrags im Handelsregister, Marburg 1912 (Fester, Handelsregister, S.)

Fikentscher, Wolfgang / Heinemann, Andreas, Schuldrecht, 10. Auflage, Berlin 2006 (Fikentscher/Heinemann, Schuldrecht, §, Rdnr.)

Fleck, Hans-Joachim, Neueste Entwicklung in der Rechtsprechung zur Vor-GmbH, GmbHR 1983, S. 5–17

Fleck, Hans-Joachim, Die neuere Rechtsprechung des BGH zur Vorgesellschaft und zur Haftung des Handelnden, ZGR 1975, S. 212–231

Fleischer, Holger, Zur Auslegung von Gesellschaftsverträgen und Satzungen – Notizen aus rechtsdogmatischer und rechtsvergleichender Sicht, DB 2013, S. 1466–1476

Fleischer, Holger (Hrsg.), Handbuch des Vorstandsrechts, München 2006 (Bearbeiter, in: Hdb Vorstandsrecht, §, Rdnr.)

Fleischer, Holger, Reichweite und Grenzen der unbeschränkten Organvertretungsmacht im Kapitalgesellschaftsrecht, NZG 2005, 529

Flume, Werner, Allgemeiner Teil des Bürgerlichen Rechts, Erster Band, Erster Teil: Die Personengesellschaft, Berlin u.a. 1977; Erster Band, Zweiter Teil: Die juristischen Personen, Berlin u.a. 1983; Dritter Band: Das Rechtsgeschäft, 4. Auflage, Berlin u.a. 1992 (Flume, BGB AT [Bd.], S.)

Flume, Werner, Die GmbH-Einmanngründung, ZHR 146 (1982), S. 205–210

Flume, Werner, Zur Enträtselung der Vorgesellschaft, NJW 1981, S. 1753–1756

Flume, Werner, Gesamthandsgesellschaft und juristische Person, Festschrift für Ludwig Raiser, S. 27–56, Tübingen 1974 (Flume, FS Raiser, S.)

Flume, Werner, Die werdende juristische Person, Festschrift für Ernst Geßler, S. 3–45, München 1971 (Flume, FS Geßler, S.)

Freytag, Karl, Nichtigerklärung einer Aktiengesellschaft nach altem und neuem Recht, Diss. Erlangen 1908 (Freytag, Nichtigerklärung, S.)

Ganßmüller, Helmut, Fragen aus dem Recht der Vorgesellschaften – Zugleich eine Besprechung des BGH-Urteils II ZR 219/63 v. 12.5.1966 –, GmbHR 1967, S. 25–29 und S. 75–81

Ganßmüller, Helmut, Die Vorgesellschaft auf mangelhafter Grundlage, DB 1955, S. 713–715

Ganßmüller, Helmut, Die werbende Vor-GmbH, GmbHR 1953, S. 116–120

Gesmann-Nuissl, Dagmar, Die Rechts- und Parteifähigkeit sowie Haftungsverfassung der Gesellschaft bürgerlichen Rechts nach dem Urteil des BGH, II ZR 331/00 = WM 2001, 408, WM 2001, S. 973–979

Geßler, Ernst, Nichtigkeit von Hauptversammlungsbeschlüssen und Satzungsbestimmungen - §§ 241 Nr. 3, 23 Abs. 5 AktG, § 25 MitbestG 1976 –, ZGR 1980, S. 427–454

Geßler, Ernst / Hefermehl, Wolfgang / Eckardt, Ulrich / Kropff, Bruno, Kommentar zum Aktiengesetz, Band 1 (§§ 1–75), München 1984; Band II (§§ 76–147), München 1974 (Bearbeiter, in: Geßler/Hefermehl, AktG, §, Rdnr.)

Geßler, Ernst, Die GmbH-Novelle, BB 1980, S. 1385–1391

von Gierke, Julius / Sandrock, Otto, Handels- und Wirtschaftsrecht, Bd. 1, Allgemeine Grundlagen, Der Kaufmann und sein Unternehmen, 9. Auflage, Berlin 1975 (v. Gierke/Sandrock, Handelsrecht, Abschnitt)

von Gierke, Julius, Handelsrecht und Schiffahrtsrecht, 7. Auflage, Berlin 1955 (J. v. Gierke, Handelsrecht, Abschnitt)

Gierke, Otto, Deutsches Privatrecht, Erster Band, Allgemeiner Teil und Personenrecht, Leipzig 1895, Dritter Band, Schuldrecht, München u.a. 1917 (Gierke, DPrR [Bd.], S.).

Gierke, Otto, Die Genossenschaftstheorie und die deutsche Rechtsprechung, Berlin 1887 (Gierke, Genossenschaftstheorie, S.)

Goette, Wulf, Zur entsprechenden Anwendung des § 242 Abs. 2 AktG im GmbH-Recht, Festschrift für Volker Röhricht zum 65. Geburtstag, S. 115–128, Köln 2005 (Goette, FS Röhricht, S.)

Goette, Wulf, Leitung, Aufsicht, Haftung – zur Rolle der Rechtsprechung bei der Sicherung einer modernen Unternehmensführung, Festschrift aus Anlaß des fünfzigjährigen Bestehens von Bundesgerichtshof, Bundesanwaltschaft und Rechtsanwaltschaft beim Bundesgerichtshof, S. 123–142, Köln u.a. 2000 (Goette, FS 50 Jahre BGH, S.)

Goette, Wulf, Fehlerhafte Personengesellschaftsverhältnisse in der jüngeren Rechtsprechung des Bundesgerichtshofs, DStR 1996, S. 266–271

Goldmann, Samuel, Das Handelsgesetzbuch vom 10. Mai 1897 (mit Ausschluß des Seerechts), Berlin 1905 (Goldmann, HGB 1897, §, Rdnr.)

Goldschmi(d)t, Robert, Die Nichtigkeit einer Aktiengesellschaft, Holdheims Monatsschrift, 9 (1900), S. 158–168

Großfeld, Bernhard / Aldejohann, Matthias, 100 Jahre Genossenschaftsgesetz, in: 100 Jahre Genossenschaftsgesetz, Quellen zur Entstehung und jetziger Stand (Hrsg.: Institut für Genossenschaftswesen der Westfälischen Wilhelms-Universität / Schubert, Werner), Tübingen 1989, S. 1–19 (Großfeld/Aldejohann, 100 Jahre GenG, S.)

Großkommentar Aktiengesetz (hrsg. von Hopt, Klaus J. / Wiedemann, Herbert / Assmann, Heinz-Dieter), Erster Band, Einleitung, §§ 1–53, 4. Auflage, Berlin u.a. 2004, §§ 53a-75, 4. Auflage, Berlin u.a. 2008, Dritter Band, §§ 76–94, 4. Auflage, Berlin 2008, Sechster Band, §§ 150–220, 4. Auflage, Berlin 2006, Siebenter Band/ Teil 2, §§ 241–277, 4. Auflage, Berlin 2013 (Großkomm/Bearbeiter, AktG, §, Rdnr.)

Großkommentar Handelsgesetzbuch (begr. von Staub, Hermann; hrsg. von Canaris, Claus-Wilhelm / Habersack, Matthias / Schäfer, Carsten), Erster Band, Einleitung; §§ 1–47b, 5. Auflage, Berlin u.a. 2009; Zweiter Band, §§ 48–104, 5. Auflage, Berlin u.a. 2008; Dritter Band, §§ 105–237, 4. Auflage 2004; Dritter Band §§ 105–160, 5. Auflage, Berlin u.a. 2009 (Staub/Bearbeiter, HGB, §, Rdnr.)

Grunewald, Barbara, Gesellschaftsrecht, 9. Auflage, Tübingen 2014 (Grunewald, Gesellschaftsrecht, §, Rdnr.)

Grunewald, Barbara, Die Auslegung von Gesellschaftsverträgen und Satzungen, ZGR 1995, S. 68–92

Grunewald, Barbara, Das Recht zum Austritt aus der Aktiengesellschaft, Festschrift für Carsten Peter Claussen zum 70. Geburtstag, S. 103–114, Köln u.a. 1997 (Grunewald, FS Claussen, S.)

Haberkorn, Kurt, Rechtliche Struktur der werdenden Kapitalgesellschaft, BB 1962, S. 1408–1411

Habersack, Mathias, Die Haftungsverfassung der Gesellschaft bürgerlichen Rechts -Doppelverpflichtung und Akzessorietät, JuS 1993, S. 1–8

Habersack, Mathias, Richtigkeitsgewähr notariell beurkundeter Verträge, AcP 189 (1989), S. 403–424

Hachenburg, Max, Gesetz betreffend die Gesellschaften mit beschränkter Haftung (GmbHG), Großkommentar (hrsg. von Ulmer, Peter), Erster Band, Allgemeine Einleitung, §§ 1–34, 8. Auflage, Berlin u.a. 1992 (Hachenburg/Bearbeiter, GmbHG, §, Rdnr.)

Hadding, Walther, Zum Erlangen von Rechtsfähigkeit nach deutschem Zivilrecht, Festschrift für Alfons Kraft, S. 137–146, Neuwied u.a. 1998 (Hadding, FS Kraft, S.)

Hadding, Walther, Haftungsbeschränkung in der unternehmerisch tätigen Gesellschaft bürgerlichen Rechts, Festschrift für Fritz Rittner, S. 133–146, München 1991 (Hadding, FS Rittner, S.)

von Hahn, Friedrich, Commentar zum Allgemeinen Deutschen Handelsgesetzbuch, Erster Band, Braunschweig 1963 (v. Hahn, ADHGB, Art., §)

Heberlein, Erich, Die Gesellschaft mit beschränkter Haftung vor der Eintragung in das Handelsregister, Diss. Breslau 1913 (Heberlein, GmbH vor Eintragung, S.)

Heck, Philipp, Gesetzesauslegung und Interessenjurisprudenz, Tübingen 1914 (Heck, Gesetzesauslegung, S.)

Heckelmann, Dieter, Die GbR mbH als (neue) Gesellschaftsform?, Festschrift für Karlheinz Quack, S. 243–257, Berlin u.a. 1991 (Heckelmann, FS Quack, S.)

Heermann, Peter, Haftungsbeschränkungen in der BGB-Außengesellschaft, BB 1994, S. 2421–2433

Heidel, Thomas (Hrsg.), Aktienrecht und Kapitalmarktrecht, 3. Auflage, Baden-Baden 2011 (Bearbeiter, in: Heidel, Aktienrecht, §, Rdnr.)

Heil, Henning, Die Rechtsnatur der Einpersonen-Vor-GmbH und ihre Folgen für die Probleme des Gründungsvorgangs, Frankfurt a.M. 2007 (Heil, Einpersonen-Vor-GmbH, S.)

Helm, Johann Georg / Wagner, Horst, Fremdgeschäftsführung und -vertretung bei Personalhandelsgesellschaften, BB 1979, S. 225–233

Hennrichs, Joachim / Kießling, Erik, Die „GbR ohne persönliche Gesellschafterhaftung" – Zur Begrenzung der Haftung für rechtsgeschäftlich begründete Verbindlichkeiten in der Gesellschaft bürgerlichen Rechts -, WM 1999, S. 877–885

Henssler, Martin / Strohn, Lutz, Gesellschaftsrecht, BGB, HGB, PartGG, GmbHG, AktG, UmwG, InsO, AnfG, GenG, IntGesR, 2. Auflage, München 2014 (Bearbeiter, in: Henssler/Strohn, Gesellschaftsrecht, §, Rdnr.)

Henssler, Martin, Anmerkung zum Urteil des BGH vom 25.06.1992 – I ZR 120/90, JZ 1993, S. 155–158

Hentschke, Helmar, Der Untreueschutz der Vor-GmbH vor einverständlichen Schädigungen, Berlin 2002 (Hentschke, Untreueschutz, S.)

Herschel, Wilhelm, Gefahren der systematischen Auslegung, BB 1966, S. 791–793

Heymann, Ernst, Handelsgesetzbuch Kommentar (hrsg. von Horn, Norbert), Band 1, Erstes Buch (§§ 1–104), 2. Auflage, Berlin u.a. 1995; Band 2, Zweites Buch (§§ 105–237), 2. Auflage, Berlin u.a. 1996 (Heymann/Bearbeiter, HGB, §, Rdnr.)

Hofmann, Christian, Der Minderheitsschutz im Gesellschaftsrecht, Berlin u.a. 2010 (Hofmann, Minderheitsschutz, S.)

Hofmann, Paul, Das Handelsregister und seine Publizität, JA 1980, S. 264–273

Hölters, Wolfgang, Aktiengesetz, Kommentar, München 2011 (Hölters/Bearbeiter, AktG, §, Rdnr.)

Hommelhoff, Peter, Eigenkontrolle statt Staatskontrolle – rechtsdogmatischer Überblick zur Aktienrechtsreform 1884 –, ZGR Sonderheft 4, Hundert Jahre modernes Aktienrecht (1985), S. 53–105 (Hommelhoff, Eigenkontrolle statt Staatskontrolle, S.)

Hopt, Klaus J., Aktionärskreis und Vorstandsneutralität, ZGR 1993, S. 534–566

Horn, Hans-Rudolf, Die Vorgesellschaft in der höchstrichterlichen Rechtsprechung, NJW 1964, S. 86–90.

Horrwitz, Hugo, Das Recht der Generalversammlungen der Aktiengesellschaften und Kommanditgesellschaften auf Aktien, Berlin 1913 (Horrwitz, Generalversammlung, S.)

Huber, Ulrich, Rechtsfähigkeit, juristische Person und Gesamthand, Festschrift für Marcus Lutter zum 70. Geburtstag, S. 107–139, Köln 2000 (Huber, FS Lutter, S.)

Huber, Ulrich, Die Vorgesellschaft mit beschränkter Haftung - de lege ferenda betrachtet, Festschrift für Robert Fischer, S. 261–296, Berlin u.a. 1979 (Huber, FS R. Fischer, S.)

Huber, Ulrich, Vermögensanteil, Kapitalanteil und Gesellschaftsanteil an Personalgesellschaften des Handelsrechts, Heidelberg 1970 (Huber, Vermögensanteil, S.)

Hubert, Ernst, Die rechtliche Natur einer im Entstehen begriffenen Gesellschaft mit beschränkter Haftung und die Wirkung der von ihr abgeschlossenen Verträge, Diss. Erlangen 1915 (Hubert, Vor-GmbH, S.)

Hueck, Alfred, Das Recht der offenen Handelsgesellschaft, 4. Auflage, Berlin 1971 (A. Hueck, OHG, Abschn., S.)

Hueck, Alfred, Gilt § 15 Abs. 1 HGB auch beim Erlöschen und bei der Änderung nicht eingetragener, aber eintragungspflichtiger Rechtsverhältnisse?, AcP 118 (1920), S. 350–377

Hueck, Götz, Drei Fragen zur Gesamthandsgesellschaft, Festschrift für Wolfgang Zöllner, S. 275–294, Köln u.a. 1998 (Hueck, FS Zöllner, S.)

Hueck, Götz, Vorgesellschaft, Festschrift 100 Jahre GmbH-Gesetz, S. 127–158, Köln 1992 (Hueck, FS 100 Jahre GmbHG, S.)

Hüffer, Uwe, Aktiengesetz, Kommentar, 10. Auflage, München 2012 (Hüffer, AktG, §, Rdnr.)

Hüffer, Uwe, Die Gesellschafterversammlung - Organ der GmbH oder bloßes Beschlussverfahren?, Festschrift 100 Jahre GmbH-Gesetz, S. 521–537, Köln 1992 (Hüffer, FS 100 Jahre GmbHG, S.)

Hüffer, Uwe / Koch, Jens, Gesellschaftsrecht, 8. Auflage, München 2011 (Hüffer/Koch, Gesellschaftsrecht, §, Rdnr.)

Hüffer, Uwe, Das Ende der Rechtspersönlichkeit von Kapitalgesellschaften – Überlegungen zur konstitutiven Wirkung der Gesellschaftslöschung und zur Zuordnung von Restvermögen, Gedächtnisschrift für Dietrich Schultz, S. 99–115, Köln u.a. 1987 (Hüffer, GS Schultz, S.)

Hüffer, Uwe, Das Gründungsrecht der GmbH - Grundzüge, Fortschritte und Neuerungen, JuS 1983, S. 161–169

Hüffer, Uwe, Zuordnungsprobleme und Sicherung der Kapitalaufbringung bei der Einmanngründung der GmbH, ZHR 145 (1981), S. 521–539

Immenga, Ulrich, Die personalistische Kapitalgesellschaft, Eine rechtsvergleichende Untersuchung nach deutschem GmbH-Recht und dem Recht der Corporations in den Vereinigten Staaten, Bad Homburg v.d.H. 1970 (Immenga, Personalistische Kapitalgesellschaft, S.)

Jäger, Axel, Die persönliche Gesellschafterhaftung in der werdenden GmbH, Heidelberg 1994 (Jäger, Die werdende GmbH, S.)

Jauernig, Othmar (hrsg. von Berger, Christian / Mansel, Heinz-Peter / Stadler, Astrid / Stürner, Rolf / Teichmann, Arndt), Bürgerliches Gesetzbuch mit Allgemeinem Gleichbehandlungsgesetz (Auszug), Kommentar, 15. Auflage, München 2014 (Jauernig/Bearbeiter, BGB, §, Rdnr.)

Joerges, Ernst, Zur Lehre vom Miteigenthum und der gesammten Hand nach deutschem Reichsrecht, ZHR 49 (1900), S. 140–227

John, Uwe, Die Gründung der Einmann-GmbH, Köln 1986 (John, Einmann-GmbH, S.)

John, Uwe, Die organisierte Rechtsperson, System und Probleme der Personifikation im Zivilrecht, Berlin 1977 (John, Rechtsperson, S.)

Kalss, Susanne, Das Austrittsrecht als modernes Instrument des Kapitalgesellschaftsrechts, wbl 2001, S. 366–378

Kastner, Walther, Die bürgerlich-rechtliche Gesellschaft im Österreichischen Wirtschaftsleben, Gedächtnisschrift Franz Gschnitzer, S. 211–234, Aalen 1969 (Kastner, GS Gschnitzer, S.)

Keilbach, Heinz, Die Prüfungsaufgaben der Registergerichte, MittRhNotK 2000, S. 365–379

Kempermann, Hans-Peter, Gründungsgenossenschaft und Gründungs-GmbH, Diss. Münster 1968 (Kempermann, Gründungsgesellschaft, S.)

Kempfler, Herbert, Nicht rechtsfähige Vereine aktiv parteifähig?, NZG 2002, S. 411–414

Keuk, Brigitte, Besprechung von Manfred Nitschke, Die körperschaftlich strukturierte Personengesellschaft, ZHR 137 (1973), S. 182–185

Kießling, Erik, Das Gesamthandsprinzip bei Personalgesellschaften, Festschrift für Walther Hadding zum 70. Geburtstag am 8. Mai 2004, S. 477–500, Berlin u.a. 2004 (Kießling, FS Hadding, S.)

Kießling, Erik, Vorgründungs- und Vorgesellschaften, Berlin u.a. 1999 (Kießling, Vorgründungs- und Vorgesellschaften, S.)

Klöhn, Lars, Das System der aktien- und umwandlungsrechtlichen Abfindungsansprüche, Tübingen 2009 (Klöhn, Abfindungsansprüche, S.)

Knobbe-Keuk, Brigitte, Bilanz- und Unternehmenssteuerrecht, 9. Auflage, Köln 1993 (Knobbe-Keuk, Unternehmenssteuerrecht, §, S.)

Kölner Kommentar zum Aktiengesetz, Band 1: §§ 1–75 AktG, 3. Auflage, Köln u.a. 2011; Band 2/1: §§ 76–94 AktG, 3. Auflage Köln 2010; Band 2: §§ 76–117 AktG, 2. Auflage, Köln u.a. 1996 (Bearbeiter, in: KölnerKomm, AktG, §, Rdnr.)

Koller, Ingo / Roth, Wulf-Henning / Morck, Winfried, Handelsgesetzbuch, Kommentar, 7. Auflage, München 2011 (Bearbeiter, in: Koller/Roth/Morck, HGB, §, Rdnr.)

Kort, Michael, Bestandsschutz fehlerhafter Strukturänderungen im Kapitalgesellschaftsrecht, München 1998 (Kort, Bestandsschutz, S.)

Krafka, Alexander / Kühn, Ulrich, Handbuch der Rechtspraxis, Band 7, Registerrecht, 9. Auflage, München 2013 (Krafka/Kühn, Registerrecht, Rdnr.)

Krebs, Karsten / Klerx, Oliver, Die Haftungsverfassung der Vor-GmbH - BGH, NJW 1997, 1507, JuS 1998, S. 991–997

Kreutz, Peter, Die actio pro socio im Recht der BGB-Gesellschaft, Festschrift für Walther Hadding zum 70. Geburtstag am 8. Mai 2004, S. 513–528, Berlin u.a. 2004 (Kreutz, FS Hadding, S.)

Kropff, Bruno, Aktiengesetz, Textausgabe des Aktiengesetzes vom 6.9.1965 mit Einführungsgesetz und der Begründung des Regierungsentwurfs, Düsseldorf 1965 (Kropff, AktG, S.)

Kübler, Friedrich / Assmann, Heinz-Dieter, Gesellschaftsrecht, Die privatrechtlichen Ordnungsstrukturen und Regelungsprobleme von Verbänden und Unternehmen, 6. Auflage, Heidelberg 2006 (Kübler/Assmann, Gesellschaftsrecht, S.)

Kuhn, Georg, Die Vorgesellschaft, WM 1956, Sonderbeilage 5, S. 1–18

Kunze, Dirk, Positive Stimmpflichten im Kapitalgesellschaftsrecht, Frankfurt a.M. u.a. 2004 (Kunze, Positive Stimmpflichten, S.)

Laband, Paul, Beiträge zur Dogmatik der Handelsgesellschaften, ZHR 30 (1885), S. 469–532

Lamprecht, Philipp, Die Zulässigkeit der mehrfachen Beteiligung an einer Personengesellschaft, Berlin 2002 (Lamprecht, Mehrfache Beteiligung, S.)

Larenz, Karl, Juristische Methodenlehre, 6. Auflage, Berlin u.a. 1991 (Larenz, Methodenlehre, S.)

Larenz, Karl / Canaris, Claus-Wilhelm, Lehrbuch des Schuldrechts, Zweiter Band, Besonderer Teil, 2. Halbband, 13. Auflage, München 1994 (Larenz/Canaris, Schuldrecht II/2, §, S.)

Lautner, Konrad, Alles wieder beim Alten? – Die gesetzliche Neuregelung zur Teilnahme der Gesellschaft bürgerlichen Rechts am Grundstücksverkehr, DNotZ 2009, S. 650–677

Leenen, Detlef, BGB Allgemeiner Teil: Rechtsgeschäftslehre, Berlin u.a. 2011 (Leenen, BGB AT, §, Rdnr.)

Lehmann, Karl / Ring, Viktor, Das Handelsgesetzbuch für das Deutsche Reich, Erster Band, Berlin 1902 (Lehmann/Ring, HGB, §, Rdnr.)

Lehmann, Heinrich, Gesellschaftsrecht, 2. Auflage, Berlin u.a. 1959 (Lehmann, Gesellschaftsrecht, S.)

Lieb, Manfred, Meilenstein oder Sackgasse? - Bemerkungen zum Stand der Rechtsprechung und der Lehre zur Vorgesellschaft, Festschrift für Walter Stimpel, S. 399–415, Berlin 1985 (Lieb, FS Stimpel, S.)

Lieb, Manfred, Die Ehegattenmitarbeit im Spannungsfeld zwischen Rechtsgeschäft, Bereicherungsausgleich und gesetzlichem Güterstand –Zugleich ein Beitrag zur Rechtsfortbildung im Familienrecht, Tübingen 1970 (Lieb, Ehegattenmitarbeit, S.)

Lieb, Manfred, Abschied von der Handlungshaftung, DB 1970, S. 961–968

Liebs, Rüdiger, Die unbeschränkbare Verfügungsbefugnis, AcP 175 (1975), S. 1–43

Lohse, Andrea, Preiskartelle als fehlerhafte Gesellschaften? Anmerkungen zu dem Kartellverwaltungsverfahren Nord-KS/Xella, Festschrift für Franz Jürgen Säcker zum 70. Geburtstag, München 2011, S. 827–843 (Lohse, FS Säcker, S.)

Lüttge, Jörg W., Die zulässige Mehrfachbeteiligung an einer Personengesellschaft, NJW 1994, S. 5–11

Lutter, Marcus / Hommelhoff, Peter, GmbH-Gesetz, Kommentar, 18. Auflage, Köln 2012 (Bearbeiter, in: Lutter/Hommelhoff, GmbHG, §, Rdnr.)

Lutter, Marcus, Haftungsrisiken bei der Gründung einer GmbH, JuS 1998, S. 1073–1080

Lutter, Marcus, Die Treuepflicht des Aktionärs. Bemerkungen zur Linotype-Entscheidung des BGH, ZHR 153 (1989), S. 446–471

Lutter, Marcus, Das überholte Thesaurierungsgebot bei Eintragung einer Kapitalgesellschaft im Handelsregister, NJW 1989, S. 2649–2656

Lutter, Marcus, Theorie der Mitgliedschaft (Prolegomena zu einem allgemeinen Teil des Korporationsrechts), AcP 180 (1980), S. 84–159

Lutz, Johann (Hrsg.), Protokolle der Kommission zur Berathung eines allgemeinen deutschen Handelsgesetzbuchs, I. Theil, Protokolle I-XLV; III. Theil, Protokolle XCIX-CLXXVI; Beilagenband, Würzburg 1858 (Lutz, Protokolle ADHGB, S.)

Maiberg, Hermann, Übernahme einer Stammeinlage durch eine Erbengemeinschaft bei Erhöhung des Stammkapitals einer GmbH, DB 1975, S. 2419–2423

Martens, Klaus-Peter, Die GmbH und der Minderheitenschutz, GmbHR 1984, S. 265–272

Martens, Klaus-Peter, Der Ausschluß des Bezugsrechts: BGHZ 33, S. 175, Zum Interesse an wirtschaftlicher Selbständigkeit, in: Festschrift für Robert Fischer, S. 437–460, Berlin u. a. 1979 (Martens, FS R. Fischer, S.)

Maulbetsch, Hans-Christoph, Haftung für Verbindlichkeiten der Vorgründungsgesellschaft und der Vorgesellschaft einer GmbH, DB 1984, S. 1561–1565

Medicus, Dieter, Allgemeiner Teil des BGB, 10. Auflage, Heidelberg u.a. 2010 (Medicus, BGB AT, Rdnr.)

Meier-Hayoz, Arthur, Der Richter als Gesetzgeber, Eine Besinnung auf die von den Gerichten befolgten Verfahrensgrundsätze im Bereich der freien richterlichen Rechtsfindung gemäss Art. 1 Abs. 2 des schweizerischen Zivilgesetzbuches, Zürich 1951 (Meier-Hayoz, Der Richter als Gesetzgeber, S.)

Meister, Burkhardt W., Zur Vorbelastungsproblematik und zur Haftungsverfassung der Vorgesellschaft bei der GmbH, Festschrift für Winfried Werner zum 65. Geburtstag am 17. Oktober 1984: Handelsrecht und Wirtschaftsrecht in der Bankpraxis, S. 521–556, Berlin u.a. 1984 (Meister, FS Werner, S.)

Menold, Dieter, Das materielle Prüfungsrecht des Handelsregisterrichters, Diss. Tübingen 1966 (Menold, Prüfungsrecht, S.)

Merkert, Erich, Der Gesellschafterwechsel im Gründungsstadium der GmbH, BB 1951, 322–323

Meyer, André, Die Abhängigkeit der Haftung des Handelnden von der Vertretungsmacht für die Vor-GmbH, Zugleich eine Darstellung der Rechtsverhältnisse im Gründungsstadium, GmbHR 2002, S. 1176–1186

Meyer, Justus, Haftungsbeschränkung im Recht der Handelsgesellschaften, Berlin, Heidelberg, 2000 (J. Meyer, Haftungsbeschränkung, S.)

Michalski, Lutz, Kommentar zum Gesetz betreffend die Gesellschaften mit beschränkter Haftung (GmbH-Gesetz), Band I, Systematische Darstellungen 1–7, §§ 1–34 GmbHG, Band II, §§ 35–86, 2. Auflage, München 2010 (Michalski/Bearbeiter, GmbHG, §, Rdnr.)

Mülbert, Peter O., Aktiengesellschaft, Unternehmensgruppe und Kapitalmarkt, München 1995 (Mülbert, Aktiengesellschaft, S.)

Müller, Friedrich / Christensen, Ralph, Juristische Methodik, Band I, Grundlegung für die Arbeitsmethoden der Rechtspraxis, 10. Auflage, Berlin 1997 (Müller/Christensen, Methodik I, Rdnr.)

Müller-Erzbach, Rudolf, Die Verbandsmacht - eine unbekannte Welt, Einblicke in die höchstrichterliche Einstellung zum Leben, JZ 1956, S. 705–709

Müller-Erzbach, Rudolf, Das private Recht der Mitgliedschaft als Prüfstein eines kausalen Rechtsdenkens, Weimar 1948 (Müller-Erzbach, Mitgliedschaft, S.)

Müller-Freienfels, Wolfram, Die Vertretung beim Rechtsgeschäft, Tübingen 1955 (Müller-Freienfels, Vertretung, S.)

Müller, Hans-Friedrich, Das Austrittsrecht des GmbH-Gesellschafters, Köln u.a. 1996 (Müller, Austrittsrecht, S.)

Müller, Klaus, Kommentar zum Gesetz betreffend die Erwerbs- und Wirtschaftsgenossenschaften, Erster Band (§§ 1–33), 2. Auflage, Bielefeld 1991; Zweiter Band (§§ 43–931), Bielefeld 1980; Dritter Band (§§ 93m-161), Bielefeld 1980 (K. Müller, GenG, §, Rdnr.)

Münchener Handbuch des Gesellschaftsrechts, Band 1, BGB-Gesellschaft, Offene Handelsgesellschaft, Partnerschaftsgesellschaft, Partenreederei, EWIV (*hrsg. von Gummert, Hans / Weipert, Lutz*), 3. Auflage, München 2009; Band 3, Gesellschaft mit beschränkter Haftung (hrsg. von Priester, Hans-Joachim / Mayer, Dieter / Wicke, Hartmut), 4. Auflage, München 2012; Band 4, Aktiengesellschaft (hrsg. von Hoffmann-Becking, Michael), 3. Auflage, München 2007 (Bearbeiter, in: MünchHdb GesR [Band], §, Rdnr.)

Münchener Kommentar zum Aktiengesetz (*hrsg. von Goette, Wulf / Habersack, Matthias*), Band 1, §§ 1–75, 3. Auflage, München 2008; Band 2, §§ 76–117, MitbestG, DrittelbG, 3. Auflage, München 2008; Band 4, §§ 179–277, 3. Auflage, München 2011 (MünchKomm/Bearbeiter, AktG, §, Rdnr.)

Münchener Kommentar zum Bürgerlichen Gesetzbuch (*hrsg. von Säcker, Franz Jürgen / Rixecker, Roland*), Band 1, Allgemeiner Teil, §§ 1–240 - ProstG - AGG, 6. Auflage 2012; Band 5, Schuldrecht - Besonderer Teil III, §§ 705–853, Partnerschaftsgesetz, Produkthaftungsgesetz, 6. Auflage München 2013 (MünchKomm/Bearbeiter, BGB, §, Rdnr.)

Münchener Kommentar zum Gesetz betreffend die Gesellschaften mit beschränkter Haftung – (GmbHG) (*hrsg. von Fleischer, Holger / Goette, Wulf)*, Band 1, §§ 1–34, München 2010; Band 3, §§ 53–85), 2. Auflage, München 2015 (MünchKomm/Bearbeiter, GmbHG, §, Rdnr.)

Münchener Kommentar zum Handelsgesetzbuch (hrsg. von Schmidt, Karsten), Band 1 (§§ 1–104a), 3. Auflage, München 2010, Band 2 (§§ 105–160), 3. Auflage, München 2011, Band 3 (§§ 161–237, Konzernrecht der Personengesellschaften), 3. Auflage, München 2012 (MünchKomm/Bearbeiter, HGB, §, Rdnr.)

Münchener Kommentar zur Zivilprozessordnung mit Gerichtsverfassungsgesetz und Nebengesetzen, Band 1, §§ 1–354 (*hrsg. von Krüger, Wolfgang / Rauscher, Thomas*), 4. Auflage, München 2013 (MünchKomm/Bearbeiter, ZPO, §, Rdnr.)

Müther, Peter-Hendrik, Die Prüfungspflichten des Registergerichts im elektronischen Handelsregister, Rpfleger 2008, S. 233–235

Mugdan, Benno (Hrsg.), Die gesamten Materialien zum Bürgerlichen Gesetzbuch für das Deutsche Reich, 5 Bände, Berlin 1899 (Mugdan, Materialien zum BGB, Bd., S.)

Mummenhoff, Winfried, Gründungssysteme und Rechtsfähigkeit, Die staatliche Mitwirkung bei der Verselbständigung des bürgerlichrechtlichen Vereins, Köln u.a. 1979 (Mummenhoff, Gründungssysteme, S.)

Murawo, Maximilian, Die unechte Vorgesellschaft im GmbH- und Aktienrecht, Berlin 2006 (Murawo, Die unechte Vorgesellschaft, S.)

Musielak, Hans-Joachim, Kommentar zur Zivilprozessordnung mit Gerichtsverfassungsgesetz, 10. Auflage, München 2013 (Musielak/Bearbeiter, ZPO, §, Rdnr.)

Nägel, Werner, Einmanngesellschaften im deutschen und europäischen Gesellschaftsrecht, Berlin 2004 (Nägel, Einmanngesellschaften, S.)

Nehls, Albrecht, Die gesellschaftsgerichtliche Treupflicht im Aktienrecht, Hamburg 1993 (Nehls, Treuepflicht im Aktienrecht, S.)

Nitschke, Manfred, Die körperschaftlich strukturierte Personengesellschaft, Bielefeld 1970 (Nitschke, Personengesellschaft, S.)

Palandt, Otto, Kommentar zum Bürgerlichen Gesetzbuch mit Nebengesetzen, 73. Auflage, München 2014 (Palandt/Bearbeiter, BGB, §, Rdnr.)

Papadimopoulos, Ioannis, Das Austritts- und Auflösungsrecht als Minderheitsbehelfe de lege ferenda im deutschen und griechischen Aktienrecht, Diss. Gießen 1994 (Papadimopoulos, Austritts- und Auflösungsrecht, S.)

Parisius, Ludolf / Crüger, Hans, Das Reichsgesetz, betreffend die Gesellschaften mit beschränkter Haftung, Systematische Darstellung und Kommentar nebst Entwürfen von Gesellschaftsverträgen und praktischer Anleitung für die Registerführung, 4. Auflage, Berlin 1906 (Parisius/Crüger, GmbHG, §, Anm.)

Paschke, Marian, Die fehlerhafte Korporation - Zwischen korporationsrechtlicher Tradition und gemeinschaftsrechtlicher Fortbildung, ZHR 155 (1991), S. 1–23

Paul, W., Ausschluß aus der zweigliedrigen GmbH, NJW 1947/48, S. 417–419

Paulick, Heinz, Die eingetragene Genossenschaft als Beispiel gesetzlicher Typenbeschränkung, Tübingen 1954 (Paulick, Die eingetragene Genossenschaft, S.)

Pawlowski, Hans-Martin, Allgemeiner Teil des BGB, Grundlagen des bürgerlichen Rechts, 7. Auflage, Heidelberg 2003 (Pawlowski, BGB AT, Rdnr.)

Peifer, Karl-Nikolaus, Rechtsfähigkeit und Rechtssubjektivität der Gesamthand - die GbR als oHG?, NZG 2001, 296–300

Pfister, Wolfgang, Die Einmann-Personengesellschaft, Ein interdisziplinärer Ansatz, Frankfurt a.M. 1999 (Pfister, Einman-Personengesellschaft, S.)

Pohl, Tobias, Sell Out und Austritt um Aktienrecht, Hamburg 2013 (Pohl, Austritt, S.)

Pöhlmann, Peter / Fandrich, Andreas / Bloehs, Joachim, Genossenschaftsgesetz - Gesetz betreffend die Erwerbs- und Wirtschaftsgenossenschaften nebst umwandlungsrechtlichen Vorschriften für Genossenschaften, 4. Auflage, München 2012 (Bearbeiter, in: Pöhlmann/Fandrich/Bloehs, Genossenschaftsgesetz, §, Rdnr.)

Priester, Hans-Joachim, Satzungsänderungen bei der Vor-GmbH, ZIP 1987, S. 280–285

Priester, Hans-Joachim, Die Unversehrtheit des Stammkapitals bei Eintragung der GmbH - ein notwendiger Grundsatz?, ZIP 1982, S. 1141–1153

Prüßmann, Heinz / Rabe, Dieter, Seehandelsrecht, Fünftes Buch des Handelsgesetzbuches mit Nebenvorschriften und Internationalen Übereinkommen, 3. Auflage, München 1992 (Prüßmann/Bearbeiter, Seehandelsrecht, §, Anm.)

Raiser, Thomas / Veil, Rüdiger, Recht der Kapitalgesellschaften, 5. Auflage, München 2010 (Raiser/Veil, Kapitalgesellschaften, §, Rdnr.)

Raiser, Thomas / Veil, Rüdiger, Die Haftung der Gesellschafter einer Gründungs-GmbH, BB 1996, 1344–1349

Raiser, Thomas, Gesamthand und juristische Person im Licht des neuen Umwandlungsrechts, AcP 194 (1994), S. 495–512

Raiser, Thomas, Die neuen Gründungs- und Kapitalerhöhungsvorschriften für die GmbH, in: Das neue GmbH-Recht in der Diskussion (hrsg. Centrale für GmbH Dr. Otto Schmidt), S. 21–42 (Raiser, Gründungs- und Kapitalerhöhungsvorschriften, S.)

Reichsjustizministerium (Hrsg.), Entwurf eines Gesetzes über Aktiengesellschaften und Kommanditgesellschaften auf Aktien sowie Entwurf eines Einführungsgesetzes nebst erläuternden Bemerkungen, Berlin 1930 (RMJ, AktG 1937, S.)

Renaud, Achilles, Das Recht der Commanditgesellschaften, Leipzig 1881 (Renaud, Das Recht der KG, S.)

Renaud, Achilles, Das Recht der Actiengesellschaften, Leipzig 1863 (Renaud, Das Recht der AG, S.)

Reul, Adolf, Die notarielle Beurkundung einer Hauptversammlung – Zugleich Besprechung der Entscheidung LG Wuppertal vom 26.2.2002 – 14 O 82/01, AG 2002, S. 543–550

Reuter, Dieter, Rechtsfähigkeit und Rechtspersönlichkeit. Rechtstheoretische und rechtspraktische Anmerkungen zu einem großen Thema, AcP 207 (2007), S. 673–717

Reuter, Dieter, Der Beirat der GmbH, Festschrift 100 Jahre GmbH-Gesetz, S. 631–656, Köln 1992 (Reuter, FS 100 Jahre GmbHG, S.)

Reuter, Dieter, Der Beirat der Personengesellschaft, Festschrift für Ernst Steindorff, S. 229–247, Berlin u.a. 1990 (Reuter, FS Steindorff, S.)

Ringleb, Henrik-Michael / Kremer, Thomas / Lutter, Marcus / von Werder, Axel, Kommentar zum Deutschen Corporate Governance Kodex, 4. Auflage, München 2010 (Bearbeiter, in:Ringleb/Kremer/Lutter/v. Werder, DCGK, Rdnr.)

Ritter, Carl, Aktiengesetz mit Einführungsgesetz, Durchführungsverordnungen und Einführungsverordnungen für Österreich und die sudetendeutschen Gebiete, 2. Auflage, Berlin und München 1939 (Ritter, AktG, §, Anm.)

Rittner, Fritz, Die werdende juristische Person, Tübingen 1973 (Rittner, Die werdende juristische Person, S.)

Röhricht, Volker / Graf von Westphalen, Friedrich, Handelsgesetzbuch, Kommentar zu Handelsstand, Handelsgesellschaften, Handelsgeschäften und besonderen Handelsverträgen (ohne Bilanz-, Transport- und Seerecht), 3. Auflage, Köln 2008 (Röhricht/v. Westphalen/Bearbeiter, HGB, §, Rdnr.)

Röhricht, Volker, Zum Austritt des Gesellschafters aus der GmbH, Festschrift für Alfred Kellermann zum 70. Geburtstag am 29. November 1990, S. 361–388, Berlin u.a. 1991 (Röhricht, FS Kellermann, S.)

Rosenberg, Leo / Schwab, Karl Heinz / Gottwald, Peter, Zivilprozessrecht, 17. Auflage 2010 (Rosenberg/Schwab/Gottwald, Zivilprozessrecht, §, Rdnr.)

Roth, Günter H. / Altmeppen, Holger, Gesetz betreffend die Gesellschaften mit beschränkter Haftung (GmbHG), 7. Auflage, München 2012 (Bearbeiter, in: Roth/Altmeppen, GmbHG, §, Rdnr.)

Roth, Günter H., Verfügungen über die Einlage vor Eintragung der GmbH, DNotZ 1989, S. 3–14

Roth, Wulf-Henning, Die Gründerhaftung im Recht der Vor-GmbH, ZGR 1984, S. 597–628

Rowedder, Heinz / Schmidt-Leithoff, Christian, Gesetz betreffend die Gesellschaften mit beschränkter Haftung (GmbHG), Kommentar, 5. Auflage, München 2013 (Rowedder/Bearbeiter, GmbHG, §, Rdnr.)

Rüthers, Bernd / Fischer, Christian / Birk, Axel, Rechtstheorie mit Juristischer Methodenlehre, 7. Auflage, München 2013 (Rüthers/Fischer/Birk, Rechtstheorie, Rdnr.)

Säcker, Franz Jürgen, Unternehmensgegenstand und Unternehmensinteresse, in: Festschrift für Rudolf Lukes zum 65. Geburtstag, Köln 1989, S. 547–557 (Säcker, FS Lukes, S.)

Säcker, Franz Jürgen, Zur Beschlußfähigkeit des mitbestimmten Aufsichtsrates - Zum Spannungsfeld von Satzungsautonomie und Mitbestimmungsrecht - Zugleich Anmerkung zu LG Mannheim, Urteil v. 23.7.1979 – 12 O 16/76 JZ 1980, 107 ff., JZ 1980, S. 82–86

Saenger, Ingo, Die im Handelsregister gelöschte GmbH im Prozeß, GmbHR 1994, S. 300–306

Saenger, Ingo / Inhester, Michael (Hrsg.), GmbHG, Handkommentar, 2. Auflage, München 2013 (Bearbeiter, in: Saenger/Inhester, GmbHG, §, Rdnr.)

Salinger, Wilhelm, Die Gesellschaften des Handelsrechts im Gründungs- und Liquidationsstadium, Diss. Jena 1914 (Salinger, Die Gesellschaften des Handelsrechts im Gründungs- und Liquidationsstadium, S.)

Saß, Hanns-Willi, Die Handlungen der Gesellschaft mit beschränkter Haftung im Gründungsstadium, Diss. Köln 1924 (Saß, Vor-GmbH, S.)

von Savigny, Friedrich Carl, System des heutigen Römischen Rechts, Zweyter Band, Berlin 1840 (v. Savigny, Römisches Recht II, S.)

Schäfer, Carsten, Quotenhaftung in der Publikums-GbR?, NZG 2010, S. 241–245

Schäfer, Carsten, Offene Fragen der Haftung des BGB-Gesellschafters, ZIP 2003, S. 1225–1234

Schäfer, Carsten, Die Lehre vom fehlerhaften Verband, Grundlagen, Verhältnis zum allgemeinen Vertragsrecht und Anwendung auf Strukturänderungen, Tübingen 2002 (Schäfer, Fehlerhafter Verband, S.)

Schaffner, Petra, Die Vorgesellschaft als Gesellschaft sui generis – Eine vergleichende Untersuchung von Struktur- und Haftungsfragen bei Vor-GmbH und Vor-Partnerschaft, Berlin 2003 (Schaffner, Vorgesellschaft, S.)

Schilken, Eberhard, Abstrakter und konkreter Vertrauensschutz im Rahmen des § 15 HGB, AcP 187 (1987), S. 1–22

Schindler, Hendrik, Das Austrittsrecht in Kapitalgesellschaften - Eine rechtsvergleichende Untersuchung zum Austritt als Mittel des Individual- und Minderheitenschutzes im deutschen und französischen Kapitalgesellschaftsrecht -, München 1999 (Schindler, Austrittsrecht, S.)

Schmidt, Karsten, Handelsrecht, 6. Auflage, Köln 2014 (K. Schmidt, Handelsrecht, §, Rdnr.)

Schmidt, Karsten, Gesellschaftsrecht, 4. Auflage, Köln u.a. 2002 (K. Schmidt, Gesellschaftsrecht, S.)

Schmidt, Karsten, Die BGB-Außengesellschaft: rechts- und parteifähig - Besprechung des Grundlagenurteils II ZR 331/00 vom 29.1.2001, NJW 2001, S. 993–1003

Schmidt, Karsten, § 41 Abs. 2 AktG: eine gegenstandslose und verfehlte Bestimmung, Festschrift für Alfons Kraft, S. 573–584, Neuwied u.a. 1998 (K. Schmidt, FS Kraft, S.)

Schmidt, Karsten, Umwandlung von Vorgesellschaften? §§ 41 AktG, 11 GmbHG und umwandlungsrechtlicher numerus clausus, Festschrift für Wolfgang Zöllner, S. 521–538, Köln u.a. 1998 (K. Schmidt, FS Zöllner, S.)

Schmidt, Karsten, HGB-. Reform und gesellschaftsrechtliche Gestaltungspraxis, DB 1998, S. 61–65

Schmidt, Karsten, Zur Haftungsverfassung der Vor-GmbH, ZIP 1997, S. 671–673

Schmidt, Karsten, Heilung kartellverbotswidriger Satzungsänderungen nach § 242 AktG?, Zum Verhältnis zwischen Art. 85 Abs. 2 EGV und § 242 AktG, AG 1996, S. 385–389

Schmidt, Karsten, Die Partenreederei als Handelsgesellschaft, Köln u.a. 1995 (K. Schmidt, Partenreederei, S.)

Schmidt, Karsten, Universalsukzession kraft Rechtsgeschäfts – Bewährungsproben eines zivilrechtsdogmatischen Rechtsinstituts im Unternehmensrecht, AcP 191 (1991), S. 495–525

Schmidt, Karsten, Zum Haftungsstatus unternehmenstragender BGB-Gesellschaften, Festschrift für Hans-Joachim Fleck, S. 272–295, Berlin u.a. 1988 (K. Schmidt, FS Fleck, S.)

Schmidt, Karsten, Zur Haftung und Enthaftung der persönlich haftenden Gesellschafter bei Liquidation und Konkurs der Personengesellschaft, ZHR 152 (1988), S. 105–122

Schmidt, Karsten, Die GmbH-Beteiligung von Gesellschaften bürgerlichen Rechts als Publizitätsproblem – Wucherungen der Gesamthands-BGB-Gesellschaft?, BB 1983, S. 1697–1702

Schmidt, Karsten, Systemfragen des Vereinsrechts, ZHR 147 (1983), S. 43–68

Schmidt, Karsten, Die Vor-GmbH als Unternehmerin und Komplementärin, NJW 1981, S. 1345–1347

Schmidt, Karsten, Einmanngründung und Einmann-Vorgesellschaft, ZHR 145 (1981), S. 540–564

Schmidt, Karsten, Zur Differenzhaftung des Sacheinlagers (nach gegenwärtigem Stand von Gesetzgebung, Rechtsprechung und Lehre), GmbHR 1978, S. 5–9

Schmidt, Karsten, Liquidationszweck und Vertretungsmacht der Liquidatoren, Ein Beitrag zur Auslegung der §§ 49 BGB, 149 HGB, 70 GmbHG, 88 GenG und 269 AktG, AcP 174 (1974), S. 55–77

Schmidt, Karsten, Der Funktionswandel der Handelndenhaftung im Recht der Vorgesellschaft, GmbHR 1973, S. 146–152

Schmidt, Karsten, Zur Stellung der oHG im System der Handelsgesellschaften, Bonn 1972 (K. Schmidt, OHG, S.)

Schmidt, Karsten / Lutter, Marcus Lutter, Aktiengesetz, Kommentar, I. Band (§§ 1–149), 2. Auflage, Köln 2010, II. Band (§§ 150–410, SpruchG), 2. Auflage, Köln 2010 (Bearbeiter, in: Schmidt/Lutter, AktG, §, Rdnr.)

Schmidt-Rimpler, Walter, Zum Vertragsproblem, Funktionswandel der Privatinstitutionen, Festschrift für Ludwig Raiser zum 70. Geburtstag, S. 3–26, Tübingen 1974 (Schmidt-Rimpler, FS Raiser, S.)

Schnorr von Carolsfeld, Ludwig, Genossenschaften ohne Rechtsfähigkeit, ZfG 34 (1984), S. 45–51

Schön, Wolfgang, Die vermögensverwaltende Personenhandelsgesellschaft – Ein Kind der HGB-Reform, DB 1998, S. 1169–1177

Schön, Wolfgang, Der Einfluß öffentlich-rechtlicher Zielsetzungen auf das Statut privatrechtlicher Eigengesellschaften der öffentlichen Hand - Gesellschaftsrechtliche Analyse, ZGR 1996, S. 429–457

Schöpflin, Martin, Der nichtrechtsfähige Verein, Köln u.a., 2003 (Schöpflin, Der nichtrechtsfähige Verein, S.)

Scholz, Franz, Kommentar zum GmbH-Gesetz mit Nebengesetzen und den Anhängen Konzernrecht sowie Umwandlung und Verschmelzung, I. Band (§§ 1–34, Anh. § 13 Konzernrecht, Anh. § 34 Austritt und Ausschließung eines Gesellschafters), 11. Auflage, Köln 2012; II. Band (§§ 35–52), 11. Auflage, Köln 2014; III. Band (§§ 53–85, Nachtrag MoMiG, §§ 1–4 EGGmbHG), 10. Auflage, Köln 2010 (Bearbeiter, in: Scholz, GmbHG, §, Rdnr.)

Scholz, Franz, Ausschließung und Austritt aus der GmbH, 2. Auflage, Köln 1947 (Scholz, Ausschließung und Austritt, S.)

von Schorlemer, Benedikt / Stupp, Matthias, Kapitalerhöhung zu Sanierungszwecken - zur Reichweite der Zustimmungspflicht des Minderheitsgesellschafters mit Sperrminorität, NZI 2003, S. 345–354

Schreiber, Otto, Die Kommanditgesellschaft auf Aktien, Eine handelsrechtliche Untersuchung, München 1925 (Schreiber, KGaA, S.)

Schubert, Werner, Quellen zur Aktienrechtsreform der Weimarer Republik (1926–1931), Frankfurt a.M. u.a. 1999 (Schubert, Aktienrechtsreform, S.)

Schubert, Werner, Die Einführung der Allgemeinen Deutschen Wechselordnung und des Allgemeinen Deutschen Handelsgesetzbuchs als Bundesgesetze (1869), ZHR 144 (1980), S. 484–492

Schüppen, Matthias / Schaub, Bernhard (Hrsg.), Münchener Anwalts Handbuch Aktienrecht, 2. Auflage, München 2010 (Bearbeiter, in: Schüppen/Schaub, MAH Aktienrecht, §, Rdnr.)

Schulte, Helmut, Die Niederschrift über die Verhandlung der Hauptversammlung einer Aktiengesellschaft, AG 1985, S. 33–40

Schultze-von Lasaulx, Hermann, Die unechte Vorgesellschaft, JZ 1952, S. 390–395

Schultze-von Lasaulx, Hermann, Gedanken zur Rechtsnatur der sog. Vorgesellschaft, Festschrift für Karl Olivecrona, S. 576–609, Stockholm 1964 (Schultze-v. Lasaulx, FS Olivecrona, S.)

Schumann, Bernd, Der Ausgleich zwischen GmbH-Gründern, Zum Innenrecht der Vor-GmbH, Diss. Berlin 2004 (Schumann, Der Ausgleich zwischen GmbH-Gründern, S.)

Schuster, Gunnar, Zur Stellung der Anteilseigner in der Sanierung, ZGR 2010, S. 325–355

Schwark, Eberhard, Voraussetzungen und Grenzen der persönlichen Gesellschafterhaftung in der GbR, Festschrift für Theodor Heinsius, S. 753–769, Berlin u.a. 1991 (Schwark, FS Heinsius, S.)

Schwarz, Günter Christian, Offene Fragen bei der sogenannten unechten Vor-GmbH, ZIP 1996, S. 2005–2008

Schwintowski, Hans-Peter, Grenzen der Anerkennung fehlerhafter Gesellschaften, NJW 1988, S. 937–942

Semler, Johannes / Stengel, Arndt (Hrsg.), Umwandlungsgesetz mit Spruchverfahrensgesetz, 3. Auflage, München 2012 (Bearbeiter, in: Semler/Stengel, Umwandlungsgesetz, §, Rdnr.)

Servatius, Wolfgang, Der Anfang vom Ende der unechten Vorgesellschaft? - Zur Anwendbarkeit von § 28 HGB bei der Gründung von Kapitalgesellschaften, NJW 2001, S. 1696–1699

Sieveking, Arnold, Keine Mehrfachbeteiligung an Personengesellschaften, Festschrift für Helmut Schippel zum 65. Geburtstag, S. 505–518, München 1996 (Sieveking, FS Schippel, S.)

Soergel, Hans Theodor, Bürgerliches Gesetzbuch mit Einführungsgesetz und Nebengesetzen, Band 1, Allgemeiner Teil 1, §§ 1–103, 13. Auflage, Stuttgart 2000, Band 11/1, Schuldrecht 9/1, §§ 705–758, 13. Auflage, Stuttgart 2011 (Soergel/Bearbeiter, BGB, §, Rdnr.)

Spindler, Gerald / Stilz, Eberhard, Kommentar zum Aktiengesetz, Band 1, §§ 1–149, 2. Auflage, München 2010, Band 2, §§ 150–410, IntGesR, SpruchG, SE-VO, 2. Auflage, München 2010 (Bearbeiter, in: Spindler/Stilz, AktG, §, Rdnr.)

Staub, Hermann (hrsg. von Hachenburg, Max), Staub's Kommentar zum Gesetz, betreffend die Gesellschaften mit beschränkter Haftung, 2. Auflage, Berlin 1906 (Staub, GmbHG (2. Auflage 1906), §, Anm.)

von Staudinger, Julius, Kommentar zum Bürgerlichen Gesetzbuch mit Einführungsgesetz und Nebengesetzen, Buch 1, Allgemeiner Teil, §§ 21–79 (Allgemeiner Teil 2), Neubearbeitung, Berlin 2005; Buch 1: Allgemeiner Teil, §§ 134–138 (Allgemeiner Teil 4a, 15. Bearbeitung, Berlin 2011; Buch 2, Recht der Schuldverhältnisse §§ 705–740 (Gesellschaftsrecht), 13. Bearbeitung, Berlin 2003 (Staudinger/Bearbeiter, BGB, §, Rdnr.)

Steimel, Peter Heinz, Die Rechtsnatur des Zusammenschlusses von Personen, die eine G. m. b. H. gründen wollen, Diss. Köln 1951 (Steimel, Rechtsnatur, S.)

Sternberg, Fritz, Der Vorvertrag über die Errichtung einer Gesellschaft mit beschränkter Haftung und seine Einwirkung auf demselben beigefügte abstrakte Hilfsgeschäfte, Diss. Heidelberg 1909 (Sternberg,Vorvertrag, S.)

Stimpel, Walter, Unbeschränkte oder beschränkte, Außen- oder Innenhaftung der Gesellschafter der Vor-GmbH, Festschrift für Hans-Joachim Fleck, S. 345–364, Berlin 1988 (Stimpel, FS Fleck, S.)

Takaki, Kurakichi, Die Rechtsverhältnisse der Aktiengesellschaft bis zu ihrer Eintragung in das Handelsregister und die Haftung der Gesellschafter aus der Gründung und aus der Zeichnung, Diss. Heidelberg 1906 (Takaki, Vor-AG, S.)

Theobald, Wolfgang, Vor-GmbH und Gründerhaftung, Köln 1984 (Theobald, Vor-GmbH, S.)

Thiele, Wolfgang, Die Zustimmungen in der Lehre vom Rechtsgeschäft, Köln u.a. 1966 (Thiele, Die Zustimmungen in der Lehre vom Rechtsgeschäft, S.)

Tieves, Johannes, Der Unternehmensgegenstand der Kapitalgesellschaft, Köln 1998 (Tieves, Unternehmensgegenstand, S.)

Timm, Wolfram, Einige Zweifelsfragen zum neuen Umwandlungsrecht, ZGR 1996, S. 247–271

Timm, Wolfram, Die Rechtsfähigkeit der Gesellschaft bürgerlichen Rechts und ihre Haftungsverfassung, NJW 1995, S. 3209–3218

von Tuhr, Andreas, Der Allgemeine Teil des Deutschen Bürgerlichen Rechts, Erster Band, Allgemeine Lehren und Personenrecht, Leipzig 1910 (v. Tuhr, BGB AT I, S.)

von Tuhr, Andreas, Die unwiderrufliche Vollmacht, in: Festschrift Paul Laband gewidmet von der rechts- und staatswissenschaftlichen Fakultät der Kaiser-Wilhelms-Universität Straßburg, Tübingen 1908, S. 43–96 (v. Tuhr, FS Laband, S.)

Ulmer, Peter / Habersack, Mathias / Löbbe, Marc, Gesetz betreffend die Gesellschaften mit beschränkter Haftung (GmbHG), Großkommentar, Band I: Einleitung, §§ 1–28, 2. Auflage, Tübingen 2013 (Ulmer/Bearbeiter, GmbHG, §, Rdnr.)

Ulmer, Peter / Habersack, Mathias / Winter, Martin, Gesetz betreffend die Gesellschaften mit beschränkter Haftung (GmbHG), Großkommentar, Band II: §§ 29–52, Tübingen 2006, Band III: §§ 53–87, Tübingen 2008 (Ulmer/Bearbeiter, GmbHG, §, Rdnr.)

Ulmer, Peter, Die Haftungsverfassung in der BGB Gesellschaft, ZIP 2003, S. 1113–1122

Ulmer, Peter, Gesellschafterhaftung in der Gesellschaft bürgerlichen Rechts: Durchbruch der Akzessorietätstheorie?, ZIP 1999, S. 554–565

Ulmer, Peter, Die Gesamthandsgesellschaft - ein noch immer unbekanntes Wesen?, AcP 198 (1998), S. 113–151

Ulmer, Peter, Testamentsvollstreckung am Kommanditanteil - Voraussetzungen und Rechtsfolgen, NJW 1990, S. 73–83

Ulmer, Peter / Ihrig, Christoph, Die Rechtsnatur der Einmann-Gründungsorganisation, Ein Beitrag zum Gründungsrecht der Einmann-GmbH, GmbHR, 1988, S. 373–384

Ulmer, Peter, Das Vorbelastungsverbot im Recht der GmbH-Vorgesellschaft - notwendiges oder überholtes Dogma?, Festschrift für Kurt Ballerstedt zum 70. Geburtstag am 24. Dezember 1975, S. 279–301, Berlin 1975 (Ulmer, FS Ballerstedt, S.)

Ulrici, Bernhard, Verbotsgesetz und zwingendes Gesetz, JuS 2005, S. 1073–1076

Veil, Rüdiger, Unternehmensverträge, Organisationsautonomie und Vermögensschutz im Recht der Aktiengesellschaft, Tübingen 2003 (Veil, Unternehmensverträge, S.)

Wacker, Rolf, Die Vorgesellschaften als Gesellschaften besonderer Art, Würzburg 1963 (Wacker, Vorgesellschaften, S.)

Wallenfang, Friedrich Helmut, Der Eintritt der Aktiengesellschaft in die während des Gründungsstadiums in ihrem Namen abgeschlossenen Rechtsgeschäfte, Diss. Bonn 1940 (Wallenfang, Vor-AG, S.)

Weber, Christoph, Privatautonomie und Außeneinfluß im Gesellschaftsrecht, Tübingen 2000 (Chr. Weber, Privatautonomie und Außeneinfluß, S.)

Weber-Grellet, Heinrich, Die Gesamthand – ein Mysterienspiel?, AcP 182 (1982), S. 316–334

Weber, Martin, Vormitgliedschaftliche Treubindungen, München 1999 (M. Weber, Vormitgliedschaftliche Treubindungen, S.)

Weimar, Robert, Entwicklungen im Recht der werdenden Aktiengesellschaft, DStR 1997, S. 1170–1174

Weimar, Robert, Einmann-Personengesellschaften ein neuer Typ des Gesellschaftsrechts?, ZIP 1997, S. 1769–1778

Weimar, Robert, Die Haftungsverhältnisse bei der Vor-AG in neuerer Sicht, AG 1992, S. 69–79

Weimar, Robert, Abschied von der Gesellschafter- und Handelndenhaftung im GmbH-Recht?, GmbHR 1988, S. 289–299

Weitnauer, Hermann, Die unverzichtbare Handlungsfreiheit, in: Festschrift für Friedrich Weber zum 70. Geburtstag am 19. Mai 1975, Berlin u.a. 1975, S. 429–440 (Weitnauer, FS F. Weber, S.)

Wertenbruch, Johannes, Die Parteifähigkeit der GbR - die Änderungen für die Gerichts- und Vollstreckungspraxis, NJW 2002, S. 324–329

Wertenbruch, Johannes, Die Haftung von Gesellschaften und Gesellschaftsanteilen in der Zwangsvollstreckung, Köln 2000 (Wertenbruch, Haftung von Gesellschaften und Gesellschaftsanteilen, S.)

Westermann, Harm Peter / Wertenbruch, Johannes (Hrsg.), Handbuch Personengesellschaften, Gesellschaftsrecht, Steuerrecht, Sozialversicherungsrecht, Verträge und Formulare, Loseblatt (Werksstand: 57. Lieferung November 2013), Köln (Bearbeiter, in: Westermann, Handbuch Personengesellschaften, §, Rdnr.)

Westermann, Harm Peter, Vertragsfreiheit und Typengesetzlichkeit im Recht der Personengesellschaften, Berlin u.a. 1970 (Westermann, Typengesetzlichkeit, S.)

Weyrich, Joseph, Das Verhältnis der Vorgesellschaft und Gründervereinigung zur Körperschaft nach deutschem Privatrecht, Frankfurt a.M. 1931 (Weyrich, Vorgesellschaft, S.)

Wiedemann, Herbert, Rechtsverhältnisse der BGB-Gesellschaften zu Dritten, WM 1994, Sonderbeilage 4, S. 1–19

Wiedemann, Herbert, Entwicklungen im Kapitalgesellschaftsrecht, DB 1993, S. 141–153

Wiedemann, Herbert, Zur Selbständigkeit der BGB-Gesellschaft, Festschrift für Alfred Kellermann, S. 529–546, Berlin u.a. 1991 (Wiedemann, FS Kellermann, S.)

Wiedemann, Herbert, Gesellschaftsrecht. Ein Lehrbuch des Unternehmens- und Verbandsrechts, Band I, Grundlagen, München 1980, Band II, Recht der Personengesellschaften, München 2004 (Wiedemann, Gesellschaftsrecht [Bd.], S.)

Wiedemann, Herbert, Die Auslegung von Satzungen und Gesellschaftsverträgen, DNotZ 1977, Sonderheft, S. 99–111

Wiedemann, Herbert, Das Rätsel Vorgesellschaft, Juristische Analysen 1970, S. 439–465

Wiedemann, Herbert, Anmerkung zu BGH, Urt. v. 9.12.1968, JZ 1969, S. 470–472

Wiedemann, Herbert, Die Übertragung und Vererbung von Mitgliedschaftsrechten bei Handelsgesellschaften, München 1965 (Wiedemann, Übertragung und Vererbung von Mitgliedschaftsrechten, S.)

Wiesner, Georg, Beurkundungspflicht und Heilungswirkung bei Gründung von Personengesellschaften und Unternehmensveräußerungen, NJW 1984, S. 95

Wiesner, Georg, Die Lehre von der fehlerhaften Gesellschaft, Diss. Heidelberg 1980 (Wiesner, Fehlerhafte Gesellschaft, S.)

Wilhelm, Jan, Kapitalgesellschaftsrecht, 3. Auflage, Berlin 2009 (Wilhelm, Kapitalgesellschaftsrecht, Rdnr.)

Willms, Friedrich Karl, Rechtsgeschäfte für die Aktiengesellschaft vor der Eintragung, Diss. Köln 1938 (Willms, Vor-AG, S.)

Würdinger, Hans, Aktienrecht und das Recht der verbundenen Unternehmen, 4. Auflage, Heidelberg u.a. 1981 (Würdinger, Aktienrecht, S.)

Zöller, Richard, Kommentar zur Zivilprozessordnung, 30. Auflage, Köln 2014 (Zöller/Bearbeiter, ZPO, §, Rdnr.)

Zöllner, Wolfgang, Anmerkung zu BGH, Urteil vom 19.6.2000 - II ZR 73/99, DNotZ 2001, S. 872–877

Zöllner, Wolfgang, Grundsatzüberlegungen zur umfassenden Umstrukturierbarkeit der Gesellschaftsformen nach dem Umwandlungsgesetz, Festschrift für Carsten Peter Claussen, S. 423–444, Köln u.a. 1997 (Zöllner, FS Claussen, S.)

Zöllner, Wolfgang, Rechtssubjektivität von Personengesellschaften?, Festschrift für Joachim Gernhuber, S. 563–578, Tübingen 1993 (Zöllner, FS Gernhuber, S.)

www.ingramcontent.com/pod-product-compliance
Ingram Content Group UK Ltd.
Pitfield, Milton Keynes, MK11 3LW, UK
UKHW021908290926
8980IPUK00015B/1129

9 783631 660607